CW01305243

Contextual English-Arabic Medical Dictionary

معجم المصطلحات الطبية السياقي

بروفيسور عبد الماجد عثمان بخيت

MB (Hons), MD (Glasgow), PhD (Glasgow), MSc (London), DCN (London), FRCP (London)

نبذة عن المؤلف

بروفيسور عبدالماجد تدرب في طب الجهاز العصبي في لندن وقلاسقو ونال درجة دكتوراة الفلسفة (PhD) وايضا دكتوراة الطب (MD) من جامعة قلاسقو وماجستير علوم االجهاز العصبي (MSc) ودبلوم امراض الجهاز العصبي (DCN) من جامعة لندن وزمالة كلية الاطباء الملكية بلندن (FRCP).

بروفيسور عبدالماجد عمل في هيئة التدريس في عدة جامعات بريطانية وشغل رتبة بروفيسور من عام 1997 حتي تقاعده في عام 2014 ونشر اكثر من مائة ورقة علمية وايضا ساهم بفصول في عدة كتب اكاديمية بالاضافة للكتب المذكورة ادناه:

Botulinum Toxin Treatment of Muscle Spasticity
A Primer in Stroke Care
Essential Neurology
Handbook of Neurology
Introduction to Neurological Rehabilitation
Contextual English-Arabic Medical Dictionary

مقدمة

بسم الله استعينه واحمده. اما بعد –

في الوقت الحاضر العلوم الطبية تُدرّس باللغة الانجليزية في معظم البلاد العربية وذلك ليس لعيب او قصور في اللغة العربية وانما هو نتيجة ملابسات تاريخية وسياسات تعليمية كانت تبدو سليمة في وقتها. تلقي العلم بلغة اجنبية دائما يؤدي الي صعوبات – تتفاوت في شدتها – في تحصيل المعرفة والتحدي الذي يواجه طالب الطب في هذه الحالات ذو حدين: اولا استيعاب المعلومات يقتضي ضرورة الالمام الجيد باللغة الانجليزية وثانيا يستلزم الفهم الصحيح للمصطلحات الطبية لان اكثرها فريد في اصله ومعناه.

ابتكار المصطلحات الطبية بدأ قبل ميلاد المسيح عليه السلام واستمر حتي وقتنا هذا. نتيجة هذه الفترة الطويلة من التطور والاضافات الجديدة المتنوعة المصادر ان لغة الطب صارت مزيجا من اللغة الاغريقة القديمة واللغة اللاتينية واللغات القومية – مثلا اللغة الانجليزية والفرنسية والايطالية. لغة الطب ايضا استعارت كلمات من لهجات محلية في افريقيا واسيا ومناطق اخري (beriberi, yaws sesamoid, etc). بالاضافة الي ذلك المصطلحات الطبية الحديثة تتضمن بعض الاسماء المختصرة التي تتكوّن من الحرف الاول لكل كلمة من الحالة المقصود تسميتها مثلا – (AIDS - Acquired immuno-deficiency syndrome).. كل هذه العوامل بالاضافة للانحرافات اللغوية الناتجة من الترجمة الحرفية المستعملة حاليا في شرح بعض المصطلحات يؤدي الي الالتباس وعدم الدقة في تبادل المعلومات الطبية. الترجمة السياقية – في اعتقادي - اكثر دقة من الترجمة الحرفية في شرح المصطلحات الطبية وأهمية الدقة في تبادل المعلومات بين المهنيين لاتخفي علي القارئ. الدقة في التعبير تقلل احتمال الاخطاء في تشخيص وعلاج الامراض وتُسهّل تبادل المعلومات والاراء وتساعد في كتابة التقارير الطبية ونتائج البحوث العلمية.

كما ذكرت مقدما ترجمة المصطلحات الطبية في اكثر المعاجم العربية المتداولة حاليا هي ترجمة حرفية – اي استبدال الكلمة الاجنبية بكلمة عربية مطابقة - ولكن الترجمة الحرفية في اكثر الاحوال لا تعطي المعني المقصود بصورة دقيقة لذلك فضلت – في كتابي هذا - الترجمة السياقية لأنها تأخذ في الاعتبار الظروف والملابسات التي يستعمل فيها اللفظ المقصود ترجمته. بالاضافة للترجمة السياقية اتخذت خطوات اخري في شرح والتأكد من المعني المقصود فرجعت لجذور بعض الكلمات لتوضيح معانيها وتجنبت ان يكون لنفس الكلمة اكثر من معني (طبي) واحد.

شرح بعض الكلمات في المعاجم المستعملة اليوم لا يعكس المعني المقصود تماما ولذلك استبدلتها بكلمات اخري اقرب للمعني الصحيح. مثلا شرح كلمة ileum حسب معجم المعاني ومعاجم عربية اخري هو "الامعاء اللفائفي" او "الامعاء الملفوف" وهذه ترجمة حرفية للكلمة الاغريقية eileos ولكن الارجح – في اعتقادي - هو ان الكلمة مستمدة من اللفظ اللاتيني ilia ومعناها "جانبي". وقد فضلت استعمال كلمة جانبي – بدلا من لفائفي - في هذا المعجم لسببين. اولا نسبة لموضع هذا الجزء من الامعاء قرب عظم الحوض الحرقفي اوعظم الحوض الجانبي (iliac bone) وهذا عُرف مُتّبع في علم التشريح. وثانيا لان كلمة لفائفي او ملفوف لا تميز خصائص هذا الجزء من بقية الامعاء الصغير. وتبعت نفس النهج في شرح كلمات كثيرة اخري مثلا clostridium difficile, orthopnoea, heart block, oedema, etc.

في بعض المعاجم نفس الكلمة استعملت لشرح لفظين يختلف كل واحد منهما عن الاخر في معناه. مثلا كلمة "تاجي" استعملت لشرح كلمة (coronary) وايضا لشرح كلمة (mitral) لذلك غيرت تاجي بقلنسوي لشرح (mitral) لمنع الارتباك. في مثل هذه الحالات وضحت - بقدر ما استطعت - ما يبرر استعمال الكلمة الجديدة بدلا من الكلمة المتداولة.

بعض الامراض اكتسبت تسميتها من لغات المناطق التي اكتشف فيها المرض لاول مرة. مثلا اصل كلمة (kwashiorkor) يرجع للهجة احد قبائل غرب افريقيا وترجمتها الحرفية هي "مرض الطفل الذي زحزحه اخوه" والمقصود ان الطفل فُطِم من الرضاعة قبل الاوان بسبب الحمل بأخيه مما ادي الي مرضه - اي سوء التغذية. كلمة (beriberi) هي مثال اخر وهي كلمة في اللغة السنهالية تعني "لا استطيع لا استطيع" وهي اشارة للضعف الشديد الذي ينتج من المرض. شاع استعمال هذه الالفاظ واخري مثلها (kala azar, cholera, etc) وترسخت في اللغة الطبية لذلك تركتها كما هي. ايضا بعض الامراض او مسبباتها سميت علي شرف مكتشفيها مثلا (brucellosis, salmonella, shigella, etc.) وصارت التسمية مميزة لها ولذلك احتفظت بها.

لقد حرصت ان يكون شرح الالفاظ الطبية والمعلومات التي يحوتيها هذا الكتاب صحيحة لا ابهام فيها وتحريت الدقة ما امكن وارجو ان يجد القارئ هذا الكتاب واضحا ومفيدا وما توفيقي الابالله.

عبد الماجد عثمان بخيت
بيرمينقهام – انجلترا
ياناير 2022

A

بطن Abdomen

البطن هي الجزء من الجسم الذي يقع بين الصدر (thorax) وحافة الحوض (pelvis) ويحتوي علي الاعضاء الداخلية (viscera). الحجاب الحاجز (diaphragm) يفصل البطن من الصدر.

غسيل البطن Abdominal lavage

غسيل البطن هو عملية طبية تستخدم لغرضين؛

1 – غسيل البطن التشخيصي – هو سحب بعض السائل من التجويف البطني (abdominal cavity) مثلا لتأكيد او نفي وجود نزيف داخلي. (السائل يسحب بواسطة قسطرة تدخل عبر شق في حائط البطن).

2 – غسيل البطن العلاجي – هو عادة جزء من علاج التهاب غشاء التجويف البطني الحاد (acute peritonitis) ويتلخص في سحب الصديد والافرازات الاخري وغسل الاعضاء بمحلول ملح الطعام الطبيعي (normal saline).

بزل البطن Abdominal paracentesis

بزل البطن هو ادخال ابرة في تجويف البطن (abdominal cavity) لسحب الاستسقاء (ascites).

تبعيد من خط الجسم الوسط Abduction

التبعيد من خط الجسم الوسط (midline) هو حركة اليد او الرجل بعيدا عن خط وهمي علي المستوي الطولي (sagittal plain) يقسم الجسم الي نصفين متساويين – ايمن و ايسر.

اسئئصال Ablation

الاستئصال هو ازالة جزء من الانسجة عادة بعملية جراحية او بمواد كيمائية او باشعة الليزر (laser ablation) مثلا لعلاج اضطرابات ايقاع ضربات القلب (cardiac arrhythmias) اوعلاج تجاعيد الجلد او للتحضير لنقل النخاع العظمي (bone marrow transplantation).

نزيف الرحم الغير طبيعي Abnormal uterine bleeding

نزيف الرحم الغير طبيعي هو النزيف من الرحم الذي يحدث في فترات غير منتظمة والنزيف الذي يستمر أسبوع او اكثر او نزيف بكمية كبيرة (menorrhagia) وينتج من امراض عضوية مثلا اورام الرحم وامراض تجلط الدم.

الإجهاض Abortion

الإجهاض هو اسقاط الجنين الذي يؤدي الي نهاية الحمل قبل الأسبوع العشرين وهو نوعان –

1 – الإجهاض التلقائي (miscarriage or spontaneous abortion) وهو اسقاط الجنين الذي يحدث بدون تدخل من خارج الجسم وعادة يحدث نسبة لمرض الام او مرض الجنيين. الاجهاض التلقائي ينقسم الي:

(أ) – الإجهاض محتمل الحدوث (threatened abortion) وهو حالة مرضية تتصف بتقلصات عضلة الرحم او النزيف من الرحم او الاثنين معا وتهدد حياة الجنين وفي بعض الحالات تؤدي الي اسقاطه.
(ب) – الإجهاض الناقص (incomplete abortion) هو اسقاط جزء من محتويات الرحم.
(ت) – الإجهاض الكامل (complete abortion) هو اسقاط كل محتويات الرحم (أي الجنين والمشيمة والانسجة الأخرى).
2 – الإجهاض المُستحث (induced abortion) وهو انهاء الحمل لسبب ما (مثلا لإنقاذ حياة الام) عن طريق استخدام ادوية او بواسطة عملية جراحية.

انفصال المشيمة المبكر Abruptio placentae

انفصال المشيمة المبكر هو احد مضاعفات الحمل وفيه ينفصل جزء من المشيمة او كل المشيمة (placenta) من بطانة الرحم (endometrium) قبل الولادة وذلك يهدد حياة الجنين. اعراض المرض تعتمد علي حجم الانفصال. الحالات الشديدة تؤدي الي النزيف من الرحم والم في اسفل البطن واحيانا موت الجنين. عدة امراض تزيد احتمال حدوث انفصال المشيمة مثلا الاكلامبسيا (eclampsia) وادمان المخدرات ورضخة البطن.

خُرّاج او حبن Abscess

الخراج هو تجمع القيح (pus) في موضع ما بالجسم.

امتصاص العناصر الغذائية Absorption of nutrients

امتصاص العناصر الغذائية الناتجة من هضم الطعام (nutrients) يتم في الزغيبات المعوية (villi of the small intestine). يلي ذلك نقلها الي الكبد. السائل الليمفاوي (lymph) ينقل العناصر الدهنية وفيتامين A,D,E,K. بقية العناصر الغذائية تترسب في الدم وتُنقل الي الكبد بواسطة الوريد البابي (portal vein).

انحلال الاشواك Acantholysis

انظر pemphigus

الحُق Acetabulum

الحق (بضم الحاء) او الوعاء الصغير هو تجويف في عظم الحوض يغطي رأس عظم الفخذ (femoral head) ومعه يكون مفصل الورك (hip joint).

اسيتايلكولين Acetylcholine

الاسيتايلكولين هو مادة عضوية تساعد في نقل الاشارة العصبية (neurotransmission) من وإلي العصبونات ومن العصبونات للعضلات والغدد. للاسيتايلكولين ايضا دورا هاما في تثبيت الذاكرة واكتساب معلومات جديدة.

التوازن الحِمضي القلوي Acid-base balance (or homeostasis)

التوازن الحمضي القلوي هو ضبط حموضة السائل خارج الخلوي (extra cellular fluid) الذي يشمل الدم والليمف والسوائل الجسدية الأخرى بين 7.35 و pH7.45. تركيز إيونات الهايدروجين (hydrogen ions) في هذه السوائل هو الذي يحدد حموضتها ولذلك التوازن الحمضي القلوي عادة يكتب pH. التوازن الحمضي القلوي ضروري لكل التفاعلات الحيوية ويتم بالطرق الثلاثة الاتية:

(1) عن طريق المواد الكيمائية المُنظِّمة (buffers) وهي البايكاربونات والفوسفات والبروتين.

(2) بتغيير سرعة التنفس للمحافظة علي ثاني أوكسيد الكربون (carbon dioxide, Co_2) او التخلص منه حسب ما تقتضيه الأحوال.

(3) بامتصاص البايكاربونات في الكلي او التخلص منها في البول.

الباكتيريا ثابتة اللون ضد الحوامض Acid-fast bacilli

الباكتيريا ثابتة اللون ضد الحوامض هي فصيلة من الباكتيريا بعد ان تُصبغ (للفحص تحت المجهر) لا يمكن إزالة لون الصبغة عنها بإضافة حوامض

حموضة الدم Acidosis

حموضة الدم هي الزيادة في إيونات الهايروجين (hydrogen ions) في الدم (pH<7.35) نسبة لزيادة الحوامض او نقص البايكاربونات واسبابها تتضمن نخر عضلة القلب (myocardial infarction) والسكتة القلبية (cardiac arrest) وفشل الكبد وفشل الكلي والتسمم الحاد بالكحول ومرض السكري والافراط في النشاط الرياضي.

تقلّص مصرة المريء السفلي Achalasia

مصرة المريء السفلي (lower oesophageal sphincter) هي عضلة دائرية في تقاطع المريء والمعدة. تقلص هذه العضلة المستمر يمنع مرور الطعام من المريء الي المعدة ويسبب الارجاع المريئي (oesophageal reflux) والاستفراغ والم في الصدر. المرض يكون مصحوبا بضعف او عدم تقلصات عضلة المرئ (peristalsis) التي تدفع الطعام نحو المصرة اثناء البلع. سبب المرض مجهول في معظم الأحيان ولكن في أمريكا الجنوبية يكون عادة نسبة لداء المثقبيات الأمريكي (American trypanosomiasis) المعروف أيضا بمرض جاقاس (Chagas disease). (معني achalasia في اللغة الاغريقية هو عدم الارتخاء).

التهاب وتر اخيليس او وتر العرقوب Achilles tendinitis

وتر اخيليس هو الوتر (tendon) الذي يربط عضلة الساق (gastrocnemius) والعضلة النعلية (soleus) والعضلة الاخمصية (plantaris) الي الكعب. (اخيليس حسب الاساطير الاغريقية هو احد ابطال حرب طروادة وقتل عندما أصيب بسهم في منطقة ضعفه الوحيدة وهي وترالعرقوب). التهاب وتر اخيليس عادة ينتتج من الافراط في الجري او القفز ويسبب الم شديد في مؤخرة القدم وصعوبة في المشي.

وتر اخيليس Achilles tendon

انظر Achilles tendinitis

Achondroplasia

فشل النمو الغضروفي
انظر dwarfism

Acne (or acne vulgaris)

حب الشباب

حب الشباب هو مرض جلدي منتشر يبدأ عادة في عمر المراهقة (puberty) وينتج من انسداد الغدد الدهنية (sebaceous glands). للوراثة وزيادة الهورمونات منشطة الذكورة (androgens) دورا مهما في نشأة المرض. اعراض المرض هي بثور (papules) وبثور قيحية (pustules) واكياس (cysts) وعقد (nodules) في الوجه واعلي الصدر.

Acoustic neuroma

ورم العصب السمعي

ورم العصب السمعي هو ورم حميد اعراضه الاساسية هي الطنين (tinnitus) في اذن واحدة والدوار (vertigo) وضعف السمع وفقد توازن المشي. حدوث ورم العصب السمعي في كلا الاذنين نادر جدا.

Acquired immunodeficiency syndrome (AIDS)

متلازمة نقص المناعة المكتسب

متلازمة نقص المناعة المكتسب هي مرض يسببه فيروس من فصيلة فيروسات الحامض النووي الريبوزي (RNA viruses). المرض يكتسب عن طريق العملية الجنسية مع شخص مصاب او حامل للفيروس وايضا عن طريق الدم الملوث بالفيروس واحيانا ينتقل اثناء الحمل بواسطة المشيمة (placenta) من الأم الي الجنين. متلازمة نقص المناعة المكتسب تسبب اعراض كثيرة في معظم اعضاء الجسم وتؤدي الي ضعف شديد في المناعة والعدوي الانتهازية (opportunistic infections) وبعض انواع السرطان مثلا سرطان الجهاز العصبي المركزي الليمفاوي (Primary central nervous system lymphoma).

Acrocyanosis

زُرقة الاطراف

زرقة الاطراف هي حالة مرضية يتحول فيها لون اليدين والقدمين الي لون ازرق. الاطراف عادة تكون باردة والنبض طبيعي. اسباب زرقة الاطراف تتضمن امراض القلب والرئة (انظر cyanosis) وامراض النسيج الضام (connective tissue disease).

Acromegaly

تضخّم الأطراف

تضخم الاطراف هو مرض سببه زيادة انتاج هورمون النمو (growth hormone) عادة نتيجة ورم حميد في الغدة النخامية (pituitary adenoma). اعراض المرض تزيد في شدتها تدريجيا وتتضمن تضخم الايدي والارجل والفك الأسفل والانف والشفتين وتباعد الاسنان والصداع وارتفاع ضغط الدم ومرض السكري والعمي النصفي الصدغي المزدوج (bitemporal hemianopia). حدوث المرض قبل البلوغ يؤدي الي العملقة (gigantism).

Actin

بروتين انقباض العضلات المساعد
انظر myosin

غِلظة الكيراتين الاشعاعية Actinic (or solar) keratosis

غلظة الكيراتين الاشعاعية هي تلف بشرة الجلد الناتج من التعرض المزمن لأشعة الشمس فوق البنفسجية (ultra violet rays) وتحدث عادة في الاجناس ذات البشرة الشقراء. المرض يتصف بظهور بقع داكنة اللون ومغطية بقشور. البقع ترتفع عن سطح الجلد وتتواجد في الوجه والرقبة والأيدي. غلظة الكيراتين الاشعاعية تزيد احتمال حدوث سرطان الجلد.

العلاج بالوخز بالإبر Acupuncture

العلاج بالوخز بالإبر هو احد اقسام الطب البديل (alternative medicine) تستخدم فيه ابر رفيعة لوخز اجزاء معينة من الجسم لعلاج الالم المزمن وايضا لعلاج بعض الامراض. حاليا لا يوجد دليل علمي قاطع يثبت فائدة العلاج بالوخز بالإبر.

البطن الحادة Acute abdomen

البطن الحادة هي مصطلح يضم مجموعة من الامراض المختلفة التي تسبب الم شديد ومفاجئ في البطن يستدعي التشخيص السريع والعلاج العاجل. المصطلح عادة يستعمل في حالة الأمراض التي تستلزم علاج جراحي مثلا انسداد الامعاء (intestinal obstruction) او ثقب (perforation) الامعاء او التهاب غشاء تجويف البطن الحاد (acute peritonitis).

التهاب المخ والنخاع الشوكي الحاد المنتشر Acute disseminated encephalomyelitis

التهاب المخ والنخاع الشوكي الحاد المنتشرهو مرض يشبه تصلُب الاعصاب المتعدد (Multiple sclerosis) عادة يصيب الأطفال وهو احد مضاعفات الامراض الفيروسية والتلقيح

مرض حاد Acute illness

المرض الحاد هو المرض الذي يبدأ فجأة ويتطور بسرعة وهو عكس المرض المزمن – اي المرض الذي يبدأ تدريجيا ويستمر لفترة طويلة. يوصف المرض بانه شبه حاد (subacute) اذا استغرقت بدايته ساعات واستمر أيام قليلة

مرض الجبال الحاد Acute mountain sickness

انظر altitude sickness

مرض الاشعاع الحاد Acute radiation sickness

مرض الاشعاع الحاد أيضا يسمي متلازمة الاشعاع الحاد (acute radiation syndrome) هو مرض ينتج من التعرض لإشعاع ايوني (ionising radiation) كما يحدث مثلا في علاج السرطان بالإشعاع او نتيجة حادث يؤدي الي تسرب الاشعاع من مفاعل نووي او سلاح نووي. اعراض المرض تعتمد علي جرعة الاشعاع وطريقة دخوله في الجسم. الاعراض الحادة تتضمن غثيان واستفراغ وصداع واسهال. الجرعات الكبيرة تسبب فشل النخاع العظمي (bone marrow failure) واضطرابات الجهاز العصبي وأيضا تزيد قابلية المريض للعدوي. التعرض لجرعات صغيرة متكررة او لفترة طويلة يسبب أيضا طفرات جينية (genetic mutation) والسرطان وتساقط الشعر وقرح الجلد واعراض اخري.

متلازمة اضطراب التنفّس الحادة Acute respiratory distress syndrome

متلازمة اضطراب التنفس الحادة هي حالة مرضية تنتج من نقص عامل سطح الرئة (surfactant) وتؤدي الي انكماش الرئة (atelectasis) واختلال تبادل الاوكسيجين وثاني أوكسيد الكربون في الفقاقيع الهوائية (alveoli). المرض يحدث عادة في حالات الولادة المبكرة عندما يكون عمر الجنين اقل من 37 أسبوعا. أسباب متلازمة اضطراب التنفس الحادة الذي يحدث بعد عمر الطفولة تتضمن الالتهاب الرئوي الحاد الشديد وتعفن الدم (septicaemia).

نوبات آدمز واستوكس Adams-Stokes attacks

نوبات آدمز واستوكس أيضا تسمي (Stokes-Adams attacks) هى فترات اغماء متكررة تحدث فجأة وتنتج من نقص في تدفق الدم للمخ. سبب هذه النوبات عادة هو حبس إشارة القلب الكهربائية الكامل (complete heart block) ولكن نادرا تحدث نسبة لاضطرابات إيقاع ضربات القلب (arrhythmia).

إدمان Addiction

الادمان هو سلوك قهري يدفع الشخص للبحث عن المتعة بشئ ما (مثلا الافراط في تعاطي الخمر او المخدرات) برغم الضرر الذي يسببه ذلك السلوك. المدمن لا يستطيع التحكم في سلوكه تجاه مسبب الادمان ويكون دائما مشغولا به.

داء اديسون Addison's disease

انظر adrenal insufficiency

تقريب من خط الجسم الوسط Adduction

التقريب من خط الجسم الوسط (midline) هو حركة اليد او الرجل نحو الخط الوهمي الذي يقسم الجسم في المستوي الطولي الي نصفين ايمن وايسر.

تضخم اللوزتين Adenoid hypertrophy

تضخم اللوزتين أيضا يسمي لحمية الانف (nasal polyp) هو زيادة في حجم الانسجة الليمفاوية المتواجدة في سقف الحلق (اللوزة - tonsil) عادة نتيجة عدوي فيروسية مزمنة. تضخم اللوزتين الشديد يؤدي الي انسداد الانف.

Adenosine triphosphate (ATP) ادينوزين ثلاثي الفوسفات

ادينوزين ثلاثي الفوسفات هو مركب عضوي يتكون من ادنين (adenine) وسكر الرايبوز وثلاثة مجموعات فوسفات ويتواجد في كل خلايا الجسم ويزود الخلايا بالطاقة اللازمة لكل وظائفها عندما يتحول الي ادينوزين ثنائي الفوسفات (adenosine biphosphate).

Adenoviruses فيروسات الغدد

فيروسات الغدد هي فيروسات متوسطة الحجم لا تحتوي علي غشاء دهني خارجي تنتمي الي مجموعة فيروسات الحامض النووي الريبوزي ناقص الاوكسيجين (DNA viruses). تسمية الفيروسات ترجع لاكتشافها لاول مرة في اللوزات (tonsils).

Adhesions التصاقات

الالتصاقات هي انسجة ليفية تُكوّن رباطا غير طبيعي بين اعضاء داخلية في البطن او في الحوض قريبة من بعضها البعض وعادة تحدث نتيجة عملية جراحية. الالتصاقات في البطن قد تؤدي الي انسداد الامعاء (intestinal obstruction).

Adipose tissue النسيج الدهني

النسيج الدهني يتواجد تحت الجلد وحول الاعضاء الداخلية وفي نخاع العظم والثدي وهو مصدر مهم للطاقة وايضا يكوّن عازل حراري وله اهمية في انتاج بعض الهورمونات.

Adrenal (or suprarenal) gland الغدة الكُظرية

الكظر (بضم الكاف وسكون الظاء) هو الشحم الذي يغطي الكلية وتسمية الغدة ترجع لموقعها تحت الكظر. الغدة الكظرية هي غدة صماء (endocrine gland) صغيرة توجد فوق قطب الكلية الأعلى. الغدة الكظرية تتكون من جزئين – جزء خارجي يسمي القشرة (cortex) وجزء داخلي يسمي اللُب او النخاع (medulla). القشرة تفرز الهورمونات الاتية – كورتيزول (cortisol) والديسترون (aldosterone) والهورمونات منشطة الذكورة (androgens). النخاع يفرز أدرينالين (adrenaline) ونورأدرينالين (noradrenaline).

Adrenal insufficiency عجز قشرة الغدة الكُظرية

عجز قشرة الغدة الكظرية هو نقص افراز الهورمون كورتيزول (cortisol) عادة نتيجة مرض المناعة الذاتية (autoimmune disease) المعروف بداء اديسون (Addison's disease). أسباب عجز قشرة الغدة الكظرية الأخرى تتضمن امراض الغدة النُخامية (pituitary gland) وامراض تحت المهاد (hypothalamus). اعراض المرض الأساسية هي التعب الزائد والضعف العام وانخفاض ضغط الدم واسوداد البشرة والاغشية المخاطية.

Aetiology العامل او العوامل المسببة للمرض.

African trypanosomiasis
داء المثقبيات الافريقي
داء المثقبيات الافريقي هو مرض تسببه جرثومة تسمي ثاقبة الجسم (ترجمة حرفية من اللغة الاغريقية). ينتقل المرض عن طريق ذبابة تمتص الدماء تعرف بذبابة التيسي تيسي (tsetse fly). اعراض المرض الرئيسية هي الحمي والام في العضلات وتضخم الغدد الليمفاوية والتهاب المخ. داء المثقبيات الافريقي يسمي أيضا مرض النوم الافريقي (African sleeping sickness).

Agonal heart rhythm
ايقاع ضربات القلب الاحتضاري
ايقاع ضربات القلب الاحتضاري هو نوع من ايقاع ضربات القلب يحدث في بعض حالات توقف انقباض عضلة القلب (asystole) ويظهر في رسم القلب الكهربائي (ECG) كتشويه في موجات P وQRS فتصير عريضة وغير منتظمة في شكلها.

Agranulocytosis
انعدام خلايا الدم المتعادلة
انظر neutropenia

Agoraphobia
الخوف من الاماكن الفسيحة او المزدحمة
انظر phobia

Air (or gas) embolism
انسداد الاوعية الدموية الهوائي
انسداد الاوعية الدموية الهوائي يحدث نتيجة دخول فقاقيع هوائية او غاز في الدورة الدموية مثلا اثناء عملية جراحية او نتيجة مرض تخفيف الضغط (decompression sickness) وعادة يسبب السكتة الدماغية (stroke).

Akinesia
تعذُّر الحركة
تعذر الحركة هو عدم المقدرة علي الحركة كما يحدث مثلا في المراحل النهائية لمرض باركينسون (Parkinson's disease). ضعف الحركة يسمي hypokinesia.

Albinism
برص او مَهَق
البرص هو مرض وراثي جسدي منحي (autosomal recessive) سببه فشل الخلايا الصبغية داكنة اللون (melanocytes) في انتاج الصبغة داكنة اللون (melanin) في الجلد والقُزحية (iris) والشعر مما يؤدي الي بياض الجلد والشعر. البرص يُعرِّض الجلد للتلف عندما يتعرض للأشعة فوق البنفسجية (ultra violet light) وأيضا يزيد احتمال الإصابة بسرطان الجلد.

Albumin
الزلال
الزلال هو فصيلة من البروتينات البسيطة التركيب القابلة للذوبان في الماء. الزلال يتواجد في مصل الدم (plasma) واللبن والبيض.

Alcoholism
ادمان الخمر

ادمان الخمر هو حالة مرضية تنتج من تعاطي كميات كبيرة من الخمر بصورة مستمرة ومزمنة وتؤدي الي مضاعفات جسدية ونفسية. اهم مميزات إدمان الخمر ان المدمن يواجه صعوبة شديدة في الإمساك عن تناول الكحول اذا اراد وحدوث مضاعفات خطيرة مثلا الهذيان الإرتعاشى (delirium tremens) في حالة توقفه فجأة عن شرب الخمر.

Alimentary tract
الجهاز الهضمي
انظر digestive system

Alkalosis
زيادة قلوية الدم

زيادة قلوية الدم هي نقص إيونات الهايدروجين (hydrogen ions) في الدم (pH>7.45) عادة بسبب الاستفراغ الشديد ونقص البوتاسيوم والزيادة الشديدة في سرعة التنفس (hyperventilation).

Allele (or allelomorph)
الشكل البديل

كل عامل وراثي (gene) في الخلايا مزدوجة الصبغي (diploid cells) يتكون من شكلين لكل صفة وراثية معينة. احد الشكلين يُكتسب من الأم والآخر يُكتسب من الأب وكل واحد منهما يسمي الشكل البديل (allele or allelomorph). اذا اختلف الشكلان في شفرتهما الوراثية الحالة تسمى الشكل البديل المتباين (heterozygous allele). اما اذا تطابق الشكل البديل مع الاخر ففي هذه الحالة يسمي الشكل البديل المتماثل (homozygous allele). الشكل البديل الذي يسبب ظهور الصفة الوراثية يسمي الشكل البديل السائد (dominant allele) والأخر يسمي الشكل البديل المنحي (recessive allele).

Allergens
مسببات الحساسية

مسببات الحساسية هي أشياء في البيئة عادة لا تسبب استجابة مناعية الا في الافراد المصابين بالحساسية المفرطة الوراثية (atopy). هذه الأشياء تتضمن لقاح الزهور (pollen) والقراد (mite) ووبر الحيوانات وخلايا جلدها الميتة (animal dander) وبعض الأطعمة والأدوية.

Allograph
الشكل البديل
انظر Allele

Allergy or hypersensitivity
الحساسية

الحساسية هى اختلال مزمن في الجهاز المناعي يؤدي الي امراض مختلفة تنتج من التعرض لأشياء في البيئة عادة لا تسبب استجابة مناعية مثلا الغبار ولقاح الزهور. امراض الحساسية تشمل حمى القش (hay fever) والربو (asthma) وحساسية الطعام والحساسية لبعض الأدوية وامراض اخري. اخطر أنواع الحساسية هو **صدمة الحساسية** (anaphylactic shock). صدمة الحساسية دائما حادة وتحدث في خلال دقائق من التعرض الي مسبب الحساسية (allergen). اعراضها تتضمن طفح جلدي (skin rash) وتورّم الوجه واللسان وصعوبة شديدة في التنفس وانخفاض ضغط الدم وقد تؤدي الي الموت.

رفض المزروع المثلي Allograph rejection

المزروع المثلي (او الطعم – بضم الطاء - المثلي) هو خلايا او انسجة او عضو ينقل من شخص (الواهب – donor) الي شخص اخر ذو عوامل وراثية مختلفة (المتلقي - recipient). رفض المزروع هو استجابة متلقي المزروع المناعية التي تؤدي الي مهاجمة العضو المزروع وتلفه. رفض المزروع هو ثلاثة انواع:

1 – رفض المزروع المثلي الحاد جدا (hyperacute allograph rejection) – يحدث في خلال دقائق من زراعة العضو.

2 - رفض المزروع المثلي الحاد (acute allograph rejection) – يحدث بين اسبوع وثلاثة اشهر من زراعة العضو.

3 - رفض المزروع المثلي المزمن (chronic allograph rejection) – هو فشل وظيفة العضو المزروع بعد اكثر من ثلاثة اشهر من زراعته.

الصلع Alopecia

الصلع هو فقد الشعر في الرأس او الجسم وقد يكون جزئيا او كاملا. الصلع قد يكون وراثي او مكتسب مثلا نتيجة العلاج بالأشعة (radiotherapy) او العلاج الكيمائي (chemotherapy) والعدوي بالفطريات الجلدية (dermatophytes).

الخميرة هاضمة النشويات Alpha amylase

انظر Digestion

الطب البديل Alternative medicine

الطب البديل هو ممارسات هدفها علاج الامراض ويختلف عن الطب الحديث في انه لا ينبني علي اسس علمية ولا يوجد دليل قاطع علي فائدته. انواع العلاج التي تستخدم في الطب البديل تتضمن العلاج بالوخز بالابر (acupuncture) وطب الاعشاب (herbal medicine) والشفاء الروحي (spiritual healing) - اي تحويل "طاقة" بواسطة الشخص المعالج للمريض لتساعده علي الشفاء.

مرض المرتفعات Altitude (or acute mountain) sickness

مرض المرتفعات أيضا يسمي مرض الجبال الحاد هو مرض حاد عادة يحدث علي ارتفاع 2500 متر او اكثر فوق سطح البحر وينتج من نقص ضغط الاوكسيجين الجزئي (oxygen partial pressure). اعراض المرض تتضمن صعوبة التنفس والغثيان والتعب الشديد والارتباك. الحالات الشديدة تسبب انتفاخ الحيز الخلالي الرئوي (pulmonary oedema) وانتفاخ الحيز الخلالي الدماغي (cerebral oedema).

الكيس الهوائي Alveolus (alveoli جمعه)

الكيس الهوائي ايضا يسمي الدُويصلة الهوائية. انظر Respiratory system

Alzheimer's disease — مرض الزهايمر يعرف أيضا بالخبل المبكر

مرض الزهايمر هو نوع من الخبل (dementia). أليوس الزهايمر - Alois Alzheimer - هو طبيب الماني ولد في عام 1864 وتوفي في عام 1915. وصف اعراض الخبل المبكر (presenile dementia) والتغيرات الباثولوجية في المخ التي تسبب المرض. انظر dementia.

Amaurosis fugax — العمى المؤقت او العمى سريع الزوال

العمى المؤقت هو حالة يفقد فيها المريض نظره في عين واحده لفترة وجيزة يستعيد نظره بعدها كاملا. له أسباب عدة أهمها انسداد شريان الشبكية بالجلطة.

Amblyopia — العمى الجزئي او الكامل

العمى الجزئي او الكامل هو ضعف او فقد النظر الذي يحدث بدون مرض ظاهر في العين وسببه الرئيسي هو سوء التغذية خاصة فقد فيتامين B1 وينتج أيضا من الحول الخلقي (congenital squint) عند الأطفال المعروف بالعين الكسولة.

Amenorrhoea — انقطاع الحيض

انقطاع الحيض هو توقف حيض المرأة البالغة لمدة ثلاثة اشهر او اكثر ويحدث اثناء الحمل والرضاعة وأيضا نتيجة بعض الامراض واستعمال بعض الادوية.

Amnesia — فقد الذاكرة الكامل او الجزئي

فقد الذاكرة الكامل او الجزئي هو النسيان الناتج عن مرض بالمخ خاصة إصابة الفص الصدغي (temporal lobe) وحصان البحر (hippocampus). فقد الذاكرة يحدث أيضا بتأثير بعض الادوية. فقد الذاكرة نوعان:

1 – النسيان الرجوعي (retrograde amnesia) هو عدم القدرة علي تذكر الاحداث التي سبقت المرض الذي سبب النسيان.

2– النسيان التقدمي (antegrade amnesia) هو نسيان الاحداث التي تلت المرض.

Amniocentesis — بزل ماء الجنين

بزل ماء الجنين هو عملية طبية تتلخص في ادخال ابرة في رحم المرأة عادة في منتصف الحمل وسحب كمية قليلة من ماء الجنين (amniotic fluid). فحص ماء الجنين يساعد علي اكتشاف بعض الامراض الوراثية والعيوب الخلقية قبل ولادة الطفل.

Amniotic fluid — ماء الجنين

ماء الجنين هو سائل يحيط بالجنين ويشكل حيزا لنمو أعضاء الجنين وحركته داخل الرحم وأيضا حمايته اذا تعرضت الام لرضخة عنيفة في البطن. ماء الجنين أيضا يساعد في نقل المواد الغذائية للجنين.

Amniotic sac **كيس الجنين**

كيس الجنين هو كيس رفيع وشفاف يتكون من طبقة داخلية تلتف حول الجنين وتحتوي علي سائل يسمي ماء الجنين (amniotic fluid) وطبقة خارجية تشكل جزأ من السُخد (placenta).

Amygdala **لوزة الدماغ**

لوزة الدماغ هي جسم داخل الفص الصدغي (temporal lobe) فوق وامام القرن الأسفل للبطين الجانبي (lateral ventricle) ينتمي للجهاز الطرفي (limbic system) وظيفته التحكم علي المشاعر العاطفية كالخوف والقلق واختيار السلوك المناسب (حسب ما يترتب عليه من ثواب او عقاب) كما له دور في تركيز الذاكرة.

Amoeba **اميبا**

الاميبا هي كائنات دقيقة حية (microorganisms) تتكون من خلية واحدة قادرة علي الحركة وابتلاع غذائها عن طريق تغيير شكلها. الاميبا احيانا تسبب اعراض مرضية في الجهاز الهضمي وأيضا تسبب خراج في الكبد. اصل كلمة (amoeba) هو اللغة الإغريقية ومعناها الحرفي هو "الشكل الذي يتغيّر بإستمرار".

Amyloid **الاميلويد**

الترجمة الحرفية من اللغة الاغريقية لهذا اللفظ هي "المادة النشوية" وسميت بذلك نسبة للاعتقاد الخاطئ انها مكونة من السكريات المتعددة (polysaccharides) ولكن الاميلويد هو مجموعة من البروتينات المختلفة ولذلك الاحتفاظ بكلمة اميلويد افضل لأنه يمنع الالتباس. الاميلويد هو مركَب معقد يتكون من بروتينات ضارة مرتبة في شكل الياف متداخلة في بعضها البعض بالإضافة الي بعض السكريات وعناصر اخري. ترسب الاميلويد في الخلايا يسبب خلل في بنية ووظائف تلك الخلايا وتدهور تدريجي ينتهي بموتها كما يحدث مثلا في مرض الزهايمر.

Amyotrophic lateral sclerosis **التصلّب الضموري الجانبي**

انظر motor neuron disease

Anabolism **التمثيل الغذائي البنائي**

التمثيل الغذائي البنائي هو عملية حيوية تؤدي الي بناء الخلايا والاعضاء من العناصر الغذائية الناتجة من التمثيل الغذائي (metabolism).

Anaemia **فقر الدم**

فقر الدم هو حالة مرضية تنتج من نقص الهيمقلوبين (haemoglobin) او كرويات الدم الحمراء (erythrocytes) ويمكن حصر أسبابه في ثلاثة مجموعات –

1 – فقر الدم الناتج من نقص الحديد (iron deficiency anaemia) مثلا نسبة لفقد الدم او سوء امتصاص العناصر الغذائية (malabsorption) او سوء التغذية (malnutrition) .

2 – فقد الدم ضخم الأرُومات (megaloblastic anaemia) – ينتج من نقص فيتامين B12 وفيتامين B9 (folate).

3 – فقر الدم الانحلالي (haemolytic anaemia) – أسبابه تتضمن امراض وراثية مثلا مرض الخلايا المنجلية (sickle cell disease) والعدوي بالملاريا (malaria) واستعمال بعض الادوية.
اعراض فقر الدم تعتمد علي شدة المرض وسرعة تطوره وتشمل الإحساس بالتعب الزائد وضعف التركيز الذهني وصعوبة التنفس اثناء الجهد العضلي والارق والدوخة.

التخدير
Anaesthesia

التخدير نوعان – تخدير عام وتخدير موضعي

1 – التخدير العام (general anaesthesia) هو اعطاء ادوية لمريض تحت اشراف طبي مباشر لإحداث فقد الوعي (loss of consciousness) وفقد الاحساس (sensory loss) واسترخاء العضلات لفترة زمنية محدودة بغرض اجراء عملية جراحية او فحص طبي.

2 – التخدير الموضعي (local anaesthesia) هو حقن الدواء المخدر في جزء من الجسم لمنع الاحساس بالالم وبدون تأثير علي وعي المريض. اجراء التخدير الموضعي يتم بطرق مختلفة تنحصر في الآتي:

- التخدير السطحي (topical anaesthesia) – هو مسح او رش الدواء المخدر فوق الجلد (مثلا لأخذ عينة من الجلد) او في الاغشية المخاطية (مثلا لادخال منظار في الحلقوم او ادخال قسطرة في قناة البول).

- التخدير الطبقي (infiltration anaesthesia) – هو حقن الدواء المخدر مباشرة في الجلد والانسجة تحت الجلد في المنطقة المراد تخديرها. فقد الاحساس بالالم ينتج من تاثير الدواء المخدر علي النهايات العصبية (nerve endings).

- التخدير الاعتراضي (nerve block) – هو حقن المادة المخدرة بالقرب من العصب الحسي الذي يزوّد المنطقة المقصود تخديرها. المادة المخدرة تمنع نقل الاشارات العصبية الي الجهاز العصبي المركزي وبالتالي تمنع الاحساس بالالم حتي يزول تأثير المادة المخدرة.

- التخدير فوق الجافية (epidural anaesthesia) – هو حقن المادة المخدرة عن طريق قسطرة او مباشرة في قناة العامود الفقري (spinal canal) بدون اختراق الام الجافية (dura mater). هذا النوع من التخدير الموضعي يستعمل عاده لمعالجة الالم اثناء الولادة وايضا احيانا لاجراء العمليات القيصرية (caesarean section) بدلا من التخدير العام.

- التخدير النخاعي (spinal anaesthesia) – هو حقن الدواء المخدر في السائل النخاعي الشوكي في المنطقة القطنية (lumbar region) عادة بين الفقرتين الثانية والثالثة (L2-L3).

شق الشرج
Anal fissure (fissure-in-ano)

شق الشرج هو جرح في الجلد حول الشرج (anus) عادة في الوسط. الجرح قد يكون سطحيا او قد يصل مصرة الشرج (anal sphincter). اسباب شق الشرج الاساسية هي الامساك او الاسهال المزمن والجماع الشرجي (sodomy) ومرض كرون (Crohn's disease) واعراضه هي الم عند التبرز ودم في البراز وحكاك في منطقة الشرج.

فقد الاحساس بالالم
Analgesia

مسكنات الالم Analgesics

فقد التمييز الخلوي Anaplasia
التمييز الخلوي (cell differentiation) في علم الاحياء هو عملية طبيعية تتحول فيها الخلية من خلية بسيطة مثلا خلية جذعية (stem cell) الي خلية متخصصة تختلف من الخلية الأم في شكلها ووظائفها الحيوية. فقد التمييز الخلوي هو احد خصائص الخلايا السرطانية.

صدمة الحساسية Anaphylactic shock
انظر allergy

عدم الاستطاعة علي النطق Anarthria

وصلة Anastomosis
الوصلة هي التحام بين عضو انبوبي (امعاء او حالب او وعاء دموي) وعضو انبوي مماثل او بين جزئين من عضو انبوبي واحد بعملية جراحية. الوصلة ايضا تحدث طبيعيا بين الاوردة والشرايين

علم الامراض التشريحي Anatomical pathology
انظر pathology

علم التشريح Anatomy

انعدام الدماغ Anencephaly
انعدام الدماغ هو عاهة خلقية تتميز بعدم نمو جزء كبير من الجمجمة وأيضا من المخ – عادة نصف كرة المخ (cerebral hemispheres). انعدام المخ يؤدي الي موت المولود عادة في الأيام الاولي بعد ولادته.

اختلال التركيبة الصبغية Aneuploidy
اختلال التركيبة الصبغية هو زيادة او نقص في عدد الصبغيات (chromosomes) في الخلية نتيجة طفرة جينية (mutation). زيادة صبغي واحد كما يحدث في متلازمة داون (Down's syndrome) تسمي اختلال التركيبة الصبغية الثلاثي (trisomy) ونقص صبغي واحد (كما يحدث مثلا في متلازمة تيرنر - Turner's syndrome) يسمي اختلال التركيبة الصبغية الفردي (monosomy).

الإتساع الموضعى بالوعاء الدموي Aneurysm

الإتساع الموضعى بالوعاء الدموي هو تمدد في جزء صغير من الوعاء الدموى يؤدى الي إتساع يشبه البالون وينتج من ضعف خلقي او مكتسب في جدار الوعاء الدموي. التمدد يمكن ان يحدث في أي شريان او وريد ولكن اكثر حدوثه في شرايين المخ وشريان الوتين (aorta)

الذبحة الصدرية Angina pectoris

الذبحة هي الم حاد وشديد في الجانب الايسر من الصدر واليد اليسرى والفك سببه قلة تدفق الدم لعضلة القلب عادة نسبة لضيق الشريان التاجي ولكن أحيانا نتيجة انقباضه (coronary artery spasm). الألم عادة يحدث عندما يقوم المريض بمجهود عضلي ويزول بعد فترة من الراحة وقد يكون مصحوبا بتصبب العرق والغثيان وضيق التنفس والاحساس بالاختناق

تصوير الاوعية الدموية Angiography

تصوير الاوعية الدموية هو فحص طبي يشتمل علي ادخال قسطرة في الشريان المقصود تصويره واخذ صور بالأشعة السينية (X-ray) بعد ملئه بمادة ملونة (contrast medium) وظيفتها تحسين رؤية الانسجة المختلفة بإظهار الفرق بينها.

وذمة وعائية Angioedema

الوذمة الوعائية هي التهاب حاد في الجلد والاغشية المخاطية بالجهاز التنفسي نتيجة التعرض لأحد مسببات الحساسية (allergens). اعراض المرض تتضمن تورم الوجه والشفتين واللسان واغشية الحلقوم المخاطية الذي يؤدي – في الحالات الشديدة – الي الاختناق.

التلفيف الزاوي Angular gyrus

التلفيف الزاوي هو المنطقة من الفص الجداري (parietal lobe) التي تكون الزاوية بين الجزء الامامي من الفص الجداري والجانب الاعلي للفص الصدغي (temporal lobe). التلفيف الزاوي له دور مهم في استيعاب اللغة.

فقد المقدرة علي الاستمتاع Anhedonia

أنظر depression

عدم إفراز العرق Anhidrosis

تفاوت حجم كرويات الدم الحمراء Anisocytosis

تفاوت حجم كرويات الدم الحمراء هو وجود كرويات دم حمراء في الدورة الدموية (خارج النخاع العظمي) تختلف في حجمها عن بعضها البعض وهي احد علامات فقر الدم.

ثنية القدم الي اسفل Ankle plantarflexion

انظر foot

التهاب المفاصل الفقرية التصلّبي Ankylosing spondylitis

التهاب المفاصل الفقرية التصلبي هو مرض مزمن ينتمي الي مجموعة الامراض المعروفة بالتهابات المفاصل سلبية المصل (seronegative arthritis). المرض يسبب التهاب مفاصل العامود الفقري والتحامها الذي يؤدي الي الم في الظهر ويحد حركة العامود الفقري. التهاب المفاصل الفقرية التصلبي عادة يكون مصحوبا بالتهاب وتر اخيليس (Achilles tendinitis) والتهاب اللفافة الاخمصية (plantar fasciitis).

فقد القدرة علي تسمية الأشياء Anomia

فقد القدرة علي تسمية الاشياء هو الصعوبة في استعادة الكلمة المناسبة من الذاكرة لوصف شيء معين بالرغم من طلاقة الكلام.

فقد الشهية Anorexia

فقد الشهية العصبي Anorexia nervosa

فقد الشهية العصبي هو مرض نفسي مزمن عادة يصيب النساء ويحدث قبل عمر الأربعين عام. تعتقد المريضة انها سمينة بالرغم من ان وزنها طبيعي او اقل من ذلك وتحاول تنقيص وزنها بالطرق الآتية: اكل كمية قليلة من الطعام – التقيؤ عمدا بعد الاكل – استعمال المسهلات – الافراط في التمارين الرياضية. فقد الشهية العصبي يسبب مضاعفات كثيرة وفي الحالات الشديدة يشكِّل خطورة علي الحياة.

فقد حاسة الشم . Anosmia

اللامبالاة بالمرض Anosodiaphoria

اللامبالاة بالمرض هي عدم الاكترات اوعدم الاهتمام وعدم التأثر بالمرض خاصة الشلل بالرغم من ان المريض لا ينكر مرضه. اللامبالاة بالمرض هي احد علامات اهمال المحسوسات (sensory neglect) الذي يحدث من إصابة الفص الجداري (parietal lobe).

انعدام الاوكسجين في الخلايا والأعضاء Anoxia

الرعاية اثناء الحمل Antenatal (or prenatal) care

الرعاية اثناء الحمل هي برنامج صحي وقائي غرضه مراقبة صحة الام والجنين عادة كل أربعة أسابيع طيلة فترة الحمل.

تشخيص مرض الطفل قبل ولادته
Antenatal diagnosis

تشخيص مرض الطفل قبل ولادته هو اجراء فحوصات طبية في المراحل المبكرة من الحمل بغرض اكتشاف عيوب وراثية او عاهات خلقية في الجنين وذلك عادة لتمكين الأم والأب من اتخاذ قرار معين مثلا اجهاض الجنين او المواصلة في الحمل.

الحفرة القحفية الامامية
Anterior cranial fossa

الحفرة القحفية الامامية هي الجزء من قاعدة الجمجمة الذى يقع بين العظم الجبهى (frontal lobe) والجناحين الصغيرين للعظم الوتدي (small wings of sphenoid bone). الحفرة القحفية الامامية تحتوي علي الفص الجبهي والبصلة الشمية (olfactory bulb)

المُقرن العصبي الامامي
Anterior commissure

المقرن العصبي الامامي هو حزمة من الالياف العصبية تربط الفصين الصدغيين (temporal lobes) ببعضهما.

خلايا القرن الامامي النخاعي
Anterior horn cells

خلايا القرن الامامي النخاعي هي ثلاثة عصبونات حركية سفلية تعرف بعصبون الفا (α- motor neuron) وعصبون بيتا (β- motor neuron) وعصبون قاما (γ- motor neuron). اجسام هذه العصبونات توجد في العامود الرمادي الامامي (anterior grey column) في النخاع الشوكي. محاور عصبون الفا تنتهي في العضلات الهيكلية وتسبب تقلص العضلات.

مرض عمال مناجم الفحم
Anthracosis (coal workers pneumoconiosis)

مرض عمال مناجم الفحم هو التهاب وتليف انسجة الرئة نتيجة التعرض المهني المزمن للفحم الحجري.

الجمرة الخبيثة
Anthrax

كلمة anthrax في اللغة الاغريقية تعني الفحم الحجري وسمي المرض بذلك لان العدوي تترك ندبة (scar) سوداء تشبه الفحم عندما تصيب الجلد. سبب المرض هو باكتيريا تسمي bacillus anthracis. الباكتيريا تتواجد في براز الحيوانات الاليفة والعدوي تنتقل عن طريق لمس جلد او صوف او لحم الحيوانات التي تحمل الباكتيريا او باستنشاق الباكتيريا او اكل لحم الحيوانات المريضة. إصابة الجلد تؤدي الي ظهور فقاعة (blister) تتحول الي قرحة ثم تلتئم وتترك ندبة سوداء اللون. في حالة العدوي عن طريق اكل لحوم ملوثة بالباكتيريا الاعراض هي اسهال وغثيان واستفراغ. استنشاق الباكتيريا يسبب التهاب رئوي.

مضاد حيوي
Antibiotic

المضاد الحيوي هو دواء يقتل الباكتيريا او يحد من تكاثرها ولكن ليس له فعالية ضد الفيروسات.

الجسم المضاد Antibody

الجسم المضاد هو بروتين مناعة (immunoglobulin) تنتجه الخلايا البلازمية (plasma cells) وظيفته ابطال مفعول مُولِّد المضاد (antigen) بالانضمام اليه.

الادوية المانعة للتجلط Anticoagulants

الادوية المانعة للتجلط هي ادوية تستخدم في علاج او الوقاية من تجلط الدم وتتضمن warfarin و heparin .

الدواء مانع التقيؤ Antiemetic drug

مُولِّد او مُسبب المضاد Antigen

مولِد او مسبب المضاد هو احد المواد التي تسبب استجابة مناعية (immune response) تتلخص في انتاج اجسام مضادة (antibodies). مولد المضاد قد يكون بروتينات (proteins) او سلسلة حوامض امينية (peptides) او سكريات متعددة (polysaccharides) ناتجة داخل الجسم او من خارج الجسم - مثلا باكتيريا.

الادوية مضادة الذُهان Antipsychotics

انظر neuroleptics

مُطهِّر Antiseptic

المطهر هو مادة مبيدة للجراثيم (مثلا كحول) عادة تُمسح فوق الجلد او تُوضع في سطوح او داخل اشياء يراد ازالة الجراثيم منها.

الشرج Anus

القلق Anxiety

القلق هو مرض نفسي يتصف بالخوف بدون سبب منطقي والتوتر النفسي المصحوب بأعراض اخري كالحركة الزائدة – الارق – تشنجات العضلات – وعدم المقدرة علي التركيز. القلق يحدث نتيجة إحساس نفسي بخطر لا أساس له. يختلف القلق عن الخوف لان الخوف عاطفة طبيعية تحدث في حالات خطر معين لا يستطيع الفرد ان يتجنبه او يسيطر عليه.

انسلاخ الوتين Aortic dissection

انسلاخ الوتين هو انفصال طبقة الوتين الخارجية من الطبقة الداخلية ودخول الدم بينهما. اخطر مضاعفات انسلاخ الوتين هي انفجاره. اسباب المرض تتضمن ارتفاع ضغط الدم وامراض الانسجة الضامة (connective tissue disease) والتهاب الشرايين (arteritis) ورضخة الصدر (trauma chest).

إرتجاع (او قلس) صمام الوتين Aortic regurgitation

الارتجاع هو رجوع كمية من الدم من الوتين الي البُطين الايسر اثناء انقباض عضلة البطين (ventricular systole) نسبة لعدم انقفال الصمام انقفالا كاملا. ارتجاع صمام الوتين قد يكون خلقي (congenital) او نتيجة امراض مثلا حمي الروماتزم والزهري (syphilis).

ضيق صمام الوتين Aortic stenosis

ضيق صمام الوتين هو مصطلح يطلق علي ضيق مدخل الوتين اذا كان علي مستوي الصمام او فوقه او تحته ويؤدي الي نقص كمية الدم التي تدخل الوتين (وبالتالي الدورة الدموية) وزيادة الجهد اللازم لضخ الدم وتضخم عضلة البطين الايسر (left ventricular hypertrophy). أسباب ضيق صمام الوتين تتضمن حمي الروماتزم وانحسار الصمام (valve degeneration) الذي يحدث في الشيخوخة واحيانا يكون ضيق خلقي (congenital). اعراض المرض تعتمد علي درجة الضيق وفي الحالات الشديدة الاعراض تتضمن الاغماء (syncope) والذبحة الصدرية (angina pectoris) وفشل القلب (heart failure) واحيانا الموت المفاجئ.

عدم المبالاة Apathy

عدم المبالاة هي احد اعراض الامراض النفسية (مثلا انفصام الشخصية) وامراض المخ (مثلا الخبل – رضخة المخ – السكتة الدماغية) وأحيانا تحدث بدون حالة مرضية مثلا في حالات الحزن الشديد بسبب فاجعة كبيرة. اللامبالي لا يكترث بدون ارادته بأموره الشخصية والاجتماعية ولا يبدي شعورا عاطفيا.

نقطة نبضة القلب Apex beat (of the heart)

نقطة نبضة القلب هي ضربة القلب التي يمكن تحسسها بالجس (palpation) في المسافة بين الضلعتين الرابعة والخامسة علي الخط الذي يقسم عظم التَرقُوة الي نصفين (midclavicular line). نقطة نبضة القلب تنتقل الي اليسار في حالة تضخم القلب.

سجل ابقر Apgar score

سجل ابقر هو طريقة لتقييم صحة الطفل مباشرة بعد ولادته ثم بعد خمسة دقائق. السجل يتكون من خمسة أجزاء كل جزء يُقيَّم حسب احد ثلاثة درجات: صفر – درجة واحدة – درجتان كما يلي

1 – سرعة النبض في الدقيقة: اقل من 60 (صفر) – بين 60 و100 (درجة واحدة) – اكثر من 100 (درجتان).

2 – لون الجلد: زُرقة (cyanosis) كل الجسم (صفر) – زرقة الأطراف فقط (درجة واحدة) – لا توجد زرقة (درجتان).

3 – الاستجابة للمؤثرات الخارجية: منعدمة (صفر) – بسيطة (درجة واحدة) – تكشير الوجه (درجتان).

4 – حركة العضلات: منعدمة (صفر) – ضعيفة (درجة واحدة) – قوية (درجتان).

5 – التنفس: منعدم (صفر) – غير منتظم (درجة واحدة) – منتظم وقوي (درجتان).

التقييم: مجموع الدرجات 7-10 يعتبر طبيعي واقل من ذلك يشير الي اختلال في وظائف الجهاز التنفسي والجهاز العصبي.

(ابقر - Virginia Apgar 1909-1974 - هي الطبيبة الأمريكية مؤلفة السجل).

Aphakia **انعدام عدسة العين**

انعدام عدسة العين ينتج عادة من ازالة العدسة مثلا لعلاج الماء البيضاء (cataract) ولكن نادرا يكون خلقي.

Aphasia **عدم القدرة علي التخاطب**

عدم القدرة علي التخاطب ينتج من خلل في مراكز اللغة بالمخ ويتلخص بصورة عامة في ثلاثة أنواع -

1 – فقد القدرة علي فهم الكلام المسموع والمكتوب (sensory or Wernicke aphasia)

2 – فقد القدرة علي انتاج كلمات صحيحة وبناية الجمل حسب القواعد اللغوية (motor or Broca's aphasia)

3 – عدم فهم الكلام مع عدم القدرة علي انتاجه (global aphasia)

Aphthous ulcers **قُرح الفم المتكررة**

قرح الفم المتكررة هي قرح سطحية مؤلمة في الغشاء المخاطي في الفم وفي اللسان تظهر فجأة وتلتئم في خلال 4 او 5 أيام ثم تعود بعد فترة في موضع اخر في الفم. القرح لا تكون مصحوبة بأعراض مرضية اخري. سبب قرح الفم المتكررة غير معروف.

Aplasia **فقد عضو**

فقد العضو هو عيب خلقي يكون فيه عضو او جزء من عضو مفقودا.

Aplastic anaemia **فشل نخاع العظم**

فشل نخاع العظم هو مرض يتصف بالنقص الشديد في عدد خلايا الدم الجذعية (haemopoietic stem cells) وبالتالي عدم مقدرة نخاع العظم (bone marrow) علي انتاج كمية كافية من كرويات الدم الحمراء (erythrocytes) وكرويات الدم البيضاء (leucocytes) والصفائح الدموية (platelets). أسباب فشل نخاع العظم تتضمن امراض المناعة والتعرض للإشعاع الذري (atomic radiation) واستعمال بعض الادوية مثلا الادوية التي تستخدم في علاج السرطان و phenytoin و carbamazepine. اعراض المرض هي النزيف والاصابات بالعدوي بالإضافة الي اعراض فقر الدم.

Apnoea **توقف التنفس**

انظر sleep apnoea

Apoptosis **موت الخلايا المبرمج**

في الأحوال الطبيعية لكل خلية حية في جسم الانسان عمر معين تموت الخلية في نهايته. مثلا عمر كرويات الدم الحمراء هو ثلاثة اشهر بينما عمر خلايا الجلد يتراوح بين يومين وثلاثة أيام. كل الخلايا الميتة (ماعدا بعض خلايا الجهاز العصبي) تُستبدل بخلايا مشابه. موت الخلايا المبرمج منظم وفقا لشفرة وراثية (genetic code) ويتم عن طريق تغييرات داخل الخلية لا تُحدِث ضررا للخلايا والانسجة السليمة المجاورة. وظيفة موت الخلايا المبرمج هي التخلص من الخلايا الزائدة اثناء نمو الجنين وأيضا التخلص من الخلايا التالفة اثناء حياة الانسان.

التهاب الزائدة الدودية Appendicitis

التهاب الزائدة الدودية هو مرض مجهول السبب اكثر حدوثه في الاطفال. المرض يسبب الم في اسفل الجزء الايمن من البطن واستفراغ واحيانا حمي. تأخير العلاج قد يؤدي الي انفجار الزائدة الدودية والتهاب غشاء تجويف البطن الحاد (acute peritonitis).

الزائدة الدودية Appendix

الزائدة الدودية هي نتؤ في نهاية المصران الاعور (caecum) يشبه الدودة. يُعتقد ان وظيفة الزائدة الدودية هي خزن الباكتيريا المفيدة للجسم.

تعذُر الأداء الحركي Apraxia

تعذُر الأداء الحركى هو حالة مرضية تنتج من إصابة الفص الجداري بالمخ (parietal lobe). تعذُر الأداء الحركى يؤدي الي عدم القدرة علي القيام بأفعال ارادية تعلّمها ومارسها المريض سابقا (مثلا لبس او خلع ثيابه) ولا يكون سببها ضعف في العضلات او فقد في الحواس او اختلال في الفهم او الذاكرة.

الخلط المائي Aqueous humour

انظر Eye

الاصابع العنكبوتية Arachnodactyly

الاصابع العنكبوتية هي حالة خلقية نادرة تكون فيها اصابع اليدين والقدمين طويلة ورفيعة كما يحدث مثلا في متلازمة مارفان (Marfan syndrome).

الأم العنكبوتية Arachnoid mater - انظر meninges

الزغبات العنكبوتية Arachnoid villi

الزغبات العنكبوتية هي أجزاء في الغشاء العنكبوتي بارزة ورفيعة تشبه خصل الشعر الناعم وظيفتها امتصاص السائل النخاعى الشوكى.

الحزمة المقوَسة Arcuate fasciculus

الحزمة المقوَسة هي حزمة من الالياف العصبية في قشرة المخ (cerebral cortex) شكلها يشبه القوس تربط منطقة بروكا (Boca's area) بالفص الجبهي بمنطقة فرنيكي (Wernicke area) بالفص الصدغي. إصابة الحزمة المقوَسة يؤدي الي فقد القدرة علي ترديد الكلام المسموع.

قوس الشيخوخة Arcus senilis

قوس الشيخوخة هو حلقة زرقاء حول القرنية (cornea) تتكون نتيجة ترسب الدهون. في الحالة الطبيعية قوس الشيخوخة يحدث عادة بعد عمر السبعين عام وحدوثه في عمر مبكر يشير الي زيادة الدهون في الدم (primary hyperlipidaemia).

تشويه ارنولد وكياري Arnold-Chiari malformation

انظر Chiari malformation

اضطراب إيقاع ضربات القلب Arrhythmia

اضطراب ايقاع ضربات القلب هو اختلال في انتظام او سرعة دقات القلب سببه خلل في نقل الإشارة الكهربائية الي عضلة القلب. عموما يمكن حصر هذه الاضطرابات في الاتي

1 - خفقات القلب الإضافية (extrasystoles)

2 - الاضطرابات السريعة فوق البُطينية (supraventricular tachycardias) مثلا اهتزاز الأُذين (atrial fibrillation) وارتجاف الأُذين (atrial flutter)

3 - الاضطرابات السريعة البُطينية (ventricular tachyarrhythmias) مثلا اهتزاز البطين (ventricular fibrillation) وضربات القلب السريعة البطينية (ventricular tachycardia)

4 - ضربات القلب البطيئة (bradycardia).

اضطرابات إيقاع ضربات القلب قد لا تُحدث اعراضا ولكن في الحالات الشديدة تسبب الخفقان (palpitations) والم في الصدر وضيق التنفس واحينا دوخة او اغماء (syncope). اضطرابات إيقاع ضربات القلب هي احد أسباب الموت المفاجئ.

شرايين Arteries

الشرايين هي اوعية دموية تحمل الدم المُشبّع بالأوكسيجين (oxygenated blood) من القلب الي أعضاء الجسم المختلفة ماعدا الشريان الرئوي (pulmonary artery) الذي يحمل الدم فقير الاوكسيجين (deoxygenated blood) من القلب الي الرئة.

التشوه الشرياني الوريدي Arteriovenous malformation

التشوه الشرياني الوريدي هو عيب خلقي في تكوين الاوعية الدموية ينتج في اتصال مباشر اي بدون الشعيرات الدموية (capillaries) بين مجموعة من الشرايين والاوردة التي تتسع وتُشكِّل كتلة متشابكة ومتعرجة يتراوح حجمها من مليمترات الي عدة سنتيمترات. التشوهات الشريانية الوريدية في الجهاز العصبي المركزي عادة لا تسبب اعراض مرضية ولكن أحيانا تنفجر وتؤدي الي نزيف في المخ او في النخاع الشوكي ولها أيضا مضاعفات اخري تتضمن الصرع والصداع النصفي والشلل.

تثبيت المفصل Arthrodesis

تثبيت المفصل هو عملية جراحية تتلخص في تكوين التحام بين عظمين مثلا داخل مفصل الكاحل (ankle joint) لعلاج الم شديد ناتج من التهاب او لعلاج كسور متعددة داخل المفصل.

تصلّب المفاصل الخلقي Arthrogryposis

تصلب المفاصل الخلقي هو مرض يسبب تليُّف العضلات وقصرها الذي يؤدي الي نقص في حركة المفاصل. المرض يحدث نتيجة لقلة حركة الجنين في الرحم وأيضا نتيجة العدوي بفيروس زيكا (Zika virus) اثناء الحمل.

تقويم المفصل Arthroplasty

تقويم المفصل هو عملية جراحية لاستبدال مفصل (joint replacement) او لإعادة تشكيلته (joint remodelling) بغرض تحسين وظيفة المفصل او علاج الم مزمن وشديد.

التهوية الاصطناعية Artificial ventilation

انظر mechanical ventilation

دودة الامعاء الخُراطينية Ascaris lumbricoides

دودة الامعاء الخُراطينية هي دودة طفيلية تنتمي لفصيلة الديدان المدورة (nematodes) سميت خراطينية لأنها تشبه ديدان طويلة تعيش في التربة اللينة تسمي خراطين. دودة الامعاء الخُراطينية ايضا تسمي ثعبان البطن. انظر helminths.

استسقاء Ascites

الاستسقاء هو تجمُّع السوائل في التجويف البطني (abdominal cavity) واهم أسبابه هي تليف الكبد (cirrhosis) وفشل القلب الاحتقاني (congestive heart failure) وفشل الكلي وبعض انواع السرطان.

عدوي او التهاب عقيم Aseptic infection

العدوي العقيمة هي عدوي سببها ميكروب غيرالباكتيريا مثلا فيروس او التهاب نتيجة ورم سرطاني او نتيجة مضاعفات بعض الادوية. الالتهاب العقيم لا ينتج قيح.

اسلوب التعقيم Aseptic technique

اسلوب التعقيم في الجراحة هو طريقة تُستخدم لمنع تلوث الجرح بالميكروبات ودخولها الجسم (مثلا عن طريق جهاز طبي ملوث) اثناء عملية جراحية او فحص طبي. اسلوب التعقيم يتضمن تطهير (disinfection) غرفة العمليات وغسل وتطهير يدي الجراح ومساعديه وارتداء ثوب جراحي معقم (surgical gown) وقفازات (gloves) مُعقّمة وتطهير جسم المريض في منطقة العملية وايضا تجنُّب لمس موضع العملية باليد (non-touch technique).

داء الرشاشات Aspergillosis

انظر mycoses

Asphyxia **الاختناق**

الاختناق هو النقص الشديد في الاوكسيجين او الزيادة في ثاني اوكسيد الكربون الذي يؤدي (اذا لم يعالج) الي الغيبوبة والموت. اسباب الاختناق الاساسية هي انسداد المسالك الهوائية والتسمم بأول اوكسيد الكربون (carbon monoxide poisoning) والخنق والغرق.

Aspirin (acetylsalicylic acid) **اسبرين**

الاسبرين هو عقار يستعمل لعلاج الحمي والألم والالتهابات وايضا الجلطة وانسداد الشريان التاجي. اهم مضاعفات العلاج بالاسبرين هي نزيف المعدة والحساسية والطنين (tinnitus).

Assisted reproductive technology **تقنيات التلقيح المساعدة**

تقنيات التلقيح المساعدة هي مجموعة من العمليات الطبية التي تُستعمل عادة لعلاج العقم وتتضمن التخصيب في الانبوب (IVF or in vitro fertilisation) والتلقيح داخل الرحم وطرق اخري.

انظر Fertilisation.

Astereognosis **فقد التعرُف باللمس**

فقد التعرف باللمس هو فقد القدرة علي معرفة الأشياء باستخدام حاسة اللمس وحدها بالرغم من سلامة الاحساس النخاعي المهادي (spinothalamic sensation). فقد التعرف باللمس ينتج من اصابات المخ في الفص الجداري (parietal lobe).

Asterixis **الارتعاش الخافق**

الارتعاش الخافق يحدث عندما يمد المريض يده وتكون اليد منبسطة في مفصل الرسغ. الارتعاش الخافق يشبه اهتزاز جناحي الطائر عندما يحلِّق في الهواء وهو احد اعراض اعتلالات الدماغ (encephalopathies) خاصة الناتجة من فشل الكبد.

Astigmatism **انحراف نقطة البصر**

في الأحوال الطبيعية المنطقة في الشبكية (retina) التي تقع فيها الصورة المرئية تكون مطابقة تماما في كلا العينين مما يؤدي الي اندماج الصورتين (في المخ) وزيادة وضوح الرؤية. انحراف نقطة البصر هو عدم التحام الصورة المرئية نسبة لعدم تطابق منطقة الانكسار الضوئي (light refraction) ووقوع الصورة المرئية في العينين في مناطق متباينة. نتيجة ذلك هي عدم وضوح الرؤية. سبب انحراف نقطة النظر هو خلل خلقي (congenital) في بنية كرة العين وشكل القرنية (cornea) وعدسة العين (lens).

Asystole **توقف انقباض عضلة القلب**

Ataxia **الرنح**

الرنح هو فقد القدرة علي تنسيق الحركة الارادية (motor coordination) مما يؤدي الي انجاز الحركة المقصودة بصعوبة او بطريقة غير مُتقنة. في حالات الإصابات الشديدة يعجز المريض تماما عن انجاز الحركة. الرنح ينتج من إصابات المخيخ او اختلال الحس العميق (proprioception) او امراض الجهاز الدهليزي (vestibular system).

Atelectasis **انكماش الرئة**

انكماش الرئة هو تقلّص الرئة او جزء من الرئة. التقلص يؤدي الي خلو الاكياس الهوائية (alveoli) تماما من الهواء وبالتالي الي انعدام تبادل الغازات (gas exchange) في الجزء المصاب. أسباب انكماش الرئة تتضمن انسداد الشُعب الهوائية مثلا بورم او بجسم غريب والسل الرئوي ومضاعفات التخدير العام (general anaesthesia) وأيضا ضغط الرئة من الخارج مثلا بإفراز الغشاء الجانبي (pleural effusion).

Athetosis **انقباض العضلات المُتبدِّل (او الكَنع العضلي)**

انقباض العضلات المتبدل (الكنع العضلي) هوحركات لإرادية بطيئة وغير منتظمة عادة في الأصابع والايدي والارجل سببها إصابات العقد القاعدية (ganglia basal) . المصطلح مستمد من اللغة الاغريقية القديمة ومعناه "وضع غير ثابت". في كثير من الأحيان انقباض العضلات المتبدِل يحدث مع الرقصة (chorea) وفي هذه الحالة يُسمي الكنع الرقصي (choreoathetosis)

Atherosclerosis **تصلب الشرايين**

تصلب الشرايين هو انحسار (degeneration) الشرايين الكبيرة ومتوسطة الحجم الذي يحدث عادة بعد العقد الخامس او السادس من العمر ويتصف بترسب الدهون في حائط الشرايين الذي يؤدي الي تلفها وضيقها.

Athlete's foot **قدم الرياضي**

انظر tinea pedis

Atom **ذرَة (جمعها ذرات أو ذر)**

الذرة هي أصغر جزء من أي عنصر كيميائي تتكون منه المادة ولا يمكن أن يُقسَّم الي أجزاء أخرى.

Atopognosis **عدم معرفة موضع الإحساس**

عدم معرفة موضع الإحساس هو حالة مرضية يفقد فيها المريض القدرة علي تحديد الموضع عندما يلمس جسمه بالرغم من سلامة السبيل النخاعي المهادي (spinothalamic tract). عدم معرفة موضع الإحساس تنتج من إصابة المخ في منطقة الفص الجداري (parietal lobe)

الحساسية المفرطة الوراثية Atopy

الحساسية المفرطة الوراثية هي القابلية الموروثة لإنتاج رد فعل مناعي لأشياء عادة لا تسبب استجابة مناعية (immune response) مثلا التعرض للقاح الزهور او تناول بعض الأطعمة اوالادوية.

انسداد خلقي Atresia

الانسداد الخلقي هو نتيجة خلل اثناء الحمل في بنية فتحة طبيعية او قناة في جسم الجنين. الانسداد قد يكون كاملا او جزئيا.

اهتزاز الأذين Atrial fibrillation

اهتزاز الاذين هو احد اضطرابات إيقاع ضربات القلب (heart rhythm) وأكثرها شيوعا. اهتزاز الاذين ينتج من الامراض التي تُسبب اتساع الاذين (atrium) وتليفه (fibrosis) واختلال وظائف بعض خلاياه. الخلايا المختلة تولد إشارات كهربائية غير منسجمة تؤدي الي تقلصات عضلات القلب بصورة غير منتظمة وعشوائية وتكون عادة مصحوبة بزيادة في سرعة ضربات القلب. اهتزاز الاذين قد يحدث في نوبات متكررة (paroxysmal atrial fibrillation) او بصورة دائمة واسبابه تتضمن ضيق الصمام القلنسوي (mitral stenosis) وارتفاع ضغط الدم ومرض الشريان التاجي (coronary heart disease).

ارتجاف الاذين Atrial flutter

ارتجاف الاذين هو اضطراب في إيقاع ضربات القلب (cardiac rhythm) سببه إشارات كهربائية ناشئة في الاذين خارج العقدة الجيبية (sinus node). تقلصات الاذين الناتجة من هذه الإشارات تكون منتظمة في اغلب الأحيان وسرعتها تتراوح بين 250 و 350 ضربة في الدقيقة. عادة إشارة كهربائية واحدة من كل اشارتين او ثلاثة او أربعة تصل البُطين ولذلك نسبة سرعة تقلصات عضلات الاذين الي سرعة تقلصات عضلات البطين تكون 2:1 او 3:1 او 4:1

الورم المخاطي الأذني Atrial myxoma

الورم المخاطي الأذني هو ورم حميد ينمو عادة في جدار الأُذين الايسر (left atrium) في القلب.

عيب حائط الاذين Atrial septal defect

عيب حائط الاذين هو ثقب في الحائط الذي يفصل اذين القلب الايمن من الاذين الايسر وهو عيب خلقي (congenital). المرض يؤدي الي احتقان الرئة وفشل القلب الاحتقاني (congestive heart failure) عندما يكون الثقب كبيرا يُمكِّن تدفق كمية كبيرة من الدم من الاذين الايسر الي الاذين الأيمن.

التهاب المعدة الضموري Atrophic gastritis

انظر Gastritis

ضمور الخلايا والأعضاء Atrophy

الضمور هو حالة يصغر فيها حجم الخلايا والأعضاء وتضعف وظائفهم دون ان تتغير بنيتهم.

اضطراب نقص الانتباه والحركة الزائدة Attention deficit and hyperactivity disorder

اضطراب نقص الانتباه والحركة الزائدة هو سلوك غير طبيعي يبدأ عادة في مرحلة الطفولة المبكرة ويؤدي الي ضعف التركيز وقلة الانتباه والاندفاع وزيادة الحركة وعدم مقدرة الطفل علي التحكم علي سلوكه. شروط تشخيص هذه الحالة هي – أولا يجب ان تحدث الاعراض في اكثر من بيئة واحدة (مثلا في المنزل وفي المدرسة) وثانيا يجب ان تستمر الاعراض لستة اشهر او اكثر.

قياس السمع Audiometry

قياس السمع هو اختبار طبي يُستعمل لتقييم وظيفة السمع بجهاز معين (audiometer). يمكن عن طريق هذا الاختبار قياس شدة الصوت (درجة ارتفاع الصوت التي يسمعها المريض) ونغمة الصوت (سرعة اهتزاز الموجات الصوتية) وأيضا التمييز بين الكلام والضوضاء الناتجة في البيئة اي الضوضاء الخلفية (background noise)

القناة السمعية Auditory canal

القناة السمعية أيضا تسمي انبوبة يوستاجي (Eustachian tube) هي قناة صغيرة تُوصِّل الاذن الوسطي بالجزء الاعلى من الحلقوم (pharynx) وظيفتها المحافظة علي توازن الضغط في جانبي طبلة الاذن.

نذير Aura

النذير هو احد الاعراض التي تسبق بعض نوبات الصرع (epileptic seizures) بفترة وجيزة وتشمل الإحساس برائحة كريهة او طعم غير مألوف او حركة غريبة في المعدة.

الاستماع Auscultation

الاستماع هو التصنُّت (عادة بالسماعة الطبية - stethoscope) الي دقات القلب وحركة الهواء في الرئة والبطن بغرض تشخيص الامراض.

التوحُد Autism

التوحد (بضم وتشديد الحاء) او مرض الانشغال بالذات هو اختلال في النمو العصبي ينتج من عوامل وراثية وبيئية. مميزات المرض الأساسية هي:

1 – الانعزالية.

2 - ضعف او عدم المقدرة علي تكوين علاقات اجتماعية مع الاخرين.

3 – عجز في فهم واستعمال اللغة (مثلا استعمال كلمات في غير معناها الطبيعي) وترديد الكلمات والعبارات التي ينطقها شخص اخر (echolalia) والصمت.

4 – اضطرابات السلوك التي تتضمن السلوك القهري (compulsive behaviour) وتكرار حركة معينة بصورة دائمة ومقاومة التغيير والانشغال الدائم بسلوك واحد مثلا الإصرار دائما علي لعبة واحدة.

5 – نقص الذكاء في اغلبية المصابين (في حوالي 3% من المصابين بالتوحد الذكاء يكون اعلي من المتوسط).

الجسم الذاتي المضاد Autoantibody

الجسم الذاتي المضاد هو بروتين مناعي (immunoglobulin) ينتجه الجسم ضد نفسه وهو سبب امراض المناعة الذاتية (autoimmune diseases).

الرقعة الذاتية Autograft

انظر skin graft

امراض المناعة الذاتية Autoimmune diseases

امراض المناعة الذاتية هي مجموعة من الامراض يُنتج فيها المريض اجسام مضادة (antibodies) ضد احد اعضائه او ضد عدد من أعضائه. سبب هذه الامراض هو خلل في مُركّب توافق الانسجة الكبير (major histocompatibility complex)

السلوك الحركي التلقائي Automatism

السلوك الحركي التلقائي هو سلوك غير مقصود قد يتم اثناء اليقظة او النوم بدون وعي المريض وعادة يستمر فترة وجيزة يظل الفرد بعدها غير مُدرك لما حدث مثلا المشي اثناء النوم. السلوك الحركي التلقائي يحدث في بعض حالات الصرع (epilepsy) وأحيانا في حالات النقص الشديد في سكر الجلكوز في الدماغ. (neuroglycopenia)

خلل المنعكسات المستقلة Autonomic dysreflexia

خلل المنعكسات المستقلة هو احد المضاعفات الخطيرة لإصابات النخاع الشوكي الرضخية (spinal cord injuries) فوق مستوي القسم السادس (T6) وسببها إثارة الجهاز العصبي المنسِّق (sympathetic nervous system). اعراض خلل المنعكسات المستقلة الرئيسية هي ارتفاع شديد في ضغط الدم مع انخفاض في عدد ضربات القلب وصداع شديد مصحوب بإحمرار الجلد في اعلي الصدر والعرق الغزير. استمرار هذه الحالة بدون علاج قد يؤدي ألي نوبات الصرع ونزيف في المخ.

الجهاز العصبي الذاتي (المستقل) Autonomic nervous system

الجهاز العصبي الذاتي هو جزء من الجهاز العصبي المحيطي (peripheral nervous system) وظيفته تنظيم وظائف الجسم اللإرادية مثلا التنفُس والدورة الدموية وتقلُص العضلات الملساء في المثانة ... الخ. الجهاز يسمي ذاتي او مستقل لأنه لا يخضع لتحكّم قشرة المخ. ينقسم الجهاز العصبي الذاتي الي جزئين:

1 - الجهاز العصبي المنسِّق (sympathetic nervous system)

2 - الجهاز العصبي نظير المنسِّق (parasympathetic nervous system)

تشريح الجثة
Autopsy

تشريح الجثة هو فتح جسم الميت وفحصه بغرض تحديد سبب وظروف وطريقة الموت عادة في الحالات الجنائية او للبحث العلمي او التعليم.

اختلال وراثي جسدي سائد
Autosomal dominant disorder

الاختلال الوراثي الجسدي السائد هو حالة تُكتسب فيها الصفة الوراثية من الصبغيات الجسدية (somatic chromosomes) من الاب أو من الأم واحتمال حدوثها 50%. نقل الصفة الوراثية عن طريق الصبغيات الجنسية يسمي اختلال وراثي مرتبط بالجنس (sex-linked).

اختلال وراثي جسدي منحي
Autosomal recessive disorder

الاختلال الوراثي الجسدي المنحي هو حالة تُكتسب فيها الصفة الوراثية من الصبغيات الجسدية من الاب ومن الأم معا واحتمال حدوثها 25 %.

مِحور
Axon

المحور هو جزء من خلية الجهاز العصبى (neuron) يشبه الخيط ويمتد من جسم الخلية الي المشبك العصبي (synapse) ووظيفته نقل معلومات (أو تعليمات) الي خلايا عصبية أخرى او للعضلات او الغدد عن طريق موجات كهربائية تعرف بالطاقة المُحرِكة (action potential).

B

لقاح الدرن
Bacille Calmette-Guerin (BCG)

لقاح الدرن او باكتيريا كالمت وقورين (مكتشفيه) هو لقاح مصنوع من باكتيريا السل البقري (bovine mycobacterium). لقاح الدرن (عادة يختصر الي BCG) يُعطي للاطفال في المناطق التي ينتشر فيها السل للحماية من المرض. الحماية تدوم في المتوسط اكثر من عشرة سنوات.

الباكتيريا شبيهة العصا
Bacillus

تلوُّث الدم بالباكتيريا
Bacteraemia

تلوث الدم بالباكتيريا هو تواجد الباكتيريا في الدم. الباكتيريا تدخل الدم في اكثر الأحيان اثناء عملية طبية مثلا ادخال قسطرة في المثانة. تلوث الدم بالبكتيريا عادة يدوم فترة قصيرة ولا يُحدث اعراض مرضية ولكن في بعض الحالات يسبب عدوي في عضو من الأعضاء مثلا التهاب الشغاف (endocarditis) خاصة عندما تكون صمامات القلب تالفة من قبل.

Bacteria **باكتيريا**

الباكتيريا (أيضا تسمي الجراثيم – germs) هي كائنات حية دقيقة (microorganisms) مكونة من خلية واحدة ولا يمكن رؤيتها بالعين المجردة ولها اشكال عـُدّة. تختلف الباكتيريا من الفيروسات في انها تتكاثر بالانقسام. بعض الباكتيريا ضار ويسبب العدوي وبعضها نافع. تـُقسّم البكتيريا حسب شكلها الي خمسة مجموعات:

(1) الباكتيريا كروية الشكل (cocci مفردها coccus) مثلا streptococcus

(2) البكتيريا شبيهة العصا (bacilli مفردها bacillus)

(3) الباكتيريا التي تشبه العصا المنحني (vibrios)

(4) الباكتيريا حلزونية الشكل (spirilla مفردها spirillus)

(5) اللولبيات او الباكتيريا ملتوية الشكل (spirochetes)

الباكتيريا أيضا تصنف حسب بنية حائط خلاياها الي باكتيريا إيجابية القرام (Gram positive bacteria) وباكتيريا سلبية القرام (Gram negative bacteria). انظر Gram stain

Bacteriophage **مُلتهم الباكتيريا**

ملتهم الباكتيريا هو فصيلة من الفيروسات تتواجد بكثرة في جسم الانسان وتقتل الباكتيريا الضارة. ملتهم الباكتيريا يستعمل في بعض الاقطار كبديل للمضادات الحيوية.

Balanitis **التهاب حشفة القضيب**

التهاب حشفة القضيب هو احمرار والم في الحشفة أي رأس القضيب (glans penis) والقلفة (foreskin) وعادة يكون مصحوبا بإفراز كريه الرائحة.

Barium enema **حقنة الباريوم الشرجية**

حقنة الباريوم الشرجية هي فحص طبي يستعمل لتشخيص امراض القولون ويتكون من حقن مادة الباريوم في الشرج واخذ صور بالاشعة السينية. استعمال حقنة الباريوم الشرجية اصبح قليلا نسبة لانتشار طرق تشخيص حديثة وافضل مثلا الموجات الصوتية (ultrasound) والتصوير المقطعي (tomographic scans) ومنظار القولون (colonoscopy).

Barium meal **وجبة الباريوم**

وجبة الباريوم هي فحص طبي يستعمل لتشخيص امراض الجهاز الهضمي العلوي فيه يشرب المريض مادة الباريوم وتؤخذ صور بالاشعة السينية.

Barotitis media (or aerotitis) **التهاب الاذن الوسطي الضغطى**

التهاب الاذن الوسطي الضغطى هو تمزّق والتهاب انسجة الاذن الوسطي الذي ينتج من فرق بين الضغط داخل الاذن الوسطي والضغط في الهواء او الماء المحيط بالجسم كما يحدث مثلا عند صعود وهبوط الطائرة او الغوص العميق في البحار. اعراض التهاب الاذن الوسطي الضغطى هي فقد السمع والدوار (vertigo).

Baroreceptors **مستقبلات الضغط**

مستقبلات الضغط هي خلايا حسية تتواجد في الجيب السُباتي (carotid sinus) ووظيفتها هي الاحساس بدرجة تمدد جدار الشريان السباتي الناتج من مرور الدم فيه ونقل هذه المعلومة للمخ لتنظيم ضغط الدم.

Basal ganglia **العُقد القاعدية**

العقد القاعدية هي مجموعة من الكُتل العصبية تحت قشرة المخ (cerebral cortex) وظائفها تنظيم الحركة الارادية والسلوك العاطفي والذاكرة وتشمل المادة السوداء (substantia nigra) والنواة الذنبية (caudate nucleus) والكرة الشاحبة (globus pallidus) والنواة البُطمِيّة (putamen) .

Barotrauma **الرضخ الضغطي**

الرضخ الضغطي هو التمدد السريع في انسجة الجسم وتلفها نسبة لوجود فرق في الضغط بين فراغ غازي داخل الجسم والبيئة المحيطة بالجسم.

Bell's (or facial) palsy **شلل بيل**

شلل بيل (ايضا يسمي شلل الوجه النصفي) هو ضعف عضلات النصف الايمن او االايسر من الوجه الناتج من اصابة العصب القحفي السابع او عصبونه (nucleus) في جذع المخ.

Benign **حميد**

انظر tumours

Benign positional vertigo **الدوار الوضعي الحميد**

الدوار الوضعي الحميد هو دوار شديد يستمر اقل من دقيقة واحدة ويحدث من وقت لآخر ودائما عندما يكون رأس المريض في وضع معين. الدوار عادة يكون مصحوبا برجرجة حدقة العين (nystagmus).

Beriberi **بريبري**

بيريبيري هو مرض مزمن ينتج من نقص فيتامين ب1 (B1) ويسبب ضعف شديد ونقص في الوزن وبالاضافة الي ذلك يسبب اعتلال الاعصاب المحيطية (peripheral neuropathy) وفي هذه الحالة يسمي بيريبيري جاف (dry beriberi). في بعض الحالات المرض يسبب فشل القلب الاحتقاني ويسمي بيريبيري لين (wet beriberi). (معني كلمة بيريبيري في اللغة الهندية السنهالية هو "لا استطيع – لا استطيع" والمقصود الضعف الشديد).

Biceps femoris muscle **العضلة ثنائية الرؤوس الفخذية**

انظر hamstring muscles

Bile
الصفراء (أو عُصارة المرارة)
الصفراء هي سائل اصفر اللون مُكوّن من ماء واملاح مختلفة وكوليسترول وبيليروبين (bilirubin) تفرزه الكبد وتخزنه المرارة (gall bladder) وظيفته هضم المأكولات الدهنية.

Bilirubin
بيليروبين
الترجمة الحرفية هي "احمر الصفراء" ولكن كلمة بيليروبين اكثر استعمالا في المراجع العربية وشائعة في الاوساط الطبية. البيليروبين هو مادة برتقالية اللون تنتج من تحطيم كرويات الدم الحمراء التالفة وتفرزها الكبد في الصفراء (bile) بعد فصلها من بروتينات الدم وتحويلها لمادة ذائبة في الماء. تم إزالة البيليروبين من الجسم في البراز والبول. كمية البيليروبين في الدم هي 17-20 μmol/l وذلك يعادل 1.0 – 1.2 mg/dl والزيادة عن ذلك (-hyper bilirubinaemia) تحدث في امراض الكبد والمرارة وفي حالات انحلال الدم (haemolysis). البيليروبين عادة لا يوجد في البول في الحالات الطبيعية الا بكمية ضئيلة جدا.

Bilirubinuria
افراز البيليروبين في البول
افراز البيليروبين في البول يحدث في امراض الكبد وامراض المرارة (gall bladder) وتحلل الدم (haemolysis).

Bioavailability (of a drug)
التواجد الحيوي (للدواء)
التواجد الحيوي هو لفظ يستعمل في علم الادوية ويعني النسبة من جرعة الدواء التي تصل الدورة الدموية. (جزء من الجرعة دائما يُفقد اثناء امتصاص الدواء الا في حالة إعطائه في الوريد). التواجد الحيوي يعتمد علي عوامل كثيرة مثلا طريقة تناول الدواء وتركيبته الكيمائية وعمر المريض.

Bioequivalence
التعادل الحيوي
التعادل الحيوي في علم الصيدلة هو تساوي دواء مع دواء اخر في كمية المكوِّنات النشطة (active ingredients) المتاحة في منطقة نشاط الدواء في حالة إعطاء الدواءين في نفس الجرعة وبنفس الطريقة.

Biofeedback
الاسترجاع الحيوي
الاسترجاع الحيوي هو طريقة للتحكم علي بعض وظائف الجسم غير الارادية (مثلا سرعة ضربات القلب او التنفس او الاحساس بالالم) عن طريق استخدام تقنية لتوفير معلومات عن تلك الوظائف واستخدام المعلومات لتحسين وظيفة جسدية معينة او لعلاج حالة مرضية مثلا القلق والصداع النصفي والالم المزمن.

Bipolar disorder
الاضطراب النفسي ذو القطبين
كلمة قُطب تستعمل هنا مجازا لأن المرض يحدث في دورات عكسية ومتناوبة: الاكتئاب (depression) مرة والاختلال العقلي (mania) مرة اخري. الاضطراب النفسي ذو القطبين أيضا يسمي ذُهان الاختلال العقلي والاكتئاب التناوبي (manic-depressive psychosis).

عينة Biopsy

العينة هي انسجة وخلايا حية أخذت من الجسم بعملية جراحية عادة لفحصها تحت المجهر.

وزن الطفل عند الولادة Birth weight

متوسط وزن الطفل عند الولادة بعد فترة الحمل الكاملة هو 3.2 كيلوجرام. وزن الطفل يعتبر منخفض (small for gestational age) اذا قل عن 2.5 كيلوجرام بعد فترة الحمل الطبيعية او اذا كان اقل من النسبة المئوية العاشرة (10th percentile) بالنسبة لمدة الحمل. اسباب الوزن المنخفض هي مرض الام (مثلا مرض السكري والاكلامبسيا) ومرض الطفل (مثلا العدوي بداء المقوسات القُندية – toxoplasmosis). يُعتبر وزن الطفل كبيرا (large for gestational age) اذا زاد عن 4.5 كيلوجرام او زاد عن النسبة المئوية التسعين (90th percentile) بالنسبة لمدة الحمل. انخفاض الوزن وأيضا زيادة الوزن قد ينتج من عوامل وراثية.

سرطان الخلايا الطليعية Blastoma

انظر anaplasia

التهاب الجفن Blepharitis

اعراض التهاب الجفن هي تورم الجفن واحمراره ووجود قشور وقرح في اطرافه وأيضا احمرار العين.

انقباض الجفن اللإرادي Blepharospasm

انقباض الجفن اللإرادي هو نوع من اختلال تقلص العضل السلبي (dystonia) الذي يؤدي الي صعوبة او عدم القدرة علي فتح العين.

فقاعة Blister

الفقاعة (بضم الفاء) هي كيس يحتوي علي مصل ويوجد في سطح الجلد وقطره يزيد عن نصف السنتيمتر. (الفقاعة تشبه الحُويصلة - vesicle - ولكنها اكبر).

الحاجز الدموي الدماغي Blood-brain barrier

الحاجز الدموي الدماغي هو طبقة من الخلايا بين الدورة الدموية والجهاز العصبي المركزي وظيفتها منع بعض المواد اذا دخلت الدم (مثلا الباكتيريا) من العبور الي المخ والنخاع الشوكي.

Blood groups
فصائل الدم

فصائل الدم هي أنواع الدم حسب التصنيف المبني علي خصائص الدم المناعية الموروثة. (كرويات الدم الحمراء تحمل علي سطحها جزئيات قادرة علي تحفيز استجابة مناعية. هذه الجزئيات تسمي مولدات المضاد – antigens ومصل الدم يحتوي علي اجسام مضادة موروثة – antibodies). طبقا لهذا التصنيف أنواع الدم تنحصر في أربعة فصائل
1 – فصيلة A - (الجسم المضاد B ومُولِّد المضاد A)
2 – فصيلة B - (الجسم المضاد A ومولد المضاد B)
3 – فصيلة AB - (في هذه الفصيلة لا توجد اجسام مضادة ولكن توجد مولدات المضاد A و B)
4 - – فصيلة O – (في هذه الفصيلة لا توجد مولدات المضاد ولكن توجد اجسام مضادة A وB).
بالإضافة الي ذلك دم بعض الأشخاص يحتوي علي بروتين مناعي اخر يسمي عامل ريزوس (Rhesus factor) وفي هذه الحالة فصيلة الدم تسمي ريزوس إيجابية (Rhesus positive). في حالة عدم وجود عامل ريزوس في الدم الفصيلة تسمي ريزوس سلبية (Rhesus negative). نقل الدم يتطلب تطابق فصيلة دم المتبرع والمتلقي.

Blood pressure (BP)
ضغط الدم

ضغط الدم هو الضغط علي جدار الشريان الذي يُحدثه اندفاع الدم الناتج من انقباض البُطين الايسر (systole) وانبساطه (diastole) وقيمته تتأثر بقوة تقلصات البطين الايسر ومرونة وحجم الشريان. العُرف المُتّبع في كتابة قيمة ضغط الدم هو الآتي: ضغط الدم الناتج من انقباض البطين / ضغط الدم الناتج من انبساط البطين systolic BP/ diastolic BP). ضغط الدم الطبيعي اثناء الراحة هو 120/80 مليميتر زئبقي اذا كان عمر الشخص بين 18 و 59 سنة او 130/90 اذا زاد عمره عن ذلك.

Body Mass Index (BMI)
مؤشر كتلة الجسم

انظر obesity

Botulism
التسمم السُجقي

التسمم السجقي هو مرض تسببه باكتيريا تسمي الباكتيريا المغزلية السُجقية (clostridium botulinum). هذه الباكتيريا تفرز سم يمنع نقل الإشارة العصبية من العصب الي العضلات. تكون الإصابة بأكل طعام يحتوي علي الباكتيريا او نتيجة تلوث جرح بالباكتيريا. يبدأ المرض عادة بشلل عضلات الوجه ثم ينتقل الي العضلات الأخرى. (اسم المرض مشتق من الكلمة اللاتينية (botulinus) ومعناها سُجق لان الباكتيريا عند اكتشاف المرض وُجدت في السجق. السجق او السجوك هو مصران مملوء باللحم المفروم). انظر clostridia.

Bowel strangulation
اختناق الامعاء

اختناق الامعاء هو انقطاع جريان الدم في جزء من الامعاء ونخرها وهو احد مضاعفات انسداد الامعاء (intestinal obstruction).

Brachial plexus — الضفيرة العضدية

الضفيرة العضدية (او ضفيرة اعصاب الذراع) هي شبكة من الاعصاب في اسفل الرقبة والابط تنشأ من الجذوع الامامية للاعصاب الشوكية الامامية الرقبية الخامس والسادس والسابع والثامن (C5-C8) والجذع الصدري الاول (T1). ضفيرة اعصاب الذراع تزوّد الطرف العلوي (upper limb) وتتكون من ثلاثة اجزاء –

1 – الحبل الخلفي (posterior cord) – يتكون من الياف من الجذوع C5-8 و T1 ويزود عضلات الصدر واعلي الظهر وايضا يكوِّن عصب عصا الساعد (radial nerve).

2 – الحبل الجانبي (lateral cord) – يتكون من الجذوع C5-C7 ويكون العصب العضلي الجلدي (musculocutaneous nerve) وجزء من العصب المتوسط (median nerve).

3 – الحبل الوسطي (medial cord) – يتكون من الجذوع C8,T1 ويكون جزء من العصب المتوسط والعصب الزندي (ulnar nerve) بالاضافة الي اعصاب صغيرة اخري.

Bradycardia — بُطأ ضربات القلب

بطأ ضربات القلب هو ضربات قلب الشخص البالغ التي تقل عن 60 ضربة في الدقيقة الواحدة اثناء اليقظة.

Bradykinesia — بُطأ الحركة

بطأ الحركة يحدث طبيعيا في الشيخوخة وايضا في مرض باركينسون (Parkinson's disease) وامراض اخري.

Brain — الدماغ

الدماغ هو الجزء من الجهاز العصبي المركزي الذي يتحكم في كل وظائف الجسم. الدماغ يتكون من المخ (cerebrum) والمخيخ (cerebellum) وجذع الدماغ (brainstem). خلايا الدماغ (neurons) تسمي المادة الرمادية (grey matter). المحاور (axons) والزوائد المتشجرة (dendrites) تعرف بالمادة البيضاء (white matter).

Brainstem — جذع الدماغ

جذع الدماغ يتكون من الجسر (pons) والدماغ الأوسط (midbrain) والنخاع المستطيل (medulla oblongata) ويحتوي علي خلايا تحافظ علي الوعي وخلايا الاعصاب القحفية (cranial nerves) ماعدا العصب الأول والثاني كما يحتوي علي الالياف العصبية الحركية النازلة من المخ والالياف الحسية الصاعدة اليه.

Brainstem death — موت جذع الدماغ

موت جذع الدماغ هو فقد الوعي التام وفقد القدرة علي التنفس الناتجة من مرض او اصابة في جذع الدماغ لا شفاء منها. في بريطانيا وبعض الدول الاخري يعتبر الشخص ميتا في حالة موت جذع الدماغ بصرف النظر عن وجود علامات الحياة الاخري اذا استوفيت الشروط الاتية –

1 – سبب تلف جذع الدماغ معروف ونهائي (لا يمكن الشفاء منه).

2 – استثناء انخفاض حرارة الجسم المركزية (hypothermia) والادوية التي تسبب فقد الوعي واضطرابات التمثيل الغذائي (metabolic disorders).

3 – فقد انعكاسات جذع الدماغ (brainstem reflexes).
(لاحظ ان الولايات المتحدة الامريكية ودول اخري لا تقبل تعريف الموت المذكور اعلاه).

سرطان الثدي Breast carcinoma

سرطان الثدي هو اكثر أنواع السرطان حدوثا في المرأة واعراضه تتضمن تغيير في شكل او حجم الثدي وظهور ورم فيه وإفرازات من حلمة الثدي وانقلاب الحلمة وظهور تجاعيد في جلد الثدي ونادرا الم في الثدي. تضخم الغدد الليمفاوية في الابط هو عادة اول علامات انتشار سرطان الثدي. حدوث سرطان الثدي يزيد مع تقدم العمر والسمنة والزيادة المزمنة في هورمون الاستروجين. حدوث سرطان الثدي في الرجال نادر جدا.

أصوات التنفس Breath (or respiratory) sounds

اصوات التنفس هي أصوات ناتجة من حركة الهواء في الرئة والمسالك الهوائية يمكن التقاطها بالسماعة الطبية وهي – في الأحوال الطبيعية – نوعان

(1) أصوات التنفس الحُويصلية (vesicular breath sounds) وهي تتصف بأن الصوت أطول اثناء استنشاق الهواء (inspiration) بالمقارنة لمدته اثناء الزفير (expiration) ويكون متواصل ولا ينقطع في مرحلة الانتقال من الاستنشاق الي الزفير. أصوات التنفس الحويصلية تسمع في كل أجزاء الرئة.

(2) أصوات التنفس الشُعبي (bronchial breath sounds) تُسمع فوق القصبة الهوائية والشعب الهوائية وتختلف عن أصوات التنفس الحويصلية في ان طول الصوت يتساوى اثناء الاستنشاق والزفير ويكون بينهما فاصل زمني في فترة الانتقال من الاستنشاق الي الزفير.

مجيئ الجنين بمؤخرته Breech presentation

في حالات الحمل الطبيعية يكون وضع رأس الجنين في اتجاه فتحة المهبل وهو الجزء الذي يخرج أولا اثناء الولادة. هذه الحالات تسمي مجيئ الجنين برأسه (cephalic presentation). في اقل من 5% من الحالات مؤخرة الجنين (بدلا من رأسه) تواجه المهبل وتكون في المقدمة اثناء الولادة. الولادة المهبلية (vaginal delivery) في كثير من هذه الحالات تشكل خطورة علي الجنين وعلي الام.

بولص بروكا Broca, Paul (1824-1880)

بولص بروكا هو جراح فرنسي في القرن التاسع عشر. اهم مساهمات بروكا العلمية هي اكتشاف مركز اللغة في التلفيف السفلي بالفص الجبهي (عادة الايسر) الذي يسمي أيضا منطقة بروكا

الربو Bronchial asthma

الربو هو مرض مزمن يتصف بنوبات ضيق التنفس (dyspnoea) المصحوبة بالصفير (wheeze) والسعال. الحالات الشديدة قد تؤدي الي انخفاض شديد في الاوكسيجين في الدم (hypoxaemia) والسكتة القلبية (cardiac arrest). الاعراض تنتج من ضيق الشعب الهوائية نسبة لتقلصاتها (bronchospasm) وتورم اغشيتها المخاطية وافراز مخاط لزج. الربو هو احد امراض الحساسية وعادة يصيب الذين يعانون من الحساسية الموروثة المفرطة (atopy). النوبات تحدث بعد التعرض لاحد مسببات الحساسية (allergens) مثلا لقاح الزهور والقراد المحمول في الغبار (dust mite).

Bronchial breath sounds — أصوات التنفس الشُعبي
انظر breath sounds

Bronchiectasis — توسُّع الشُعب الهوائية
توسع الشعب الهوائية هو مرض مزمن يتميز بتوسع دائم في الشعب الهوائية متوسطة الحجم واعراضه تتضمن السعال والبلغم وسعال الدم (haemoptysis) وصعوبة التنفس وغلظة رأس الأصابع (clubbing) والحمي والعرق الغزير وفقد الشهية ونقص الوزن. اكثر أسباب توسع الشعب الهوائية حدوثا هي التليُّف الكيسي (cystic fibrosis) وعدوي الرئة المزمن مثلا السل الرئوي.

Bronchopneumonia — الالتهاب الشعبي الرئوي
الالتهاب الشعبي الرئوي هو مرض حاد يبدأ بالتهاب الشعب الهوائية (bronchi) نتيجة عدوي عادة بالبكتيريا ثم ينتشر الي الرئتين ويسبب تصلب (consolidation) في مناطق متعددة خاصة في الجزء الأسفل من الرئة.

Bronchoscopy — فحص جهاز التنفس بالمنظار
فحص جهاز التنفس بالمنظار هو عملية طبية تتلخص في ادخال منظار صلب (rigid endoscope) او منظار مرن (fibro-optic endoscope) في المسالك الهوائية ودفعه الي الرئة بغرض تشخيص او علاج امراض جهاز التنفس.

Bronchus (bronchi الجمع) — شعبة هوائية
انظر Respiratory system

Brucellosis — داء البروسيليّات
كلمة البروسيليات مشتقة من اسم الطبيب البريطاني ديفد بروس (David Bruce) الذي اكتشف الباكتيريا مسببة هذا المرض فسميت الباكتيريا brucella والمرض brucellosis على شرفه. داء البروسيليات يعرف أيضا بأسماء اخري مثلا الحمي المالطية او حمي البحر الأبيض المتوسط او الحمي المتموجة (undulating fever). المرض ينتقل الي الانسان من الغنم والخرفان والخنازير وحيوانات اخري عن طريق شرب لبن الحيوان المصاب او اكل لحمه وأيضا عن طريق لمس افرازات الحيوان المصاب. اعراض المرض الأساسية هي حمي مزمنة والم في المفاصل والعضلات وصداع وعرق واحساس شديد بالتعب.

Bulbar palsy — الشلل البصلي
الشلل البصلي هو مجموعة اعراض وعلامات مرضية تنتج من إصابة الاعصاب القحفية (cranial nerves) رقم 9 الي 12 او عصبوناتها. (البصلة هي اسم قديم للنخاع المستطيل – medulla oblongata).

شراهة الأكل المرضية Bulimia nervosa

شراهة الاكل المرضية هي مرض نفسي مجهول السبب اهم خصائصه ان المريض – من وقت لآخر – يأكل كمية كبيرة من الطعام بشراهة وبسرعة ثم يحاول ان يتخلص من ما اكله بالاستفراغ عمدا واحيانا باستعمال الادوية المسهلة.

فقاعة كبيرة Bulla

انظر vesicle

حزمة هيس Bundle of His

انظر heart conducting system

حروق Burns

الحروق تنتج من تعرض الجلد لحرارة عالية (نار او سوائل ساخنة). اسباب الحروق الأخرى هي المواد الكيمائية والاشعة فوق البنفسجية (ultra violet rays) وصعقات الكهرباء. اعراض الحروق تعتمد علي شدة الحرق ومدي انتشاره في الجسم. الحروق الطفيفة تغطي 10% من مساحة الجلد او اقل وتسبب احمرار والم. في حالة الحروق متوسطة الشدة المساحة المصابة من الجلد تتراوح بين 11% و20% وعادة تسبب فقاقيع كبيرة (blisters) في الجلد بالإضافة الي احمرار والم شديد. تعتبر الحروق شديدة اذا أحدثت تلف في كل طبقات الجلد وما تحتها من الانسجة او اذا زادت مساحة الجلد المصاب عن 20%.

كيس زلالي Bursa

الكيس الزلالي هو كيس صغير مملؤ بسائل لزج يتواجد بين العظام والأوتار (tendons) وفي المفاصل. وظيفة الاكياس الزلالية هي تسهيل الحركة وتقليل الاحتكاك بين العظام.

C

ضمور كتلة الجسم Cachexia

ضمور كتلة الجسم هو فقد الوزن والضمور الشديد في العضلات (كتلة الجسم) الذي يصاحب المراحل الأخيرة من الامراض الخطيرة كالسرطان وفشل القلب الاحتقاني (congestive heart failure). ضمور كتلة الجسم يختلف عن نقص الوزن الذي ينتج من نقص التغذية (undernutrition) في انه لا يؤثر كثيرا علي حجم الانسجة الدهنية (adipose tissue) ولا يزول بزيادة التغذية.

جثة Cadaver

Caecum — المصران الاعور
المصران الاعور هو الجزء الاول من الامعاء الغليظة (large intestine) ويتواجد في الجزء الايمن من البطن. المصران الاعور يوصّل الامعاء الغليظة بالامعاء الدقيقة.

Caesarean section — التوليد بالعملية القيصرية
التوليد بالعملية القيصرية هو استخراج الجنين بعملية جراحية عن طريق شق رحم الام عندما تكون الولادة الطبيعية عن طريق المهبل قد تعرض الام او الجنين الي خطورة زائدة. (سبب تسمية العملية قيصرية غير معروف. اكثر النظريات شيوعا هي ان الاسم يرجع للإمبراطور الروماني جولياس قيصر (Julius Caesar) نسبة للاعتقاد انه ولد عن طريق شق في بطن امه ولكن هذا الاعتقاد غير مؤكد.)

Caisson disease — مرض الغرفة المُحكمة
انظر decompression sickness

Calcium — كالسيوم
الكالسيوم هو معدن ضروري لبنية العظام والاسنان واهم مصادره هو الحليب ومنتجاته. امتصاص الكالسيوم في الجهاز الهضمي يعتمد علي وجود فيتامين دي (vitamin D) ونقصهما يؤدي الي مرض الكُساح (rickets) في الأطفال وتليُّن العظام (osteomalacia) وضمور العظام (osteoporosis) في الكبر – عادة في الشيخوخة.

Calcification — ترسُّب الكالسيوم
ترسب الكالسيوم هو تراكُم ملح الكالسيوم في العظام والاسنان في الاحوال الطبيعية. ترسب الكالسيوم يحدث ايضا في انسجة الجسم اللينة (soft tissue) نتيجة بعض الامراض مثلا التسمم بفيتامين D وزيادة الكالسيوم في الدم (hypercalcaemia). ترسب الكالسيوم في الانسجة اللينة يسمي calcinosis.

Calcinosis — ترسُّب الكالسيوم في الانسجة اللينة

Calcaneus (heelbone) — العظم العُقبي
انظر foot

Calcarine fissure (or area) — الشق المِهمازي
الشق المهمازي يوجد في مؤخرة المخ في الجزء الخلفي من الفص القَذَالي (occipital lobe) وهو مركز البصر. (القذال – بفتح القاف والذاء - هو مؤخرة الرأس).

Callus (bone scar) — ندب العظم

ندب العظم هو نسيج ليفي غضروفي يتكوّن في موضع كسر في العظم ويساعد علي التئام العظم. الندب يتحول تدريجيا الي عظم ناضج.

Callus (on the skin) or tyloma — ثفنة

الثفنة هي خلايا جلدية ميتة متراكمة في منطقة محدودة في سطح الجلد. الثفنة تتكون نتيجة ضغط من الخارج علي جزء من الجلد او احتكاك متكرر لفترة طويلة وتتواجد عادة في الايدي والارجل.

Cancellous bone — عظم حُويجزي

انظر trabecular bone

Cancer — السرطان

كلمة سرطان هي مصطلح عام يستعمل لوصف أي ورم خبيث (malignant tumour) ولا يعني نوعا معينا من الأورام الخبيثة. السرطان يصنف في خمسة مجموعات حسب نوع الخلايا التي ينشأ منها:

(1) سرطان النسيج الطلائي (epithelial tissue) – هذه المجموعة تسمي carcinoma وتشمل سرطان الثدي والبروستاتة والرئة والقولون.
(2) سرطان النسيج الضام (connective tissue) ويسمي sarcoma مثلا liposarcoma.
(3) سرطان الانسجة مولِّدة الدم (haemopoietic malignancy) مثلا سرطان الدم (leukaemia) وسرطان الغدد الليمفاوية (lymphoma).
(4) سرطان الخلايا الجنسية (cancer of germ cells) مثلا سرطان الخصية (seminoma).
(5) سرطان الخلايا الطليعية (blastomas) مثلا medulloblastoma. (الخلايا الطليعية - precursor or blast cells هي خلايا لم يكتمل تمييزها – انظر anaplasia).

Cancrum oris — القُرحة المُلتهمة

انظر Noma

Candidiasis — مرض المُبيِّضات

انظر mycoses

Cannabis or marijuana — الحشيش (يسمي أيضا البنقو او البانجو)

الحشيش هو مادة مخدرة يحتويها نبات القُنَّب الهندي (Indian hemp). كثرة استعمال الحشيش يقود للإدمان والامراض العقلية. الحشيش يستعمل عادة عن طريق تدخين اوراقه وزهوره المجففة وأحيانا بخلط اوراقه وزهوره في الطعام.

القصبة الطبية Cannula

القصبة الطبية هي انبوبة رقيقة تُدخل في الاوعية الدموية لاخذ عينة من الدم او لحقن دواء. القصبة الطبية ايضا تُدخل في تجويف في الجسم مثلا لسحب سائل من البطن.

الشُعيرات الدموية Capillaries

الشعيرات الدموية هي اوعية دموية صغيرة جدا ورفيعة تُوصِّل الشرايين بالأوردة وتتكون من طبقة واحدة من الخلايا. وظيفته الشعيرات الدموية هي نقل العناصر الغذائية (nutrients) وجزئيات اخري من الدم الي الحيز الخلالي (interstitial space) ونقل نفايات التمثيل الغذائي من الحيز الخلالي الي الدم وأيضا تبادل الاوكسيجين وثاني أوكسيد الكربون.

محفظة او كابسولة Capsule

المحفظة في علم التشريح هي غشاء ليفي سميك يغطي المفاصل والاعضاء الداخلية. اللفظ يستعمل ايضا في الصيدلة ليعني قشرة من الجلاتين عادة اسطوانية الشكل تحتوي بداخلها علي دواء وتبلع كجرعة واحدة.

السكريات (أيضا تسمي النشويات) Carbohydrates

السكريات هي مركبات عضوية مكونة من الكربون والهايدروجين والاكسجين وهي مصدر الطاقة الرئيسي للحيوانات. السكريات تتضمن سكر الجلكوز (glucose) وسكر الفواكه (fructose) وسكر الحليب (lactose). سكريات النباتات هي النِشا (starch) وسكر جدار الخلية (cellulose).

حبن صغير Carbuncle

الترجمة الحرفية من اللغة اللاتينية لكلمة carbuncle هي جمرة ولكن استعمال لفظ حبن (خُرّاج) صغير لوصف هذه الحالة اقرب للصواب لأن الحبن ينتج من عدوي باكتيريا تصيب مجموعة من حُويصلات الشعر (انظر furuncle) وتؤدي الي تكوين خراج في الجلد. الحبن عادة يكون في الارداف (buttocks) والظهر وخلف الرقبة. المرض عادة يحدث في حالات ضعف المناعة ومرض السكري.

مسببات السرطان Carcinogens

مسببات السرطان تتضمن بعض الفيروسات مثلا الفيروس الحُليمي البشري (human papilloma virus) ودخان التبغ وبعض المواد المشعة (مثلا الاشعة السينية واشعة قاما) والصخر الحريري (asbestos) ومواد كيمائية مختلفة. مسببات السرطان تتلف الحامض النووي الريبوزي ناقص الاوكسيجين (deoxyribonucleic acid, DNA) وتُعطل موت الخلايا المبرمج (apoptosis).

نشوء السرطان Carcinogenesis

نشوء السرطان هو تحوّل الخلايا الطبيعية الي ورم سرطاني.

المتلازمة السرطانية Carcinoid syndrome

المتلازمة السرطانية هي اعراض تسببها اورام الغدد العصبية الصماء (neuroendocrine tumours) التي تفرز هورمون serotonin وتنشأ عادة في الجهاز الهضمي. اعراض المتلازمة السرطانية الاساسية هي احمرار الوجه والصدر الناتج من اتساع الاوعية الدموية والاسهال وضيق التنفس.

سرطان النسيج الطلائي Carcinoma

انظر cancer

قسطرة القلب Cardiac catheterisation

قسطرة القلب هي عملية ادخال انبوبة رفيعة مجوفة (قسطرة – catheter) في شريان محيطي ودفعها الي حجرات القلب (heart chambers) او الي احد اوعية القلب الدموية بغرض التشخيص او العلاج مثلا لتحديد موضع انسداد الشريان التاجي (coronary artery) وفتحه.

مُنظم إيقاع ضربات القلب Cardiac pacemaker

منظم إيقاع ضربات القلب هو العقدة الجيبية (sinus node) التي تسمي أيضا العقدة الجيبية الاذينية (sinoatrial node) ووظيفتها التحكم في تواتر ضربات القلب (heart rhythm) وسرعتها (heart rate).

إيقاع ضربات القلب Cardiac (or heart) rhythm

ايقاع ضربات القلب هو تواتر دقات القلب التي تحدث في تتابع منتظم في المتوسط 70 مرة في الدقيقة الواحدة

اعتلال عضلة القلب Cardiomyopathy

اعتلال عضلة القلب هو مجموعة من امراض عضلة القلب متعددة الأسباب وكلها تُحِد من مقدرة البطين علي ضخ الدم. اعراض اعتلال عضلة القلب عادة تظهر في المراحل المرضية المتقدمة وتتضمن صعوبة التنفس وتورم الأرجل واضطراب إيقاع ضربات القلب (arrhythmia). تنقسم هذه المجموعة من الامراض الي ثلاثة:

(1) اعتلال عضلة القلب التضخُمي (hypertrophic cardiomyopathy) – يتميز هذا النوع من اعتلال عضلة القلب بسماكة البطين الايسر ويكون عادة وراثي او مجهول السبب ولكن أحيانا ينتج من ضيق صمام الوتين (aortic stenosis) وايضا من ارتفاع ضغط الدم.

(2) اعتلال عضلة القلب التوسعي (dilated cardiomyopathy) – تتصف عضلة القلب في هذا النوع من الاعتلال بالرخاوة والضعف واسبابه تتضمن ادمان الخمر والتهاب عضلة القلب الفيروسي (viral myocarditis) والتسمم بالمعادن الثقيلة مثلا الزئبق (mercury poisoning).

(3) اعتلال عضلة القلب المُقيِّد (constrictive cardiomyopathy) – هذا النوع من الاعتلال ينتج من تصلب عضلة القلب واكثر أسبابه حدوثا هو مرض الأميلويد (amyloidosis).

Cardiopulmonary bypass — تجاوُز القلب والرئة

تجاوز القلب والرئة هو استخدام جهاز خارج الجسم لضخ الدم وتزويد الاعضاء بالاوكسيجين بدلا من القلب والرئة. هذه التقنية تستعمل عادة لاجراء عمليات جراحية في القلب مثلا لاستبدال صمام.

Cardiopulmonary resuscitation — الإنعاش القلبي الرئوي

الإنعاش القلبي الرئوي هو عملية طبية اسعافية لعلاج السكتة القلبية (cardiac arrest). يجب ان يبدأ الإنعاش فورا ويقوم به أي شخص حاضر وذلك بدلك عضلة القلب والتنفس الصناعي عن طريق الفم للمحافظة علي الدورة الدموية والتنفس ومنع تلف وموت خلايا المخ. هذه العملية يجب ان تستمر حتي وصول الفريق الطبي وإعطاء صعقة كهربائية لعضلة القلب (اذا لزم الحال) وادوية معينة لإعادة إيقاع ضربات القلب الطبيعية (normal heart rhythm) وتقلص عضلاته.

Cardioversion — تصحيح اضطراب إيقاع ضربات القلب

تصحيح اضطراب إيقاع ضربات القلب هو علاج لبعض اضطرابات إيقاع ضربات القلب (arrhythmias) عن طريق إعطاء صدمة كهربائية قوية للقلب ويختلف عن إزالة رجفان القلب (defibrillation) في ان اعطاء الصدمة الكهربائية يتم عندما يكون المريض تحت التخدير ويختلف ايضا في تنسيق الصدمة الكهربائية مع موجة النشاط الكهربائي في عضلة القلب (أي فترة QRS في رسم القلب).

Carpal tunnel — النفق الرسغي

النفق الرسغي هو نفق ضيق في جانب راحة اليد تكوّنه عظام الرسغ وقيد اوتار المثنيات (flexor retinaculum) تمر فيه بعض اربطة (tendons) عضلات الساعد والعصب الاوسط (median nerve).

Carpal tunnel syndrome — متلازمة النفق الرسغي

متلازمة النفق الرسغي هي اعراض وعلامات مرضية سببها الضغط علي العصب الأوسط (median nerve) في النفق الرسغي وتشمل ألم وخدر وفقد حس اللمس في الابهام والسبابة والاصبع الأوسط وجزء من البنصر بالإضافة الي ضعف وضمور عضلات قاعدة الابهام (thenar eminence muscles)

Carpus (wrist) — الرسغ

الرسغ هو ثمانية عظام صغيرة منظمة في صفين تقع بين عظام الاصابع (phalanges) وعظام الساعد (forearm).

Carotico-cavernous fistula — الناسور السُباتي الكهفي

الناسور السباتي الكهفي هو فتحة غير طبيعية توصل الشريان السباتي الداخلي (internal carotid artery) بأوردة الجيب الكهفي (cavernous sinus) مما يؤدي الي احتقان الجيب الكهفي بالدم وبروز العين وإحمرارها. اهم أسباب الناسور السباتي الكهفي هي إصابة الدماغ الرضخية (traumatic brain injury) وانفجار الاتساع الموضعي الشرياني (aneurysm).

الشريان السُباتي Carotid artery

كلمة (carotid) مستمدة من اللغة الاغريقية القديمة ومعناها السُبات (hibernation) اي عدم حركة بعض الحيوانات طيلة موسم الشتاء كأنها نائمة وسمي الشريان بذلك لأن الضغط علي الشريان الأيمن والايسر معا يؤدي الي فقد الوعي.

انحلال العناصر الغذائية Catabolism

انحلال العناصر الغذائية هو عملية حيوية في الخلايا تحِوّل العناصر الغذائية (السكريات والدهون والبروتين) بواسطة خمائر كيمائية (enzymes) الي الطاقة اللازمة لوظائف الجسم.

نوبات جمود الحركة Cataplexy

نوبات جمود الحركة هي حالات تحدث فجأة يفقد فيها المريض المقدرة علي الحركات الارادية ويكون المريض بكامل وعيه. فقد الحركة قد يكون جزئيا او كاملا ويحدث في معظم المرضي المصابين بنوبات النوم القهري (narcolepsy).

الماء البيضاء Cataract

الماء البيضاء هي نقص شفافية عدسة العين التي تسبب ضعف النظر خاصة في الليل وفي اغلب الأحيان هي نتيجة التغييرات التي تحدث طبيعيا في عدسة العين في الشيخوخة. (مرض السكري وتدخين التبغ وارتفاع ضغط الدم تزيد احتمال حدوث الماء البيضاء قبل عمر الشيخوخة). أسباب الماء البيضاء الأخرى تتضمن إصابات العين (trauma) ونقص الكالسيوم المزمن (chronic hypocalcaemia) وبعض الامراض الوراثية. (اصل تسمية هذه الحالة بالماء البيضاء يعود الي الاعتقاد القديم بأن المرض ينتج من نزول "ماء فاسد" في العين).

جمود الحركة Catatonia

جمود الحركة هو قلة او انعدام الحركة الارادية الناتجة من مرض عقلي مثلا انفصام الشخصية (schizophrenia) او الإكتئاب (depression). الاعراض تتفاوت في شدتها وتكون مصحوبة بالانطواء واعتزال الاخرين.

الخيط المعوي Catgut suture

الخيط المعوي هو خيط جراحي يتكون من البروتين الغرائي (collagen) المُستخلص من امعاء البقر والماعز. الخيط المعوي لا يحتاج الي ازالة بعد التئام الجرح لان الجسم يمتصه في حوالي ثلاثة اشهر. (يعتقد ان اصل كلمة catgut هو cattle gut - اي امعاء البقر).

قسطرة Catheter

القسطرة هي انبوبة رفيعة مجوفة عادة تُدخل في عضو (مثلا المثانة) او تجويف لتفريغ محتوياته. القسطرة ايضا تستعمل في الاوعية الدموية لحقن الادوية.

ذنب الحصان
Cauda equina
ذنب الحصلن هو حزمة من الاعصاب مكونة من أعصاب النخاع الشوكي (spinal cord) الناشئة من الجزء القطني (lumbar region) ماعدا العصب الأول وجميع الاعصاب الناشئة من الجزء العجزي (sacral region) والعصعص (coccyx).

النواة الذنبية (او النواة ذات الذنب)
Caudate nucleus
النواة الذنبية هي احد أجزاء العقد القاعدية (basal ganglia) ولها وظائف عدة منها تنظيم الحركة الإرادية والذاكرة واكتساب المعرفة والمهارات والتحكم في السلوك كالسيطرة علي الغضب مثلا

الورم الكهفي
Cavernoma (cavernous haemangioma)
الورم الكهفي هو كتلة من الاوعية الدموية الوسيعة عادة خلقية (congenital) ويمكن ان تتواجد في اي مكان في الجسم مثلا الجهاز العصبي المركزي او الكبد او الجلد. اعراض الورم الكهفي تعتمد علي مكان وحجم الورم.

خلية
Cell
الخلية هي الوحدة الأساسية في بناية كل المخلوقات الحية من حيوان ونبات وأيضا هي اصغر وحدة وظيفية. خلايا الانسان تتكون من غشاء خارجي (cell membrane) يلتف حول مادة سائلة عديمة اللون تسمي الحشوة (cytoplasm). الحشوة هي كل محتويات الخلية ماعدا النواة (nucleus). النواة تحتوي علي العوامل الوراثية. للخلايا ثلاثة خصائص أساسية وهي احتياجها للطاقة ومقدرتها علي التكاثر (بالانقسام) واستجابتها للمؤثرات الخارجية.

الجهاز العصبي المركزي
Central nervous system
الجهاز العصبي المركزي هو المخ (cerebrum) والمخيخ (cerebellum) وجذع المخ (brainstem) والنخاع الشوكي (spinal cord).

الورم الدموي بالرأس
Cephalohaematoma
الورم الدموي بالرأس هو تجمع الدم بين السطح الخارجي لأحد عظام جمجمة المولود والسمحاق. (السمحاق هو الغشاء الذي يغطي العظم – periosteum). الورم الدموي يظهر عادة بين اليوم الثالث واليوم الخامس من الولادة خاصة في حالة التوليد بالجفت (forceps delivery) او شفط الجنين (ventouse).

مجيئ الجنين برأسه
Cephalic presentation
انظر breech presentation

الزاوية المخيخية الجسرية
Cerebellopontine angle
الزاوية المخيخية الجسرية هي جزء من الدماغ يشبه المثلث ويقع بين المخيخ (cerebellum) وطرف الجسر (pons) والجزء الصلب من العظم الصدغي (petrous temporal bone) ويحتوي علي الاعصاب القحفية (cranial nerves) رقم 5 و7 و8.

المخيخ
Cerebellum
المخيخ هو الجزء من الدماغ الذي يشغل الجانب الخلفي من الجمجمة (skull) تحت المخ. المخيخ يلعب دورا هاما في التحكم علي الحركة والتوازن.

قناة الدماغ او قناة سيلفياس (Sylvius)
Cerebral aqueduct
قناة الدماغ هي قناة صغيرة في المخ تقع بين الجسر (pons) والمخيخ (cerebellum) وتوصل البطين الثالث (third ventricle) بالبطين الرابع (fourth ventricle).

قشرة المخ
Cerebral cortex
قشرة المخ هي الجزء السطحي من نصف كرة المخ (cerebral hemisphere). القشرة تتكون من ستة طبقات من الخلايا العصبية التي تختلف عن بعضها البعض في شكلها ووظائفها وتسمي المادة الرمادية (grey matter). الياف هذه الخلايا تعرف بالمادة البيضاء (white matter). القشرة تحتوي أيضا علي انسجة واوعية دموية.

انتفاخ الحيز الخلالي الدماغي
Cerebral oedema
انتفاخ الحيز الخلالي الدماغي هو حالة مرضية تزداد فيها كمية الماء في الحيز الخلالي (interstitial space) في الدماغ نتيجة خلل في حائط الاوعية الدموية (vasogenic oedema) او نتيجة اضطراب التمثيل الغذائي (metabolism) الناتج من نقص الاوكسجين او سكر الجلكوز (cytotoxic oedema).

الشلل الدماغي
Cerebral palsy
الشلل الدماغي هو مصطلح يشمل مجموعة كبيرة من الاعراض التي تنتج من إصابة الجهاز العصبي الحركي (motor system) سببها خلل في نمو دماغ الجنين اثناء الحمل او نتيجة إصابة المولود اثناء الولادة او في الأشهر الاولي من حياته. الإصابات الشديدة تؤدي أيضا الي اعراض إضافية تشمل الصرع وصعوبة الكلام وفقد السمع والعيوب العقلية.

بُطينات المخ
Cerebral ventricles
بطينات المخ هي تجويفات داخل المخ تتصل ببعضها بواسطة ثقوب وتحتوي علي السائل النخاعي الشوكي (cerebrospinal fluid) وهي أربعة:
ا – البطين الجانبي (lateral ventricle) وهو جزئين - ايمن و ايسر. البطين الجانبي هو عبارة عن تجويف في نصف كرة المخ. يفصل البطين الجانبي الأيمن والايسر غشاء رفيع يسمي الحاجز الشفاف (septum pellucidum).

ب – البطين الثالث (third ventricle) يقع بين المهاد (thalamus) الأيمن والمهاد الايسر ويتصل مع البطين الرابع (ventricles fourth) عبر قناة الدماغ (cerebral aqueduct)
ت – البطين الرابع يقع بين المخيخ (cerebellum) من ناحية وبين الجسر (pons) والنخاع المستطيل (medulla oblongata) من الجهة الأخرى ويواصل في قناة النخاع الشوكي (spinal canal).

السائل الدماغي النخاعي Cerebrospinal fluid (CSF)

السائل الدماغي النخاعي يسمي أيضا السائل الدماغي الشوكي ويوجد في بطينات المخ (cerebral ventricles) وحول المخ والنخاع الشوكي في المنطقة بين الام العنكبوتية (arachnoid mater) والام الحنون (pia mater) التي تسمي منطقة ما تحت السحايا العنكبوتية (subarachnoid space). يتجدد السائل النخاعي الشوكي بصفة مستمرة ويتم انتاجه في الشبكة السُخدِيّة (choroid plexus) ويمتص في الزُغيبات العنكبوتية (arachnoid villi). للسائل الدماغي النخاعي عدة وظائف مثلا حماية الدماغ من الرضخات وازالة نفايات التمثيل الغذائي.

المخ Cerebrum

المخ هو جزء من الدماغ كروي الشكل ينقسم بالشق الطولي (longitudinal fissure) الي نصفين تربطهما في الجزء الأسفل مجموعة من الالياف تسمي الجسم الثفني أو الجسم الغليظ (corpus callosum). المخ يعادل حوالي 85% من وزن الدماغ ويتكون من القشرة (cortex) والعقد القاعدية (basal ganglia) والبطينات (ventricles).

شمع الاذن Cerumen

شمع الاذن هو مادة مكونة من الحوامض الدهنية والكوليسترول والماء تفرزها خلايا في قناة الاذن. وظيفة شمع الاذن هي تنظيف قناة الاذن من الخلايا الميتة وحماية الاذن من الميكروبات والحشرات. تراكم شمع الاذن يسبب فقد السمع.

سرطان عنق الرحم Cervical cancer

سرطان عنق الرحم هو اكثر أنواع السرطان حدوثا في النساء بعد سرطان الثدي وسببه في كل الحالات تقريبا هو العدوي بفيروس الورم الحُليمي البشري (human papilloma virus) الذي ينتقل عن طريق ممارسة العملية الجنسية. المرحلة الاولي من سرطان عنق الرحم عادة لا تسبب اعراض مرضية. اعراض المرض الأساسية بعد هذه المرحلة هي النزيف المهبلي (vaginal bleeding) والم الجماع (dyspareunia) والم في اسفل البطن.

التواء الرقبة التشنجي Cervical dystonia

انظر torticollis

تآكل أقراص السلسلة الفقرية في الرقبة Cervical spondylosis

أقراص السلسلة الفقرية (intervertebral discs) هي مفاصل دائرية مكونة من نسيج ليفي (fibrous tissue) وغضروف (cartilage) توجد بين فقرات سلسلة الظهر. تآكل الأقراص قد يؤدي الي انزلاقها والضغط علي جذور الاعصاب (nerve roots) او النخاع الشوكي (spinal cord). .

الديدان الشريطية Cestodes (or tapeworms)

الديدان الشريطية التي تسبب عدوي في الانسان هي:

1 – الدودة الشريطية البقرية (taenia saginata)

2 – دودة الخنازير الشريطية (taenia solium)

3 – الدودة الشريطية الشوكية (taenia echinococcus)

العدوي بالديدان الشريطية غادة تنتج من اكل اللحوم الغير مطهية جيدا وفي كثير من الحالات لا تسبب اعراض مرضية ولكن أحيانا تسبب اسهال والم في البطن ونقص الوزن. الدودة الشريطية الشوكية تسبب أيضا الكيس المائي (hydatid cyst) في الكبد وفي أعضاء اخري. دودة الخنازير الشريطية تسبب داء الاكياس الذنبية (cysticercosis).

القرحة التناسلية الرخوة Chancroid

القرحة التناسلية الرخوة هي مرض معدي تسببه باكتيريا تسمي Haemophilus ducreyi. المرض يُكتسب بالاتصال الجنسي مع شخص مصاب واعراضه هي قرحة واحدة او عدة قرح في العضو التناسلي وورم في الغدد الليمفاوية وصعوبة في التبول (dysuria). القرحة تكون رخوة ومؤلمة – عكس قرحة الزهري.

تورم المُلتحِمة Chemosis

تورم الملتحمة هو احمرار واحتقان الملتحمة (conjunctiva) وينتج عادة من عدوي او حساسية (allergy).

الانجذاب الكيمائي Chemotaxis

الانجذاب الكيمائي هو حركة بعض الخلايا والباكتيريا في اتجاه مادة كيمائية في البيئة المجاورة لها مثلا حركة الحيوان المنوي نحو البويضة او حركة كرويات الدم البيضاء الي منطقة الالتهاب.

العلاج الكيمائي Chemotherapy

العلاج الكيمائي هو لفظ يستعمل عادة ليعني علاج السرطان بالأدوية ولكنه أحيانا يطلق علي علاج العدوي بالمضادات الحيوية.

تنفس جين استوكس Cheyne Stokes respiration

انظر dyspnoea.

Chiasma – التقاطع البصري.
نظر optic chiasma

Chickenpox (or varicella) الجدري الكاذب
الجدري الكاذب هو مرض معدي يسببه فيروس يسمي varicella zoster virus وعادة يصيب الاطفال. العدوي تنتقل بالهواء (من السعال او العطس) او بلمس قرح المريض وفترة الحضانة 3-2 أسابيع. اعراض المرض هي حمي وصداع وطفح جلدي وحكاك. الطفح الجلدي اكثر غزارة في الصدر والبطن والظهر ويتكوّن من فقاقيع صغيرة مملوءة بسائل. انفجار الفقاقيع يترك قرح سطحية سريعة الالتئام. الجدري الكاذب عادة يؤدي الي مضاعفات خطيرة مثلا الالتهاب الرئوي والتهاب المخ والتهاب النخاع الشوكي الحاد المنتشر (acute disseminated encephalomyelitis) عندما يحدث في البالغين.

Childhood الطفولة
كلمة الطفولة هي مصطلح عام يستعمل لوصف أي مرحلة من مراحل نمو الانسان بين يوم ولادته وعمر 17 سنة. فترة الطفولة عادة تقسم الي خمسة مراحل لكل مرحلة مميزات خاصة بها. في الشهر الأول بعد الولادة الطفل يسمي المولود (neonate or newborn) وفي بقية السنة الاولي من عمره يسمي الرضيع (infant). فترة العمر من واحد الي 5 سنوات تعرف بمرحلة الطفولة المبكرة (early childhood). تلي هذه المرحلة مرحلة الطفولة المتأخرة (late childhood) التي تمتد من سن 6 الي 12 سنة. اخر مراحل الطفولة (17-13 سنة) هي فترة المراهقة (adolescence).

Chiari malformation تشويه كياري
تشويه كياري هو مجموعة من العاهات الخلقية التي تصيب الجزء الخلفي والجزء الأسفل من الدماغ. العاهات تتضمن هبوط احدي او كلا لوزتين المخيخ (cerebellar tonsils) عبر الثقبة العظمي (foramen magnum) وتجويف النخاع الشوكي (syringomyelia) واستسقاء المخ (hydrocephalus) والكيس السحائي النخاعي (meningomyelocele) وعاهات اخري. تشويه كياري يُصنّف الي ثمانية مجموعات حسب نوعية التشوهات. النوع الثاني يسمي تشويه ارنولد وكياري (Arnold-Chiari malformation). اعراض تشويه كياري عادة تظهر في الطفولة المتأخرة (عمر 6 الي 12 سنة) وتتضمن الرنح المخيخي (cerebellar ataxia) والصداع والدوخة وصعوبة البلع وبحة الصوت وفقد حس اللمس والحس بالحرارة والوخز بالإبر وضعف الايدي والارجل. (كياري – Hans Chiari 1851-1916 – هو طبيب نمساوي وارنولد - Julius Arnold 1803 – 1890 - طبيب الماني).

Chilblains بثرات البرد
بثرات البرد هي التهاب في الجلد سببه التعرض للبرد. البثرات تكون في شكل بقع صغيرة حمراء ترتفع فوق سطح الجلد وتكون مصحوبة بألم وحكاك.

الورم الحُبيبي الشحمي Chalazion (stye)

الورم الحبيبي الشحمي هو ورم ينتج من انسداد غدة ميبومسيوس (meibomian gland) وهي غدة دهنية صغيرة في طرف المُلتحِمة افرازها يمنع التصاق الملتحمة (conjunctiva) بكرة العين. اعراض المرض هي ورم الجفن وتدفق الدمع واحمرار الملتحمة. المرض لا يسبب الم في العين ولا يؤثر علي الرؤية.

المُدثِرات Chlamydia

لفظ chlamydia مشتق من الكلمة الاغريقية khlamud التي تعني عباءة وسميت الباكتيريا بذلك نسبة للاعتقاد الخاطئ عند اكتشافها انها تُكوِّن غلاف يلتف حول نواة الخلية المُضيفة (host cell) – أي يُدثرها. المدثرات هي باكتيريا سلبية القرام (Gram negative) لا تستطيع التكاثر الا داخل خلايا حيوان اخر. المدثرات تسبب الامراض الاتية:

1 – عدوي تنتقل عن طريق الاتصال الجنسي – التهاب القناة البولية (urethritis) والتهاب عنق الرحم (cervicitis) والتهاب المستقيم (proctitis) والورم الليمفاوي الحُبيبي المنقول جنسيا (lymphogranuloma venereum).

2 – الرمد الحُبيبي (trachoma).

3 – الالتهاب الرئوي

التهاب قناة الصفراء Cholangitis

التهاب المرارة Cholecystitis

التهاب المرارة يحدث عادة نتيجة انسداد قناة الصفراء (bile duct) والعدوي بالباكتيريا واعراضه الأساسية هي الم شديد في الجزء الأعلى من الجانب الأيمن من البطن وأيضا في منطقة الكتف الأيمن وحمي وغثيان واستفراغ وفي الحالات الشديدة يرقان (jaundice).

كوليرا Cholera

اصل كلمة كوليرا غير معروف. الكوليرا هي مرض معدي وبائي تسببه باكتيريا سلبية القرام (Gram negative) تعيش في الماء اسمها vibrio cholerae. العدوي تنتشر عن طريق شرب ماء او اكل طعام ملوث بالباكتيريا او لمس براز شخص مصاب بها او حامل لها. باكتيرية الكوليرا تفرز مادة سامة (toxin) تؤدي الي التهاب الأمعاء. اعراض المرض هي اسهال مائي شديد واستفراغ بالإضافة الي اعراض ومضاعفات فقد السوائل والاملاح. سبب الموت في مرض الكوليرا عادة الفشل الكلوي.

كوليسترول Cholesterol

الكوليسترول هو مُركَّب عضوي ينتمي الي فصيلة المواد الدهنية ويتواجد بكميات كبيرة في اللحوم الحمراء والبيض والكبد وله وظائف عدة في التمثيل الغذائي (metabolism) كما انه يُشكّل عنصرا هاما في تكوين غشاء خلايا الجسم وفيتامين D وبعض الهورمونات.

Chondrodystrophy **ضعف نمو الغضروف**

ضعف نمو الغضروف هو حالة وراثية او نتيجة طفرة جينية (genetic mutation) تسبب خلل في انتاج الغضروف (cartilage) الذي تنمو منه العظام الطويلة (عظام اليد والرجل) مما يؤدي الي قصر القامة (dwarfism) وحدوث التهاب المفاصل الانحساري (degenerative osteoarthritis) في عمر مبكر.

Chorea (saint Vitus dance) **الرقص (يسمي ايضا رقصة القديس فيتاس)**

الرقص هو حركات بالأيدي والارجل والرقبة لإرادية وغير منتظمة وتحدث بسبب إصابات العقد القاعدية (basal ganglia).(القديس فيتاس هو رجل مسيحي من جزيرة صقلية يقال انه استشهد في القرن الرابع الميلادي علي يد الرومان وكان المسيحيون في القرون الوسطي يعظمونه بالرقص امام تمثاله. المرض سمي بالرقص لشبه اعراضه بالرقص امام تمثال فيتاس).

Chordae tendineae **الحبال الوترية**

الحبال الوترية هي انسجة ليفية (fibrous tissue) تمتد من عضلة البُطين (ventricle) الأيمن والايسر الي الصمام ثلاثي الأطراف (tricuspid valve) والصمام القلنسوي (mitral valve). وظيفة الحبال الوترية هي المساعدة في قفل الصمام اثناء انقباض البطين ومنع رجوع الدم الي الاذين (atrium).

Chordoma **الورم الحبلي**

الورم الحبلي هو ورم خبيث نادر يحدث عادة في نهاية السلسلة الفقرية في عظم العصعص (coccyx) وأيضا في قاعدة الجمجمة.

Choreoathetosis **الكَنع الرقصي**

انظر athetosis

Chorion **غشاء الجنين**

غشاء الجنين هو الطبقة الداخلية من المشيمة (placenta) التي تغطي الجنين.

Choroid plexus **الشبكة السُخديّة**

الشبكة السخديَة هي شبكة من الخلايا والانسجة والاوعية الدموية توجد في بطينات المخ (cerebral ventricles) تشبه في شكلها السُخْد (المشيمة - placenta) ووظيفتها انتاج السائل الدماغي النخاعي (cerebrospinal fluid).

Chorioretinitis **التهاب المشيمة والشبكية**

انظر uveitis

Chromatin **الحزمة الصِبغية**

الحزمة الصبغية هي مُركّب يوجد داخل نواة الخلية ويتكوّن من بروتينات بالإضافة للحامض النووي الريبوزى ناقص الاوكسيجين (DNA). الحزمة الصبغية تضم أجزاء الصِبغي (chromosome) مع بعضها البعض وبذلك تمنع تشابك ضفائره وأيضا لها دور مهم في تنظيم انقسام الخلية.

Chromosome **الصِبغي او الكروموسوم**

الصبغي هو حامض نووي ريبوزي ناقص الاوكسيجين (deoxyribonucleic acid – DNA) مع بروتينات اخري يوجد في نواة الخلية ويحتوي علي الصفات الوراثية. للإنسان 46 صبغي مرتبة في 23 زوج في كل خلية – 22 زوج تسمي صبغيات جسدية (somatic chromosomes) وزوج واحد يسمي صبغيات جنسية (sex chromosomes). الصبغيات الجنسية في الرجل تعرف ب XY وفي المرأة ب XX .

Chronic bronchitis **التهاب الشُعب الهوائية المزمن**

انظر chronic obstructive pulmonary disease

Chronic monocytic leukaemia **سرطان خلايا الدم الوحيدة المزمن**

انظر myeloproliferative disorders

Chronic myeloid leukaemia **سرطان الدم النخاعي المزمن**

انظر myeloproliferative disorders

Chronic obstructive pulmonary disease **مرض الانسداد الرئوي المزمن**

مرض الانسداد الرئوي المزمن هو مصطلح يشمل التهاب الشُعب الهوائية المزمن (chronic bronchitis) وانتفاخ الرئة (emphysema). في التهاب الشعب الهوائية المزمن الانسداد ينتج من تورم المسالك الهوائية وافراز مخاط لزج. في هذه الحالة المريض يعاني من سعال مصحوب ببلغم وضيق في التنفس علي الأقل لمدة ثلاثة اشهر في السنة لمدة سنتين متتابعتين او اكثر. المرض عادة يشتد في الشتاء. اما انتفاخ الرئة فيتميز باتساع الاكياس الهوائية (alveoli) وامتلائها بالهواء وفي بعض الأحيان تكوين فقاقيع هوائية (emphysematous bullae). الفقاعة الهوائية هي كيس هوائي كبير تحت الغشاء الجانبي (pleura) مباشرة. الفقاقيع الهوائية قابلة للانفجار وذلك يؤدي الي تجمّع الهواء في الحيز الجانبي (pleural cavity) الذي يسمي pneumothorax. أسباب مرض الانسداد الرئوي المزمن الرئيسية هي تدخين التبغ والتعرض المزمن للهواء الملوث. في حالات قليلة انتفاخ الرئة ينتج من عوامل وراثية.

Chyle **العصير الدهني**

العصير الدهني هو سائل ليمفاوي يحتوي علي مُستحلب دهني (fat emulsion) وحواض دهنية ينتج من امتصاص الدهون في الامعاء. الاوعية الليمفاوية تنقل العصير الدهني من الامعاء الي قناة الصدر (thoracic duct) ومنها الي الدم ثم الكبد.

الجسم الهدبي Ciliary body

انظر Eye

العضلة الهدبية Ciliary muscle

انظر Eye

الايقاع النهاري الليلي Circadian rhythm

الايقاع النهاري الليلي (ايضا يسمي ايقاع الساعة البايولوجية) هو تنظيم حدوث وظائف حيوية (مثلا تنظيم دورة اليقظة والنوم او افراز هورمون الكورتيزول او تنظيم درجة حرارة الجسم) بصورة متكررة ومنتظمة كل 24 ساعة. الايقاع النهاري الليلي ينتج من عمليات حيوية طبيعية داخل الجسم ولكن يتأثر بعوامل خارجية مثلا كمية الضوء في البيئة التي يقطنها الشخص.

مشية الشلل النصفي Circumduction

انظر Gait

الختان Circumcision

الختان هو عملية جراحية تتلخص في ازالة قلفة القضيب (prepuce or foreskin) عادة في السنين الاولي من الطفولة. الختان يمارس في اكثر الأحيان لأسباب دينية (الإسلام والديانة اليهودية) وأيضا لإتباع تقاليد موروثة في المجتمع. دواعي الختان الطبية هي ضيق قلفة القضيب (phimosis) والتهاب حشفة القضيب (balanitis) المزمن او المتكرر. للختان فوائد صحية تتضمن تقليل حدوث العدوي بالأمراض التناسلية وسرطان القضيب. (ختان النساء – انظر female genital mutilation).

تليّف الكبد Cirrhosis of the liver

تليف الكبد هو حالة مرضية مزمنة تنتج من نخر خلايا الكبد (cell necrosis) واستبدالها بأنسجة ليفية (fibrous tissue) مما يؤدي الي اختلال وظائف الكبد. اهم أسباب تليف الكبد هي التهاب الكبد الفيروسي المزمن وادمان الخمر وانسداد مجاري الصفراء المزمن. اعراض المرض تتضمن الإحساس بالتعب وفقد الشهية ونقص الوزن واليرقان (jaundice) والاستسقاء (ascites) وتورم القدمين.

Claudication — **العرج المتقطع**

الترجمة الحرفية لهاذا اللفظ هي العرج ولكن اللفظ يستعمل في الطب لوصف عدم استقامة المشي (العرج) او الألم او الخدر في الساقين الذي يحدث بعد مشي مسافة معينة ويزول بعد فترة من الراحة ويعود اذا عاود المريض المشي ولهذا يسمي العرج المنقطع (intermittent claudication). سبب هذه الاعراض هو ضعف الدورة الدموية في الأرجل. الاعراض احيانا تنتج من ضغط علي عصب في اسفل الظهر كما يحدث مثلا في حالات ضيق قناة النخاع الشوكي (spinal canal stenosis) وتسمي العرج المتقطع الكاذب (neurogenic claudication). لفظ العرج يستعمل أيضا لوصف الألم في الفك الذي يحدث عند المضغ في حالات التهاب الشريان الصدغي (temporal arteritis) ويسمي (jaw claudication) .

Claustrophobia — **الخوف من الاماكن المغلقة**

انظر phobia

Clavicle — **ترقوة**

الترقوة هي عظم مزدوج (ايمن وايسر) متوسط الطول يوصّل عظم القص (sternum) بلوحة الكتف (scapula) وبذلك يكوّن حزام الكتف (shoulder girdle) الذي يربط الاطراف العليا (upper limbs) بالهيكل العظمي المحوري (axial skeleton).

Claw hand — **اليد المخلبية**

اليد المخلبية هي تشويه ينتج من ضعف عضلات اليد نسبة لإصابة العصب الزندي (ulnar nerve) ويؤدي الي انبساط أصابع اليد وانثناء مفصل الاصبع الرابع والخامس (الخنصر والبنصر) مما يجعل اليد تشبه مخالب الطيور.

Claw toes — **أصابع الرجل المخلبية**

أصابع الرجل المخلبية هي تشويه ينتج من ضعف وضمور عضلات القدم ويتميز بانثناء المفصل الأخير في أصابع القدم ويكون عادة احد مضاعفات اعتلال الاعصاب المحيطية المزمن (chronic peripheral neuropathy) واحيانا يكون خلقي (congenital)

Cleft lip — **الشفة المشقوقة**

الشفة المشقوقة أيضا تسمي الشفة الأرنبية (hare lip) هي عاهة خلقية سببها غير معروف وتتكون من فتحة في الشفة العليا ولكن في بعض الحالات الشق يمتد الي الانف وقد يكون في وسط الشفة او في احد الجانبين او في كلا الجانبين. في بعض الأحيان الشفة المشقوقة تكون مصحوبة بشق في سقف الحلق يوصل الفم بتجويف الانف. هذه الحالة تسمي سقف الحلق المشقوق (cleft palate) وتسبب صعوبة في الرضاعة والسمع (ومستقبلا في الكلام) وأيضا تعرض المولود لزيادة حدوث التهابات الاذن.

Cleft palate — **سقف الحلق المشقوق**

انظر cleft lip

علم الأمراض السريري Clinical pathology

انظر pathology

الارتجاج العضلي المنتظم Clonus

الارتجاج العضلي المنتظم هو سلسلة من تقلصات لإرادية وسريعة تحدث عادة في المعصم (wrist clonus) والكاحل (clonus ankle) عندما يُشد العضل بسرعة. الارتجاج العضلي المنتظم هو أحد علامات إصابة العصبون الحركي العلوي (upper motor neuron) ويختلف عن الارتجاج العضلي غير المنتظم (myoclonus).

الباكتيريا المغزلية Clostridia

الباكتيريا المغزلية هي باكتيريا لاهوائية (anaerobic) – أي لا تحتاج للأوكسيجين لنموها – تنتمي لفصيلة البكتيريا إيجابية القرام (Gram positive) تتواجد في التربة وشكلها تحت المجهر يشبه العود الرفيع في وسطه وسميك في اخره كمبرمة المغزل ولذلك سميت المغزلية وهي ترجمة حرفية من اللغة الاغريقية. اهم أنواع الباكتيريا المغزلية التي تسبب امراض في الانسان هي –

1 - الباكتيريا المغزلية العسيرة (clostridium difficile)
2 - الباكتيريا المغزلية مسببة الانقباض العضلي (clostridium tetani)
3 - الباكتيريا المغزلية مسببة الغرغرنية (clostridium perfringens)
4 - الباكتيريا المغزلية السُجقية (clostridium botulinum).

الباكتيريا المغزلية العسيرة Clostridium difficile

الباكتيريا المغزلية العسيرة هي احد الباكتيريا المغزلية (انظر clostridia) وسميت بذلك لان شكلها يشبه مبرمة المغزل. كلمة difficile هي كلمة لاتينية معناها عسير او صعب ووصفت البكتيريا بذلك نسبة لصعوبة زراعتها في المعمل. (لاحظ ان ترجمة clostridium difficile في بعض المعاجم هي المطثية العسيرة ولكن المغزلية اقرب للمعني المقصود لأن المطثة – اي العود المعروف ايضا بالقلة الذي يلعب به الاطفال – غليظ في وسطه ورفيع في طرفيه وهذا عكس شكل الباكتيريا). الباكتيريا المغزلية العسيرة تسبب التهاب القولون الغشائي الكاذب (pseudomembranous colitis).

إلتواء القدم Club foot

التواء القدم هو حالة خلقية سببها غير معروف تؤدي الي إنحناء احد او كلا القدمين في مفصل الكاحل (ankle joint) الي الداخل. التواء القدم يسبب الم وصعوبة في المشي. التواء القدم ايضا يسمي Talipes equinovarus

غلظة رأس الاصبع Clubbing

انظر finger clubbing

Cluster headache
الصداع العنقودي
الصداع يسمي عنقودي لأنه يحدث يوميا لعدة ايام متتالية او يتكرر عدة مرات في اليوم الواحد. اهم خصائص هذا الصداع هو سيلان دموع المريض (بدون حزن او فرح ظاهر) وتدفق المخاط من انفه وتصبب العرق من وجهه اثناء النوبة.

Coarctation of the aorta
ضيق الوتين
ضيق الوتين هو عيب خلقي (congenital) يكون فيه جزء من الوتين ضيقا عادة في منطقة القناة الشريانية (ductus arteriosus). الاعراض المرضية التي يسببها ضيق الوتين تتفاوت في شدتها حسب درجة الضيق. الحالات الشديدة تؤدي الي ارتفاع ضغط الدم في الجزء الاعلي من الجسم وانخفاضه في الجزء الأسفل وفي بعض الحالات تؤدي الي فشل القلب.

Cocaine
الكوكين
الكوكين هو مادة منشطة (stimulant) تستخرج من نبات الكوكا (coca plant) الذي ينتشر في امريكا الجنوبية. أيضا يمكن صنع الكوكين بتركيب مواد كيمائية. استعمال الكوكين المتكرر قد يؤدي الي الإدمان والامراض النفسية التي تشمل القلق والاكتئاب وضعف الذاكرة.

Cochlea
القوقعة او الصدفة
القوقعة هي جزء من الاذن الداخلية يشبه الصدفة الحلزونية التي تغطي ظهر بعض الحيوانات مثلا السلحفاء. تحتوي القوقعة علي الخلايا السمعية اى بداية العصب القوقعي (cochlear nerve).

Coccygeal
عصعصى

Coccyx
عظم الذنب اوالعصعص
العصعص هو العظم الأخير في السلسلة الفقرية.
انظر (vertebral column)

Coitus
الجماع
الجماع هو ادخال قضيب الرجل في مهبل المرأة ودفعه بحركة الجسم المتكررة لإشباع الشهوة الجنسية او للتناسل. المصطلح ايضا يستعمل ليعني جماع الشرج (anal intercourse).

Coitus interruptus
العزل
العزل هو الجماع الذي يستمني فيه الرجل خارج مهبل المرأة بإخراج قضيبه مباشرة قبل القذف (ejaculation). العزل يمارس كأحد وسائل منع الحمل.
اننظر contraception.

Colic
مغص

المغص هو الم في الطن دائما شديد ومفاجئ واحيانا يكون مصحوبا باستفراغ وعرق. المغص يحدث نتيجة تقلص شديد في القولون (abdominal colic) او المرارة (biliary colic) او الحالب (renal colic).

Colitis
التهاب القولون

Collagen
البروتين الغرائي

البروتين الغرائي هو البروتين الاساسي في كل الانسجة الضامة (connective tissue) ويتواجد في الغضاريف والعظام والاربطة (ligaments) والاوتار (tendons) والاوعية الدموية. البروتين الغرائي يتكوّن من حوامض امينية مرتبة في شكل لولب ثلاثي. (اصل المصطلح هو كلمة - kolla - ومعناها غراء في اللغة الاغريقية).

Colles' fracture
كسر كوليس

كسر كوليس هو كسر عصا الساعد (radius bone) بالقرب من مفصل الرسغ.

Colloid solution
محلول غرائي

المحلول الغرائي هو سائل يحتوي علي جزئيات كبيرة (macromolecules) غير قابلة للذوبان مثلا غراء او جيلاتين او بروتين. المحلولات الغرائية تُستعمل لتعزيز الدورة الدموية (plasma expansion) مثلا في حالات الصدمة الناتجة من النزيف الحاد.

Colon
قولون

القولون هو جزء من الامعاء الغليظة (large intestine) فيه يتكون البراز وفيه يتم امتصاص الماء والمركبات الايونية (electrolytes). القولون ينقسم الي اربعة اقسام – القولون الصاعد (ascending colon) والقولون المستعرض (transverse colon) والقولون النازل (descending colon) والقولون السيني (sigmoid colon).

Colostomy
ثغرة القولون

انظر stoma

Colporrhaphy (vaginal wall repair)
ترميم المهبل

ترميم المهبل هو عملية جراحية لاصلاح جدار المهبل او لعلاج فتق المثانة (cystocele) او فتق المستقيم (rectocele).

تنظير المهبل Colposcopy

تنظير المهبل هو فحص طبي بواسطة منظار معيّن يستخدم لتشخيص امراض المهبل (vagina) وعنق الرحم (cervix).

لبأ (بكسر اللام) Colostrum

اللبأ (يسمي ايضا الحليب الاول) هو حليب تفرزه الام في الايام الخمسة الاولي بعد الولادة. اللبأ يحتوي علي اجسام مضادة (antibodies) وايضا عناصر اخري وظيفتها تحفيز مناعة الطفل حديث الولادة وتنشيط وظائف امعائه.

الغيبوبة Coma

الغيبوبة هي فقد الوعي أي فقد اليقظة (alertness) والادراك (awareness). طيلة فترة الغيبوبة لا يتفاعل الشخص مع ما حوله ولا يستجيب للمؤثرات الخارجية. أحيانا يستعيد المريض بعض وعيه بعد غيبوبة طويلة ويبدو يقظا بالرغم من انه يفقد الادراك تماما. هذه الحالة تسمي الحالة الخُضَرِيّة (vegetative state) لأنها تشبه حياة النبات في خلوها من النشاط العقلي. أيضا في بعض الحالات يستعيد المريض قليلا من الوعي والادراك الذي يُمكّنه من نطق بعض الكلمات والقيام بحركات ارادية بسيطة واظهار شعور عاطفي. هذه الحالة تسمي حالة الوعي الأدنى (minimally conscious state).

كسر مُفتت Comminuted fracture

الكسر المفتت هو كسر العظم في منطقة واحدة الي ثلاثة اجزاء او اكثر.

نزلة Common cold

النزلة هي التهاب المسالك الهوائية العليا (upper respiratory tract) أي الانف والجيوب الانفية والحلقوم والحنجرة. سبب النزلة هو العدوي الفيروسية واعراضها انسداد الانف وسيلان الانف (rhinorrhoea) والسعال والم في الحلقوم وحمي وصداع وفتور.

الجهاز المُكمِّل Complement system

الجهاز المُكمل هو مجموعة من البروتينات الصغيرة التي تنتمي لجهاز المناعة الفطرية (innate immunity) وظيفتها تعزيز الاستجابة المناعية بطرق مختلفة تتضمن الاتي:

(1) التجهيز للهضم (opsonisation) هو انضمام بروتينان الجهاز المكمل لمسبب المضاد (antigen) والخلايا التالفة والخلايا السرطانية وذلك يُمكِّن الخلايا البلعية (phagocytes) من معرفة مسبب المضاد والخلايا التالفة والخلايا السرطانية وهضمها.

(2) كسر خلايا الباكتيريا.

(3) تعزيز الالتهاب.

Compound fracture / كسر مُركّب

الكسر المركب ايضا يسمى الكسر المفتوح (open fracture) هو كسر في العظم مصحوب باصابة الانسجة اللينة (soft tissue) وانفتاح الجلد في منطقة الكسر.

Compression fracture / كسر الضغط

كسر الضغط يحدث في عظام السلسلة الفقرية وفي اكثر الاحيان هو احد مضاعفات ضمور العظم (osteoporosis).

Computerised tomographic scan / المسح المقطعي الحاسوبي

المسح المقطعي الحاسوبي هو احد وسائل فحص تركيبة الأعضاء الداخلية بواسطة الاشعة السينية (X-ray). الفحص مبني علي اخذ صور عديدة من زوايا مختلفة ينظمها الحاسوب في صور مقطعية عالية الجودة.

Conception / بدأ الحمل

بدأ الحمل هو سلسلة من العمليات الحيوية تتلخص في تخصيب البويضة (fertilization) بواسطة الحيوان المنوي (sperm) وزرعها (implantation) في بطانة الرحم (endometrium) الذي يؤدي الي تكوين الجنين (embryo).

Condyle / بُرجمة

البرجمة هي الجزء المستدير في نهاية العظم وعادة تُكوِّن جزءا من المفصل. (البرجمة هي ايضا راس عظم الاصبع - knuckle بالانجليزية).

Cones / الخلايا المخروطية

انظر Eye

Confabulation / الهَتر

الهتر هو خلل في استعادة الذكريات يستبدل فيه المريض ما نسيه من احداث بأحداث مختلقة وهمية. يختلف الهتر عن الكذب اولا لان الهاتر يعتقد اعتقادا تاما في صحة قوله وثانيا لأنه لايقصد الخدعة.

Congenital hip dislocation / انفصال الورك الخلقي

انظر hip dysplasia

Congenital pyloric stenosis **ضيق البوابة الخلقي**

ضيق البوابة الخلقي هو عيب خلقي يسبب تضخم العضلة التي تحيط بالفتحة بين المعدة والاثني عشر التي تسمي البوابة (pylorus). الانسداد قد يكون كاملا او جزئيا والاعراض تبدأ بين الأسبوع الرابع والسادس من الولادة وتتضمن الاستفراغ وفقد السوائل وعدم زيادة الوزن.

Congenital rubella syndrome **متلازمة الحصبة الألمانية الخلقي**

انظر rubella

Congestive heart failure **فشل القلب الاحتقاني**

انظر heart (cardiac) failure

Conjugate gaze **النظرة المُوحّدة**

النظرة الموحدة هي حركة العينين معا في نفس الاتجاه. حركة عين واحدة في اتجاه والعين الأخرى في الاتجاه المضاد في نفس الوقت تسمي شلل النظرة الموحدة (conjugate gaze paralysis) وتنتج من إصابات جذع الدماغ (brainstem).

Conjunctiva **المُلتحِمة**

الملتحمة هي بطانة الجفن.

Conjunctivitis **التهاب المُلتحِمة**

التهاب الملتحمة ينتج من العدوي بالفيروسات والباكتيريا وأيضا من الحساسية واعراضه هي احتقان واحمرار الملتحمة المصحوب في بعض الحالات بإفراز قيحي.

Consciousness **الوعي**

الوعي هو اليقظة (alertness) والادراك (awareness) . اليقظة هي الصحو والانتباه اما الادراك فهو إحساس الانسان بنفسه وبالأشياء والاحداث التي حوله.

Conservative treatment **العلاج التحفُظي**

العلاج التحفظي هو علاج لايتضمن عملية جراحية او ادخال جهاز طبي في الجسم وغرضه المحافظة علي كمال بنية ووظائف العضو المصاب. العلاج التحفظي عادة يستعمل في حالة سوء صحة المريض العامة التتي تزيد خطورة العملية الجراحية او في حالة عدم فائدة العملية الجراحية مثلا في حالة انتشار السرطان.

Constipation — امساك

الإمساك هو التبرز بصعوبة وإخراج براز يابس اقل من ثلاثة مرات في الأسبوع. الإمساك الذي يستمر أربعة أسابيع او اكثر يسمي امساك مزمن.

Contagious — مُعدي

Contraception — منع الحمل

منع الحمل - أيضا يسمي تحديد النسل - هو استخدام وسيلة او وسائل طبيعية او مصطنعة بقصد منع حدوث الحمل الذي قد ينتج من الجماع. الوسائل الطبيعية هي الإمساك عن ممارسة العملية الجنسية في الأيام التي تكون فيها خصوبة المرأة عالية وأيضا الاستمناء خارج المهبل وهو العزل (العزل مباح في الإسلام كما جاء في قول الصحابي جابر بن عبد الله الانصاري – كنا نعزل والقران ينزل). اما الوسائل المصطنعة فهي كثيرة وتتضمن استعمال حبوب منع الحمل واستخدام العازل الذكري (condom) او العازل المهبلي (diaphragm) او اللولب الرحمي intra (uterine) device.

Contusion — رضّة (جمعها رضَات او رضوض)

الرضة هي تمزق الانسجة الناتج عن ضربة في الجسم لا تحدث جرحا في الجلد.

Convalescence — نقاهة

النقاهة هي استعادة الصحة والحيوية بعد الشفاء من مرض او عملية جراحية.

Conversion disorder — اضطراب التحويل

اضطراب التحويل هو اضطراب نفسي كان يطلق عليه في الماضي لفظ هيستيريا (hysteria) فيه يشكو المريض من اعراض مرضية لا يمكن تفسيرها بمرض عضوي واسبابها عادة ضغوط نفسية. اضطراب التحويل لاشعوري وفي ذلك يختلف عن التمارُض (malingering) لأن الغرض من التمارض هو الخدعة.

Conus medullaris — المخروط النخاعي

المخروط النخاعي هو الجزء النهائي من النخاع الشوكي (spinal cord) وهو مُدبّب الشكل ويوجد علي مستوي الفقرات القطنية (lumbar vertebrae) الاولي والثانية.

Cor pulmonale — مرض القلب الرئوي

مرض القلب الرئوي هو تضخم وفشل بطين القلب الايمن الناتج من زيادة ضغط الدم الرئوي (pulmonary hypertension).

عين السمكة Corn (or heloma)

عين السمكة هي ثفنة (callus) صغيرة وعميقة مخروطية الشكل تتواجد عادة فوق أصابع اليد واصابع القدم وأيضا في اخمص القدم (plantar corn). عين السمكة في اخمص القدم تسبب الم شديد عند المشي ولذلك تسمي أيضا مسمار القدم.

القرنية Cornea

انظر Eye

التنسيق Coordination

نظر motor coordination

التاج المتألق او الاشعاع المتألق Corona radiata

انظر internal capsule

الشرايين التاجية Coronary arteries

الشرايين التاجية اثنان – ايسر وايمن. الشريان التاجي الايسر ينقسم الي ثلاثة فروع رئيسية: الشريان النازل الامامي (anterior descending artery) والشريان النازل الخلفي (posterior descending artery) والشريان المنعطف (circumflex artery). اما الشريان التاجي الايمن فينقسم الي فرعين رئيسيين: الشريان الايمن النازل الخلفي (right posterior descending artery) والشريان الهامشي (marginal artery). الشرايين التاجية تنشأ من الوتين (aorta) وتُزوّد عضلة القلب بالدم. انسداد الشرايين التاجية او انسداد فروعها الرئيسية يسبب الذبحة الصدرية (angina pectoris) ونخر عضلة القلب (myocardial infarction).

الفيروسات التاجية Corona viruses

الفيروسات التاجية هي عائلة من فيروسات الحامض النووي الريبوزي (RNA viruses) التي تسبب امراض في الطيور وذوات الثدي (عادة التهاب الجهاز التنفسي). الفيروسات التاجية كروية الشكل ولها غلاف دهني ونتوءات بارزة في السطح. اهم الامراض التي تسببها هذه الفيروسات هي:

1 – مرض الفيروس التاجي 2019 (coronavirus disease 2019) الذي يسمي ايضا كوفيد 19 (Covid 19).

2 – المتلازمة التنفسية الحادة الشديدة (Severe acute respiratory syndrome, SARS).

3 – متلازمة الشرق الاوسط التنفسية (Middle East respiratory syndrome, MERS).

الجسم الصلب Corpus callosum

الجسم الصلب هو حزمة كبيرة من الالياف العصبية توجد تحت قشرة الدماغ وتربط النصف الكروي الأيمن بالنصف الايسر (cerebral hemisphere)

الجسم الاصفر Corpus luteum

الجسم الاصفر هو نسيج في البويضة (ovary) وظيفته انتاج هورمونات لوقف الدورة الدموية في حالة حدوث حمل. في حالة عدم الحمل الجسم الاصفر يضمر ويسقط اثناء الحيض.

السبيل القشري البصلي Corticobulbar tract

انظر pyramidal tract

السبيل القشري النخاعي Corticospinal tract

انظر pyramidal tract

رشح او زكام Coryza (also called rhinitis)

الرشح هو التهاب الغشاء المخاطي في الانف وتسببه الفيروسات والباكتيريا وأيضا الحساسية (allergy). اعراض الرشح هي انسداد الانف والعطس وسيلان الانف.

السعال Cough

السعال هو اندفاع الهواء فجأة وبقوة من الرئة المصحوب بصوت واحيانا شهيق (كما يحدث مثلا في مرض السعال الديكي – whooping cough - وانسداد القصبة الهوائية) وقد يكون أيضا مصحوبا بإخراج مخاط من جهاز التنفس (sputum). السعال قد يكون ارادي او غير ارادي.

كوفيد 19 Covid 19

كوفيد 19 هو اختصار لاسم مرض فيروسي وبائي يعرف بمرض الفيروس التاجي 2019 (corona virus disease 2019). العدد 2019 يشير الي السنة التي تم فيها اكتشاف المرض لاول مرة. كوفيد 19 يسبب التهاب رئوي حاد وشديد. انظر coronaviruses.

الورك الفحجاء Coxa vara

الورك الفحجاء هو تشويه في عظم الورك (femur) ينتج من نقص الزاوية بين رأس العظم وعاموده (femoral shaft) الي اقل من 120 درجة مما يؤدي الي قصر الرجل وسببه عادة كسر ولكن احيانا يكون خلقي. (الافحج هو الذي في رجليه اعوجاج – كما جاء في معجم المعاني ولسان العرب).

التهاب الشريان القحفي Cranial arteritis

انظر temporal arteritis

إزالة قحف الراس الجزئية Craniectomy

إزالة قحف الراس الجزئية هي عملية جراحية تستخدم لتخفيف الضغط داخل الجمجمة (skull) وفيها لا يُعاد العظم المقطوع الي مكانه الا بعد زمن عادة عدة اشهر.

الورم القحفي البلعومي Craniopharyngioma

التحام عظام الجمجمة المبكر Craniosynostosis

عظام جمجمة الطفل حديث الولادة ترتبط ببعضها البعض بواسطة غشاء ليفي وظيفته تمكين زيادة حجم قحف الرأس (cranium) اثناء نمو الدماغ. الاغشية الليفية تتحول تدريجيا الي عظم. التحام عظام الجمجمة في الاحوال الطبيعية يكتمل تقريبا في عمر 20 سنة. التحام عظام الجمجمة المبكر الذي يحدث في الطفولة يؤدي الي تشويه الجمجمة واعاقة نمو المخ وارتفاع الضغط في قحف الراس (raised intracranial pressure).

قطع قحف الراس Craniotomy

قطع قحف الراس هو عملية جراحية يُقطع فيها جزء من الجمجمة (skull) لعلاج مرض ما مثلا استئصال ورم ثم إعادة العظم المقطوع فورا الي مكانه. عملية قطع قحف الراس تختلف عن عملية إزالة قحف الراس الجزئية (craniectomy).

قحف الرأس Cranium

قحف الرأس هو كل عظام الرأس والوجه ما عدا الفك الأسفل (mandible). عظام الرأس هي العظم الجبهي (frontal bone) والصدغي (temporal) والجداري (parietal) والغربالي (ethmoid) والوتدي (sphenoid) والقَذَالي (occipital) .

كيرياتينين Creatinine

الكيرياتينين هو مُركّب ينتج من تحلل مصدر الطاقة المخزونة بالعضلات المعروف باسم creatine phosphate. يتم التخلص من الكيرياتينين في البول وكميته في البول هي احد المؤشرات لوظائف الكلية. كمية الكيرياتينين في الدم تعتمد علي حجم الكتلة العضلية (muscle mass) وتتراوح بين 53 و 115ميكرومول في ليتر واحد (53-115 µmol/l) وكميته في البول في 24 ساعة هي 200 – 100 ميكرومول لكل كيلوجرام من وزن الشخص.

حرق الجثة Cremation

حرق الجثة (بدلا من دفنها) يمارس تبعا لبعض التقاليد او لاسباب دينية في بعض الاقطار (مثلا الهند) ولاسباب اقتصادية في اماكن اخري. (في بريطانيا مثلا تكاليف الدفن تزيد كثيرا عن تكاليف حرق الجثة).

Crepitations (or crackles) — الفرقعات

الفرقعات هي أصوات تشبه طرقعة الأصابع يحدثها دخول الهواء في الرئة المريضة عندما يحرك السائل الذي تحتويه الاكياس الهوائية (alveoli) والشُعيبات الهوائية (bronchi).

Cribriform plate — الصفيحة المصفوية

الصفيحة المصفوية هي جزء من العظم الغربالي (ethmoid bone) يكوّن جزءا من الجدار العلوي لجوف الانف (nasal cavity) وبه ثقوب تمر فيها الياف العصب القحفي الأول (عصب الشم – olfactory nerve). كسر الصفيحة المصفوية يؤدي الي فقد حاسة الشم (anosmia) وتدفق السائل النخاعي الشوكي من الانف (CSF rhinorrhoea).

Cricothyroidotomy — ثقب الغشاء الحلقي الدرقي

انظر tracheostomy

C- reactive protein — البروتين التفاعلي سي

البروتين التفاعلي سي هو بروتين يوجد في الدم وله دور في المناعة ضد العدوي اذ يساعد في البلع المناعي (phagocytosis) وتركيزه في الدم يتراوح بين 0.8 و 3.0 ميلليجرام في عُشر الليتر (0.8-3.0 mg/dl). البروتين التفاعلي سي هو احد المؤشرات المهمة للالتهاب الحاد.

Crohn B.B. — ب. ب. كرون

كرون (1884-1983) هو طبيب امريكي وصف اعراض احد امراض الجهاز الهضمي وصفاته المميزة وسمي المرض باسمه – أي مرض كرون (Crohn's disease).

Crohn's disease — مرض كرون

مرض كرون هو مرض مزمن يسبب التهاب في الجهاز الهضمي عادة في المصران الجانبي (ileum) ويؤدي الي تكوين اورام حُبيبية (granulomas) وقرح في جدار الأمعاء وأيضا ناسور (fistula) واحيانا انسداد جزئي في الامعاء. سبب المرض غير معروف والاعتقاد السائد هو ان للمناعة دورا هاما في نشأة المرض. اعراض المرض تتضمن الم في اسفل الجزء الأيمن من البطن واسهال ونفاخ ونقص الوزن وفقر الدم وغلظة رأس الأصابع (clubbing) والتهاب المفاصل. هذه الاعراض تتناوب مع فترات شفاء مؤقت وتتفاوت في شدتها من شخص لآخر.

Croup (laryngotracheobronchitis) — التهاب الحنجرة والقصبة والشعب الهوائية

معني كلمة croup في اللغة الإنجليزية هو "البكاء بصوت مبحوح" وسمي المرض بذلك لان الطفل المصاب به يصدر صوتا خشنا عالي النبرة اثناء التنفس يشبه بحة الصوت التي تحدث اثناء البكاء. (الصوت يسمي صرير - stridor). التهاب الحنجرة والقصبة والشعب الهوائية ينتج عادة من عدوي فيروسية تصيب الأطفال الصغار وتسبب حمي وسعال وصرير وبحة الصوت وسيلان الانف.

Cruciate ligaments **الاربطة الصليبية**

الاربطة الصليبية هي رباطان في مفصل الركبة: رباط امامي (anterior cruciate ligament) ورباط خلفي (posterior cruciate ligament). الاربطة الصليبية مكونة من انسجة مرتبة في شكل صليب يمتد من عظم الفخذ (femur) الي الجزء الاعلي من عظم الساق الكبير (tibia). وظيفة الاربطة الصليبية هي تثبيت الركبة ومنع نزوحها الي الامام او الخلف.

Cryptococcosis **داء المُختفيات**

انظر mycoses

Cryptorchidism **اختفاء الخصية**

اختفاء الخصية هو عدم وجود الخصية او الخصيتين في كيس الصدَفَن (scrotum) وذلك لأنها لم تنزل من الجزء الأعلى من الجهاز التناسلي. اختفاء الخصية قد يؤدي الي العُقم وأيضا قد يسبب سرطان الخصية.

Crystalloid solution **محلول بلوري**

المحلول البلوري هو محلول مُكوّن من جزئيات صغيرة عادة املاح ومعادن ذائبة في الماء (مثلا محلول ملح الطعام – saline solution). المحلولات البلورية قادرة علي عبور غشاء الخلايا وزيادة حجم السوائل فيها وايضا زيادة الحيز الخلالي (interstitial space). ميزات المحلولات البلورية بالمقارنة للمحلولات الغرائية (colloid solutions) هي سهولة حفظها (لا تحتاج للحفظ في ثلاجة) وقلة ثمنها.

Cuneate nucleus **النواة الإسفينية**

النواة الإسفينية هي نواة تشبه الاسفين تقع في ملتقي النخاع الشوكي بالنخاع المستطيل (medulla oblongata) وظيفتها نقل الحس العميق (proprioception) الناشئ من الجزء الاعلي من الجسم الي المهاد (thalamus) عن طريق الشريط الملفوف الوسطي (medial lemniscus) . (الاسفين او الوتد (wedge) هو قطعة صغيرة عادة من الخشب مستطيلة الشكل ينقص سمكها تدريجيا من احد الطرفين الي الطرف الاخر. الاسفين عادة يُحشر بين شيئين ليثبتهما).

Curettage **كحت**

الكحت هو عملية جراحية تُستخدم لإزالة انسجة سطحية من داخل عضو مثلا من الرحم.

Cushing's syndrome **متلازمة كوشنق**

متلازمة كوشنق هي حالة مرضية تنتج من الزيادة المزمنة في هورمون الكورتيزول (cortisol) واسبابها –

1 – اورام الغدة النُخامية المؤدية الي التكاثر المفرط في خلايا قشرة الغدة الكُظرية (adrenocortical hyperplasia).

2 – العلاج لفترة طويلة بالأدوية الاستيرويدية مثلا prednisolone.

3 – اورام قشرة الغدة الكظرية.
4 – الأورام الأخرى التي تفرز الهورمون موجه قشرة الغدة الكظرية (adrenocorticotropic hormone (ACTH).
اعراض المرض الأساسية هي السُمنة (خاصة وسط الجسم وحول الوجه) واعتلال العضلات قريبة البداية (proximal myopathy) وضمور العظم (osteoporosis) وارتفاع ضغط الدم ومرض السكري وانقطاع الحيض (amenorrhoea) وتثدي الرجل (gynaecomastia).
(كوشنق – Harvey Cushing - هو جراح امريكي وصف المرض أعلاه في عام 1932).

تهدُل الجلد Cutis laxa

تهدل الجلد هو مرض وراثي يسبب خلل في تكوين الالياف المرنة (elastic fibres) في الجلد مما يؤدي الي ارتخاء الجلد وتدليه وكثرة التجاعيد فيه وأيضا قلة مرونته.

زُرقة البشرة Cyanosis

زرقة البشرة هي حالة مرضية يكتسب فيها الجلد واللسان والاغشية المخاطية اللون الأزرق. سبب الزرقة هو نقص في تشبُّع الدم بالاوكسيجين الي 85% اواقل (الزرقة المركزية – central cyanosis) او نسبة لقلة امتصاص الاوكسيجين بالخلايا والانسجة (الزرقة المحيطية – peripheral cyanosis). اهم علامات الزرقة المركزية هي زرقة اللسان واسبابها امراض الرئة وامراض القلب. الزرقة المحيطية تحدث في حالات ضعف الدورة الدموية وأيضا نسبة لانقباض شرايين الجلد (vasoconstriction).

الم الثدي الدوري Cyclical mastalgia

الم الثدي الدوري هو الم في الثديين يحدث قبل الحيض مباشرة ولا يكون مصحوبا باعراض اخري ويزول بعد نهاية الحيض وسببه التغيير في الهورمونات الذي يحدث اثناء الدورة الشهرية.

كيس Cyst

الكيس هو جسم مُجوّف يتكون من غشاء رفيع وخلايا غير طبيعية ويحتوي علي مادة سائلة او شبه سائلة

داء الاكياس الذنبية Cysticercosis

داء الاكياس الذنبية ينتج من عدوي دودة الخنازير الشريطية (taenia solium) وذلك عن طريق اكل اللحم الغير مطهي جيدا وأيضا من الطعام والمشروبات الملوثة بيرقة الدودة (larva). العدوي قد تؤدي الي إصابة العضلات والمخ. إصابة العضلات تسبب التهاب واورام كيسيه في العضلات وحمي وارتفاع في عدد كرويات الدم الحُبيبية الحمضية (eosinophilia). في الحالات المزمنة يترسب الكالسيوم في الأورام الكيسية. الاكياس أيضا تتكون في المخ وكثيرا ما تؤدي الي نوبات الصرع.

Cystic fibrosis **التليُف الكيسي**

التليف الكيسي هو مرض وراثي جسدي منحي (autosomal recessive) يسبب اختلال في بروتين معين وظيفته تنظيم انتاج المخاط في الرئة والجيوب الانفية والبانكرياس والكبد والامعاء. الاختلال يجعل المخاط لزجا ويؤدي الي انسداد الشعب الهوائية وتوسعها (bronchiectasis) وانسداد قناة البانكرياس والتهابه المزمن (chronic pancreatitis). اعراض المرض الأساسية هي الالتهاب الرئوي والتهاب الجيوب الانفية الذي يحدث بصورة متكررة وسوء امتصاص المواد الغذائية الدهنية والاسهال الدهني (steatorrhoea) ونقص الوزن.

Cystinuria **بول السيستين**

بول السيستين هو مرض وراثي يؤدي الي افراز كمية كبيرة من الحامض الاميني سيستين (cystine) في البول نسبة لعدم امتصاصه في الكلية. المرض يؤدي الي تكوين حصوة في المجاري البولية.

Cystitis **التهاب المثانة**

التهاب المثانة يسبب ألم وصعوبة في اخراج البول (dysuria) وأيضا كثرة تكرار التبول وألم في اسفل البطن وتغيير في لون ورائحة البول

Cystocele **فتق المثانة**

فتق المثانة هو نتوء جزء من المثانة (urinary bladder) في جدار المهبل (vagina) الامامي نسبة لضعف او تمزق فيه. أسباب فتق المثانة هي استئصال الرحم (hysterectomy) ومضاعفات الولادة والسعال المزمن والسمنة.

Cystoscopy **فحص المثانة بالمنظار**

فحص المثانة بالمنظار هو ادخال منظار طبي في المثانة (bladder) عن طريق قناة البول (urethra) بغرض التشخيص او العلاج.

Cytology **علم الخلايا**

علم الخلايا هو فرع من علم الاحياء يتخصص في دراسة بناية ووظائف الخلايا.

Cytokines **محركات الخلايا**

محركات الخلايا (ترجمة حرفية من اللغة الاغريقية القديمة) هي مجموعة من البروتينات الصغيرة التي تنتجها انواع مختلفة من الخلايا الحية وظيفتها تلقي الاشارات الكهربائية داخل وخارج الخلية ونقلها للخلايا الاخري. لمحركات الخلايا دورا هاما في الاستجابة المناعية (immune response) والالتهاب ونمو الاورام السرطانية وموت الخلايا المبرمج (apoptosis). محركات الخلايا هي:

1 – مضاد الفيروسات (interferon) – مضاد الفيروسات يمنع او يُحد من مقدرة الفيروسات داخل الخلية من صنع نسخ جديدة من نفسها (viral replication).

2 – عامل نخر الورم (tumour necrosis factor) – يساعد في اعاقة وتعطيل نمو الاورام السرطانية وله ايضا اهمية في الالتهاب والحمي.

3 – محركات كروياتت الدم البيضاء (interleukins) – هي بروتينات مناعية تنتجها انواع مختلفة من الخلايا ولا ينحصر انتاجها علي كرويات الدم البيضاء كما تشير التسمية.
4 – محركات كرويات الدم الليمفاوية (lymphokines).

عدوي الفيروس المُضخِّم للخلايا Cytomegalovirus infection

عدوي الفيروس المضخم للخلايا عادة لا تسبب اعراض مرضية الا في حالات ضعف المناعة الشديد واحيانا اثناء الحمل. العدوي اثناء الحمل قد تسبب عدة عاهات خلقية (congenital abnormalities) في الجنين تتضمن الصمم وضعف النظر والصرع وصغر الراس (microcephaly) وضعف القدرات العقلية.

حشوة او محتويات الخلية Cytoplasm

حشوة الخلية هي كل ما في داخل الخلية ماعدا النواة (nucleus). محتويات الخلية تتكون من سائل شفاف لزج وبروتينات مختلفة وجزئيات عضوية وغير عضوية وجسيمات (organelles)).

الادوية السامة للخلايا Cytotoxic drugs

اهم خصائص هذه الفصيلة من الادوية هي منع نمو وانقسام الخلايا (mitosis). الادوية السامة للخلايا ايضا تسبب نخر الخلايا (cell necrosis) وعادة تستعمل في علاج السرطان ولها مضاعفات كثيرة مثلا تساقط الشعر (alopecia) وقرح الفم واعاقة النخاع العظمي (bone marrow suppression) الذي يؤدي الي نقص شديد في كرويات الدم البيضاء (وضعف المناعة) وفقر الدم ونقص الصفائح الدموية (thrombocytopenia).

D

التهاب الكيس الدمعي Dacryocystitis

التهاب الكيس الدمعي يسبب تدفق الدمع (epiphora) والتهاب المُلتحِمة (conjunctivitis) والتهاب الجفن (blepharitis) واحيانا حمي.

ضيق القناة الدمعية Dacryostenosis

ضيق القناة الدمعية هو ضيق المجري الذي يوصـّل كيس الغدة الدمعية (nasolacrimal gland) المتواجدة بالمحجر (orbit) بتجويف الانف. ضيق القناة الدمعية قد يكون خلقي او مكتسب نتيجة التهاب ويسبب تدفق الدمع المزمن (epiphora).

قشور فروة الرأس Dandruff

قشور فروة الرأس هي خلايا ميتة متساقطة من الجلد الذي يكسو الرأس.

Deafness (hearing loss) الصمم

الصمم هو فقد المقدرة علي السمع الذي قد يكون جزئيا او كاملا مؤقتا او دائما. أسباب الصمم كثيرة بعضها وراثي وأكثرها مكتسب مثلا نتيجة التعرض المزمن للضوضاء والتهاب الاذن المزمن ومضاعفات بعض الادوية (مثلا streptomycin - gentamicin). الصمم نوعان:

1 — الصمم التوصيلي (conductive deafness) – ينتج من الفشل في نقل الموجات الصوتية من البيئة الي الاذن الداخلية واسبابه انسداد قناة الاذن بالشمع (cerumen) وثقب طبلة الاذن وتلف عظيمات الاذن الوسطي.

2 — الصمم العصبي الحسي (sensorineural deafness) – سببه إصابة العصب القحفي الثامن (eighth cranial nerve) او إصابة القوقعة (cochlea).

يمكن التمييز بين نوعي الصمم بواسطة اختبار ريني (Rinne's test) واختبار وبر (Weber's test).

Decompression sickness مرض تخفيف الضغط

مرض تخفيف الضغط أيضا يسمي مرض الغرفة المُحكمة (caisson disease). المرض عادة يصيب غواصي عمق البحار وأيضا العاملين في الغرف المحكمة. (الغرفة المحكمة هي مبني يُشيّد تحت سطح البحر. المبني يمنع دخول الماء فيه ويُمكّن العمل في أعماق البحر مثلا لبناء قواعد لجسر او لحفر نفق). الصعود السريع من عمق البحر او الخروج من الغرفة المحكمة قبل تخفيض ضغطها يؤدي الي انخفاض الضغط الجوي المحيط بالجسم وتكوين فقاقيع هوائية من الغازات الخاملة (inert gases) الذائبة في الدم والانسجة مثلا النايتروجين ودخولها الدورة الدموية وانسداد الاوعية الدموية الهوائي (air embolism). اعراض المرض تتضمن صعوبة التنفس والدوار ونوبات الصرع وفقد الوعي.

Decubitus ulcers قرح الاستلقاء او قرح السرير

انظر pressure sores

Defecation التبرّز

التبرّز هو عملية التخلص من البراز التي تتم عندما تتقلص عضلات المستقيم (rectum) وتسترخي عضلة مصرة الشرج (anal sphincter).

Defibrillation إزالة رجفان القلب

إزالة رجفان القلب هو علاج يُكوّن جزءا هاما من الإنعاش القلبي الرئوي (cardiopulmonary resuscitation, CPR) في حالات السكتة القلبية (cardiac arrest) ويتلخص في إعطاء شحنة كهربائية عالية لعضلة القلب لاستعادة وظيفة العقدة الجيبية (sinus node).

Degeneration الانحسار

الانحسار هو التدهور والاضمحلال التدريجي في بنية ووظائف الخلايا الذي - اذا استمر - ينتهي بموتها.

Déjà vu
وهم الرؤية السابقة
وهم الرؤية السابقة هو احساس الشخص بأنه رأي المشهد الحاضر او عاش التجربة الحاضرة في الماضي بالرغم من انه لم يفعل ذلك سابقا. هذا الوهم يحدث في بعض حالات الصرع (epilepsy). عكس هذه الحالة يحدث ايضا في مرض الصرع ويسمي وهم المألوف المنسي (jamais vu).

Delirium
الهذيان
الهذيان هو حالة مرضية تصاحب اكثر الامراض الحادة الشديدة واعراضها اضطراب الوعي والأوهام والهلوسة (عادة الهلوسة البصرية) والارتباك والهيجان (او أحيانا عدم او قلة الحركة) والقلق واضطراب النوم

Delirium tremens
الهذيان الارتعاشي
الهذيان الارتعاشي هو هذيان مصحوب بارتعاش شديد يحدث عندما يمتنع مدمن الخمر فجأة من تعاطي الكحول. تظهر الاعراض عادة في ال 48 ساعة الاولي.

Delusions
أوهام
الاوهام هي اعتقادات خاطئة او غير محتملة ولا تتوافق مع التجربة الشائعة في المجتمع يسببها مرض عقلي ولا يتراجع عنها المريض برغم وجود دليل واضح بعدم صحتها.

Dementia
الخَبَل (الخرف)
الخبل او الخرف هو مرض يصيب المخ له عدة أسباب اهمها مرض الزهايمر (Alzheimer's disease) وتجلط شرايين الدماغ المتعدد (multi infarct state) وادمان الخمر والمخدرات. تظهر الاعراض عادة بعد عمر 65 سنة (خبل الشيخوخة senile dementia) ولكن أحيانا تظهر قبل هذا العمر وتسمي الخبل المبكر (presenile dementia). يتصف الخبل بتدهور تدريجي في كل القدرات العقلية. في المراحل الاولي تتدهور الذاكرة ويضعف التركيز ويفقد المريض المقدرة علي استيعاب معلومات جديدة ويقل احساسه بالزمان والمكان فمثلا يتوه في أماكن مألوفة بالنسبة له. عندما يتقدم المرض يتغير سلوك المريض (بالمقارنة لما قبل المرض) وتضعف مهاراته الاجتماعية. الاعراض الأخرى في هذه المرحلة تشمل تقلّب المزاج والاكتئاب والوهم والهلوسة. في المرحلة النهائية يفقد المريض المقدرة علي العناية بنفسه.

Demyelination
تلف غشاء المحور العصبي

Deciduous teeth
اسنان الحليب او الاسنان المؤقتة
اسنان الحليب هي 20 وظهورها يبدأ عادة في الشهر السادس بعد الولادة ويستمر حتي عمر عامين ونصف. في عمر سبعة او ثمانية سنوات يبدأ استبدال اسنان الحليب بالأسنان الدائمة ويكتمل في عمر 12-13 سنة. اسنان الحليب تساعد في تكوين شكل الفك اثناء نموه وتساعد أيضا في المضغ والنطق.

Dendrites الزوائد المتشجرة
الزوائد المتشجرة هي أجزاء بارزة من جسم الخلية العصبية ومتفرعة كأغصان الشجرة وظيفتها نقل الإشارات الكهربائية من الخلايا المجاورة الي جسم خليتها.

Dental calculus or tartar جير الاسنان
جير الاسنان هو خليط من الباكتيريا وبروتينات اللعاب وفوسفات الكالسيوم وفتات الطعام تراكمت علي سطح الاسنان وتصلبت. (فوسفات الكالسيوم يشكل 95% من كمية الجير). جير الاسنان يسبب التهاب اللثة (gingivitis) والتهاب دواعم السن (periodontitis).

Dental caries تسوس الاسنان
تسوس الاسنان هو نخر وتجويف الاسنان الناتج من تأثير حوامض تفرزها باكتيريا الفم. الافراط في تناول السكريات وعدم او القصور في تنظيف الفم يساعد علي تسوس الاسنان.

Dentistry طب الاسنان

Dentures طقم الاسنان الصناعي
انظر teeth

Deoxyribonucleic acid (DNA) الحامض النووي الريبوزي ناقص الاوكسيجين
الحامض النووي الريبوزي ناقص الاوكسيجين هو احد الجزئيات الكبيرة ويتكون من حوامض نووية وسكر الريبوز ناقص الاوكسيجين وقواعد نايتروجينية وفوسفات مرتبة في شكل سلسلة مزدوجة وملفوفة في شكل حلزوني. الحامض النووي الريبوزي ناقص الاوكسيجين يوجد داخل نواة الخلايا ويحتوى علي كل المعلومات الوراثية.

Depression الاكتئاب
الاكتئاب هو مرض نفسي يتصف بالحزن الشديد والشعور باليأس وفقد الاستمتاع بأشياء كانت سابقا ممتعة للشخص (anhedonia) واعراض اخري تشمل الأرق (او النوم الكثير) – فقد الشهية – اللامبالاة – ضعف التركيز والذاكرة – إيذاء النفس ومحاولات الانتحار. يختلف الاكتئاب من الحزن لأن الحزن عاطفة طبيعية تحدث كرد فعل لبعض الاحداث التي تؤثر سلبيا علي الشخص.

Dermatitis (or eczema) التهاب الجلد
اعراض التهاب الجلد تتضمن الحُكاك (pruritus) وتورم واحمرار المنطقة المصابة والبثور (papules) والحويصلات (vesicles) وقشور الجلد (scabs) وقشور فروة الرأس (dandruff). التهاب الجلد قد يكون حادا او مزمنا وانواعه الرئيسية هي:

1 – التهاب الجلد التلامُسي (contact dermatitis) وسببه تعرّض الجلد لمادة ضارة مثلا مادة كيمائية.

2 – التهاب الجلد الدهني (seborrheic dermatitis) يكون في الوجه خاصة في منطقة الطية الانفية الشفوية (nasolabial fold) وفروة الراس (scalp) والصدر.
3 – التهاب الجلد الركودي (stasis dermatitis) – سبب هذا النوع هو اختلال الدورة الدموية الوريدية عادة في اسفل الرجل مثلا نتيجة الدوالي (varicose veins) واعراضه ورم واحمرار وبقع داكنة اللون وحُكاك. مضاعفات التهاب الجلد الركودي الأساسية هي التهاب النسيج الرخوي (cellulitis) والقرح (ulcers).
4 – التهاب الجلد التقشُّري (exfoliative dermatitis) أيضا يسمي احمرار الجلد (erythroderma) وهو احد اعراض بعض الامراض الجلدية مثلا الصدفية (psoriasis) ولكن سببه في كثير من الحالات مجهول.

علم وطب الامراض الجلدية Dermatology

قطاع جلدي Dermatome
القطاع الجلدي هو جزء من الجلد مُزوَّد بألياف حسية من جذر عصبي نخاعي (spinal nerve root) واحد.

التهاب العضلات والجلد Dermatomyositis
التهاب العضلات والجلد هو مرض مجهول السبب يحدث عادة بعد منتصف العمر ويصيب العضلات والجلد. المرض عادة يبدأ تدريجيا ويسبب ألم وضعف في عضلات الحوض والكتف وشعور بالإرهاق. اعراض إصابة الجلد هي طفح احمر او بنفسجي اللون حول العينين وفي الرقبة واعلي الصدر واحيانا فوق الركبة والكوع والاصابع. الطفح الجلدي يزيد عند التعرض للشمس

الفطريات الجلدية Dermatophytes
الفطريات الجلدية هي مجموعة من الفطريات الطفيلية (parasitic fungi) التي تسبب التهاب في الجلد وفروة الرأس والاظافر. العدوي تنتقل بالاتصال المباشر بشخص مصاب او بملابس ملوثة بالفطريات. العدوي في الجلد والرأس تؤدي الي احمرار دائري الشكل وحكاك وأيضا تساقط الشعر في حالة إصابة فروة الراس. العدوي تسمي القوبة (او القوباء) الحلقية او الدائرية (dermatophytosis or taenia or ringworm) حسب موضعها في الجسم مثلا قوبة القدم (taenia pedis) او قوبة الجسم (taenia corporis) او قوبة الراس (taenia capitis).

القوبة الحلقية Dermatophytosis
انظر dermatophytes

دافعة البول Detrusor muscle
دافعة البول او دافعة المثانة هي عضلة حائط المثانة. انقباض هذه العضلة المصحوب بارتخاء مصرَّة المثانة (bladder sphincter) يؤدي الي اندفاع البول الي الخارج.

اضطراب انسجام دافعة ومصرّة المثانة
Detrusor-sphincter dyssynergia
انقباض العضلة دافعة المثانة (detrusor muscle) المصحوب بارتخاء مصرة المثانة (bladder sphincter) يؤدي الي اندفاع البول خارج الجسم. انقباض عضلة ومصرة المثانة معا يسمي اضطراب انسجام دافعة ومصرة المثانة وفي الحالات الشديدة المزمنة يؤدي الي حبس البول والتهاب المثانة وانعكاس البول الي الحالب والكلي (vesico-ureteric reflux) والفشل الكلوي. سبب اضطراب انسجام دافعة ومصرة المثانة هو إصابات وامراض النخاع الشوكي.

القلب اليميني
Dextrocardia
القلب اليميني هو حالة خلقية نادرة يكون فيها القلب في الجزء الأيمن من الصدر وعادة لا تؤدي الي اعراض مرضية.

مرض السكري الكاذب
Diabetes insipidus
مرض السكري الكاذب ينتج من نقص الهرمون المضاد لإدرار البول (antidiuretic hormone) نسبة لإصابة الغدة النخامية (pituitary gland) او المهاد (thalamus) او لعدم استجابة الكلي لهذا الهرمون. اهم اعراض هذا المرض هو افراز بول غير مركز بكميات كبيرة وعطش شديد وفقد سوائل. (كلمة insipidus في اللغة الاغريقية تعني بلا طعم. بالمقارنة كلمة mellitus كما في مرض السكري معناها حلو).

مرض السكري
Diabetes mellitus
مرض السكري هو مرض ينتج من الزيادة المزمنة في كمية الجلكوز في الدم (hyperglycaemia) المصحوبة بزيادة افراز الجلكوز في البول (glycosuria) ويحدث نسبة لنقص الإنسولين (insulin) او لعدم استجابة الجسم له (insulin resistance). في مرض السكري الجلكوز في مصل الدم يكون اكثر من 11 mmol/l وكميته في الهموقلوبين (glycated haemoglobin) تساوي او تزيد عن 48 mmol/mol. مرض السكري ينقسم الي ثلاثة انواع:

1- مرض السكري النوع الأول (type one diabetes) ينتج من اختلال المناعة الذاتية ويبدأ في عمر مبكر.
2 - مرض السكري النوع الثاني (type two diabetes) وسببه عدم استجابة الجسم للإنسولين الناتج من السمنة وقلة النشاط العضلي. هذا النوع يبدأ عادة في او بعد منتصف العمر.
3 – مرض السكري الثانوي (secondary diabetes) هو نتيجة مضاعفات امراض اخري مثلا التهاب البانكرياس وامراض الكبد وزيادة هورمون الكورتيزول (cortisol). مرض السكري الثانوي ينتج أيضا من مضاعفات بعض الادوية مثلا prednisolone
اعراض النوع الاول من مرض السكري هي كثرة التبول والعطش الزائد ونقص الوزن والقابلية الزائدة للعدوي واحيانا الحموضة الكتونية (ketoacidosis). مرض السكري النوع الثاني عادة يكتشف بالمصادفة عند تحليل البول او الدم.

الضمور العضلي في مرض السكري
Diabetic amyotrophy
الضمور العضلي في مرض السكري ايضا يسمي اعتلال أعصاب العضلات القريبة (proximal myopathy) هو احد مضاعفات مرض السكري الذي يؤدي الي اعتلال الاعصاب التي تزود عضلات الحوض. اعراض المرض تشمل ضعف وضمور عضلات الحوض خاصة ضمور عضلات الفخذ المصحوب بألم شديد وخدر

Diabetic ketoacidosis — **الحموضة الكتونية في مرض السكري**

الحموضة الكتونية في مرض السكري هي احد مضاعفات مرض السكري الخطيرة وتتصف بزيادة حموضة الدم وارتفاع كمية الجلكوز وزيادة الاجسام الكتونية (ketone bodies) وأيضا ارتفاع تركيز البوتاسيوم وانخفاض الصوديوم في الدم. اعراض الحموضة الكتونية هي الغثيان والاستفراغ والم في البطن وفقد السوائل والارتباك والغيبوبة.

Diagnosis — **تشخيص**

التشخيص هو التوصُّل لمعرفة المرض عن طريق تحليل اعراضه (symptoms) وعلاماته (signs) ونتائج الفحوصات الطبية.

Diapedesis — **تسرُب الدم**

تسرب الدم هو خروج خلايا الدم من الاوعية الدموية السليمة الذي يحدث في حالات الالتهاب.

Diaphragm — **الحجاب الحاجز**

الحجاب الحاجز هو عضلة هيكلية تفصل الصدر من البطن وبها ثلاثة فتحات يمر فيها المريء (oesophagus) والوتين النازل (descending aorta) والوريد الاجوف السفلي (inferior vena cava). للحجاب الحاجز دورا هاما في التنفس.

Diaphysis — **عامود العظم**

عامود العظم هو الجزء الطويل من العظم الذي يقع بين المُشاش (epiphysis) الذي يتواجد في اعلي العظم والمشاش الاخر الذي يتواجد في اسفل العظم. عامود العظم يحتوي علي نخاع العظم (bone marrow) وانسجة دهنية.

Diarrhoea — **اسهال**

الاسهال – حسب تعريف هيئة الصحة العالمية – هو اخراج براز لين او مائي ثلاثة مرات او اكثر في اليوم الواحد. هذا التعريف لا يأخذ في الاعتبار عادات الشخص الغذائية وعمره ونشاطه الحركي وأيضا لا ينطبق علي تبرز الأطفال الرُضّع.

Diastole — **انبساط عضلة القلب**

انظر systole

Digestion — **عملية الهضم**

هضم الطعام هو تفتيت الطعام الي أجزاء صغيرة في الفم ثم تحليله بالخمائر الكيمائية (enzymes) الي عناصر غذائية (nutrients) قابلة للذوبان في الماء ويمكن امتصاصها في الأمعاء الصغيرة.

1 - تحليل النشويات (carbohydrates) يبدأ في الفم بفعل الخميرة الكيمائية هاضمة النشويات (alpha amylase or ptyalin) المتواجدة في اللعاب. البانكرياس (pancreas) أيضا يفرز الخميرة هاضمة النشويات التي تحلل السكريات المتعددة (polysaccharides) الي سكر الجلكوز. هضم السكريات الثنائية (disaccharides) مثلا سكر القصب (sucrose) وتحليلها الي سكريات بسيطة (monosaccharides) يسهل امتصاصها أيضا يتم في الأمعاء الصغيرة. السكريات البسيطة هي الجلكوز (glucose) وسكر الحليب (lactose) وسكر الفواكه (fructose).

3 - دخول الطعام في المعدة يؤدي الي افراز هرمون يسمي هورمون المعدة (gastrin). هورمون المعدة يزيد حموضة المعدة بإفراز حامض الهايروكلوريك (hydrochloric acid) وأيضا يسبب افراز خميرة كيمائية تسمي الخميرة الهضمية (pepsin) وظيفتها هضم البروتينات. البانكرياس أيضا يفرز الخمائر محللة البروتينات (proteases) التي تحول البروتينات في الاثني عشر الي حوامض امينية (amino acids).

3 - هضم الدهون يتم في الاثني عشر (duodenum) علي النحو الاتي: الهرمونات secretin و cholecystokinin تُنقِّص الحموضة في الاثني عشر الي درجة الحموضة المحايدة (neutral PH) وأيضا تسبب افراز حوامض الصفراء (bile acids) و الخميرة هاضمة الدهون (lipase) من البانكرياس. حوامض الصفراء تقسم الدهون الي قطرات صغيرة جدا تحولها الخميرة هاضمة الدهون الي حوامض دهنية وجيليسرين (glycerine or glycerol).

الجهاز الهضمي Digestive system

الجهاز الهضمي أيضا يسمي gastrointestinal tract او alimentary tract or canal هو قناة تمتد من الفم الي الشرج (anus). الجهاز الهضمي يتكون من الفم (mouth) والبلعوم (pharynx) والمريء (oesophagus) والمعدة (stomach) والامعاء الصغير (small intestine) والامعاء الغليظ (large intestine) والشرج. الكبد (liver) والمرارة (gall bladder) والبانكرياس (pancreas) لاتعتبر جزءا من الجهاز الهضمي ولكن لها أهمية كبيرة في عملية الهضم. وظائف الجهاز الهضمي هي نقل الطعام و هضمه وامتصاص العناصر الغذائية الناتجة من الهضم والتخلص من فضلات الطعام وأيضا له دورا هاما في المناعة (immunity).

التوسيع والكحت Dilation and curettage (D&C)

التوسيع والكحت هو عملية جراحية تتلخص في توسيع عنق الرحم وادخال آلة جراحية تسمي مكشطة (curette) وازالة الانسجة السطحية من جدار الرحم مثلا لتفريغ محتويات الرحم في حالة الاجهاض الناقص (incomplete abortion).

ديفتيريا Diphtheria

الترجمة الحرفية لكلمة diphtheria هي الجلد المدبوغ والمرض سمي ديفتيريا نسبة لشبه الغشاء الذي يتكون في الحلق (ويُميّز هذا المرض) بالجلد المدبوغ. الديفتيريا تسمي **الخناق** في بعض البلاد العربية. الديفتيريا هي مرض معدي وبائي تسببه باكتيريا والعدوي تنتقل بالهواء عن طريق استنشاق الباكتيريا. اعراض المرض الرئيسية هي حمي والتهاب الحلق وصعوبة التنفس وصعوبة البلع وتضخم الغدد الليمفاوية في الرقبة. مضاعفات المرض تتضمن التهاب عضلة القلب (myocarditis) واعتلال الاعصاب المحيطية (peripheral neuropathy).

الشلل المزدوج — Diplegia
الشلل المزدوج هو شلل في الجانب الايمن والايسر من الجسم وينتج من اصابة العصبون الحركي العلوي (upper motor neuron) في نصف كرة المخ اليمنى واليسري. سبب الشلل المزدوج في اغلب الاحيان هو الشلل الدماغي (cerebral palsy). اعراض المرض عادة اكثر شدة في الأرجل.

مشية الشلل المزدوج — Diplegic (scissor) gait
مشية الشلل المزدوج هي نوع من المشي يجر فيه المريض رجليه بتعثّر وبطريقة غير منسجمة ويكون الجسم منحني الي الامام مع انثناء مفاصل الوركين والركبتين وتقارب الفخذين الي بعضهما. في بعض الحالات تتلامس الركبتان فيشبه موضع الأرجل المقص ولذلك تسمي أيضا مشية المقص (scissor gait).

الخلية الجنسية مزدوجة الصبغي — Diploid cell
انظر gamete

إزدواج الرؤية — Diplopia
إزدواج الرؤية هو حالة يري فيها المريض صورتين (جنبا الي جنب او واحدة فوق الأخرى) عندما ينظر لشيء واحد. ازدواج الرؤية ينتج من ضعف العضلات التي تحرك العين او من إصابات الاعصاب التي تزود تلك العضلات.

الالياف الغذائية — Dietary fibres
الالياف الغذائية هي الجزء من الخضراوات والفواكه الذي لا يهضمه الجسم. الالياف الغذائية تقلل سرعة هضم السكريات والكوليسترول وبذلك تساعد في تنظيم تركيزهما في الدم وأيضا تزيد حجم البراز وتسهل مروره في القولون.

إعاقة — Disability
الاعاقة هي عجز جسدي او عقلي نتيجة مرض او إصابة رضخية.

تطهير (من الجراثيم) — Disinfection
التطهير هو قتل او ازالة معظم الكائنات الحية الدقيقة الضارة (pathogenic microorganism) من الاشياء باستعمال مواد كيمائية (مثلا كحول او كلورين) او اشعاع (radiation). التطهير اقل فعالية من التعقيم (sterilisation).

ملخ المفصل — Dislocation (of a joint)
ملخ المفصل او انفصال المفصل هو خلع المفصل من مكانه نتيجة اصابة حادة وعادة يكون مصحوبا باصابة الاربطة (ligaments) والاوتار (tendons) والعضلات والاعصاب المجاورة. ملخ المفصل الجزئي يسمي subluxation.

انسلاخ الشريان Dissection (of an artery)

انسلاخ الشريان هو انفصال الطبقة الخارجية لحائط الشريان عن الطبقة الداخلية عادة بسبب رضخة او جرح ولكن أحيانا الانسلاخ يحدث تلقائيا بدون إصابة (spontaneous dissection)

التجلط المنتشر داخل الاوعية الدموية Disseminated intravascular coagulation

التجلط المنتشر داخل الاوعية الددموية هو حالة مرضية تتصف بحدوث جلطات في عدد كبير من الاوعية الدموية وفي نفس الوقت تسبب نزيف من الانسجة والأعضاء. التجلط المنتشر داخل الاوعية الدموية هو احد المضاعفات الخطيرة لعدة امراض مثلا تسمم الدم (septicaemia) والسرطان ومضاعفات الولادة.

تصلب الاعصاب المنتشر Disseminated sclerosis

انظر multiple sclerosis

الشرود الذهني الانفصالي Dissociative fugue

انظر fugue state

بعيد من البداية Distal

انظر proximal

التواتر اليومي Diurnal rhythm

التواتر اليومي هو حدوث وظائف حيوية (مثلا تنظيم دورة اليقظة والنوم او حرارة الجسم) التي تتكرر بصورة منتظمة كل 24 ساعة وتعتمد علي عوامل خارجية في البيئة.

انظر الايقاع النهاري الليلي (circadian rhythm).

مرض البروزات الانبوبية Diverticular disease

البروز او الجيب الانبوبي (diverticulum) هو نتوء في حائط أي عضو انبوبي مثلا الجهاز الهضمي او المسالك البولية وينتج من ضعف في حائط ذلك العضو. مرض البروزات الانبوبية هو مصطلح يطلق علي أي حالة مرضية تؤثر علي البروز الانبوبي بالجهاز الهضمي (عادة القولون) مثلا التهاب (diverticulitis) او نزيف او ثقب (perforation). وجود البروزات الانبوبية في الجهاز الهضمي بدون ان يُحدِث اعراض مرضية يسمي بروزات او جيوب القولون (diverticulosis).

التهاب البروزات الانبوبة Diverticulitis

انظر diverticular disease

Diverticulosis

بروزات او جيوب القولون
انظر diverticular disease

Dorsiflexion

ثنية القدم الي اعلي
انظر flexion

Dose

جرعة
الجرعة هي كمية معينة من الدواء تُعتبر كافية لعلاج مرض معين وتُؤخذ في مرة واحدة او تُكرر في فترات محددة (مثلا كل 8 ساعات) ولمدة محددة.

Down syndrome

متلازمة داون
متلازمة داون ايضا تسمي التثلث الصبغي 21 (trisomy 21) هي مرض ينتج من اختلال التركيبة الصبغية ويؤدي الي وجود نسخة اضافية من الصبغي رقم 21 (chromosome 21). نسبة احتمال حدوث المرض تزيد اذا كان عمر الأم 45 عاما او اكثر. اعراض متلازمة داون الاساسية هي تأخر نمو الطفل والقصور العقلي (ناتج اختبار الذكاء - intelligence quotient, IQ - عادة يكون بين 50% و 70%) ووجود علامات مميزة في ملامح الوجه وعيوب خلقية مختلفة مثلا عيب حائط بطين القلب (ventricular septal defect).

Dropsy

الورم المصلي الموضعي
انظر oedema

Drug interaction

التفاعُل الدوائي
التفاعُل الدوائي هو تأثير دواء علي دواء اخر في حالة تنول الدوائين مع بعض او تأثير طعام معين او اعشاب طبية (herbal medicine) عندما تؤخذ مع دواء. التأثير قد يزيد او ينقِّص فعالية الدواء او مضاعفاته الجانبية (side effects) اوآثاره الضارة (adverse effects).

Duodenal ulcer

قرحة الاثني عشر
انظر Peptic ulcer

الإثنا عشر Duodenum

الإثنا عشر هو الجزء الاول من الامعاء الصغيرة (small intestine) وسمي بذلك لأن متوسط طوله يساوي عرض 12 اصبع. الاثنا عشر يقع بين المعدة والمصران الفارغ (jejunum) وفيه تفتح قناة البانكرياس (pancreatic duct) وقناة الصفراء (bile duct) ووظيفته هضم الطعام وامتصاص العناصر الغذائية الناتجة من الهضم . الاثنا عشر ايضا ينظم تفريغ المعدة عن طريق افراز هورمون secretin و cholecystokinin.

التصوير الطبي المزدوج بالموجات فوق الصوتية Duplex ultrasonography

التصوير الطبي المزدوج بالموجات فوق الصوتية هو فحص طبي بالموجات الصوتية مبني علي ظاهرة فيزيائية تُعرف بتأثير دوبلار (Doppler effect). يُستخدم الفحص عادة لقياس سرعة جريان الدم في الشريان وفي نفس الوقت لفحص بنية الشريان (توسّع – ضيق – انسداد – انسلاخ). تأثير دوبلار هو التغيير الملاحظ في تردد او طول الموجات الصوتية بين جسمين نتيجة حركة احد الجسمين بالمقارنة للآخر. (دوبلار هو عالم نمساوي ولد في عام 1803 وتوفي سنة 1853).

الام الجافية Dura mater

انظر meninges.

انكماش دوبترين Dupuytren's contracture

انكماش دوبترين هو حالة مرضية مجهولة السبب تنتج من زيادة في سمك لفافة الكف (palmar fascia) والانسجة الليفية (connective tissue) وتؤدي الي ثنية دائمة في الاصابع عادة البنصر (ring finger) والخنصر (small finger). المرض يبدأ في شكل عقدة صغيرة في الكف تزداد تدريجيا.

اضطراب حس اللمس Dysaesthesia

اضطراب حس اللمس هو احد اعراض امراض الجهاز العصبي المركزي او المحيطي وهو إحساس غير طبيعي كالوخز بالإبر او إحساس بالحرارة او البرودة في جزء من الجلد. تحدث هذه الاعراض تلقائيا او عند لمس الجلد.

الاضطراب النُطقي (او تعسُر النطق) Dysarthria

الاضطراب النطقي هو حالة تصير فيها كلمات المريض غير واضحة فيصعب فهمها. اهم أسباب تعسّر النطق هي امراض الجهاز العصبي التي تؤثر علي عضلات الوجه والفم مثلا السكتة الدماغية (stroke) ومرض العصبون الحركي (motor neuron disease). الاضطراب النطقي كما يُعرّف هنا لا يشمل التمتمة أي التلعثم والعجلة في الكلام.

خلل تناوب الحركات Dysdiadochokinesia

خلل تناوب الحركات هو خلل ينتج من ضعف تنسيق الحركة (motor coordination) نسبة لاصابة المخيخ (cerebellum). المرض يجعل أداء الحركات المتناوبة غير متقن فتختلف كل حركة عن الحركة التي تليها مثلا في نطاق الحركة او في كيفية أدائها.

الزُحار او الدوسنتاريا Dysentery

الزحار (تنطق بضم وتشديد الزاء) ايضا يسمي الدوسنتاريا هو مرض معدي يؤدي الي التهاب الأمعاء خاصة القولون. الدوسنتاريا نوعان:

1 – الدوسنتاريا الشيقيلية (shigellosis or bacillary dysentery) تسببها باكتيريا سلبية القرام (Gram negative) تسمي shigella. (اسم الباكتيريا مستمد من اسم الطبيب الياباني الذي اكتشفها – K. Shiga)،

2 – الدوسسنتاريا الاميبية (amoebic dysentery) تسببها كائنات حية مكونة من خلية واحدة تسمي اميبا (amoeba).

عدوي الدوسنتاريا تُكتسب عن طريق تناول طعام او شراب ملوّث بالجرثومة. اعراض المرض هي اسهال يحتوي علي دم ومخاط والم في البطن وصداع وفقد سوائل. عدوي الاميبا قد تسبب أيضا خُرّاج في الكبد (liver abscess).

نزيف الرحم الوظيفي Dysfunctional uterine bleeding

نزيف الرحم الوظيفي هو نزيف من الرحم سببه اختلال توازن الهورمونات الجنسية (sex hormones) ويشمل النزيف الذي يحدث في فترات غير منتظمة والنزيف الذي يستمر أسبوع او اكثر والنزيف بكمية كبيرة (menorrhagia)

. انظر نزيف الرحم غير الطبيعي (abnormal uterine bleeding).

عُسر القراءة Dyslexia

عسر القراءة يشمل صعوبة القراءة وعدم المقدرة علي تهجية الكلمات او كتابتها بصورة صحيحة. عسر القراءة نوعان:

1 – عسر القراءة الناتج من اضطراب النمو (developmental dyslexia) – هذه الحالة تبدأ في الطفولة وتتميز بالاتي: الطفل المصاب لا يعاني من نقص في الذكاء او نقص في حاسة السمع او البصر ويكون راغبا في التعليم والتعليم يكون متاحا ومناسبا.

2 – عسر القراءة المكتسب (acquired dyslexia) – هذا النوع يحدث نتيجة بعض امراض المخ مثلا السكتة الدماغية (stroke) واصابات الدماغ الرضخية (traumatic brain injury) والخبل (dementia).

خطأ تقدير المسافات Dysmetria

خطأ تقدير المسافات هو احد علامات خلل تنسيق الحركة (motor coordination) وسببه إصابة المخيخ. خطأ تقدير المسافات يؤدي الي صعوبة في انجاز الحركات الإرادية بدقة (مثلا تناول شيء ما) لأن الحركة اما تتجاوز الهدف او لا تصله.

ألم الجماع Dyspareunia

ألم الجماع هو الم في الأعضاء التناسلية يحدث قبل او اثناء او بعد ممارسة العملية الجنسية وحدوثه اكثر في النساء. الم الجماع قد يؤدي الي الخوف او تجنب المضاجعة واسبابه تتضمن عدوي الجهاز التناسلي ونقص هورمون الانوثة (oestrogen) وجفاف المهبل وبعض الامراض النفسية.

سوء الهضم Dyspepsia (indigestion)

سوء الهضم هو ألم او عدم ارتياح في اعلي البطن واحساس بانتفاخ في المعدة واحيانا ايضا غثيان وتجشؤ. اعراض سوء الهضم عادة تشتد بعد تناول الطعام.

صعوبة البلع Dysphagia

صعوبة البلع قد تنتج من امراض الفم والحلقوم والمريئ وايضا من امراض الجهاز العصبي المركزي او المحيطي.

بحة الصوت Dysphonia

بحة الصوت هي خشونة الصوت وانخفاضه كما يحدث في حالات التهاب الحنجرة مثلا. عدم المقدرة التامة علي اخراج الصوت تسمي aphonia.

ضيق التنفس Dyspnoea

ضيق التنفس هو صعوبة التنفس وينتج عادة من امراض الرئة وامراض القلب. في بعض الأحيان – مثلا في حالات فشل القلب الشديد – ضيق التنفس يحدث عندما يستلقي المريض (أي عندما يرقد مستويا علي ظهره). هذا النوع يعرف بضيق التنفس الاستلقائي (orthopnoea). بعض حالات ضيق التنفس تتميز بزيادة شديدة في سرعة التنفس (tachypnoea) يتوقف التنفس بعدها فجأة (apnoea) ثم يعود مرة اخري. هذا النوع يسمي تنفس جين استوكس (Cheyne Stokes respiration).

تعذّر الأداء الحركي Dyspraxia

انظر apraxia

خلل التنسيق العضلي Dyssynergia

خلل التنسيق العضلي هو حالة مرضية ينعدم فيها التنسيق بين تقلصات عضلات تعمل معا في الاحوال الطبيعية لأداء وظيفة معينة مثلا كما يحدث في خلل التنسيق بين الدافعة البولية ومصر ّة المثانة (detrusor sphincter dyssynergia). في هذه الحالة تنقبض العضلتان (أي دافعة المثانة ومصرة المثانة) في نفس الوقت بدلا من انقباض دافعة المثانة (detrusor muscle) المصحوب بإرتخاء مصرة المثانة (bladder sphincter) وهي الحالة الطبيعية لتمكين تدفق البول.

اختلال تقلص العضل السلبي Dystonia

اختلال تقلص العضل السلبي هو حالة مرضية تكون فيها بعض العضلات في حالة تقلّص لإرادي ومستمر يؤدي الي التواء متكرر او أوضاع غير طبيعية كالتواء الرقبة مثلا. اختلال تقلص العضل السلبي ينتج من امراض وإصابات العقد القاعدية (basal ganglia) او مضاعفات بعض الادوية.

Dysuria **صعوبة التبول**

Dwarfism **قصر القامة**

التعريف الطبي لقصر القامة هو طول الشخص الذي يقل عن انحراف معيارين (2 standard deviations) من متوسط طول جمهورالمواطنين (population) الذي يأخذ في الاعتبار العمر والجنس (ذكر او أنثي). طول الشخص البالغ قصير القامة عادة لا يتجاوز 130 سنتيمتر. أسباب قصر القامة الرئيسية هي:

1 – فشل النمو الغضروفي (achondroplasia) – هي حالة وراثية لا يكتمل فيها نمو العظام الطويلة فتكون فيها ايدي وارجل الشخص قصيرة بينما يكون طول الجذع (torso) طبيعيا.

2 – نقص هورمون النمو (growth hormone) اثناء الطفولة. في هذه الحالة نسبة القصر في الايدي والارجل والجذع تكون متساوية. بالإضافة لقصر القامة نقص هورمون النمو يؤدي الي تأخير مراحل نمو الجسم الأخرى. (نقس هورمون النمو الذي يحدث بعد البلوغ يسبب الفتور الزائد والعجز الجنسي وضمور العظام - osteoporosis- ونقص كتلة العضلات وضعفها). أسباب نقص هورمون النمو تتضمن اورام الغدة النخامية (pituitary gland) واصابات المخ الرضخية (traumatic brain injury).

E

Ear **اذن**

الاذن هي عضو السمع وحفظ التوازن. الاذن تتكون من ثلاثة اجزاء هي:

1 – الاذن الخارجية وتتكون من جزئين – الصيوان (pinna) والطبلة (eardrum). الصيوان هو الجزء الغضروفي الظاهر خارج الجمجمة والقناة السمعية (auditory canal) ووظيفته نقل الموجات الصوتية الي طبلة الاذن. طبلة الاذن هي غشاء يفصل الاذن الخارجية من الاذن الداخلية.

2 – الاذن الوسطي – هي التجويف الطبلي (tympanic cavity) والعظيمات (ossicles) وهي ثلاثة عظام صغيرة جدا تسمي المطرقة (malleus) والسندان (incus) وركاب السرج (stapes) وظيفتها تضخيم الموجات الصوتية ونقلها للاذن الداخلية. (السندان – كما ورد في معجم المعاني – هو آلة يطرق الحداد عليها الحديد. اما ركاب السرج فهو حلقة من الحديد مرتبطة بالسرج اسفلها مفلطح يضع الراكب فيها رجله ليمتطي الدابة). التجويف الطبلي مملوء بالهواء ويرتبط بالانف البلعومي (nasopharynx) بواسطة قناة يوستاك (Eustachian tube).

3 – الاذن الداخلية – هي جزء من العظم الصدغي (temporal bone) وتتكون من القناة شبه الدائرية (semicircular canal) وحصاة الاذن (otolith) والقوقعة (cochlea). كل هذه الاجزاء مرتبطة ببعضها البعض ومملوءة بسائل يسمي الليمف الداخلي (endolymph) وتتواجد في فجوات بالعظم الصدغي تسمي متاهة الاذن (labyrinth). وسط متاهة الاذن يسمي الدهليز (vestibule) وفيه توجد حصاة الاذن. حصاة الاذن تتكون من جزئين – القربة (utricle) والكيس (saccule). للقناة شبه الدائرية ثلاثة اجزاء (افقي وعلوي وخلفي) ولها دورا هاما في حفظ توازن الجسم. القوقعة هي عضو السمع وتحتوي علي عضو كورتي (Corti organ) الذي يحول الموجات الصوتيه الي اشارات كهربائية ينقلها العصب الدهليزي (vestibular nerve) لمركز السمع في المخ.

Ebola virus disease **داء إبولا الفيروسي**

داء إبولا الفيروسي أُكتشف لأول مرة في جنوب السودان وفي قرية علي ضفاف نهر إبولا في شمال جمهورية الكنغو الديموقراطية. المرض يصيب الانسان والقرود وينتقل بالاحتكاك بسوائل المريض او بسوائل حامل الفيروس. اعراض المرض الرئسية هي حمى شديدة وألم في المفاصل والعضلات واسهال واستفراغ ونزيف من الجلد والأغشية المخاطية وفشل الكبد والكلى. نسبة الوفيات عالية جدا.

Ecchymosis
رَضَّة
الرضة هي بقعة في الجلد زرقاء اللون تنتج من تسرب الدم نسبة لانفجار وعاء دموي تحت الجلد.

Eccrine gland
غدد خارجية الافراز
الغدد خارجية الافراز هي غدد تصب افرازها بواسطة قناة او مباشرة الي الخارج مثلا غدد العرق.

E. coli
جرثومة ايشريك القولونية
جرثومة ايشريك القولونية (اشيريك – Escherich - هو الطبيب الألماني الذي اكتشف هذه الجرثومة) هي جرثومة لاهوائية (anaerobic) وقرام سلبية (Gram negative) تتواجد طبيعيا في القولون. الأنواع الضارة من هذه الباكتيريا تسبب التهاب المسالك البولية والتهاب المعدة والامعاء (gastroenteritis).

Echocardiography
رسم صدي القلب
رسم صدي القلب هو فحص طبي بالموجات فوق الصوتية (ultrasound) يُستخدم لتقييم بنية ووظيفة القلب مثلا تحديد حجم البطين الايسر (left ventricle) وقوة تقلصاته او شكل صمامات القلب وفعاليتها. رسم صدي القلب عادة يتم عبر الصدر (transthoracic echocardiography) ولكن أحيانا يسجل من داخل المريء (transoesophageal echocardiography).

Echolalia
ترديد الكلمات المسموعة
ترديد الكلمات المسموعة هو عرض مرضي يردد فيه المريض الالفاظ التي يسمعها بصورة تلقائية ولا ارادية. اهم أسباب ترديد الكلمات المسموعة عندما تحدث اثناء الطفولة هو التَوحُّد (autism). بعد سن الطفولة الاسباب تتضمن السكتة الدماغية (stroke) ومرض باركنسون والخبل (dementia).

Echoviruses
الفيروسات المعوية الفريدة
الفيروسات المعوية الفريدة هي فيروسات تنتمي لمجموعة الفيروسات المعوية (enteroviruses) وعادة لا تسبب اعراض مرضية او تسبب اعراض خفيفة مثلا سعال اوطفح جلدي. تسمية هذه الفيروسات echo هي اختصار مكون من الحرف الاول لكل كلمة في اسمها الكامل – enteric cytopathic human orphan -. (احد معاني كلمة يتيم (orphan) هي "الفريد الذي لا نظير له" كما يقال مثلا "فلان يتيم دهره". سميت هذه الفيروسات يتيمة نسبة للاعتقاد الخاطئ عند اكتشافها انها تختلف عن بقية الفيروسات في انها لاتسبب اي امراض).

اكلامبسيا
Eclampsia
الاكلامبسيا هي حالة مرضية تحدث عادة في الثلث الأخير من الحمل وتتصف بارتفاع شديد في ضغط الدم ونوبات الصرع وافراز كمية كبيرة من البروتين في البول. (هذه الحالة سميت في الماضي تسمم الحمل (toxaemia of pregnancy) وهذا خطأ لأن المرض لا صلة له بالتسمم. الاكلامبسيا أحيانا تسمي ارجاج وهذا المصطلح أيضا غير مناسب لأن الارجاج هو قرب ولادة الطفل وليس الحالة المرضية. الاحتفاظ بكلمة اكلامبسيا – في رأيي - افضل لأنه يمنع الالتباس).

حَصَف
Ecthyma
انظر impetigo

نزوح
Ectopia
النزوح (في الطب) هو نمو عضو في غير مكانه الطبيعي.

إيقاع ضربات القلب الخارجي
Ectopic heart rhythm
إيقاع ضربات القلب الخارجي هو ضربات القلب التي تحدث في غير نظام (قبل اوانها) نسبة لنشأتها خارج العقدة الجيبية (sinus node).

الحمل خارج الرحم
Ectopic pregnancy
الحمل خارج الرحم هو حالة تنتج من زرع البيضة المخصبة (implantation) ونمو الجنين خارج الرحم ويحدث عادة في قناة فالوب (Fallopian tube) واحيانا في المهبل او داخل الحوض او في تجويف البطن.

شَتَر الجفن
Ectropion
شتر الجفن هو انقلاب الجفن الاسفل للخارج. اسباب شتر جفن العين تتضمن الشيخوخة وامراض الحساسية واحيانا شتر الجفن يكون وراثي.

افراز
Effusion
الافراز هو تجمّع سائل غير طبيعي في تجويف داخل الجسم مثلا في كيس غشاء القلب (pericardial effusion).

متلازمة اليرز ودانلوس
Ehlers-Danlos syndrome
متلازمة اليرز ودانلوس هي مرض وراثي يسبب خلل في الانسجة الضامة (connective tissue). اعراض المرض الأساسية هي:
1 - ارتخاء المفاصل الذي يزيد نطاق حركتها ويؤدي الي ملخها (joint dislocation).
2 – مرونة الجلد وصعوبة التئام الجروح.

3 – مضاعفات المرض – انسلاخ الوتين (aortic dissection) والتهاب المفاصل الانحساري (degenerative osteoarthritis).

قذف Ejaculation

القذف هو اندفاع السائل المنوي من قضيب الرجل الذي يحدث في ذروة النشوة الجنسية.

الجراحة الاختيارية Elective surgery

الجراحة الاختيارية هي علاج جراحي غير مستعجل وتأخيره لا يسبب خطورة مباشرة علي صحة او حياة المريض. توقيت العملية الجراحية يكون باختيار المريض والطبيب المعالج ويعتمد ايضا علي امكانيات المستشفي مثلا وجود او عدم تواجد الطاقم الطبي لاجراء العماية في وقت معين.

رسم إشارة القلب الكهربائية Electrocardiography (ECG)

رسم إشارة القلب الكهربائية هو فحص طبي يُستخدم في تشخيص امراض القلب مثلا لتحديد نوع اضطرابات إيقاع ضربات القلب (arrhythmia) او لتأكيد مرض الشريان التاجي (coronary artery disease).

جهاز تسجيل رسم إشارة القلب يتكون من اقطاب كهربائية (electrodes) تُوضع علي الجلد في أماكن معينة في الجسم ووحدة إلكترونية تحول الإشارات الكهربائية التي تلطقتها الاقطاب من القلب الي إشارات رقمية. الجهاز يسجل التغيير في الجهد الغشائي (membrane potential) لخلايا القلب الذي يحدث اثناء نبضة القلب. هذه التغييرات تظهر في الرسم في شكل ثلاثة موجات تسمي موجة P وموجة QRS وموجة T. موجة P تُمثِّل النشاط الكهربائي في الاذينين (atria) وموجة QRS تمثل النشاط الكهربائي في البطينين (ventricles). اما موجة T فتمثل عودة البطينين الي حالتهما قبل التحفيز بالإشارة الكهربائية. المسافة PQ في الرسم هي المدة التي تنتقل فيها الإشارة الكهربائية من العقدة الجيبية (sinus node) الي العقدة الأذينية البطينية (atrioventricular node). مسافة ST هي فترة وجيزة لا يتغير فيها الجهد الكهربائي.

العلاج بالصعقة الكهربائية Electroconvulsive therapy (ECT)

العلاج بالصعقة الكهربائية يُستخدم في حالات الاكتئاب (depression) وجمود الحركة (catatonia) وانفصام الشخصية (schizophrenia) التي لم تستجِب لأنواع العلاج الاخري. العلاج يتم تحت تأثير التخدير العام (general anaesthesia) ويتلخص في تمرير شحنة كهربائية للمخ بواسطة اقطاب (electrodes) توضع في رأس المريض.

رسم موجات المخ Electroencephalography (EEG)

موجات المخ هي الجهد الكهربائي (electric potential) الناتج عن نشاط عصبونات المخ. تسجيل هذه الموجات يتم عادة بوضع عدد من الأقطاب الكهربائية (electrodes) بطريقة معينة فوق جلدة الرأس. رسم موجات المخ يساعد في تشخيص بعض الامراض كالصرع (epilepsy) والتهاب الدماغ (encephalitis) ويستعمل أيضا في تحليل اضطرابات النوم واحينا لتأكيد الموت.

المُركّبات الايونية Electrolytes

انظر serum electrolytes

الرسم الكهربائي للعضلات Electromyography (EMG)

الرسم الكهربائي للعضلات هو فحص طبي يستخدم في تشخيص التهابات العضلات واعتلال العضلات (myopathies) وامراض الموصِل العصبي العضلي (neuromuscular junction) وكذلك في حالات إصابة العصبون الحركي السفلي (lower motor neuron). بعض الاستخدامات في العلاج تتضمن تحديد المنطقة المناسبة لحقن السم السُجقي (botulinum toxin) في علاج تشنج العضلات (spasticity) كما يستعمل أيضا في مراقبة استرداد وظائف العضلات بعد التخدير.

الإنتقال الكهربائي Electrophoresis

الإنتقال الكهربائي هو طريقة لفصل جزئيات (molecules) المواد المتعلقة في سائل او غاز عن بعضها البعض عن طريق استعمال شحنة كهربائية. الإنتقال الكهربائي يُستخدم في تشخيص بعض الامراض مثلا التصلُّب العصبي المتعدد (multiple sclerosis) وذلك بفصل بروتينات المصل او بروتينات السائل النخاعي الشوكي المختلفة عن بعضها البعض

داء الفيل Elephantiasis

انظر lymphatic filariasis

إنسداد الأوعية الدموية Embolism

إنسداد الأوعية الدموية يحدث فجأة عندما تنفصل الجلطة (thrombus) - او جزء منها - عن جدار الوعاء الدموي او عندما تدخل فُقّاعة هوائية او قطرة دهنية او مادة اخري في شريان او وريد وتُحمل في الدورة الدموية الي وعاء دموي اصغر حجما.

مُضغة Embryo

المضغة هي مرحلة في الحمل تلي زراعة (implantation) البيضة المخصبة في الرحم ومنها يتم تكوين الأعضاء المختلفة عن طريق انقسام الخلايا. مرحلة المضغة في الانسان تستمر ثمانية أسابيع يتوقف انقسام الخلايا بنهايتها وتبدأ مرحلة الجنين (foetus) التي تستمر حتى نهاية الحمل. في مرحلة الجنين تنمو بنية ووظائف الأعضاء تدريجيا بغرض تجهيز الجنين للحياة خارج الرحم.

مسبب القئ Emetic

مسبب القئ هو عقار او مادة اخري تسبب الاستفراغ وتستعمل عادة لعلاج بعض انواع التسمم.

انتفاخ الرئة Emphysema

انظر chronic obstructive pulmonary disease

الفقاقيع الهوائية Emphysematous bullae

انظر chronic obstructive pulmonary disease

افرار الحيز الجانبي القيحي Empyema thoracis

انظر pleural effusion

طلاء السِن Enamel

طلاء السن (أيضا يسمي مينا) هو نسيج صلب ابيض اللون يغطي الجزء المرئي من السن (تاج السن - crown). طلاء السن يتكون من فوسفات الكالسيوم وبروتينات ولا يحتوي علي أعصاب او اوعية دموية.

علة الدماغ Encephalopathy

علة الدماغ هي لفظ يُستخدم لوصف اي مجموعة من الاعراض والعلامات المرضية التي تشير الي اختلال وظائف الدماغ بسبب مرض بالجهاز العصبي مثلا إصابة الدماغ الرضخية (traumatic encephalopathy) او خارج الجهاز العصبي مثلا الفشل الكلوي (renal encephalopathy) او نتيجة ارتفاع ضغط الدم الخبيث (hypertensive encephalopathy).

استئصال بُطانة الشريان Endarterectomy

استئصال بطانة الشريان هي عملية جراحية لإزالة تصلب موضعي (atherosclerotic plaque) او لازالة جلطة (thrombus) تسبب ضيق في الشريان.

سرطان بُطانة الرحم Endometrial carcinoma

سرطان بطانة الرحم ينشأ من خلايا غشاء الرحم الداخلية ويحدث عادة بعد انقطاع الحيض الدائم (menopause) واعراضه الأساسية هي نزيف من الرحم والم في اسفل البطن.

التهاب الشّغاف Endocarditis

التهاب الشغاف هو التهاب النسيج الذي يكسو السطح الداخلي لعضلة القلب (cardiac endothelium or endocardium) والصمامات والحبال الوترية (chordae tendineae). التهاب الشغاف نوعان:

(1) التهاب الشغاف الناتج عن العدوي (infective endocarditis) الذي تسببه عادة الباكتيريا ويحدث في الصمامات التالفة او في صمام صناعي (artificial valve) ويؤدي الي ما يُعرف بالأغشية النباتية (vegetations). (الأغشية النباتية هي كتلة من الصفائح الدموية - platelets - وبروتين الفبرين - fibrin - وميكروبات وخلايا.) أحيانا تنفصل أجزاء من الأغشية النباتية وتدخل الدورة الدموية مما تؤدي الي انسداد احد شرايين المخ والسكتة الدماغية (stroke).

(2) التهاب الشغاف العقيم (sterile or non-infective endocarditis) – هذا النوع لا تسببه الكائنات الحية الدقيقة (microorganisms) وعادة يحدث في الصمامات السليمة اثناء الحمل او في الامراض التي تزيد تجلط الدم مثلا بعض أنواع السرطان.

داخلي Endogenous

في الطب كلمة داخلي تعني كل ما ينشأ داخل جسم الانسان مثلا انتاج الهومونات. كلمة exogenous (اي خارجي) تعني عكس هذا المعني.

بطانة الرحم الخارجية Endometriosis

بطانة الرحم الخارجية هي حالة مرضية تتصف بوجود انسجة شبيه بأنسجة بطانة الرحم (endometrium) خارج الرحم مثلا في البويضة (ovary) او في قناة فالوب (Fallopian tube) او في الإمعاء (intestine). أسباب المرض غير معروفة ولكن يعتقد انه ينتج من انتشار خلايا بطانة الرحم اثناء الحيض ودخولها قناة فالوب وأيضا انتشارها عن طريق الدورة الدموية والليمفاوية. اعراض المرض تتضمن ألم في اسفل البطن واضطرابات الحيض وألم الجماع (dyspareunia) والعقم.

إندورفين Endorphins

الاندورفين (ايضا يسمي الافيون الداخلي) هو هورمون في الجهاز العصبي المركزي تفرزه الغدة النخامية (pituitary gland) وظيفته الاساسية هي تخفيف الاحساس بالألم. الاندورفين هو ثلاثة انواع – الفا وبيتا ووقاما.

منظار وتصوير قنوات المرارة والبانكرياس Endoscopic cholangiopancreatography

منظار وتصوير قنوات المرارة والبانكرياس هو فحص طبي يتكون من ادخال منظار طبي في الاثني عشر (duodenum) وحقن صبغة في قنوات المرارة والبانكرياس وتصويرها بالاشعة السينية (x rays). الفحص يُستخدم عادة في تشخيص اسباب اليرقان الانسدادي (obstructive jaundice) والتهاب البانكرياس المزمن (chronic pancreatitis).

ادخال انبوبة في القصبة الهوائية Endotracheal intubation

انظر intubation

إنكغالين Enkephalins

الانكفالين هي بروتينات تتواجد في الجهاز العصبي المركزي وفي الغدة الكُظرية (adrenal gland) وظيفتها الاساسية هي تخفيف الاحساس بالألم وايضا تحفيز افراز الهورمن نورادرينالين (noradrenaline) في حالات الخطورة علي الجسم التي تستدعي استجابة الكر او الفر (fight or flight response).

خُسوف العين Enophthalmos

هو تراجُع العين داخل المِحجر (eye socket) أي عكس جحوظها (exophthalmos)

الفيروسات المعوية Enteroviruses

الفيروسات المعوية هي مجموعة من الفيروسات التي تسبب العدوي عن طريق تناول الطعام او المشروبات الملوثة وهي الفيروسات المعوية الفريدة (Echoviruses) وفيروسات شلل الاطفال (Polio viruses) وفيروسات كوكساكي (Coxsackie viruses). كوكساكي هي مدينة صغيرة بالولايات المتحدة الأمريكية.

الفتق المعوي Enterocele

الفتق المعوي هو نتوء جزء من الأمعاء الصغير (small intestine) في جدار المهبل (vagina) نسبة لضعف او تمزق فيه. أسباب الفتق المعوي هي استئصال الرحم (hysterectomy) ومضاعفات الولادة والسعال المزمن والسمنة المفرطة.

سلس الول Enuresis

انظر nocturnal enuresis

الخميرة الكيمائية Enzyme

الخميرة الكيمائية هي فصيلة من البروتينات تزيد سرعة التفاعلات الحيوية في الخلايا.

نتوء البُرْجُمة Epicondyle

نتوء البرجمة (او اللُقيمة) هو جزء بارز من العظم يوجد فوق سطح البرجمة (condyle) وهو موضع ارتباط العضلات والاوتار (tendons) مع العظم.

ورم بشرة الجلد Epidermoid cyst

ورم بشرة الجلد هو ورم حميد ينمو من خلايا طبقة الجلد الخارجية (epidermis).
انظر (sebaceous cyst).

Epididymis
قناة الخصية
قناة الخصية هى قناة انبوبية الشكل تُوصّل الخصية (testes) بالقناة المنوية (vas deferens). وظيفة قناة الخصية هي حفظ الحيوانات المنوية ونقلها الي القناة المنوية في لحظة القذف (ejaculation).

Episiotomy
شق العِجان
شق العِجان (perineum) هو عملية جراحية تُستعمل احيانا لتوسيع المهبل اذا طالت المرحلة الثانية من الولادة خاصة اذا ظهرت علامات تشير الي تدهور في حالة الجنين مثلا زيادة او بطء شديد في سرعة ضربات قلبه وتستعمل أيضا لمنع تمزق المهبل اذا كان حجم الجنين كبيرا وفي حالات التوليد بالجفت. الشق يمتد من جدار المهبل الخلفي الي الشرج (anus).

Epispadias
فتحة البول العليا
فتحة البول العليا هي عيب خلقي في نمو قناة البول (الإكليل) يؤدي الي قصر القناة فلا تصل راس قضيب الرجل وتكون فتحة البول في الجانب الاعلي من القضيب. احيانا فتحة البول تكون في الجزء الاسفل من القضيب او في الصدَفن (scrotum) وفي هذه الحالة تسمي فتحة البول السفلي (hypospadias).

Epistaxis
رُعاف
الرُعاف هو نزيف من الانف. أسباب الرعاف تتضمن التهاب الانف والجيوب الانفية وامراض الدم والأدوية التي تمنع تجلط الدم واصابات الانف او الوجه الرضخية ولحمية الانف.

Ependyma
البِطانة العصبية
البطانة العصبية هي طبقة من الخلايا التي تغطي داخل بطينات الدماغ (cerebral ventricles) وقناة النخاع الشوكي (spinal canal).

Ependymoma
سرطان خلايا البطانة العصبية

Epidemiology
علم الوبائيات
علم الوبائيات هو فرع من الطب يختص بدراسة أسباب انتشار مرض معين في المجتمع ونمط انتشاره والعوامل التي تحدد حدوثه في شريحة من السكان دون غيرها كما يختص بالوقاية من الامراض او مكافحتها والسيطرة عليها.

Epidemic disease
مرض وبائي
المرض الوبائي هو مرض مُعدي قابل للإنتشار السريع في عدد كبير من الناس (او الحيوانات) في فترة وجيزة.

Epidural anaesthesia
التخدير فوق الجافية
انظر anaesthesia

قافل الحنجرة Epiglottis
انظر Respiratory system

الصرع Epilepsy
الصرع هو اضطراب في الإشارات الكهربائية بالمخ يؤدي الي نوبات متكررة من فقد او اختلال الوعي لفترات قصيرة بالإضافة الي اعراض اخري مثلا تشنج العضلات المؤقت. اضطراب الإشارات الكهربائية يبدأ في منطقة صغيرة في قشرة المخ تسمي بؤرة الصرع (epileptic focus) ثم ينتشر في بقية القشرة. هذه الحالة تسمي الصرع العام (generalised epilepsy) ولكن أحيانا تظل الإشارات الكهربائية محصورة في مكانها ونتيجة ذلك هي الصرع الجزئي (focal epilepsy). الصرع العام يشمل الصرع الكبير (grand mal epilepsy) والصرع الصغير (petit mal epilepsy). الصرع الكبير يتميز بفقد الوعي وتصلبات وتشنجات كل عضلات الجسم لفترة وجيزة يستعيد المريض بعدها وعيه ولكنه يكون مرتبكا لمدة وغير مدركا لما حدث له. اما في حالة الصرع الصغير فتنحصر الاعراض في اختلال الوعي لثواني قليلة واهتزازات بسيطة في بعض العضلات. اعراض الصرع الجزئي تتوقف علي موضع بؤرة الصرع وقد يحتفظ المريض بكامل وعيه (الصرع الجزئي البسيط simple partial seizures) او يفقد وعيه (الصرع الجزئي المعقد complex partial seizures).

مُشاش Epiphysis
المشاش هو الجزء المستدير في نهاية العظام الطويلة وهو الجزء الحُويجزي من العظم (trabecular bone). كلمة epiphysis ايضا تطلق علي الغدة الصنوبرية (pineal gland).
أنظر trabecular bone

التهاب فوق الصلِبة Episcleritis
فوق الصلِبة (episclera) هي غشاء رفيع يوجد بين الصلبة (sclera) والمُلتحِمة (conjunctiva) والتهابه يؤدي الي احمرار العين وتدفق الدمع. المرض لا يسبب ألم في العين وعادة يزول في أيام قليلة.

العجز الجنسي Erectile dysfunction
انظر impotence

مرض حُمرة الجلد Erysipelas
مرض حمرة الجلد هو التهاب حاد في الجلد تسببه الباكتيريا العِقدية الكروية (streptococcus). الالتهاب يكون عادة في الوجه والارجل. الأجزاء المصابة من الجلد تصير حمراء ومتورمة. المرض عادة يصيب المسنين.

Erythema multiforme **الطفح الوردي متعدد الاشكال**

الطفح الوردي متعدد الاشكال هو مرض جلدي ينتج من بعض أنواع العدوي وأيضا من الحساسية لبعض الادوية. الحالات الخفيفة تتصف بظهور بثور حمراء في الايدي والارجل مصحوبة بحُكاك. المرض الشديد يسبب أيضا بثور في الغشاء المخاطي في الفم واللسان وانسلاخ جزء صغير من بشرة الجلد. الاعراض عادة تختفي بعد أسبوع او اسبوعين.

Erythema nodosum **الطفح الوردي العُقدي**

الطفح الوردي العُقدي ينتج من التهاب الخلايا الدهنية تحت الجلد ويسبب طفح جلدي احمر اللون ينتشر في الساقين في شكل عُقد (nodules) صغيرة متفاوتة الاحجام ويكون عادة مصحوبا بألم في المفاصل وحمي. الطفح الوردي العقدي يحدث في المراحل المبكرة من مرض السل (tuberculosis) وأيضا يحدث نتيجة تناول بعض الادوية والعدوي بالباكتيريا الكروية العِقدية (streptococcus) وامراض اخري.

Erythrasma **عدوي ثنيلت الجلد**

عدوي ثنيلت الجلد هي عدوي مزمنة تسببها باكتيريا تسمي Corynebacterium minutissimum وتحدث كثيرا في مرض السكري. اعراض المرض هي بقع بنية اللون في ثنيات الجلد والابط والأُرب (groin) وتحت الثدي وبين الأصابع.

Erythroblastosis fetalis **كثرة الأرومات الحمراء في الجنين**

كثرة الأرومات الحمراء في الجنين أيضا تسمي مرض انحلال الدم في حديثي الولادة (haemolytic disease of the new born) هو مرض مناعي يحدث في حالة عدم توافق مجموعة دم الام مع مجموعة دم الجنين.

Erythrocytes (red blood cells) **كرويات الدم الحمراء**

كرويات الدم الحمراء هي خلايا في الدم تحتوي علي الهيموقلوبين (haemoglobin) ينتجها نخاع العظم (bone marrow) من خلايا جذعية (stem cells) بتحفيز من هورمون الكلية الذي يسمي erythropoietin. عملية انتاج كرويات الدم الحمراء تتم في عدة مراحل وتعتمد علي تواجد فيتامين B12 وفيتامين B9 (folate). عدد كرويات الدم الحمراء هو 4-5 مليون في المليمتر المكعب في الاناث و 5-6 مليون في المليمتر المكعب في الذكور والزيادة علي ذلك تسمي erythrocytosis. عدد كرويات الدم الحمراء ينقص في حالات فقر الدم (anaemia).

Erythrocyte sedimentation rate (ESR) **سرعة ترسُب الدم**

سرعة ترسب الدم هو اختبار معملي يتلخص في وضع 2 مليليتر من الدم غير المتجلط في انبوبة معينة طولها 200 مليمتر وقطرها الداخلي 2 مليمتر تسمي انبوبة وستاقرن (Westergren tube). الانبوبة تُترك في وضع عامودي لمدة ساعة. ترسب الدم هو نزول كرويات الدم الحمراء الي قاع الانبوبة وسرعة ترسب الدم هي طول الجزء من المصل فوق الكرويات المترسِّبة. سرعة ترسب الدم الطبيعية في المتوسط هي 25 – 15 مليمتر في الساعة وهي اعلي في الاناث وتزيد مع زيادة العمر في الجنسين. سرعة ترسب الدم تزيد في الالتهابات والسرطان وامراض اخري.

كثرة كرويات الدم الحمراء Erythrocytosis

انظر polycythaemia rubra vera

إحمرار الجلد Erythroderma

احمرار الجلد أيضا يسمي التهاب الجلد التقشري (exfoliative dermatitis). انظر dermatitis.

انتاج كرويات الدم الحمراء Erythropoiesis

انظر erythrocytes

جرثومة ايشيريك القولونية Escherichia coli

انظر E. Coli.

الحول التقاربي Esotropia

انظر squint

كثرة الصفائح الدموية مجهولة السبب Essential thrombocythemia

انظر myeloproliferative disorders

المعادن الضرورية الصغرى Essential trace minerals

المعادن الضرورية الصغرى هي معادن ضرورية للحياة لا ينتجها الجسم ويحتاج اليها في كميات قليلة جدا وتتضمن:

(1) الحديد (iron) – اهم مصادره هي اللحوم والكبد والخضراوات والفاصوليا ونقصه يسبب فقر الدم (anaemia).

(2) اليود (iodine) – يتواجد في الأسماك والحليب والخضراوات ونقصه يؤدي الي تضخم الغدة الدرقية (goitre).

(3) الفلورايد (fluoride) – مصدره الأساسي هو الماء ووظيفته هي الحماية من تسوس الاسنان.

(4) الزنك (zinc) – اللحوم الحمراء والدجاج والبيض هي مصادر الزنك الرئيسية ونقصه يسبب الاسهال المزمن وقرح الجلد.

(5) المانقانيز (manganese) – يتواجد في المكسّرات (nuts) والخضراوات والفواكه. نقص المانقانيز يؤدي الي تشوه العظام وتأخير التئام الجروح.

الخلايا محتوية النواة Eukaryotic cells

الخلايا محتوية النواة هي الخلايا التي تحتوي نواة (nucleus) أي حزمة صبغية (chromatin) داخل غشاء يفصلها عن محتويات الخلية (cytoplasm). خلايا بعض الكائنات الحية – كالباكتيريا مثلا – لا تملك نواة منفصلة وتسمى الخلايا عديمة النواة او الخلايا البدائية (prokaryotic cells).

Euphoria
الاحساس بالسعادة الزائدة
الاحساس بالسعادة الزائدة قد يكون طبيعيا او قد ينتج من بعض امراض المخ او من تعاطي الخمر او المخدرات.

Euthanasia
القتل الرحيم
القتل الرحيم (او قتل الرحمة) هو انهاء حياة المريض عمدا وبوسيلة سريعة وغير مؤلمة بغرض انهاء الألم والمعاناة الناتجة من مرض لا يمكن الشفاء منه. القتل الرحيم لا يُعتبر جريمة حسب قوانين بعض الدول. (معني كلمة euthanasia في اللغة الاغريقية هو الموت الحسن).

Exanthemata
الامراض الطفحية
الامراض الطفحية هي الامراض التي يكون فيها الطفح الجلدي اهم الاعراض المميزة خاصة الامراض المعدية مثلا الحصبة (measles).

Exantheme (or exanthema or rash)
طفح جلدي
الطفح الجلدي هو تغيير غير طبيعي في مظهر الجلد مثلا نتيجة مرض معدى او حساسية (allergy). نوع الطفح يعتمد علي الحالة التي تسببه مثلا قد يكون في شكل بقع حمراء صغيرة تغطي كل الجسم كما يحدث في مرض الحصبة (measles) او قد يسبب جفاف الجلد وتقشيره وتورمه في أماكن الإصابة كما يحدث في المرض الجلدي الذي يسمي الصدفية (psoriasis).

Exogenous
خارجي
انظر endogenous.

Exophthalmos (or proptosis)
جُحوظ العين
جُحوظ العين هو بروز عين واحدة او العينين من المحجر (eye socket). جحوظ العينين معا يحث في حالات زيادة نشاط الغدة الدرقية (hyperthyroidism). أسباب جحوظ عين واحدة تتضمن الأورام وراء العين والتهابات الانسجة التي يحتويها المحجر والناسور السُباتي الكهفي (carotico-cavernous fistula).

Exotropia
الحَول التباعدي
انظر Squint

Expectorant
طارد البلغم
طارد البلغم هو دواء يساعد علي ازالة المخاط من المسالك الهوائية.

النتوء العظمي Exostosis

النتوء العظمي هو عظم جديد صغير وبارز تكوّن فوق عظم اخر عادة نتيجة التهاب مثلا التهاب المفاصل الإنحساري (degenerative osteoarthritis) او ينشأ من التهاب مزمن في لفافة الاخمص (plantar fasciitis) الذي يسبب مِهمز عظم العُقب (calcaneal spur).

استنزاف Exsanguination

الاستنزاف هو إفقاد انسان او حيوان كمية كبيرة من الدم تؤدي الي الموت.

انبساط Extension

الانبساط هو حركة أي جزء من اليد (الذراع – الكف – او الأصابع) او الرجل (الفخذ – الساق – القدم – او الأصابع) او العامود الفقري في الاتجاه الذي يزيد زاوية المفصل الذي يقع بين الجزء الأقرب للجسم والجزء الاخر. الانبساط هو عكس الثني (flexion) . لاحظ ان انبساط القدم يسمي (plantar flexion) وثنية القدم تسمي (dorsiflexion).

السبيل خارج الهرمي Extrapyramidal tract

السبيل خارج الهرمي هو جزء من الجهاز العصبي الحركي (motor system) معظمه يوجد بالنخاع المستطيل (medulla oblongata) والجسر (pons) والتكوين الشبكي (reticular formation) ووظيفته تنظيم وتعديل الحركة وتعديل وضع الجسم اثناء الوقوف والجلوس وذلك بتأثيره علي العقد القاعدية (basal ganglia) والمخيخ (cerebellum) والجهازالدهليزي (vestibular system) .

خفقة القلب الإضافية Extrasystole

خفقة القلب الإضافية هي انقباضة عضلة القلب التي تحدث قبل اوانها وقد تنشأ من الاذين او من البطين وتحدث بطريقة عشوائية او تتكرر بانتظام.

السائل العكِر المُتسرّب Exudate

السائل العكر المتسرب هو سائل ذو كثافة نسبية (specific gravity) عالية تفرزه الاوعية الدموية في مناطق الالتهاب. السائل العكر المتسرب يحتوي علي بروتينات المصل (serum) وفيبرين (fibrin) وكرويات الدم البيضاء والحمراء. والصفائح الدموية.
انظر (transudate).

عين Eye

العين هي عضو كروي الشكل ينتمي للجهار العصبي ويتواجد في المِحجر (orbit or eye socket). وظيفة العين هي استقبال الضوء المنعكس من الأشياء المرئية وتحويله الي إشارات كهربائية عصبية (nerve impulses) ونقل الإشارات في العصب البصري (optic nerve) الي المخ. العين تتكون من ثلاثة طبقات:

1 – الطبقة الخارجية – تتكون من الصَلَبة (sclera) والقرنية (cornea). الصلبة (أيضا تسمي بياض العين) هي غشاء سميك مُركّب من نسيج ضام (connective tissue) يحيط بكل أجزاء كرة العين ماعدا منطقة القرنية. اما القرنية فهي غشاء شفاف يُمكّن دخول الضوء في العين. خلف القرنية توجد العدسة (lens) وهي جسم شفاف وظيفته تركيز الصورة المرئية علي الشبكية عن طريق تغيير شكلها ليناسب بُعد الشيء المرئي من العين. شكل العدسة يتغير بواسطة تقلصات العضلة الهدبية (ciliary muscle) التي سميت بذلك لأنها تشبه اهداب الجفن (الرموش).
2 – الطبقة الوسطي – تحتوي علي العِنبة (uvea). العنبة تتكون من المَشِيمة (choroid) والجسم الهدبي (ciliary) body والقُزحية (iris). المشيمة هي طبقة من الانسجة الضامة والاوعية الدموية التي تحمل الأوكسيجين والمواد الغذائية لكل أجزاء العين ماعدا القرنية. (القرنية لا تحتوي علي اوعية دموية وتستمد الأوكسيجين والمواد الغذائية من الخلط المائي (aqueous humour) الذي يملأ المنطقة بين العدسة والقرنية. الجسم الهدبي يتكون من العضلة الهدبية التي تتحكم في شكل عدسة العين ومن خلايا الخلط المائي. اما القزحية فهي جسم رفيع دائري الشكل في وسطه توجد فتحة تُمكّن دخول الضوء في العين تسمي الحدقة (pupil). القزحية ترتبط بعضلة تزيد واخري تنقص قطر الحدقة. تقلصات هذه العضلات تمكن الحدقة من التحكم في كمية الضوء التي تدخل العين. القزحية تحتوي أيضا علي خلايا صبغية تعطي العين لونها.
3 – الطبقة الداخلية هي الشبكية (retina). الشبكية تحتوي علي الخلايا مستقبلات الضوء (photoreceptors) وهي الخلايا المخروطية (cones) والعيدان (rods). الخلايا المخروطية تتواجد في الحُفيرة الصفراء المركزية (fovea centralis) وهي تجويف في بقعة العين (macula) – أي المنطقة بالقرب من وسط الشبكية التي تستجيب للضوء الساطع وتمكن رؤية الأشياء بالدقة وأيضا تمييز الألوان. اما العيدان فتتواجد في اطراف الشبكية وتستجيب للضوء الخافت وتمكن رؤية الأشياء في اللون الأبيض والأسود. تجمُّع محاور (axons) مستقبلات الضوء يكوّن قرص العصب البصري (optic disc). المنطقة بين الشبكية والعدسة تحتوي علي الجسم الزجاجي (vitreous body) الذي يسمي أيضا الجسم البلوري. الجسم الزجاجي هو مادة بروتينية شفافة وشبه سائلة مثل الهلام (jelly) وظيفته المحافظة علي شكل كرة العين وتثبيت الشبكية في مكانها.

F

المفاصل المُسطحة Facet joints

المفاصل المسطحة (ايضا تسمي المفاصل الوجهية) هي مفاصل مفلطحة توجد بين النتوءات المفصلية (articular processes) لكل فقرتين متجاورتين ووظيفتها منع الحركة الزائدة في السلسلة الفقرية.

بُراز او غائط Faeces

البراز هو بقايا الطعام التي لم تهضم وتم تحليلها بالباكتيريا في القولون. البراز ايضا يحتوي علي خلايا الامعاء الميتة والصفراء (bile) وبعض فضلات التمثيل الغذائي مثلا البيليروبين (bilirubin). كمية البراز التي ينتجها الشخص السليم تعتمد علي عمره ونوعية وكمية الاطعمة التي يتناولها.

Fallot's tetralogy **رباعية فالوت**

رباعية فالوت هي تشويه خلقي في القلب يتكون من أربعة أجزاء: ضيق صمام الشريان الرئوي (pulmonary artery stenosis) وعيب حائط البطين (ventricular septal defect) وتضخم البطين الأيمن (right ventricular hypertrophy) وموضع الوتين بين البطينين (overriding aorta). رباعية فالوت تؤدي الي دخول الدم الفقير في الاوكسيجين من البطين الأيمن الي الوتين ونقص (او عدم) تدفق الدم في الشريان الرئوي. اعراض المرض تتضمن الزُرقة المركزية (central cyanosis) وغلظة رأس الأصابع (finger clubbing) وفي الحالات الشديدة فقد الوعي اثناء الرضاعة. (فالوت - Etienne Fallot 1850-1911 - هو طبيب فرنسي).

Family planning **تنظيم حجم الاسرة**

تنظيم حجم الاسرة هو تحديد عدد الأطفال وترتيب فترة ولادتهم حسب رغبة الوالدين ويتحقق بطرق طبية وتعليمية واجتماعية ودوافعه عادة اقتصادية او صحية. الوسائل الطبية لتحديد الانجاب هي منع الحمل (contraception) والتعقيم (sterilisation) والاجهاض المُستحث (induced abortion). تنظيم حجم الاسرة أيضا يتضمن زيادتها عن طريق تقنيات التلقيح المساعدة (assisted reproductive technology) كما يحدث في حالات علاج العقم.

Fallopian tube **قناة فالوب**

قناة فالوب او قناة الرحم هي قناة توصل البويضة (ovary) بالرحم (uterus) وهي الموضع الطبيعي الذي يتم فيه تخصيب البيض بالحيوان المنوي. (فالوب - Gabreillo Fallopio - هو الطبيب الإيطالي الذي اكتشف القناة في القرن السادس عشر الميلادي فسميت باسمه).

Falx cerebri **المِنجل الدماغي**

انظر meninges

Fascia **لفافة**

اللفافة هي غشاء رفيع مكون من نسيج ضام (connective tissue) يكسو كل أعضاء الجسم. اللفافة تُقسّم الي ثلاثة أنواع:

1 – اللفافة السطحية (superficial fascia) – تتواجد تحت الجلد وتشكل عازلا للحرارة.
2 – اللفافة العميقة (deep fascia) تغطي الاوعية الدموية وأيضا تكوّن حاجزا بين العضلات.
3 – لفافة الأعضاء الداخلية (visceral fascia) – هي اغشية تلتف حول الأعضاء الداخلية مثلا غشاء القلب (pericardium).

Fasciculation **اهتزاز الحزمة العضلية**

اهتزاز الحزمة العضلية هو تقلصات لإرادية تحدث في حزمة الياف العضلة وتظهر كحركة خفيفة تحت الجلد. اهتزاز الحزمة العضلية هو احد اعراض إصابة العصبون الحركي السفلي (lower motor neuron) .

فتحة الحلق Fauces

فتحة الحلق هي مؤخرة تجويف الفم التي تقع بين سقف الحلق الرخو (soft palate) واللسان.

تشويه أعضاء الأنثى التناسلية Female genital mutilation

تشويه أعضاء الأنثى التناسلية (أحيانا يسمي ختان الأناث – female circumcision) هو عملية جراحية يُزال فيها جزء او أجزاء او كل الأعضاء التناسلية الخارجية وهو تقليد متبع في كثير من الأقطار الافريقية وأيضا في بعض المجتمعات الاسيوية. لختان الأناث عدة اضرار صحية تتضمن ألم الجماع (dyspareunia) وألم الحيض وعسر ومضاعفات الولادة مثلا الناسور المثاني المهبلي (vesico-vaginal fistula).

عظم الفخذ Femur

عظم الفخذ هو اطول عظم في جسم الانسان وهو العظم الذي يوصّل الحوض بالساق. رأس عظم الفخذ يرتبط بالحوض في الحُق (acetabulum) ليكوّن مفصل الورك (hip joint). اما الجزء الاسفل فيكون مفصلين – مفصل مع عظم رأس الركبة (patella) واخر مع عظم الساق الكبير (tibia).

المشية السريعة Festinant gait

انظر gait

حمي Fever (pyrexia)

الحمي هي حالة مرضية ترتفع فيها درجة حرارة الجسم لفترة زمنية معينة فوق درجة حرارة الجسم الطبيعية التي تتراوح بين 37.4 و38.3 درجة مئوية (99.2 – 100.8 فهرنهايت).

جُهد اهتزاز الليفة العضلية Fibrillation potential

جهد اهتزاز الليفة العضلية هو دفعة كهربائية ناتجة من تقلصات تلقائية (أي بدون حركة إرادية) في ليفة عضلية واحدة وتُسجّل بالرسم الكهربائي للعضل (electromyography, EMG) وهي احد اعراض إصابة العصبون الحركي السفلي (lower motor neuron) وأيضا عِلاّت العضلات (myopathies).

فيبرين Fibrin

الفيبرين هو بروتين يساعد في تجلط الدم وزيادته تؤدي الي الافراط في التجلط (thrombosis) وانسداد الوعاء الدموي ونقصه يسبب النزيف.

تحلل الفيبرين Fibrinolysis

تحلل الفيبرين هو عملية حيوية تمنع انتشار جلطة الدم وانسداد الاوعية الدموية بها وتحدث في الاحوال الطبيعية (تحلل الفيبرين الاولي) او نتيجة مرض (تحلل الفيبرين الثانوي).

Fibroid
ورم ليفي

الورم الليفي هو ورم حميد ينشأ من خلايا عضلة الرحم وانسجته الليفية.

Fibula
عصا الساق

عصا الساق هي العظم الذي يوجد في الجانب الخارجي من الساق ويمتد من الركبة الي القدم. عظم الساق يُثبِّت مفصل الكاحل وهو ايضا موضع ترتبط فيه بعض العضلات. (بعض المعاجم تسمي هذا العظم الشظية ولكن – في رأيي – عصا الساق اقرب للصحة. اولا لأن كلمة شظية تستخدم في علم التشريح لتسمية الغضروف الذي يغطي طرف الأضلاع وثانيا لأن احد معاني كلمة fibula في اللغة الاغريقية هو "عصا غليظة كروية الراس").

Fight or flight response
استجابة الكر او الفر

استجابة الكر او الفر في علم وظائف الاعضاء هي رد فعل الانسان في حالة خطر مفاجئ يهدد حياته. الاستجابة اما مواجهة مسبب الخطر ومحاربته او الهروب منه. استجابة الكر او الفر تتم نتيجة تحفيز الجهاز العصبي المُنسِّق (sympathetic nervous system).

Fingers
أصابع

أصابع اليد الخمسة هي الابهام (thumb) والسبابة (index finger) والاوسط (middle finger) والبنصر (ring finger) والخنصر (small finger). زيادة الأصابع عن خمسة في اليد الواحدة او في القدم الواحدة هي تشويه خلقي (congenital abnormality) ينتج من طفرة جينية (genetic mutation) ويسمي تعدد الأصابع (polydactyly). الاصبع الإضافي ليس له وظيفة وقد يكون في أي موضع بالنسبة للأصابع الأخرى.

Finger clubbing
غلظة رأس الأصابع

غلظة رأس الأصابع هي تشويه في رأس الأصبع وفي الظفر يحدث في بعض امراض الرئة وامراض القلب ولكن أحيانا يكون خلقي (congenital clubbing). التشويه يجعل رأس الأصبع غليظا ومحدبا والظفر يصير سميكا ولامعا ويسهل تحريكه.

Fertilisation
التخصيب

التخصيب هو اتحاد الحيوان المنوي (sperm or spermatozoon) مع البيضة (ovum) الذي يحدث في الاحوال الطبيعية في قناة فالوب (Fallopian tube) ثم تكوين البيضة المخصبة (zygote) وهجرتها من قناة فالوب الي الرحم. تلي هذه المرحلة زرع البيضة المخصبة (implantation) في بطانة الرحم (endometrium) وتكوين المُضغة (embryo) التي ينمو منها الجنين (foetus).

Fissure
اخدود او شق

إرتخاء العضلات Flaccidity

ارتخاء العضلات هو حالة تحدث بسبب الشلل الكامل او الجزئي واثناء النوم والغيبوبة وبتأثير بعض الادوية. اهم علامات الارتخاء ان العضلات تبدو رخوة عندما تُلمس ويمكن عند فحص المريض تحريك الطرف المصاب بسهولة نسبة لهذه الرخوة.

الشلل الارتخائي Flaccid paralysis

نُفاخ Flatulence

النُفاخ هو تجمُّع كمية كبيرة من الغازات في الجهاز الهضمي المصحوب عادة بالشعور بعدم الارتياح في البطن وكثرة الفسو والضُراط وأيضا التكرُّع. النفاخ قد ينتج من الافراط في اكل بعض الأطعمة وأيضا من بعض امراض الجهاز الهضمي مثلا عدم احتمال سكر الحليب (lactose intolerance).

ريح او ضُراط Flatus

الريح هو غاز كريه الرائحة تنتجه الباكتيريا في الامعاء الغليظ ويخرج من الشرج عادة مصحوبا بصوت

ثني Flexion

الثني هوحركة أي جزء من اليد (الساعد – الكف - او الأصابع) او الرجل (الفخذ – الساق – القدم – او الأصابع) او العامود الفقري في الاتجاه الذي يُنقّص زاوية المفصل التي تقع بين الجزء الأقرب للجسم والجزء الاخر. الثني هو عكس الانبساط (extension) .

الاجسام الطافية Floaters

الاجسام الطافية هي اضطراب في النظر يتصف بظهور نقاط داكنة اللون وبُقع واحيانا اشكال تشبه الخيوط في نطاق الرؤية (visual field). سبب الأجسام الطافية هو ترسبات في داخل الجسم الزجاجي (vitreous body) عادة تنتج من التغيير الطبيعي في العين الذي يحدث في الشيخوخة وأيضا نتيجة انفصال الشبكية (retinal detachment) واصابات العين الرضخية.

صبغة الاسنان بالفلورايد Fluorosis

صبغة الاسنان بالفلورايد هي ظهور بقع صفراء او بنية اللون في طلاء السن (enamel) الذي ينتج من تعرض الاسنان لكمية زائدة من الفلورايد (fluoride) في السبعة او الثمانية سنوات الاولي من العمر. (الفلورايد هو معدن يتواجد طبيعيا في الماء وأيضا يضاف لمعجون الاسنان للحماية من تسوس الاسنان).

احمرار الجلد Flush

احمرار الجلد هو حالة يصير فيها جزء من الجلد (مثلا الخد) وردي اللون نسبة لزيادة مؤقتة في تدفق الدم.

Foetus **جنين**

انظر embryo

Food poisoning **تسمم الطعام**

تسمم الطعام هو عدوي تسببها باكتيريا (عادة سالمونيلا - salmonella - او باكتيرية اشيريك القولونية - E. coli) او فيروسات او فطريات (fungi). العدوي تُكتسب بواسطة الطعام والشراب الملوث بالجرثومة واعراض المرض عادة تبدأ بعد حوالي 10 - 8 ساعات وتتضمن اسهال واستفراغ والم في البطن وفقد سوائل واحيانا حمي.

Fontanelle **يافوخ**

اليافوخ هو فجوة بين عظام جمجمة الجنين والرضيع يغطيها غشاء سميك. للإنسان يافوخان: امامي وخلفي. اليافوخ الامامي هو الأكبر ويتواجد بين العظم الجبهي (frontal bone) والعظم الجداري (parietal bone) الأيمن والأيسر. اليافوخ الخلفي يقع بين العظم الجداري الأيمن والأيسر والعظم القذالي (occipital bone). يتحول اليافوخ الخلفي الي عظم عادة في عمر اربعة اشهر تحويل اليافوخ الامامي الي عظم يكتمل في عمر 18 الي 24 شهر. وظيفة اليافوخ هي تصغير حجم الجمجمة اثناء الولادة عن طريق إنزلاق العظام فوق بعضها البعض. اليافوخ ايضا يُمكّن نمو الجمجمة اثناء الطفولة.

Foot **قدم**

القدم هي الجزء الاسفل من الرجل الذي يحمل وزن الجسم عندما يكون الجسم قائما ويُمكّن حركة المشي. القدم يتكون من 26 عظماً مرتبة في صفوف. اكبر هذه العظام هو العظم العُقبي (calcaneus). العظم العقبي وعظم الكاحل (talus) يشغلان مؤخرة القدم . قوس القدم يقع بين عظام مؤخرة القدم والعظام التي تكون الاصابع الخمسة (toes). مفصل الكاحل (talus) يربط عظم الكاحل بعظمي الساق (عظم الساق الكبير - tibia وعصا الساق - fibula) ويُمكِّن ثنية القدم الي اعلي (ankle dorsiflexion) والي اسفل (ankle plantarflexion). ثنية القدم الي الداخل (foot inversion) اي نحو خط الوسط (midline) والي الخارج (eversion) تتم في مفصل تحت الكاحل (subtalar joint) وهو المفصل الذي يوصل العظم العُقبي بعظم الكاحل.

Foot drop **هبوط القدم**

هبوط القدم هو فقد القدرة علي ثني القدم الي اعلي (أي في اتجاه الساق) نسبة لضعف عضلات الساق او إصابة العصب الوركي (sciatic nerve) او فرعه النهائي.

Foot eversion **ثنية القدم الي الخارج**

انظر foot

Foot inversion **ثنية القدم الي الداخل**

انظر foot

الثقبة العظمي Foramen magnum

الثقبة العظمي هي فتحة بيضاوية الشكل بالعظم القَذَالي (occipital bone) يمر فيها النخاع الشوكي (spinal cord) وأربعة شرايين بالإضافة الي العصب القحفي (cranial nerve) الحادي عشر.

التوليد بالجفت Forceps delivery

التوليد بالجفت هو استخدام الجفت لسحب الجنين من المهبل أحيانا بعد شق العِجان (episiotomy). التوليد بالجفت يُستعمل في الحالات التي تستلزم تقصير المرحلة الثانية من الولادة. (الجفت او الكُلاّبة – تنطق بضم الكاف وتشديد اللام – هي آلة جراحية تستعمل لمسك او التقاط او ربط الاغشية والأعضاء وأيضا لإنتشال الاجسام الصغيرة بدلا من اليد اثناء العمليات الجراحية).

الطب الشرعي Forensic medicine

الطب الشرعي هو فرع من الطب يشمل تخصصات كثيرة كلها تهدف – بطرق مختلفة – لتشخيص اسباب وكيفية الموت او الاصابات الناتجة من احوال غير طبيعية او جنائية مثلا القتل او التسمم.

شكل لا ذنموذجي Forme fruste

مصطلح الشكل اللانموذجي يستعمل في الطب لوصف مرض يسبب اعراضا اقل شدة من اعراضه المعتادة او لايشبه الاعراض المألوفة لذلك المرض.

حفرة Fossa

الحُفرة في علم التشريح هي منطقة منخفضة عادة في العظام.

الحُفيرَة الصفراء المركزية Fovea centralis

انظر Eye

الجذور الحرة Free radicals

الجذور الحرة هي ذرات (atoms) او جزئيات (molecules) تحمل الكترونات غير مزدوجة (مثلا الهيدروكسيل) ولها أهمية كبيرة في التفاعلات الحيوية في جسم الانسان ولكنها أيضا قادرة علي التفاعل مع الحامض النووي الريبوزي ناقص الاوكسيجين (DNA) وخراب الخلايا وبالتالي نشأة بعض الامراض مثلا السرطان ومرض باركينسون كما لها دورا هاما في تطور اعراض الشيخوخة.

إهتزاز Fremitus

كلمة الاهتزاز تستعمل في الطب لوصف الارتعاش الذي ينتج من حركة الحبال الصوتية عندما يردد المريض كلمات معينة. الارتعاش ينتقل بالرئة لحائط الصدر ويمكن ان يحسه الطبيب بوضع يديه علي صدر المريض (الاهتزاز اللمسي - tactile fremitus) او يسمعه بالسماعة الطبية (الاهتزاز الصوتي - vocal fremitus). الاحساس بالاهتزاز يكون ضعيفا او ينعدم في حالات افراز الحيز الجانبي (pleural effusion) ويزيد في حالة التهاب الرئة.

سكر الفواكه Fructose

انظر carbohydrates

الشرود الذهني Fugue state

الشرود الذهني (ايضا يسمي الشرود الانفصالي – dissociative fugue) هو فقد الذاكرة للهوية الشخصية المصحوب عادة بسلوك حركي تلقائي واحيانا انتحال هوية جديدة. الشرود الذهني عادة يدوم عدة ايام واحيانا يستمر لفترات اطول يعود بعدها المريض لحالته الطبيعية. اسباب الشرود الذهني تتضمن الصرع والاكتئاب وادمان الخمر وتعاطي المخدرات وايضا يحدث كرد فعل لكوارث طبيعية مثلا حرب او زلزال.

قاع Fundus

القاع في علم التشريح هو ابعد منطقة من فتحة اي عضو مجوّف وقد يكون في اعلي العضو (مثلا في الرحم) او في اسفله (مثلا في المرارة).

دُمَل Furuncle

الدمل (كلمة دمل تنطق بضم الدال والميم المفتوحة) هو التهاب حويصلة الشعرة (hair follicle) الذي ينتج من عدوي بالباكتيريا عادة الباكتيريا الكروية العنقودية الذهبية (staphylococcus aureus). حويصلة الشعرة هي البنية في بطانة الجلد (dermis) التي ينبت منها الشعر.

G

طريقة المشي Gait

طريقة المشي تتأثر بأمراض الجهاز العصبي وامراض العضلات والمفاصل. أنواع طريقة المشي الأكثر حدوثا في امراض الجهاز العصبي هي:

1. **مشية الشلل النصفي** - Hemiplegic (or circumduction) gait - هي مشية بطيئة وغير معتدلة تتصف بانبساط الرجل في مفصل الركبة ومفصل القدم فلا تنثني هذه المفاصل عند المشي فيحاول المريض التعويض عن ذلك بثني مفصل الورك بإفراط وتحريك رجله في حركة نصف دائرية (circumduction) بقصد ان لا تلمس أصابع رجله الأرض.

2. **المشية الترنحيّة - Ataxic gait** - ابرز خصائص هذه المشية هي كبر المسافة بين قدمي المريض اثناء المشي بالإضافة الي عدم الاعتدال فالمريض يترنح و يتمايل فجأة من جانب الي جانب وينحرف عن خط مشيته.

3. **المشية السريعة - Festinant gait** - هي مشية سريعة بخطوات قصيرة. الإسراع في المشي غير مقصود ويتم دون إرادة المريض ولذلك لا يستطيع المريض التحكم فيه. هذا النوع من المشي يحدث في المراحل الأخيرة من مرض باركينسون

4. **مشية الكبرياء (او المشية التبخترية) - Waddling gait** - فيها يمشي المريض ببطء ويتمايل من جانب الي الجانب الاخر كما يفعل المغرور المتباهي. سبب مشية الكبرياء هو ضعف عضلات حزام الحوض (pelvic girdle)

5. **مشية الخطوة العالية - High steppage gait** - تحدث في حالات هبوط القدم (foot drop) وفيها يثني المريض مفصل ركبته بإفراط ثم يخبط رجله علي الأرض وذلك لعدم قدرته علي التحكم في حركة القدم.

Galactorrhoea — إفراز الحليب التلقائي
افراز الحليب التلقائي هو افراز الحليب من الثدي الذي يحدث لسبب مرضي وليس لرضاعة الطفل وسببه زيادة الهورمون مُحفِّز تدفق الحليب (prolactin).

Galen (of Pergamum) — جالينيوس
جالينيوس هو طبيب اغريقي في القرن الثاني الميلادي يُعتبر احد مؤسسي علم التشريح (anatomy). كانت نظرياته في الطب تُدرّس حتي القرن السادس عشر الميلادي. أشار الشاعر أبو اطيب احمد ابن الحسين المعروف بالمتنبي الي غزارة علم جالينيوس وشهرته حين قال: (يموت راعي الضأن في جهله موتة جالينيوس في طبه).

Gall bladder — المرارة
المرارة هي كيس صغير تحت الكبد تتدفق فيه عُصارة الصفراء (bile) من الكبد. وظيفة المرارة هي خزن الصفراء بعد تركيزها (أي بعد امتصاص الماء والمعادن منها) ثم افرازها في الاثني عشر (duodenum) لهضم الدهون.

Gallop rhythm — ايقاع مشية الحصان
ايقاع مشية الحصان هو حالة تزيد فيها سرعة ضربات القلب وتكون فيها الاصوات الناتجة من ضربات القلب ثلاثة او اربعة بدلا من اثنين كما يحدث في الاحوال الطبيعية. ايقاع مشية الحصان ينتج من امراض بطين القلب الايسر (left ventricle) ولكن احيانا يحدث بدون مرض.

حصوة المرارة
Gallstone
الحصوة هي الحجر الصغير وجمعها حصوات. حصوات المرارة تنشأ من ترسُّب مكونات الصفراء (bile) – أي البيليروبين (bilirubin) والكوليسترول (cholesterol) وحوامض الصفراء (bile acids). حصوات المرارة عادة لا تسبب اعراض مرضية الا عندما تقفل قناة الصفراء (bile duct) وذلك يؤدي الي مضاعفات مثلا التهاب المرارة (cholecystitis) والتهاب البانكرياس (pancreatitis) ويرقان انسداد مجاري الصفراء (obstructive jaundice).

الخلية التناسلية
Gamete
الخلية التناسلية التي ينتجها الذكر هي الحيوان المنوي (sperm). الأنثى تنتج البيضة (ovum). الخلية التناسلية تحتوي علي طقم واحد من الصبغي (chromosomes) وتسمي الخلية منفردة الصبغي (haploid cell). اتحاد الحيوان المنوي والبيضة (التخصيب – fertilisation) يؤدي الي تكوين خلية تحمل طقمين من الصبغي (واحد من الذكر والأخر من الانثى). هذه الخلية تسمي الخلية مزدوجة الصبغي (diploid cell) وهي الخلية التي ينمو منها الجنين.

تكوين الخلايا التناسلية
Gametogenesis
تكوين الخلايا التناسلية هو انقسام خلايا بدائية (primordial germ cells) مزدوجة الصبغي (diploid cells) الي خلايا وحيدة الصبغي (monoploid cells) الذي يتم في الغدد التناسلية أي الخصية (testis) والمبيض (ovary) ونموها ونضوجها الذي يؤدي الي نشوء الحيوان المنوي (sperm) او البويضة (ovum).

عُقدة
Ganglion
العقدة هي مجموعة اجسام خلايا عصبية (neurons) مرتبطة ببعضها البعض بالزوائد المتشجرة (dendrites).

استئصال المعدة
Gastrectomy
استئصال المعدة هو عملية جراحية لازالة جزء او كل المعدة مثلا لعلاج سرطان المعدة.

قرحة المعدة
Gastric ulcer
انظر Digestion

التهاب المعدة
Gastritis
التهاب المعدة قد يكون حادا او مزمنا. الالتهاب المزمن عادة يؤدي الي موت خلايا المعدة واستبدالها بنسيج ليفي (fibrous tissue). في هذه الحالة يسمي التهاب المعدة الضموري (atrophic gastritis) واهم أسبابه هي العدوي المزمنة بالبكتيريا الملتوية البابية (helicobacter pylori) وامراض المناعة الذاتية (autoimmune disease).

Gastric lavage — غسيل المعدة

غسيل المعدة هو عملية ادخال كمية من الماء عن طريق انبوبة توضع في المعدة ثم سحب الماء المختلط بمحتويات المعدة وتكرار هذه العملية حتي تتم ازالة كل محتويات المعدة. غسيل المعدة يُستعمل عادة في علاج بعض انواع التسمم الحاد مثلا في حالة تناول كمية كبيرة من الادوية بغرض الانتحار.

Gastrocnemius muscle — عضلة الساق

عضلة الساق هي عضلة كبيرة سطحية تتواجد في الجانب الخلفي من الساق. عضلة الساق تنشأ برأسين في اسفل عظم الفخذ (femur) وتعبر مفصل الركبة ومفصل الكاحل (talar joint) ومفصل تحت الكاحل (subtalar joint) وترتبط بواسطة وتر اخيليس (Achilles tendon) في العظم العُقبي (calcaneus). وظيفة عضلة الساق هي ثنية الركبة (knee flexion) وثنية القدم الي اسفل (ankle plantarflexion) والمساعدة في المشي السريع والجري والقفز. لاحظ ان بعض المراجع تعتبر عضلة الساق والعضلة النعلية (soleus muscle) عضلة واحدة وتسميها العضلة النعلية ثلاثية الرؤوس (triceps surae).

Gastrointestinal endoscopy — تنظير الجهاز الهضمي

تنظير الجهاز الهضمي هو عملية طبية تتلخص في ادخال منظار صلب (rigid endoscope) او منظار مرن (fibreoptic endoscope) في الجزء الأعلى او الجزء الأسفل من الجهاز الهضمي والنظر فيه للتشخيص. التنظير يستخدم ايضا لأخذ عينة للفحص (biopsy) ولاستئصال الزوائد اللحمية (polyps) ويمكن حصره في العمليات الاتية:

(1) تنظير المريء والمعدة والاثني عشر — oesophago-gastro-duodenoscopy
(2) تنظير قنوات المرارة والبانكرياس — endoscopic retrograde cholangiopancreatography, ERCP
(3) تنظير الأمعاء الصغير small bowel endoscopy
(4) تنظير القولون - colonoscopy
(5) تنظير الشرج والمستقيم — proctoscopy

Gastrointestinal tract — الجهاز الهضمي

انظر digestive system

Gastro-oesophageal reflux — الارجاع المعوي الرئوي

انظر regurgitation

Gastrostomy — ثغرة المعدة

ثغرة المعدة هي انشاء فتحة في المعدة بعملية جراحية لادخال انبوبة في المعدة عادة للتغذية مثلا في حالات انسداد المرئ.

107

Gene
العامل الوراثي

العامل الوراثي هو الجزء من الحامض النووي الريبوزي ناقص الاوكسيجين (DNA) الذي يحمل الخصائص الموروثة من الاب والام مثلا لون البشرة – طول القامة ... الخ.

Gene penetrance
اختراقية العامل الوراثي

اختراقية العامل الوراثي هي مقدرة العامل الوراثي علي ابداء خصائصه. مثلا اختراقية عامل وراثي يحمل صفة معينة او مرض معين بنسبة 70% يعني ان تلك الصفة او المرض يظهر في 70 شخص من كل 100 من حاملي ذلك العامل الوراثي. العوامل الوراثية التي لا تُحدث اثرا ظاهرا في حامليها تسمي عومل وراثية غير مخترقة (non-penetrant genes).

General anaesthesia
التخدير العام

انظر anaesthesia

General paralysis of the insane
شلل المجنون العام

انظر syphilis

Genetic counselling
النصح فيما يختص بالأمراض الوراثية

النصح فيما يختص بالأمراض الوراثية هو إعطاء معلومات وحقائق علمية لمساعدة الاسرة المصابة او المحتمل ان تصاب بمرض وراثي علي اتخاذ قراراتها تجاه المرض. المعلومات عادة تتضمن الاتي:
نسبة احتمال حدوث المرض في المستقبل.
اعراض المرض وتطوره الطبيعي وما يترتب علي ذلك من ضعف في الجسم وفي المقدرة العقلية وتأثيره المتوقع علي طول حياة المريض.
طرق التأقلم علي مضاعفات المرض في مراحله المختلفة.
طرق تجنب حدوث المرض في ذرية المريض.

Geniculate body
الجسم الرُكبي

الجسم الرُكبي هو كتلة خلايا في المهاد (thalamus) تتكون من جزئين. احد الجزئين يتكون من نواة توصّل المسلك البصري (optic tract) بالإشعاع البصري (optic radiation) وتسمي الجسم الركبي الجانبي (body lateral geniculate) ونواة اخري توصل الشريط المفتول الجانبي (lateral lemniscus) بالإشعاع السمعي (auditory radiation). هذه النواة تسمي الجسم الركبي الوسطي (medial geniculate body) .
الجسم الركبي أيضا يسمي النواة الركبية او المُركّب الركبي (geniculate complex) .

مجموعة العوامل الوراثية
Genome
مجموعة العوامل الوراثية هي العوامل الوراثية التي يملكها نوع من الكائنات الحية بأكمله مثلا مجموعة العوامل الوراثية البشرية (human genome) هي التكوين الوراثي للجنس البشري كله.

التكوين الوراثي
Genotype
التكوين الوراثي هو مجموعة العوامل الوراثية التي يملكها فرد معين – لاحظ الفرق من (genome).

انحناء الركبة للخلف
Genu recurvatum (knee hyperextension)
انحناء الركبة للخلف هو تشويه يجعل الركبة تنحني الي الوراء مثلا نسبة لضعف اربطة الركبة (knee ligaments) او ضعف عضلات الفخذ او الساق او امراض النسيج الضام (connective tissue disease).

طب الشيخوخة
Geriatrics

علم الشيخوخة
Gerontology
علم الشيخوخة هو دراسة التغييرات الطبيعية في بنية ووظائف أعضاء الجسم التي تحدث في الشيخوخة وآثارها علي الفرد والمجتمع.

الحمل
Gestation
انظر pregnancy

التهاب الشريان ذو الخلايا العملاقة
Giant cell arteritis
التهاب الشريان ذو الخلايا العملاقة يسمي أيضا التهاب الشريان الصدغي (temporal arteritis) هو احد امراض المناعة الذاتية واعراضه الأساسية هي: صداع – ألم في الفك عند المضغ (jaw claudication) إزدواج الرؤية – فتور – حمي خفيفة – ونقص الوزن. اهم مضاعفات التهاب الشريان ذو الخلايا العملاقة هو العمي المفاجئ.

داء الجارديات
Giardiasis
داء الجارديات هو مرض تسببه طفيليات تسمي Giardia lamblia intestinalis وهي كائنات حية أولية تتكون من خلية واحدة وتنتمي الي فصيلة الصوتيات (flagellates). (الجارديا سميت علي شرف مكتشفيها - الطبيب الفرنسي A. F. Giard والطبيب التشيكي V.D. Lmbl). الجرثومة تدخل الجسم عن طريق الطعام والشراب الملوث بها وتستوطن الإثني عشر (duodenum) والمصران الفارغ (jejunum) وتسبب ضمور جزئي في الزُغيبات المعوية (intestinal villi) مما يؤدي الي سوء امتصاص المواد الغذائية (malabsorption). اعراض المرض هي اسهال والم في البطن وفي الحالات المزمنة نقص الوزن.

Gibbus
حَدَب
انظر kyphosis

Gigantism
العملقة
انظر acromegaly

Gingival recession
تراجع اللثة

تراجع او انحسار اللثة هو تعرية جذور الاسنان نسبة لفقد انسجة اللثة الذي يؤدي – في الحالات الشديدة - الي فقد الاسنان. تراجع اللثة يحدث طبيعيا بعد منتصف العمر وأيضا نتيجة التهاب دواعم الاسنان (periodontitis).

Gingivitis
التهاب اللثة

التهاب اللثة ينتج من العدوي بالباكتيريا ويسبب احمرار وتورم اللثة ونزيفها خاصة اثناء تنظيف الاسنان بالفرشة او بالمسواك.

Gland
غُدَة

الغدة هي خلايا او عضو ينتج ويفرز مادة لها أهمية حيوية كالهورمونات مثلا. الغدد نوعان:- غدد صماء (endocrine glands) تفرز مادتها في الدم وغدد خارجية (exocrine) تفرغ افرازها في قناة او مباشرة في الحيز الخلالي (interstitial space) او خارج الجسم.

Glandular fever
الحمى الغددية
انظر infectious mononucleosis

Glaucoma
الماء الأسود

الماء الأسود هو مرض يصيب العين ويؤدي الي ضمور قرص العصب البصري (optic nerve disc) وفقد البصر الدائم. سبب الماء الاسود غير معروف ولكن للوراثة وارتفاع ضغط العين دورا هاما في نشأة المرض. الماء الأسود ينقسم الي ثلاثة أنواع:

1 – الماء الأسود والزاوية المفتوحة (open angle glaucoma) - ضغط العين في هذا النوع عادة يكون طبيعي. المرض مزمن وفقد البصر تدريجي ولا تصحبه اعراض مرضية اخري.

2 - الماء الأسود والزاوية المغلقة (closed angle glaucoma) - هو مرض حاد يسبب اضطراب في الرؤية والم شديد في العين والراس وغثيان واستفراغ وارتفاع في ضغط العين. (سبب ارتفاع ضغط العين هو خلل في تصريف السائل المائي - aqueous humour - نتيجة انسداد مجاريه في حجرة العين الامامية).

3 – الماء الأسود الثانوي – هذا النوع ينتج من مضاعفات امراض اخري مثلا مرض السكري وانسداد الوريد الشبكي المركزي (central retinal vein occlusion) وينتج أيضا من استعمال الاسترويدات القشرية (corticosteroids).

الخلايا الدِبقية Glial cells

الخلايا الدبقية هي خلايا الجهاز العصبي الاتية: الخلايا النجمية (astrocytes) – الخلايا قليلة التشعُّب (oligodendrocytes) – خلايا شوان (Schwann cells) – وخلايا البطانة العصبية (ependymal cells) وسميت دبقية (الدبق هو الصمغ) نسبة للاعتقاد الخاطئ عند اكتشافها انها تُلصِّق العصبونات مع بعضها البعض.

الورم الدِبقي Glioma

النَّدَب الدِبقي العصبي Gliosis

الندب الدبقي العصبي هو تكاثر الخلايا الدبقية (glial cells) وزيادة حجمها في مكان التهاب او إصابة جزء من الجهاز العصبي المركزي وتكوين ندب (scar) عندما تلتئم الإصابة.

انسداد الحلق الوهمي Globus hystericus

انسداد الحلق الوهمي هو الاحساس بِغُصّة في الحلق تمنع البلع بالرغم من عدم وجود انسداد في الجهاز الهضمي العلوي. انسداد الحلق الوهمي ينتج من الامراض النفسية.

الكرة الشاحبة Globus pallidus (or pallidum)

الكرة الشاحبة هي جزء من العقد القاعدية (basal ganglia) وتتواجد تحت قشرة المخ. للكرة الشاحبة اهمية كبيرة في تنظيم الحركة الارادية.

متوسط التصفية الكُبيبيّة Glomerular filtration rate (GFR)

متوسط التصفية الكبيبية هو اختبار معملي يُستخدم لتقييم وظائف الكلية وتصنيف مراحل الفشل الكلوي. الاختبار ينبني علي تحديد كمية الدم التي تصفيها الكبيبات الكلوية (glomeruli) في وحدة زمنية معينة مثلا دقيقة واحدة. عدة طرق تستخدم لقياس متوسط التصفية الكبيبية وابسطها مقارنة كمية الكرياتينين في الدم مع قيم مرجعية

كُبيبة Glomerulus

انظر glomerulonephritis

التهاب الكُبيبات الكلوية Glomerulonephritis

الكبيبة (تصغير كُبـّة) هي ترجمة حرفية من اللغة اللاتينية لكلمة glomerulus. الكبة هي خيوط الغزل الملفوفة في شكل كرة وفي ذلك تشبه كتلة الشعيرات الدموية (capillaries) التي تكون جزأ من الوحدة الكلوية (nephron). أسباب التهاب الكبيبات الكلوية كثيرة وتتضمن العدوي بالباكتيريا الكروية العِقدية (streptococcus infection) وبعض امراض المناعة والتهاب الاوعية الدموية (vasculitis) ومضاعفات بعض الادوية مثلا - penicillamine. اعراض المرض تتضمن البول محتوي الدم (haematuria) وزيادة البروتين في البول (proteinuria) ومتلازمة الكلية (nephrotic syndrome) والفشل الكلوي (renal failure) وارتفاع ضغط الدم.

كُبّة Glomus

الكبة (بضم الكاف وتشديد الباء) هي كتلة صغيرة كروية الشكل مكونة من اوعية دموية والانسجة المحيطة بها

التهاب اللسان Glossitis

أسباب التهاب اللسان تتضمن نقص فيتامين B1 وB12 والعدوي بالبكتيريا والفطريات وادمان الخمر والحساسية لبعض الادوية والاطعمة.

الهورمون رافع سكر الدم Glucagon

الهورمون رافع سكر الدم هو هورمون تفرزه خلايا البانكرياس (pancreas) عندما تنخفض نسبة الجلكوز في الدم. الهورمون رافع سكر الدم يسبب تحلل السكر المخزون (glycogen) عن طريق عملية حيوية تسمي - glycogenolysis - وبذلك يزيد تركيز الجلكوز في الدم.

انشاء الجلكوز Gluconeogenesis

انشاء الجلكوز هو تكوين جزئيات الجلكوز (glucose molecules) من عناصر غير السكريات - اي الدهون والبروتين – عن طريق عملية حيوية تتم في الكبد في حالة الصيام او الجوع لفترة طويلة او في حالة بذل مجهود عضلي عنيف لفترة طويلة.

جلكوز Glucose

الجلكوز هو احد السكريات البسيطة. (انظر carbohydrates) اصل الكلمة هو اللغة الاغريقية ومعناها النبيذ الحلو.

بروتين القمح Gluten

بروتين القمح ايضا يتواجد في حبوب اخري مثلا الشعير وبعض انواع الدخن. بروتين القمح يسبب حساسية وداء المعدة (coeliac disease) في بعض الاشخاص.

عضلات الردف Gluteus muscles

عضلات الردف هي ثلاثة عضلات: عضلة الردف الكبري (gluteus maximus) والمتوسطة (gluteus medius) والصغري (gluteus minimus)..وظيفة عضلات الردف االاساسية هي تمكين والمحافظة علي انتصاب القامة (erect posture) وانبساط مفصل الورك (hip extension). هذه العضلات تنشأ في عظام الحوض وتربط في عظم الفخذ.

الهمقلوبين محتوي الجلكوز Glycated (or glycosylated) haemoglobin

الهمقلوبين محتوي الجلكوز هو كرويات دم حمراء امتصت سكر الجلكوز من مصل الدم ونسبتها في الأحوال الطبيعية تتراوح بين 4 و 5 في المئة. زيادة النسبة الي 6 في المئة او اكثر (التي تعادل تركيز السكر الزائد عن 48 mmol/mol) تدل علي ارتفاع سكر الدم في الثلاثة اشهر السابقة. قياس الهمقلوبين محتوي الجلكوز يساعد علي تشخيص مرض السكري ومتابعة التزام المريض بالعلاج. الهمقلوبين محتوي الجلكوز عادة يختصر الي .HbA1c

السكر المخزون Glycogen

السكر المخزون هو سلسلة متشعبة من جزئيات الجلكوز (glucose molecules) يتم تكوينها في الكبد بواسطة الانسولين (insulin) اثناء امتصاص العناصر الغذائية في الجهاز الهضمي ثم تخزن في الكبد والعضلات وهي مصدر الطاقة الأساسي. السكر المخزون يتفكك الي وحداته المكونة (أي جزئيات الجلكوز) عندما ينخفض تركيز السكر في الدم. (لفظ سكر الكبد يستعمل أحيانا ولكن المصطلح الاصح هو السكر المخزون لأنه يتواجد أيضا في العضلات وخلايا وانسجة اخري).

تكوين السكر المخزون Glycogenesis

السكر المخزون (glycogen) هو سلسلة متشعبة من جزئيات الجلكوز (glucose molecules) يتم تكوينها في الكبد بواسطة الانسولين (insulin) في فترة الراحة عندما يكون تركيز الجلكوز في الدم عاليا وتخزن بعد تكوينها في الكبد والعضلات. تكوين السكر المخزون يخدم غرضين: أولا يساعد في تنظيم تركيز السكر في الدم وثانيا يوفر مصدرا هاما لاستنباط الجلكوز عند الاحتياج.

تحلل السكر المخزون Glycogenolysis

انخفاض تركيز السكر في الدم يؤدي الي افراز الهورمون رافع سكر الدم (glucagon) من البانكرياس (pancreas) وذلك بدوره يسبب تفكك السكر المخزون (glycogen) ورفع تركيز الجلكوز في الدم الي كميته الطبيعية لاستخدامه كمصدر للطاقة.

تحلل الجلكوز Glycolysis

تحلل الجلكوز هو عملية حيوية تتم في عدة خطوات بتحفيز خمائر كيمائية (enzymes) وتسبب انقسام جزئية الجلكوز الواحدة (glucose molecule) الي اثنين من حامض البايروفيك (pyruvic acid) الذى يتحول الي طاقة.

البول محتوي الجلكوز Glycosuria

البول محتوي الجلكوز (أو افراز الجلكوز في البول) هو وجود سكر الجلكوز في البول وعادة يحدث في حالة ارتفاع سكر الدم كما يحدث في مرض السكري (diabetes mellitus) واثناء الحمل. البول محتوي الجلكوز يحدث أيضا في امراض الكلية بدون ارتفاع في سكر الدم.

تضخم الغدة الدرقية Goitre

سبب تضخم الغدة الدرقية (thyroid gland) في معظم الحالات هو نقص اليود (iodine). الأسباب الأخرى هي زيادة او نقص الهورمون ثايروكسين (thyroxine) والاورم الحميدة والخبيثة.

جهاز قولجي Golgi apparatus

جهاز (او جسم) قولجي هو جُسيم (organelle) يتواجد داخل معظم الخلايا وظيفته تعبئة البروتينات في حويصلات (vesicles) لنقلها خارج الخلية.

السيلان Gonorrhoea

السيلان هو مرض مُعدي ينتقل عن طريق العملية الجنسية تسببه باكتيريا كروية مزدوجة (diplococcus) سلبية القرام (Gram negative) تسمي نيسرية السيلان (Neisseria gonorrhoeae) او باكتيرية السيلان الكروية (Gonococcus). فترة حضانة المرض (incubation period) في المتوسط ثلاثة أيام. السيلان يسبب التهاب القناة البولية (urethritis) في الرجال وعادة لا يسبب اعراض مرضية في النساء ولكن في حالات العدوي الشديدة يؤدي الي افراز مهبلي (vaginal discharge). مضاعفات السيلان تتضمن التهاب المفاصل الحاد (acute arthritis) والعقم (sterility).

انظر Neisseria

النقرس Gout

النقرس (بكسر النون والراء) هو مرض ينتج من زيادة الحامض البولي (uric acid) في الدم (أنظر hyperuricaemia). المرض يحدث في نوبات متكررة. النوبة الحادة تتصف بالتهاب والم شديد في احد المفاصل عادة مفصل الاصبع الكبير في الرجل. في الحالات المزمنة تترسب بلورات الحامض البولي في شكل اجسام صغيرة في الغضاريف والعظام وتظهر كعقد بيضاء تحت الجلد وتسمي عُقد النقرس (tophi). النقرس المزمن أيضا يؤدي الي تكوين الحصوة في المسالك البولية والفشل الكلوي.

اجمعت معظم معاجم اصول الكلمات الانجليزية ان اصل كلمة gout هو gutta ومعناها في اللغة اللاتينية هو "قطرة سائل" وترجع تسمية المرض للاعتقاد الخاطئ في القرن الثالث عشر بأن المرض ينتج من ترسّب سائل ضار في المفاصل. اما تسمية المرض في اللغة العربية بالنقرس ربما هي اشارة لخطورته لأن النقرس في الماضي كان احد اسباب الموت المبكر. (احد معاني كلمة نقرس هو الهلاك او الكارثة العظمي)

Gracile nucleus
النواة النحيلة
النواة النحيلة هي نواة نحيفة توجد في ملتقي النخاع الشوكي (spinal cord) بالنخاع المستطيل (medulla oblongata) وظيفتها نقل الحس العميق (proprioception) الناشئ في النصف الأسفل من الجسم تحت مستوي القسم النخاعي السادس (T6 spinal segment) الي المهاد (thalamus) بواسطة الشريط المفتول الوسطي (medial lemniscus).

Gram stain
صبغة قرام
صبغة قرام هي اختبار معملي يُستعمل لتصنيف الباكتيريا. الاختبار يقوم علي وجود اختلاف بين الباكتيريا في بنية حائط خلاياها ويُقسّم الباكتيريا الي نوعين: حائط النوع الأول يحتوي علي طبقة كثيفة من مادة مكونة من سكريات وحوامض امينية تسمي مورين (murein) وحائط النوع الثاني فقير في هذه المادة. يتكون الاختبار من صبغ الباكتيريا بصبغة بنفسجية (crystal violet) ثم غسلها بمحلول كحولي واضافة صبغة اخري حمراء تسمي صفرانين (safranin) وفحص العينة تحت المجهر. النوع الأول من الباكتيريا يمتص الصبغة البنفسجية ويتلون باللون الأزرق. هذا النوع من الباكتيريا يسمي قرام إيجابي (Gram positive). اما البكتيريا الفقيرة في مادة المورين فلا تمتص الصبغة البنفسجية وتتلون حمراء بالصفرانين وتسمي قرام سلبي (Gram negative).

Granuloma
الورم الحُبيبي
الورم الحبيبي هو كتلة من الانسجة والخلايا المناعية تتكون في موضع التهاب او عدوي او جسم غريب. الورم يسمي حبيبي لأنه مغطي بنتوءات دائرية تشبه الحبوب الصغيرة.

Granuloma annulare
الورم الحُبيبي الحلقي
الورم الحبيبي الحَلَقي هو مرض جلدي يسبب اورام صغيرة مرتبة في شكل دوائر عادة في ظاهر اليدين والساقين والرجلين ولا يكون مصحوبا بأعراض مرضية اخري. سبب المرض غير معروف ويحدث في اكثر الحالات في المصابين بمرض السكري وامراض المناعة الذاتية.

Greenstick fractures
كسر الغصن الاخضر
كسر الغصن الاخضر هو انحناء وكسر جزئي في العظم يحدث عادة اثناء الطفولة.

Grey matter
المادة الرمادية
المادة الرمادية هي اجسام الخلايا العصبية (neurons) والزوائد المتشجرة (dendrites) والخلايا الدِبقية (glial cells). محاور الخلايا في المخ تسمي المادة البيضاء.

Grommet
انبوبة التصريف
في الطب كلمة grommet تعني انبوبة صغيرة تدخل في الاذن الوسطي - بعملية جراحية - عبر ثقب في طبلة الاذن. الغرض من ادخال انبوبة التصريف هو تهوية الاذن الوسطي ومنع تجمع السائل فيها في حالات الالتهاب المزمن (chronic otitis media).

الورم الصمغي Gumma

الورم الصمغي هو ورم صلب غير سرطاني يحتوي علي انسجة نخرة (necrotic tissue) في وسطه وينتج من التهاب الانسجة الذي تسببه الباكتيريا الحلزونية الشاحبة (treponema pallidum). الورم عادة يكون في الكبد واحيانا في المخ واعضاء اخري ويحدث في المرحلة الثالثة من مرض الزهري (tertiary syphilis).

تَثَدِّي الرجل Gynaecomastia

تثدي الرجل هو نمو غير طبيعي وغير سرطاني في حجم ثدي الرجل ينتج من التكاثر المفرط في خلاياه وانسجته نسبة لنقص هورمون الذكورة (testosterone) او زيادة هورمون الانوثة (oestrogen) كما يحدث مثلا في حالة تليف الكبد (liver cirrhosis) والفشل الكلوي ومتلازمة كوشنق (Cushing's syndrome) واستعمال بعض الادوية مثلا aldosterone و digoxin. تضخم الثدي الناتج من السمنة يسمي تثدي كاذب (pseudo-gynaecomastia).

تلفيف Gyrus

التلفيف هو نتوء بازر في قشرة المخ (cerebral cortex) ينطوي ويلتف حول الاخاديد (sulci) وبذلك يزيد مساحة القشرة.

H

الهيموقلوبين محتوي الجلكوز HbA1c

نظر glycated haemoglobin

نزيف المفصل Haemarthrosis

نزيف المفصل هو تجمع الدم في مفصل - عادة مفصل الركبة – كما يحدث مثلا في مرض سيولة الدم (haemophilia).

تقيؤ الدم Haematemesis

تقيؤ الدم هو استفراغ يحتوي علي كمية من الدم وسببه نزيف في المعدة او المريء مثلا نسبة لقرحة او سرطان

نسبة الراسب الدموي Haematocrit

نسبة الراسب الدموي هي نسبة حجم كرويات الدم الحمراء (erythrocytes) الي حجم الدم وتتراوح بين 40% و 60%في الذكور وبين 36 و 44% في الاناث. نسبة الراسب الدموي تنقص في حالات فقر الدم (anaemia) وتزيد في حالات فقد السوائل ومرض كثرة كرويات الدم الحمراء الحقيقية (polycythaemia rubra vera).

انتشار العدوي عن طريق الدورة الدموية Haematogenous spread of infection

بواسير Haemorrhoids

البواسير هي التهاب وتورم شبكة الاوعية الدموية التي تتواجد في قناة الشرج. مضاعفات البواسير تتضمن انزلاقها الي خارج الشرج (prolapse) وتكوين جلطة داخل الباسور (thrombosis). اعراض البواسير هي ألم اثناء التبرز ودم في البراز وحكة في منطقة الشرج.

الورم الدموي Haematoma

الورم الدموي هو تسرب الدم من الاوعية الدموية وتجمعه في موضع بالأنسجة اللينة (soft tissue).

نزيف النخاع الشوكي Haematomyelia

البول محتوي الدم Haematuria

البول محتوي الدم (او إفراز الدم في البول) هو عرض مرضي يتصف بوجود كرويات الدم الحمراء في البول له أسباب عدة تتضمن امراض الجهاز البولي والبروستاتة وامراض الدم واستعمال بعض الادوية مثلا الاسبرين (aspirin) والورفارين (warfarin).

داء ترسُب صبغة الدم Haemochromatosis

داء ترسب صبغة الدم هو مرض وراثي مزمن ينتج من زيادة امتصاص الحديد وترسبه في الكبد والقلب والبنكرياس والغدد الصماء ويؤدي الي تليف الكبد (cirrhosis) ومرض السكري وفشل القلب واعراض اخري.

هيموقلوبين Haemoglobin (abbreviated Hb)

الهيموقلوبين هو مُركَّب عضوي داخل كرويات الدم الحمراء (red blood cells, erythrocytes) ينتجه نخاع العظم (bone marrow) ويتكون من بروتين وذرات حديد. كمية الهيموقلوبين الطبيعية في الدم هي 13-17 g/dl في الرجال و 12-16 g/dl في الاناث ووظيفته هي نقل الاوكسيجين الي الخلايا ونقل ثاني أوكسيد الكربون (carbon dioxide) من الخلايا الي الرئة. دم الانسان يحتوي علي ثلاثة أنواع من الهيموقلوبين –

1 – هيموقلوبين الف (adult haemoglobin, HbA) يكوّن 95% من كل هيموقلوبين الدم.

2 - هيموقلوبين الف اثنين (HbA2) وكميته حوالي 3%

3 – هيموقلوبين ف (Foetal haemoglobin, HbF) هو هيموقلوبين دم الجنيين ويتوقف انتاجه بعد الولادة ماعدا كمية ضئيلة لا تتعدي 2% من كل هيموقلوبين الدم.

اعتلالات الهيموقلوبين Haemoglobinopathies

اعتلالات الهيموقلوبين هي مجموعة من الامراض الوراثية التي تنتج من خلل في بنية الهيموقلوبين مثلا في مرض الخلايا المنجلية (sickle cell disease) او من نقص انتاج بروتينات الهيموقلوبين كما يحدث في مرض الثلاسيميا (thalassaemia).

مرض سيولة الدم Haemophilia

مرض سيولة الدم هو مرض وراثي يؤدي الي اختلال في تجلط الدم ويسبب نزيف عادة في حالة إصابة الانسجة والأعضاء بجرح او رضّة. طريقة وراثة المرض هي منحية مرتبطة بالجنس (sex-linked recessive). مرض سيولة الدم ينتج من النقص الشديد او عدم احد ثلاثة بروتينات تسمي عامل 8 و9 و11 وعادة تُكتب بالأعداد الرومانية (factor VIII, IX, XI). نقص او فقد عامل 8 يسبب haemophilia A. سيولة الدم الناتجة من نقص او فقد عامل 9 ومن عامل 11 تسمي haemophilia B و haemophilia C علي التوالي. سيولة الدم أحيانا تكون مكتسبة مثلا في حالات السرطان ونقص فيتامين K وامراض المناعة الذاتية (autoimmune disease).

انتاج خلايا الدم Haemopoiesis (or haematopoiesis)

انتاج خلايا الدم يتم في الكبد (liver) والطِحال (spleen) في الخمسة اشهر الاولي من حياة الجنين وفي نخاع العظم (bone marrow) بعد ذلك. خلايا الدم المختلفة تنشأ من خلايا جذعية (haemopoietic stem cells) في عدة مراحل تؤدي الي انتاج كرويات الدم الحمراء (red blood cells also called erythrocytes) وكرويات الدم البيضاء (white blood cells or leucocytes) والصفائح الدموية (platelets).

سُعال الدم Haemoptysis

سعال الدم هو اخراج الدم من الرئة والمسالك الهوائية اثناء السعال او اخراج مخاط ممزوج بالدم. أسباب سعال الدم عدة وتتضمن السل الرئوي (tuberculosis) وسرطان الرئة ونخر الرئة (pulmonary infarction).

افراز الحيز الجانبي الدموي Haemothorax

انظر pleural effusion

الهلوسة Hallucination

الهلوسة هي اضطراب الادراك الحسي بدون مؤثر خارجي مثلا سمع او رؤية أشياء غير موجودة كما يحدث في حالات الهلوسة السمعية والهلوسة البصرية. الهلوسة هي احد اعراض الامراض العقلية وتحدث أيضا بتأثير الخمر والمخدرات وبعض الادوية وتحدث نادرا بدون أي مرض مثلا في مرحلة الانتقال من النوم الي الصحوة (hypnogogic hallucinations).

Hallucinogen **مسبب الهلوسة**

مسبب الهلوسة هو اي عقار مصنوع او نبات يتواجد طبيعيا في البيئة تناوله يسبب اضطراب الادراك الحسي (الهلوسة) والتفكير والمزاج (mood). مسببات الهلوسة كثيرة وتتضمن الحشيش (cannabis) والفطر السحري (magic mushroom or psilocybin) ودواء التخدير كيتامين (ketamine).

Hamartoma **الورم العيبي**

الورم العيبي هو ورم حميد ينتج من تراكم خلاليا غير طبيعية تشبه خلايا العضو المصاب مثلا الرئة او الكبد. (التسمية مُشتقة من كلمة - hamartia - ومعناها في اللغة الاغريقية عيب او خطأ).

Hamstring muscles **عضلات باطن الرُكبة**

عضلات باطن الرُكبة هي ثلاثة عضلات في الجزء الخلفي من الرجل تنشأ من عظم الورك وترتبط في عظام الساق وظيفتها ثني الركبة وبسط الورك. عضلات باطن الرُكبة هي –

1 – العضلة شبه الغشائية (semimembranosus)

2 - العضلة شبه الوترية (semitendinosus)

3 – العضلة ثنائية الرؤوس الفخذية (biceps femoris).

Haploid cell **الخلية مزدوجة الصبغي**

انظر gamete

Hapten **الهابتين**

الهابتين هو جزئي صغير (small molecule) يسبب استجابة مناعية اذا ارتبط ببروتين او جزئي اخر كبير.

Hay fever **حمي القش**

أنظر allergy

Heart block **حبس إشارة القلب الكهربائية**

حبس إشارة القلب الكهربائية هو اختلال في نقل الشحنة الكهربائية الناشئة في العقدة الجيبية (sinus node) الذي يؤدي الي تأخير او منع وصولها من جزء ما بجهاز نقل إشارة القلب الكهربائية (cardiac conducting system) الي الجزء الذي يليه. الحبس قد يحدث في اي واحد من المستويات الثلاثة الاتية:

1 - مستوي العقدة الجيبية – في هذه الحالة احد نبضات القلب لا تحدث من وقت لآخر وعادة هذا النوع من الحبس لا يسبب اعراض مرضية.

2 - مستوي العقدة الاذينية البُطينية (atrioventricular node). الحبس في هذه العقدة يحدث في ثلاثة درجات - الدرجة الاولي (first degree heart block) تتميز بتأخير نقل الإشارة الكهربائية من الاذين الي البطين بأكثر من 0.2 ثانية وتظهر في رسم إشارات القلب الكهربائية (electrocardiogram or ECG) كزيادة في طول المدة (PQ) ولا تُحدث اعراض مرضية. في حالات الدرجة الثانية (second degree heart block) بعض الإشارات الكهربائية لا تصل البطين. اما الدرجة الثالثة (third degree heart block) فتتميز بأن كل الإشارات الكهربائية الناشئة في العقدة الجيبية لا تصل البطين ولذلك تقلصات البطين تنتج من حزمة هس (bundle of His) وتتراوح بين 30 الي 40 ضربة في الدقيقة. حبس الدرجة الثالثة أيضا يسمي حبس إشارة القلب الكهربائية الكامل (complete heart block).

3- الحبس علي مستوي حزمة هس وفروعها.

الحموضة المعوية Heartburn

الحموضة المعوية هي الإحساس بألم حارق في المعدة وفي منتصف الصدر يشبه الم الذبحة الصدرية (angina pectoris) وسببها الارجاع المعوي المريئي (gastroesophageal reflux).

جهاز نقل إشارة القلب الكهربائية Heart conducting system

جهاز نقل إشارة القلب الكهربائية هو الخلايا والالياف التي تنقل الإشارة الكهربائية التي تُولّد تلقائيا في العقدة الجيبية (sinus node) الي عضلة القلب (myocardium) وتسبب انقباضها وضخ الدم الي الأعضاء المختلفة. الجهاز يتكون من:

(1) العقدة الجيبية بالأذين الأيمن (sinus node).
(2) العقدة الاذينية البُطينية (atrioventricular node) في الحاجز الأذيني (intra atrial septum).
(3) حزمة هس (bundle of His) وفرعيها الأيمن والايسر.
(4) الياف بوركينيا (Purkinje fibres) المتفرعة في عضلة البطينين.

فشل القلب Heart (or cardiac) failure

فشل القلب هو عدم مقدرة عضلة القلب علي ضخ كمية من الدم كافية لاحتياجات الجسم. فشل القلب عادة يُصنف الي نوعين:

1 - فشل البُطين الايسر (left ventricular failure) – أسبابه تتضمن ارتفاع ضغط الدم وضيق صمام الوتين (aortic stenosis) ونخر عضلة القلب (myocardial infarction) وخصائصه المميزة هي ضيق التنفس (dyspnoea) وضيق التنفس الاستلقائي (orthopnoea) نسبة لاحتقان الرئة بالدم.

2 - فشل البطين الأيمن (right heart failure) – أيضا يسمي فشل القلب الاحتقاني (congestive heart failure) واسبابه تتضمن ارتفاع ضغط الشريان الرئوي (pulmonary hypertension) ومرض الانسداد الرئوي المزمن (chronic obstructive pulmonary disease) وخصائصه المميزة هي ارتفاع ضغط الوريد الوِداجي (jugular venous pressure) وانتفاخ الحيّز الخلالي المحيطي (peripheral oedema) الذي يبدأ عادة في منطقة الكاحل (ankle oedema) وتضخم الكبد.

Heart murmur نفخة القلب

نفخة اونفثة القلب هي صوت متكرر يحدثه مرور الدم عبر صمامات القلب التالفة (نفخة القلب المرضية – pathological murmur) او – في حالات معينة – عبر الصمامات السليمة (نفخة القلب الوظيفية – functional or innocent murmur) ويمكن سمعه بالسماعة الطبية فوق حائط الصدر. النفخة قد تحدث اثناء انقباض عضلة القلب (systolic murmur) او انبساطها (diastolic murmur). (صوت نفخة او نفثة القلب يشبه صوت اخراج الهواء من الفم في دفعة واحدة – اي نفخة الهواء).

Heart sounds أصوات القلب

أصوات القلب هي الأصوات التي تُحدِثها حركة انقفال صمامات القلب وفي الأحوال الطبيعية يمكن التقاط صوتين بالسماعة الطبية (stethoscope). الصوت الأول ينتج من انقفال الصمام القلنسوي (mitral valve) والصمام ثلاثي الأطراف (tricuspid valve) وافضل منطقة لسمعه هي نقطة نبضة القلب (apex beat). انقفال صمام الوتين (aortic valve) والصمام الرئوي (pulmonary valve) يسبب الصوت الثاني.

Heatstroke ضربة الحر

ضربة الحر هي ارتفاع درجة حرارة الجسم الي 40 درجة مئوية (104 درجة فهرنهايت) او اكثر عادة نتيجة التعرض للشمس. اعراض ضربة الشمس الرئيسية هي الصداع والشعور بالتعب والارتباك وجفاف الجلد والفم. الحالات الشديدة قد تؤدي الي نوبات الصرع والفشل الكلوي واحيانا الموت.

Helminths (or parasitic worms) الديدان الطفيلية

الديدان الطفيلية هي كائنات حية لافقرية (invertebrates) يمكن رؤيتها بالعين المجردة ودائما تعيش داخل عائل مستضيف (host) وتتغذي منه. بعض الديدان الطفيلية تستوطن الجهاز الهضمي والبعض الاخر يعيش في الاوعية الدموية. الديدان الطفيلية كثيرة جدا ولكن يمكن تصنيفها في ثلاثة مجموعات:

1 – الديدان المدوّرة (nematodes or roundworms)
2 – الديدان الشريطية (cestodes or tapeworms)
3 - الديدان المُسطّحة (trematodes or flatworms or flukes).

Hemianopia العمي النصفي

العمي النصفي هو فقد النظر في نصف نطاق الرؤية (visual field) في كلا العينين ويسمي العمي النصفي المتشابه (homonymous hemianopia) اذا كان في نفس الجانب من الجسم (ايمن او ايسر) كما يحدث في إصابات المسلك البصرى (optic tract) والشق المِهمازي (calcarine fissure). في بعض الحالات يكون العمي في النصف الأيمن في عين وفي النصف الايسر في العين الأخرى ويسمي بالعمي النصفي غير المتشابه (heteronymous hemianopia). السبب الرئيسي لهذا النوع من العمي هو إصابات التقاطع البصري (optic chiasma) وفيه يفقد المريض الرؤية في النصف الصدغى لنطاق الرؤية (أي النصف الانفي للشبكية) في كلا العينين ولذلك يسمي ايضا العمي النصفي الصدغي المزدوج (bitemporal hemianopia).

الزَفن النصفي Hemiballism (or hemiballismus)

الزفن هو حركة شبيه بالرقص (chorea) والمصطلح يستخدم في الطب لوصف حركة عنيفة لارادية في الجزء الايمن او الايسر من الجسم. الحركة تنشأ في الجزء الاعلي من الاطراف (الكتف والورك) وهذا يميزها من الحالة التي تسمي الرقص. الزفن ينتج من اصابة نواة تحت المهاد (subthalamic nucleus).

الشلل النصفي الجزئي Hemiparesis

الشلل النصفي الجزئي هو فقد جزئي في حركة اليد والرجل وعضلات الوجه في الجانب الأيمن او الايسر من الجسم نسبة لضعف العضلات الناتج من اصابة الجهاز العصبي المركزي.

الشلل النصفي الكامل Hemiplegia

الشلل النصفي الكامل هو فقد القدرة علي تحريك اليد والرجل وعضلات الوجه في الجانب الأيمن او الايسر من الجسم نسبة لشلل العضلات الشديد الناتج من اصابة الجهاز العصبي المركزي.

اهمال المحسوسات Hemispatial neglect

انظر sensory neglect

التهاب الكبد Hepatitis

اهم أسباب التهاب الكبد هي العدوي الفيروسية وادمان الخمر. الفيروسات الأساسية التي تسبب التهاب الكبد هي خمسة ويشار اليها بالحروف A,B,C,D,E. العدوي بفيروس A و E تكتسب عن طريق تناول الطعام والشراب الملوث بالفيروس وعادة اعراض المرض تكون حادة والشفاء منها كامل. اما العدوي بفيروس B,C,D فتنتقل بواسطة الدم وسوائل الجسم الملوثة بهذه الفيروسات وقد تؤدي الي التهاب الكبد المزمن (chronic hepatitis) وتليف الكبد (liver cirrhosis) وسرطان الكبد (hepatocellular carcinoma). اعراض التهاب الكبد الحاد تتضمن الحمي والاحساس بالتعب الشديد والم المفاصل والعضلات وفقد الشهية والاسهال واليرقان (jaundice).

طب الأعشاب Herbal medicine

أنظر alternative medicine

ثنائي الجنس Hermaphrodite

ثنائي الجنس هو الشخص الذي يملك الأعضاء التناسلية للذكر والأنثى.

Hernia
فتاق

الفتاق هو نتوء عضو او جزء من عضو (مثلا جزء من الامعاء) من موضعه الطبيعي نسبة لضعف في جدار التجويف الذي يحتويه. في كثير من الحالات يمكن دفع العضو بسهولة الي موضعه الطبيعي. هذا النوع من الفتاق يسمي الفتاق القابل للارجاع (reducible hernia) وهو عكس الفتاق غير القابل للارجاع (irreducible hernia). اكثر انواع الفتاق حدوثا هي –
1 – الفتاق الأُوربي (inguinal hernia)
2 – فناق السرة (umbilical hernia)
3 – الفتاق الجرحي (incisional hernia)
4 – الفتاق البطني (abdominal hernia)
5 – فتاق الحجاب الحاجز (hiatus hernia).

Herpangina or mouth blisters
فقاقيع الفم

قاقيع الفم هي مرض تسببه فيروسات من فصيلة coxsackie و echo viruses. المرض عادة يصيب الأطفال الصغار ويسبب احمرار وفقاقيع صغيرة (عادة بين ثلاثة وخمسة) في مؤخرة الفم وفي الحلق. الفقاقيع تنفجر بعد يومين او ثلاثة من ظهورها وتُكوِّن قرح سطحية. القرح تلتئم أيضا في يومين او ثلاثة.

Herpes simplex infection
عدوي فيروس هربس البسيط

عدوي فيروس هربس البسيط عادة لا تسبب اعراض مرضية ولكن أحيانا تؤدي الي ظهور فقاقيع وقرح في الشفتين والأعضاء التناسلية وحول الشرج. (الفقاقيع – blisters - هي أكياس صغيرة مملوءة بسائل تتواجد علي سطح الجلد والاغشية المخاطية). عدوي فيروس هربس البسيط أيضا تسبب التهاب المخ (encephalitis). اصل كلمة (herpes) هو اللغة الاغريقية القديمة ومعناها "الزحف" وسُمي المرض بذلك نسبة لطريقة انتشار الطفح الجلدي الذي يسببه المرض.

Herpes zoster (or shingles)
الحزام الناري

الحزام الناري هو مرض فيروسي حاد يسبب التهاب في العقد الحسية (sensory ganglia) واعصابها. اعراض الحزام الناري تشمل طفح وألم شديد في منطقة القطاع الجلدي (dermatome) الذي يطابق العصب المصاب (عادة في الصدر او البطن). بالإضافة الي ذلك يحس المريض بتعب زائد وحمي وأحيانا اكتئاب. (zoster كلمة اغريقية معناها حزام وسبب تسمية المرض هو شبه الطفح الجلدي الناتج من العدوي بالحزام وناري نسبة للألم الشديد في منطقة الاذي.) .

Heroin (also called diamorphine)
الهروين

الهروين هو مخدر قوي يستخرج من الخشخاش المنوم (opium poppy) ويستخدم في الطب كمُسكِّن للألم الشديد بحقنه في الوريد او بتناوله بالفم في شكل حبوب. استخدام الهروين الإستجمامي (recreational use) يؤدي الي الإدمان والاضطرابات النفسية.

Heteronymous **غير مشابه**

انظر hemianopia.

Heterozygote **متباين الشكل البديل**

متباين الشكل البديل هو الكائن الحي الذي يمتلك شكل بديل متباين لصفة وراثية معينة.
انظر معني كلمة allele

Hidradenitis suppurativa **التهاب الغدد العرقية القيحي**

سبب التهاب الغدد العرقية القيحي غير معروف واعراضه هي اورام في الإبط والأُرب (groin) وتحت الثدي. الاورام صغيرة حمراء اللون ومؤلمة وتحتوي علي صديد (pus). انفجار الأورام يؤدي الي تكوين ندب (scar).

Hiatus hernia **فتق الحجاب الحاجز**

فتق الحجاب الحاجز هو دخول جزء من المعدة في الصدر نسبة لضعف الحجاب الحاجز (diaphragm) ويحدث عادة في الكِبر او نسبة للسمنة المفرطة ويسبب الارجاع المعدي المريئي (gastro-oesophageal reflux).

Hip dysplasia **خلل نمو مفصل الورك**

خلل نمو مفصل الورك هو حالة خلقية يكون فيها تجويف عظم الحوض المعروف باسم الحُق (acetabulum) مفلطح ولا يغطي رأس عظم الفخذ (femoral head) تماما مما يؤدي الي انفصال الورك الخلقي (congenital hip dislocation).

Hippocampus **حصان البحر**

حصان البحر هو جزء من الفص الصدغي (temporal lobe) ينتمي الي الجهاز الطرفي (limbic system) وظيفته ترسيخ الذاكرة القصيرة المدي (أي تحويلها الي ذاكرة طويلة المدي) وتكوين الذاكرة المكانية (spatial memory) التي تمكن الفرد من التجول في الأماكن المألوفة له دون ان يتوه. (حصان البحر هو نوع من الأسماك الصغيرة لها رأس يشبه راس الحصان).

Hippocrates **ابقراط**

ابقراط هو طبيب اغريقي ولد في القرن الخامس قبل الميلاد يُعتبر مؤسس مهنة الطب وأول من كتب وثيقة في قواعد السلوك الأخلاقي لممارسة مهنة الطب. هذه الوثيقة تسمي قسم ابقراط (Hippocratic oath). اعتقد ابقراط ان أسباب الامراض هي اختلال التوازن بين السوائل الجسدية (bodily humours) وهي (حسب اعتقاده) اربعة : الدم – البلغم – الصفراء – والسوداء.

Hippocratic oath **قسم ابقراط**

انظر Hippocrates

كثافة الشعر الغير طبيعية Hirsutism

كثافة الشعر الغير طبيعية هي ظهور الشعر بكثرة في أجزاء من الجسم عادة لا ينمو فيها الشعر او تكون في الاحوال الطبعية قليلة الشعر. كثافة الشعر الغير طبيعية تنتج من زيادة في هورمونات الذكورة (androgens).

الهيستامين Histamine

الهيستامين هو مُركّب عضوي تفرزه الخلايا منتجة الهيستامين (mast cells) وخلايا الدم البيضاء القاعدية (basophils). للهيستامين وظائف عديدة في الجهاز الهضمي والجهاز العصبي المركزي والمناعة.

داء المنسوجات Histoplasmosis

داء المنسوجات هو مرض تسببه فطريات تسمي histoplasma capsulatum. الفطريات تتواجد في التربة وتدخل الجسم عن طريق استنشاق الهواء الملوث بها. العدوي عادة لا تسبب اعراض مرضية الا في حالة ضعف المناعة. فترة الحضانة حوالي أسبوعين والاعراض في المرحلة الحادة هي اعراض التهاب الجهاز التنفسي وفي المرحلة المزمنة المرض يشبه السل الرئوي. في بعض الأحيان المرض ينتشر ويسبب تضخم الكبد والطحال والغدد الليمفاوية.

الطفح القراصي (تنطق بضم القاف وتشديد الراء) Hive

انظر urticaria

المعالجة المِثلية Homeopathy

المعالجة المثلية ايضا تسمي "الدواء بالداء" هي احد انواع الطب البديل (alternative medicine) وتتلخص في علاج المرض باعطاء المريض جرعة صغيرة جدا من دواء او مادة معروف انها قادرة علي ان تسبب نفس المرض في شخص سليم اذا كانت الجرعة كبيرة. (الدواء عادة يكون مستخلص من مادة طبيعية). المعالجة المثلية لاتنبني علي اسس علمية ولا يوجد دليل قاطع علي فائدتها.

الاستقرار الحيوي Homeostasis

الاستقرار الحيوي هو حالة الجسم الكيمائية والفيزيائية الثابتة (مثلا تركيز الاملاح والمعادن في الدم وكمية سوائل الجسم وحموضتها وحرارة الجسم) التي تشكل الظروف المثالية لاستمرار وظائف الجسم الحيوية.

مشابه Homonymous

انظر hemianopia.

Homozygote
متماثل الشكل البديل
متماثل الشكل البديل هو الكائن الحي الذي يمتلك شكل بديل متماثل لصفة وراثية معينة. انظر معني كلمة allele.

Hormone
هورمون
الهورمون هو مُركّب عضوي تنتجه وتفرزه الغدد في الدم او مباشرة في قناة العضو المستهدف او في الحيز الخلالي (interstitial space). جسم الانسان ينتج اكثر من 60 هورمونا. وظيفة الهورمونات هي تنظيم الوظائف الحيوية مثلا النمو والتمثيل الغذائي والنشاط الجنسي.

Hospice
تكيَّة
التكية هي مؤسسة صحية توفِّر العلاج التخفيفي (palliative treatment) عادة للمصابين بالسرطان في مراحل المرض الاخيرة التي تسبق الموت. اصل كلمة hospice هو اللغة اللاتينية ومعناها الحرفي هو "دار الضيافة."

Humerus
عظم الساعد او عظم العضد
عظم الساعد هو عظم طويل اسطواني الشكل مستدير الرأس يتواجد في اعلي الذراع ويربط الكتف بالمرفق (الكوع).

Hydatid cyst
الكيس المائي
الكيس المائي هو كيس (انظر معني كلمة cyst) مملوء بسائل ينتج من العدوي بالدودة الشريطية الشوكية (echinococcus) وعادة يتواجد في الكبد واحيانا في الرئة او المخ. الكيس المائي عادة يسبب اعراض مرضية عندما يضغط علي الانسجة المجاورة.

Hydrocephalus
استسقاء المخ
استسقاء المخ هو حالة مرضية تنتج عادة من انسداد مجاري السائل الدماغي النخاعي (cerebrospinal fluid) او نادرا من زيادة انتاج السائل الدماغي النخاعي وايضا قد يكون حالة خلقية (congenital) كما يحدث مثلا في تشويه ارنولد وكياري (Arnold-Chiari malformation). أسباب انسداد مجاري السائل الدماغي النخاعي تتضمن اورام المخ والتهاب السحايا (meningitis) ونزيف تحت السحايا العنكبوتية (subarachnoid haemorrhage). استسقاء المخ يسبب ارتفاع الضغط داخل قحف الرأس (raised intracranial pressure).

Hydronephrosis
استسقاء الكلية
استسقاء الكلية هو حبس البول داخل الكلية نسبة لانسداد المسالك البولية مما يؤدي الي تضخم الكلية وتدهور وظائفها.

Hymen
غشاء البكارة
غشاء البكارة هو نسيج مخاطي عادة رفيع يغطي جزء من فتحة المهبل. نادرا بعض النساء تُولد بدون غشاء البكارة.

الفرع التحتي Hypophysis

الفرع التحتي هو اسم اخر للغدة النُخّامية (pituitary gland). الغدة النخامية سميت الفرع التحتي ربما نسبة لموقعها في الجزء الأسفل من تحت المهاد (hypothalamus) وارتباطها به بواسطة ساق الغدة النخامية (pituitary) stalk.

فتحة البول السفلية Hypospadias

انظر epispadias

حِدّة السمع Hyperacusis

حدة السمع هي زيادة غير طبيعية في الادراك الحسي للاصوات الطبيعية وعدم احتمالها. اسباب حدة السمع تتضمن اصابات الراس الرضخية (traumatic head injury) ومرض مِنير (Meniere's disease) وتأثير بعض الادوية مثلا ciprofloxacin.

زيادة البيليروبين في الدم Hyperbilirubinaemia

انظر Bilirubin

زيادة الكالسيوم في الدم Hypercalcaemia

كمية الكالسيوم الطبيعية في الدم هي 8.8-10.7 mg/dl والزيادة عن ذلك تحدث نتيجة ارتفاع تركيز هورمون الغدة جارة الدرقية (hyperparathyroidism) والتسمم بفيتامين D ومرض الساركويد (sarcoidosis) والتهاب الكُبيبات الكلوية المزمن (chronic glomerulonephritis) وامراض اخري.

تقيّؤ الحمل Hyperemesis gravidarum

تقيؤ الحمل هو غثيان واستفراغ شديد ومتكرر يحدث عادة في الصبح وقد يؤدي الي فقد السوائل ومضاعفات اخري وعادة يزول بعد منتصف الحمل. يُعتقد ان تقيؤ الحمل ينتج من زيادة هورمون المشيمة موجه انتاج هورمون الحمل (human chorionic gonadotrophin).

زيادة كمية الجلكوز في الدم Hyperglycaemia

زيادة كمية الجلكوز في الدم هي تركيز الجلكوز في مصل الدم الذي يزيد عن 11mmol/l

زيادة افراز العرق Hyperhidrosis

زيادة افراز العرق قد تشمل كل الجسم او قد تكون محصورة مثلا في الابط او الايدي واسبابها تتضمن الحمي والتسمم الدرقي (thyrotoxicosis) وامراض الجهاز العصبي الذاتي (autonomic nervous system).

Hyperkalaemia **زيادة بوتاسيوم الدم**

زيادة بوتاسيوم الدم هو تركيز البوتاسيوم في مصل الدم الذي يزيد عن 5.0 ميلليمول في الليتر (mmol/l) واسبابه تتضمن فشل الكلي واستعمال نعض الادوية مثلا Spironolactone وانحلال العضلات المخططة (rhabdomyolysis). اعراض الزيادة الشديدة في بوتاسيوم الدم هي ضعف العضلات واضطرابات إيقاع ضربات القلب (cardiac arrhythmias) والسكتة القلبية (cardiac arrest).

Hyperkeratosis **غلظة مادة الجلد القرنية**

غلظة مادة الجلد القرنية هي زيادة في كثافة الجلد نسبة لزيادة بروتين ليفي صلب يعرف بالمادة القرنية (keratin).

Hypermetropia **طول النظر**

طول او بعد النظر هو اختلال في انكسار الشعاع الضوئي (light refraction) في سطح العين يؤدي الي وقوع الصورة المرئية خلف الشبكية (retina) وعدم وضوح رؤية الأشياء القريبة بينما تكون رؤية الأشياء البعيدة واضحة. طول النظر عادة خلقي (congenital) وأيضا يحدث نتيجة التغيرات التي تحدث في العين في الشيخوخة وفي هذه الحالة يسمي طول النظر الشيخوخي (presbyopia).

Hypernatraemia **زيادة ملح الصوديوم في الدم**

زيادة ملح الصوديوم ($sodium, Na^+$) في الدم هي تركيزه الذي يزيد علي 145 ميلليمول في الليتر (mmol/l) واسبابها تتضمن فقد السوائل مثلا نتيجة الاسهال الشديد واستعمال الادوية مدرة البول وعدم تناول كمية كافية من السوائل وامراض الكلي والسكري الكاذب (diabetes insipidus). اعراض المرض تتضمن العطش الشديد وجفاف الفم وقلة البول والتعب وفي الحالات الشديدة الغثيان والارتباك (mental confusion) ونوبات الصرع (epileptic seizures).

Hyperparathyroidism **زيادة نشاط الغدد مجاورة الدرقية**

زيادة نشاط الغدد مجاورة الدرقية عادة يحدث نتيجة اورام هذه الغدد ويحدث أيضا في حالات الفشل الكلوي ويؤدي الي زيادة الكالسيوم في الدم (hypercalcaemia) واحيانا ترسُّبه في الكلية (nephrocalcinosis). اعراض المرض الأساسية هي الغثيان والاستفراغ والامساك وألم في العظام وحصوة المسالك البولية وفي الحالات الشديدة الارتباك الذهني (mental confusion).

Hyperplasia **تكاثر الخلايا المفرط**

تكاثر الخلايا المفرط هو زيادة في حجم العضو نسبة لزيادة طبيعية في عدد خلاياه (مثلا زيادة خلايا الثدي اثناء الحمل) او زيادة تعويضية (مثلا زيادة عدد خلايا الكبد بعد استئصال جزء منه) او بسبب مرض (زيادة هرمون النمو). تكون الخلايا سليمة في بنيتها ووظائفها وهذا هو الفرق بين تكاثر الخلايا المفرط والأورام

زيادة الدهون في الدم Hyperlipidaemia

زيادة الدهون في الدم هي كمية الكوليسترول (cholesterol) في الدم التي تزيد عن 24 mmol/l او ارتفاع كمية الدهون الثلاثية (triglycerides) الي 150 mmol/l او اكثر او زيادة كمية الاثنين معا. زيادة الدهون في الدم تُصنّف الي زيادة أولية (primary) وثانوية (secondary). زيادة الدهون في الدم الاولية (primary hyperlipidaemia) هي وراثية وتسبب ترسب الكوليسترول في الجلد (xanthelasma) واوتار العضلات (tendon xanthoma) وقرنية العين (arcus senilis). زيادة الدهون في الدم الثانوية (secondary hyperlipidaemia) تنتج من مرض السكري وعجز الغدة الدرقية (hypothyroidism) ومتلازمة الكلية (nephrotic syndrome) وامراض اخري.

زيادة الهورمون مُحفِّز تدفق الحليب Hyperprolactinaemia

زيادة الهورمون محفز تدفق الحليب هو ارتفاع كمية الهورمون محفز تدفق الحليب (prolactin) في الدم واسبابه تتضمن اورام الغدة النخامية (prolactinomas) والاستعمال المزمن لبعض الادوية مثلا الادوية مضادة الدوبامين (dopamine agonists) والفشل الكلوي وامراض الغدة الدرقية (thyroid gland). اعراض هذه الحالة هي انقطاع الحيض (amenorrhoea) والعجز الجنسي (impotence) وافراز الحليب تلقائيا (galactorrhoea) بالإضافة لأعراض المرض المسبب لارتفاع الهورمون..

حساسية Hypersensitivity

انظر allergy

كثرة النوم Hypersomnolence

كثرة النوم هي النوم الزائد علي ما هو طبيعي. تُعتبر مدة النوم الطبيعية للشخص البالغ سبعة أو ثمانية ساعات في كل 24 ساعة متواصلة (أى في يوم وليلة).

ارتفاع ضغط الدم Hypertension

ارتفاع ضغط الدم هو ضغط الدم الذي يزيد عن 120/80 مليميتر زئبقي اذا كان عمر الشخص البالغ اقل من 60 سنة او فوق 130/90 مليميتر زئبقي اذا زاد عمره عن ذلك. في اغلب الأحيان لا يوجد سبب واضح لارتفاع ضغط الدم ولذلك يسمي ارتفاع ضغط الدم مجهول السبب (idiopathic hypertension) او ارتفاع ضغط الدم الاوّلي (primary hypertension). في نسبة صغيرة من المرضي يوجد سبب لارتفاع ضغط الدم مثلا اورام الغدة الكُظْرية (adrenal gland) وامراض الكلي والاكلامبسيا (eclampsia) ويسمي ضغط الدم الثانوي (secondary hypertension). ارتفاع ضغط الدم عادة لا يُحدِث اعراض مرضية ويُكتشف بالمصادفة او عندما يسبب مضاعفات مثلا السكتة الدماغية (stroke) – علة الدماغ (encephalopathy) – فشل ابطين الايسر (left) ventricular failure) – والفشل الكلوي. ارتفاع ضغط الدم الي 180/110 مليميتر زئبقي او اكثر يسمي ارتفاع ضغط الدم الخبيث (malignant hypertension) ويكون مصحوبا باضطراب في أجهزة الجسم مثلا الفشل الكلوي.

كثافة الشعر غير الطبيعية Hypertrichosis

انظر hirsutism

زيادة نشاط الغدة الدرقية Hyperthyroidism

زيادة نشاط الغدة الدرقية يؤدي الي انتاج هورمون الثايروكسين (thyroxine, T4) وثلاثي اليودوثايرونين (triiodothyronine, T3) بكمية كبيرة وفي اغلب الأحيان ينتج من مرض المناعة الذاتية الذي يسمي مرض قريفز (Graves' disease). الأسباب الأخرى تتضمن التهاب الغدة الدرقية والاورام (حميدة او خبيثة) ونادرا استعمال بعض الادوية مثلا amiodarone. اعراض المرض هي نتيجة زيادة التمثيل الغذائي (metabolism) وتشمل زيادة الحركة وعدم تحمل الحرارة والعرق الشديد ونقص الوزن والاسهال وزيادة الشهية وسرعة ضربات القلب والخفقان (palpitations) وقلة النوم والقلق وارتعاش الايدي (tremor).

تضخم الأعضاء Hypertrophy

تضخم الأعضاء هو زيادة حجم الأعضاء نسبة لزيادة حجم الخلايا.

زيادة الحامض البولي في الدم Hyperuricaemia

زيادة الحامض البولي في الدم هي كمية الحامض البولي (uric acid) في الدم التي تزيد عن 7.2 mg/dl في الرجال او 6.2 mg/dl في النساء واهم أسبابها هي الفشل الكلوي (renal failure) والافراط في اكل الأطعمة الغنية في مركبات البورين (purine) مثلا اللحوم الحمراء والكبد وبعض أنواع الأسماك وأيضا استعمال بعض الادوية مثلا مدررات البول المعروفة باسم thiazide diuretics. زيادة الحامض البولي الشديدة ومزمنة قد تؤدي الي مرض النقرس (gout).

الهوس بالمرض Hypochondriasis

الهوس بالمرض هو اضطراب نفسي يتوهم فيه الشخص انه مصاب بمرض خطير بالرغم من عدم وجود دليل علي ذلك. يتميز الهوس بالمرض بالشكاوى المستمرة من أعراض صحية متعددة واستشارة عدة اطباء لنفس الاعراض وبعدم الاقتناع بآرائهم.

شحوب كرويات الدم الحمراء Hypochromia

شحوب كرويات الدم الحمراء هو نقص في لون كرويات الدم الحمراء يحدث نتيجة قلة الهيموقلوبين (haemoglobin) فتصير الخلايا شاحبة خاصة في وسطها. شحوب كرويات الدم الحمراء هو أحد علامات فقر الدم الناتج من نقص الحديد.

نقص الجلكوز في الدم Hypoglycaemia

نقص الجلكوز في الدم هو انخفاض سكر الجلكوز في الدم ألي 70 ميلليجرام في عشر الليتر (decilitre) او اقل وذلك يعادل 3.9 ميلليمول في الليتر (mmol/l)

عجز الغدد التناسلية Hypogonadism

عجز الغدد التناسلية هو نقص افراز الهورمونات التناسلية نسبة لمرض الغدة النخامية (pituitary gland) او تحت المهاد (hypothalamus) او امراض الخصية (testis) والبويضة (ovary). اعراض المرض الأساسية في الرجل هي العقم الناتج من قلة انتاج الحيوانات المنوية (oligospermia) او عدم انتاجها (azoospermia) وفي المرأة انقطاع الحيض (amenorrhoea) وضمور الثدي. عجز الغدد التناسلية الذي يحدث قبل البلوغ يسبب النقص في نمو الاعضاء التناسلية وضعف او عدم ظهور الخصائص الجنسية الثانوية (secondary sexual characteristics).

نقص بوتاسيوم الدم Hypokalaemia

نقص بوتاسيوم الدم هو كمية البوتاسيوم في مصل الدم التي تقل عن 3.5 ميلليمول في ليتر (mmol/l) واسبابه تتضمن الاسهال الحاد وكثرة استعمال المسهلات (laxatives) والأدوية مدرة البول (diuretics) وامراض الكلي والسكري الكاذب (diabetes insipidus). النقص القليل في البوتاسيوم لا يسبب اعراض مرضية ولكن النقص الشديد يشكل خطورة علي الحياة واعراضه الأساسية هي الإحساس بالتعب وضعف العضلات وانتفاخ البطن والارتباك (mental confusion) واضطرابات إيقاع ضربات القلب (cardiac arrhythmias) واحيانا السكتة القلبية (cardiac arrest).

نقص ملح الصوديوم في الدم Hyponatraemia

نقص ملح الصوديوم ($sodium, Na^+$) في الدم هو تركيزه الذي يقل عن 135 ميلليمول في الليتر (mmol/l) واسبابه تتضمن تناول كمية كبيرة من السوائل (كما يفعل أحيانا بعض المصابين بالأمراض العقلية) واستعمال بعض الادوية ومتلازمة الافراز غير الملائم للهورمون المضاد لإدرار البول (syndrome of inappropriate antidiuretic hormone secretion) والمراحل الأخيرة من فشل القلب والكبد والكلي.

مُنوّم Hypnotic

اصل الكلمة يرجع الي Hypnos وهو إلاه النوم في الاساطير الاغريقية.

عجز الغدد مجاورة الدرقية Hypoparathyroidism

السبب الرئيسي لعجز الغدد مجاورة الدرقية هو إزالتها الغير مقصودة اثناء عملية استئصال الغدة الدرقية (thyroidectomy) ولكن في اكثر الحالات الاخري لا يوجد سبب (idiopathic hypoparathyroidism). اعراض المرض هي التكَزُّز (tetany) والماء البيضاء (cataract) واعراض نقص الكالسيوم الأخرى.

فتحة الإحليل السفلية Hypospadias

فتحة الاحليل السفلية هي عاهة خلقية تصيب الذكور وتتميز بأن فتحة الاحليل (urethra) لا تكون في موضعها الطبيعي في رأس القضيب (glans penis). في هذه العاهة الفتحة عادة تكون في جانب القضيب الأسفل واحيانا في الصدَفَن (scrotum).

Hypotension انخفاض ضغط الدم

انخفاض ضغط الدم هو هبوط ضغط الدم الي 90/60 مليميتر زئبقي او اقل. أسبابه تشمل النزيف الشديد – امراض القلب – العدوي الحادة – فقد السوائل – ومضاعفات بعض الادوية. اعراض انخفاض ضغط الدم هي الدوار والاحساس بالتعب والغثيان والاغماء. أحيانا انخفاض ضغط الدم يحدث عندما يقف الشخص اذا كان جالسا او راقدا ويسمي انخفاض ضغط الدم الوضعي (orthostatic hypotension).

Hypothalamus تحت المهاد

تحت المهاد هو كتلة من الخلايا والانسجة العصبية بين المهاد (thalamus) والغدة النخامية (pituitary gland). تحت المهاد يتصل بالغدة النخامية بواسطة قناة تسمي ساق الغدة النخامية (pituitary stalk or infundibulum). تحت المهاد ينظم وظائف الجهاز العصبي الذاتي (autonomic nervous system) مثلا تنظيم درجة حرارة الجسم وافرازات الجهاز الهضمي والاحساس بالجوع والشبع والعطش والتوازن الحمضي القلوي (acid-base balance) في الدم. وظائف تحت المهاد الأخرى هي انتاج الهرمون المضاد لإدرار البول (antidiuretic hormone) وهورمون الاوكسيتوسين (oxytocin) وافرازهما في فص الغدة النخامية الخلفي وأيضا افراز هورمونات تسمي العوامل الافرازية (releasing factors) وظيفتها تنظيم افراز هورمونات فص الغدة النخامية الامامي.

Hypothermia انخفاض حرارة الجسم المركزية

انخفاض حرارة الجسم المركزية هي حالة هبوط درجة حرارة الجسم المركزية (core body temperature) الي 35 درجة مئوية او اقل من ذلك عادة نسبة للتعرض للبرد الشديد لفترة طويلة خاصة اذا كان الشخص كبيرا في عمره او اذا كان شاربا كمية كبيرة من الخمر. الأسباب الأخرى هي عجز الغدة الدرقية (hypothyroidism) وعجز الغدة النخامية (hypopituitarism). هبوط درجة الحرارة المركزية الذي يتراوح بين 35 و29 درجة يسبب الارتباك الذهني (mental confusion) وصعوبة الحركة وانخفاضها الي 28 درجة مئوية او اقل عادة يؤدي الي الغيبوبة والسكتة القلبية (cardiac arrest) والموت. (الحرارة المركزية هي درجة الحرارة في الأعضاء الداخلية وعادة تقاس داخل المستقيم).

Hypothyroidism عجز الغدة الدرقية

عجز الغدة الدرقية هو مرض ينتج من القصور في انتاج هورمون الثايروكسين (thyroxine, T4) وثلاثي اليودوثايرونين (triiodothyronine, T3) وبالتالي يؤدي الي اختلال التمثيل الغذائي. أسباب المرض تتضمن التهاب الغدة الدرقية عادة نتيجة مرض المناعة الذاتية المعروف بالتهاب الغدة الدرقية المنسوب للطبيب الياباني هاشيموتو (Hashimoto’s thyroiditis) وأيضا علاج زيادة نشاط الغدة الدرقية (hyperthyroidism) ونادرا امراض تحت المهاد (hypothalamus). اعراض المرض الأساسية هي عدم احتمال البرد وزيادة الوزن وبطئ الحركة والاحساس بالتعب الزائد وبطئ الوظائف العقلية والنسيان وبطئ النبض وفي الحالات الشديدة المزمنة التورم المخاطي (myxoedema) وانخفاض حرارة الجسم المركزية (hypothermia) والغيبوبة.

Hypotonia نقص التقلص العضلي السلبي

انظر muscle tone

قلة الاوكسيجين في الخلايا و الأعضاء Hypoxia

استئصال الرحم Hysterectomy

استئصال الرحم هو عملية جراحية تسمي استئصال جزئي (partial hysterectomy) في حالة إزالة الرحم فقط وتسمي استئصال كامل (total hysterectomy) في حالة استئصال الرحم وعنق الرحم وقناة فالوب اليمني واليسرى والبويضتين.

هورمون المشيمة موجه انتاج هورمون الحمل Human chorionic gonadotrophin

هورمون المشيمة موجه انتاج هورمون الحمل هو هورمون تفرزه خلايا حول الجنين في بداية الحمل وظيفته المحافظة علي الجسم الاصفر (corpus luteum) المتواجد في البويضة وتعزيز انتاج هورمون الحمل (progesterone) اللازم لنمو الجنين.

مُوّلِد مضاد كرويات الدم البيضاء البشرية Human leucocyte antigen (HLA)

مولِد مضاد كرويات الدم البيضاء البشرية يسمي أيضا مركب توافق الانسجة الكبير (major histocompatibility complex) هو مجموعة من بروتينات المناعة (immunoglobulins) وظيفتها التمييز بين الخلايا والانسجة التي تنتمي للجسم والمواد الغريبة الضارة التي تدخل الجسم وذلك يُمكِّن جهاز المناعة من معرفة ومكافحة المواد الضارة. اختلال مولِد مضاد كرويات الدم البيضاء البشرية يزيد قابلية الفرد للإصابة بالعدوي وأيضا الإصابة بأمراض المناعة الذاتية (autoimmune diseases) .

انسجة الانسان Human tissues

النسيج هو خلايا متشابه في بنيتها ومنشئها تحيط بها مجموعة من الجزئيات الكبيرة (macromolecules) ومواد اخري تشكل الهيكل الذي يدعم خلايا النسيج الأخرى. انسجة الانسان هي أربعة أنواع:

(1) الغشاء الطلائي (epithelial tissue) – هو طبقة واحدة من الخلايا تغطي الأعضاء. هذا النوع من الانسجة أيضا يُبطِّن عضلة القب والاوعية الدموية وفي هذه الحالة يسمي البطانة الغشائية (endothelium).

(2) الانسجة الضامة (connective tissue) – هي خلايا والياف وسائل لزج بين الخلايا يسمي المادة الأساسية (extracellular matrix). وظيفة الانسجة الضامة هي الربط بين أجزاء العضو.

(3) انسجة العضل (muscle tissue)

(4) انسجة الجهاز العصبي (neural tissue).

I

مرض علاجي المنشأ Iatrogenic disease

المرض علاجي المنشأ هو مرض سببه خطأ في طريقة التشخيص او العلاج او مرض ينتج من اهمال الطبيب او احد افراد الفريق المعالج.

مرض قشور جلد السمك — Ichthyosis
مرض قشور جلد السمك هو مجموعة من الامراض الوراثية يصير فيها الجلد غليظا ومغطي بقشور يابسة تشبه قشور جلد السمك. (اللفظ مستمد من الكلمة الاغريقية ichthys ومعناها سمكة).

يرقان — Icterus
انظر jaundice

مجهول السبب — Idiopathic
المصطلحات essential و primary أيضا تستخدم في الطب لتعني الامراض مجهولة السبب.

المصران الجانبي — Ileum
المصران الجانبي هو الجزء الثالث من الأمعاء الصغيرة (small intestine) ووظيفته هي امتصاص فيتامين B12 وحوامض الصفراء (bile acids).

الاستجابة المناعية — Immune response
الاستجابة المناعية هي مجموعة من العمليات الحيوية المعقدة التي يقوم بها جهاز المناعة لمكافحة الاجسام الغريبة الضارة عندما تدخل الجسم وأيضا للتخلص من خلايا الجسم التالفة والخلايا السرطانية. الاستجابة المناعية تتضمن عدة عمليات مختلفة مثلا:
(1) عملية التجهيز للهضم (opsonization) وهي تجهيز مسبب المضاد (antigen) والخلايا التالفة والخلايا السرطانية للبلع المناعي (phagocytosis).
(2) انتاج الاجسام المضادة وتعزيز فعاليتها.
(3) كسر خلايا الباكتيريا.

التجاوز (او التسامح) المناعي — Immune tolerance
التجاوز (او التسامح) المناعي هو احد خصائص الجهاز المناعي التي تمنع انتاج اجسام مضادة (antibodies) ضد الخلايا والانسجة التي تنتمي للجسم وأيضا تمنع الاستجابة المناعية لمولدات المضاد (antigens) الموجودة في الاحوال الطبيعية داخل الجسم مثلا الباكتيريا التي تقطن في الأمعاء الغليظ (large intestine). التجاوز المناعي نوعان: مركزي تنظمه الغدة الزعترية (thymus) والنخاع العظمي ومحيطي ينشأ في الغدد الليمفاوية. فشل التجاوز المناعي المركزي يؤدي الي امراض المناعة الذاتية (autoimmune diseases).

نقص المناعة — Immunodeficiency (or immunocompromisation)
نقص المناعة هو خلل وراثي او مكتسب في جهاز المناعة يؤدي الي عدم القدرة علي مكافحة الامراض المعدية والسرطان وتُعرِّض الشخص للعدوي بالميكروبات الطفيلية (opportunistic infections)

الاختبار المناعي بواسطة الضوء اللامع   Immunofluorescence assay

الاختبار المناعي بواسطة الضوء اللامع هو اختبار معملي يُستخدم لتأكيد وجود بروتين معين في الخلايا والانسجة وتحديد موضعه. الاختبار المناعي بواسطة الضوء اللامع له استعمالات عديدة مثلا تشخيص امراض المناعة الذاتية (autoimmune diseases). الاختبار يتلخص في صبغ جسم مضاد وحيد المنشأ (monoclonal antibody) بمادة الفلوريسين (fluorescein) واضافته لخلايا او انسجة المريض وذلك يؤدي الي تفاعله مع البروتين المقصود وتكوين مُركّب يحتوي علي الفلوريسين يمكن رؤيته بواسطة المجهر الفسفوري (fluorescent microscope). (الفلوريسين هو مادة عضوية ملونة قادرة علي امتصاص وعكس الضوء).

المناعة   Immunity

المناعة هي مقدرة الجسم علي مكافحة الامراض المعدية التي تسببها الكائنات الحية الدقيقة الضارة (pathogenic microorganisms) كالباكتيريا والفيروسات مثلا وللمناعة أيضا أهمية كبيرة في إزالة الخلايا السرطانية. المناعة نوعان: مناعة فطرية (innate immunity) ومناعة مكتسبة (acquired immunity).

المناعة الفطرية هي مناعة موروثة تمنح حماية من امراض معدية كثيرة بدون التعرض سابقا للكائنات الحية الدقيقة الضارة التي تسبب تلك الامراض وذلك بمنعها عن دخول الجسم نسبة لفعالية حواجز طبيعية كالجلد والاغشية المخاطية وافرازاتها (مثلا حامض المعدة) وأيضا عن طريق البلع المناعي (phagocytosis) والالتهاب (inflammation).

المناعة المكتسبة تتم بواسطة بروتينات مناعية (immunoglobulins) تسمي أيضا اجسام مضادة (antibodies) تفرزها الخلايا الليمفاوية نتيجة تعرض سابق لميكروب معين او نتيجة التلقيح (vaccination) ضد مرض معين. المناعة المكتسبة نوعان: مناعة السوائل الجسدية (humoral immunity) والمناعة الخلوية (cellular or cell-mediated immunity). مناعة السوائل الجسدية تكتسب عن طريق الاجسام المضادة. اما المناعة الخلوية فهي المناعة القائمة علي البلع المناعي وعلي فعالية الخلايا القاتلة الطبيعية (natural killer cells).

المناعة تسمي المناعة الجماعية او مناعة القطيع (herd immunity) عندما يكتسب عدد كبير من الافراد في مجتمع معين المناعة ضد مرض معين نسبة للتلقيح الجماعي او نتيجة تعرض (وشفاء) عدد كبير من الافراد من ذلك المرض.

التحصين   Immunisation

التحصين هو حقن اللقاح (vaccine) في الجسم لتحفيز المناعة ضد مرض معين. التحصين أيضا يسمي التلقيح (vaccination).

بروتينات المناعة   Immunoglobulins

بروتينات المناعة هي مجموعة من البروتينات يفرزها نوع من كرويات الدم البيضاء يسمي الخلايا البلازمية (plasma cells or B cells). البروتينات المناعية خمسة - IgG, IgM, IgE, IgA, IgD ووظيفتها اكتشاف هوية ومحاربة الاجسام الغريبة (مثلا الباكتيريا) عندما تدخل الجسم. المناعة الناتجة تسمي مناعة السوائل الجسدية (humoral immunity).

IgG – 1 يوجد في مصل الدم (plasma) والسائل الخلالي (interstitial fluid) وهو المكوِّن الرئيسي للأجسام المضادة (antibodies) ووظيفته إبطال السم الذي تنتجه الباكتيريا. IgG أيضا يساعد في البلع المناعي (phagocytosis)

IgM - 2 يوجد في الدم ووظيفته تنشيط وتعزيز الاستجابة المناعية وإزالة الميكروبات في المراحل الاولي من العدوي وقبل انتاج الاجسام المضادة.

IgA - 3 يوجد في اللعاب وفي افرازات الاغشية المخاطية (mucous membranes) بالجهاز التنفسي والجهاز الهضمي والمجاري البولية. هذا البروتين يُحِد من تكاثر الميكروبات ويمنعها من ان تستوطن في هذه الأعضاء.

IgE - 4 له دور هام في الحساسية (allergy) وفي الحماية ضد الديدان الطفيلية (helminths).

IgD - 5 وظيفة هذا البروتين هي الرقابة المناعية (immune surveillance) وهي التعرُّف والقضاء علي الميكروبات الضارة والخلايا السرطانية.

العلاج المناعي Immunotherapy

العلاج المناعي هو علاج يعتمد علي تعزيز المناعة الطبيعية (العلاج المناعي التنشيطي – activation immunotherapy) او اضعافها (العلاج المناعي الإحباطي - suppression immunotherapy). العلاج المناعي يستخدم في علاج عدة امراض مناعية وأيضا في علاج السرطان ويتم بطرق مختلفة مثلا باستعمال اجسام مضادة تسمي الاجسام المضادة وحيدة المنشأ (monoclonal antibodies) التي تصنع في المعمل ضد الخلايا السرطانية. هذه الطريقة العلاجية تقوم علي الاتي: الخلايا السرطانية تحمل في غشائها الخارجي بروتين قابل لإحداث استجابة مناعية يسمي (tumour antigen). حقن الاجسام المضادة وحيدة المنشأ يؤدي الي استجابة مناعية وقتل الخلايا السرطانية.

الحصف Impetigo (or ecthyma)

الحصف هو التهاب سطحي في الجلد تسببه عادة الباكتيريا الكروية العنقودية (staphylococcus). المرض معدي ويسبب احمرار وفقاقيع مملوءة بالقيح (pustules) عادة حول الفم والانف. انفجار الفقاقيع يترك قشور في الجلد تزول بعد أيام قليلة ولا تترك اثرا.

العجز الجنسي Impotence (or erectile dysfunction)

العجز الجنسي هو ضعف انتصاب القضيب الذي يمنع بدأ او اكمال العملية الجنسية او عدم المقدرة علي الانتصاب. أسباب العجز الجنسي كثيرة وتتضمن كبر العمر والامراض المزمنة كمرض السكري مثلا واصابات الجهاز العصبي وادمان الخمر واستعمال بعض الادوية.

في مكانه او في مكانها In situ

التخصيب الانبوبي In vitro fertilisation

انظر Assisted reproductive technology

اضطرابات التمثيل الغذائي الوراثية
Inborn errors of metabolism

اضطرابات التمثيل الغذائي الوراثية هي مجموعة من الامراض الناتجة عن عيب في العوامل الوراثية (genes) التي تنظم وظائف الخمائر الكيمائية (enzymes) مما يؤدي الي اختلال في تحويل المواد الغذائية الي طاقة. هذه الامراض أيضا تسمي (congenital metabolic disorders).

السلس
Incontinence

السلس هو عدم القدرة علي التحكم في مسك البول او الغائط.

فترة الحضانة
Incubation period

فترة الحضانة هي الفترة الزمنية المنقضية من وقت التعرّض للعدوي الي ظهور اول علامات المرض.

جهاز الحضانة
Incubator

مصطلح جهاز الحضانة في الطب يعني الجهاز الذي يُستخدم لزراعة الميكروبات في المعمل او الجهاز الذي يستعمل للعناية بالطفل المولود مبكرا (عادة قبل اسبوع الحمل 28) وذلك بتنظيم درجة الحرارة والرطوبة وكمية الاوكسيجين اللازمة لنمو الطفل.

التصلب
Induration

التصلب هو زيادة في سُمك وتماسك الانسجة في جزء محدد من الجسم الذي ينتج من التهاب موضعي مزمن او من تراكم خلايا سرطانية. اللفظ عادة يستعمل في حالة اصابات الجلد.

الطفولية
Infantilism

الطفولية هي استمرار خصائص الطفولة الي ما بعد البلوغ وتشمل عدم اكتمال نمو الجسم (مثلا النقص في نمو الاعضاء التناسلية) والنقص في نمو العقل والعاطفة والسلوك.

نخر
Infarction (also called infarct)

النخر هو التلف والتفتت والمقصود هنا موت الخلايا والانسجة بسبب انقطاع جريان الدم في العضو المصاب. في بعض الأحيان يكون النخر في أماكن كثيرة وهذه الحالة تسمي حالة النخر المتعدد (multi infarct state).

العدوي
Infection

العدوي هي دخول ميكروبات ضارة (pathogens) في الجسم وتكاثرها واتلافها الخلايا والانسجة.

Infectious diseases
الامراض المعدية

الامراض المعدية هي امراض تسببها ميكروبات ضارة. اهم خصائص الامراض المعدية هي مقدرتها علي الانتقال من شخص لآخر وإمكانية الوقاية منها مثلا بالتلقيح (vaccination). اعراض الامراض المعدية تعتمد علي عدة عوامل أهمها نوعية الميكروب وقوة (او ضعف) مناعة المريض.

Infectious mononucleosis
الحمي الغددية

الحمي الغددية هي مرض معدي يسببه فيروس يسمي Epstein-Barr virus. المرض عادة يصيب الشباب والعدوي تنتقل عن طريق اللعاب (مثلا اثناء التقبيل). متوسط فترة الحضانة أسبوعين واعراض المرض الرئيسية هي حمي والتهاب الحلقوم (pharyngitis) وتضخم الغدد الليمفاوية خاصة الغدد حول الرقبة واحيانا تضخم الكبد. الحمي الغددية أيضا تسمي glandular fever.

Infectious myringitis
التهاب طبلة الاذن

Inferior vena cava
الوريد الاجوف الاسفل

الوريد الاجوف الاسفل هو وريد كبير ينقل الدم من الجزء الاسفل من الجسم الي بُطين القلب الايمن.

Infertility
العقم

العقم في المرأة هو عدم مقدرتها في عمر الخصوبة علي الحمل بصورة طبيعية بالرغم من ممارسة العملية الجنسية مع رجل بصورة منتظمة لمدة عام او اكثر بدون استعمال موانع الحمل. عقم الرجل هو عدم مقدرته علي انتاج حيوانات منوية سليمة قادرة علي تخصيب البيضة او بكمية كافية (oligospermia). أسباب العقم هي -
1 – أسباب عقم الرجل تتضمن – ولا تنحصر في - التهاب الخصية (orchitis) والعدوي بمرض السيلان (gonorrhoea) ومرض السكري وادمان الخمر وتدخين التبغ.
2 – أسباب عقم المرأة كثيرة مثلا انسداد قناة الرحم (Fallopian tube) ومرض التهاب الحوض (pelvic inflammatory disease) ومتلازمة المبيض المتعدد الاكياس (polycystic ovary syndrome) وامراض الغدة النخامية (pituitary gland) وامراض تحت المهاد (hypothalamus).

Infiltration anaesthesia
التخدير الطبقي

انظر anaesthesia

Inflammation
إلتهاب

الالتهاب هو استجابة الجسم لمرض حاد او إصابة وذلك بتمدد الاوعية الدموية وزيادة كمية كرويات الدم البيضاء والعوامل المناعية الوسيطة (immune mediators) في منطقة الإصابة بغرض مكافحة المرض او إبطال وإزالة تأثير الإصابة. علامات الالتهاب هي الورم والاحمرار وسخونة موضع الإصابة بالإضافة للإحساس بألم.

Influenza (also called flu)
انفلونزا

الانفلونزا هي مرض معدي يصيب جهاز التنفس يسببه اي واحد من فيروسات الانفلونزا الأربعة — A,B,C,D - ولكن عادة A او B. المرض ينتشر عن طريق استنشاق الفيروس وفي المتوسط يدوم 7 او 10 أيام واعراضه الرئيسية هي الحمي والصداع والاحساس بالتعب الشديد والسعال وسيلان الانف (rhinorrhoea). الحالات الشديدة قد تؤدي الي مضاعفات خطيرة مثلا التهاب عضلة القلب (myocarditis) والتهاب المخ (encephalitis).

Infundibulum
ساق الغدة النخامية

انظر pituitary gland

Inhaler
بخاخة الدواء

بخاخة الدواء هي جهاز صغير يُستخدم لنقل دواء مباشرة للرئة عن طريق الاستنشاق.

Insulin
إنسولين

الانسولين هو هورمون تفرزه خلايا لانقرهانس (Langerhans) المتواجدة في البانكرياس. وظيفة الانسولين هي تحويل سكر جلكوز الدم الي الجلكوز المخزون (glycogen) والدهون. اصل كلمة insulin هو insula ومعناها في اللغة اللاتينية جزيرة صغيرة والهورمون سُمي بذلك لأن الخلايا التي تفرزه توجد في تجمعات مبعثرة في البانكرياس كأنها جزر صغيرة في بحر. لانقرهانس (Paul Langerhans) هو مكتشف الخلايا التي تنتج الانسولين.

Intelligence quotient (IQ)
ناتج اختبارات الذكاء

ناتج (او حاصل) اختبارات الذكاء هو مجموع ما يحرزه الشخص في اختبارات مُوحدّة (standardised tests) تُستعمل لتحديد درجة الذكاء. المجموع يُحوّل الي نسبة مئوية. نسبة الذكاء بين 70% و 115% تعتبر طبيعية.

Internal capsule
النسيج الداخلي

النسيج الداخلي هو كتلة الياف عصبية تقع بين المهاد (thalamus) والعقد القاعدية (basal ganglia) وتتكون من محاور العصبونات الحركية العليا النازلة من قشرة المخ وأيضا المحاور الناقلة للإشارات الحسية الصاعدة الي قشرة المخ. الياف النسيج الداخلي تتشعب وتنتشر تحت قشرة المخ وهذه الالياف تسمي التاج المتألق او الاشعاع المتألق (corona radiata).

Interferon
المحرك مضاد الفيروسات

انظر cytokines

Interleukins
محرك كرويات الدم البيضاء

انظر cytokines

مرض الرئة الخلالي
Interstitial lung disease
مرض الرئة الخلالي هو مجموعة من امراض الرئة أيضا تسمي امراض الرئة المُقيّدة (restrictive lung diseases) وتتضمن امراض غبار الرئة (pneumoconiosis) وتليُّف الاكياس الهوائية مجهول السبب (idiopathic fibrosing alveolitis) ومضاعفات امراض الانسجة الضامة (connective tissue diseases). هذه الامراض تتميز بتليف حائط الاكياس الهوائية (alveoli) الذي يصير سميكا ونسبة لذلك تقل فعالية الاكياس الهوائية في تبادل الغازات (gas exchange). التليف أيضا يصيب خلايا وانسجة الحيز الخلالي (interstitial space) مما يؤدي الي فقد مرونة الرئة وصعوبة التنفس.

اقراص السلسلة الفقرية
Intervertebral discs
انظر cervical spondylosis

انسداد الإمعاء
Intestinal obstruction
انسداد الامعاء هو وجود حائل داخل او خارج الامعاء يمنع مرور الماء والطعام. اسباب انسداد الامعاء الحاد تتضمن التواء الامعاء (volvulus) واندماج الامعاء (intussusception) والاورام واعراضه الاساسية هي ألم البطن وانتفاخها والاستفراغ.

الحيّز الخلالي
Interstitial space
الحيز الخلالي هو منطقة مملوءة بالسوائل تحيط بالخلايا والانسجة.

قرص ما بين الفقرتين
Intervertebral disc
قرص ما بين الفقرتين هو مفصل (joint) غضروفي ليفي (fibrocartilage) دائري الشكل يتواجد بين فقرات العامود الفقري. القرص مكون من حلقة دائرية خارجية ونواة غير صلبة (nucleus pulposus) في الوسط. القرص يسمح بحركة محدودة في السلسلة الفقرية وايضا يمتص الصدمات الناتجة من الحركة الزائدة مثلا اثناء الجري او القفز.

الزُغيبات المعوية
Intestinal villi
الزغيبات المعوية هي أجزاء بارزة في الغشاء المخاطي بالأمعاء الصغيرة (small intestine) ناعمة ورفيعة تشبه خصل شعر الطفل المولود حديثا وظيفتها امتصاص العناصر الغذائية. تلف الزغيبات المعوية يحدث في داء المعدة (coeliac disease) وداء المناطق الحارة البطني (tropical sprue).

إمعاء
Intestine
الامعاء هي جزء من الجهاز الهضمي يشكل قناة تمتد من المعدة الي الشرج (anus). للامعاء قسمان : الامعاء الصغير والإمعاء الكبير.

انظر digestion.

اندماج الامعاء Intussusception

اندماج الامعاء هو نوع من انسداد الامعاء (intestinal obstruction) ينتج من دخول جزء من الامعاء في الجزء من الامعاء المجاورة. اندماج الامعاء عادة يحدث في الامعاء الدقيقة خاصة المصران الفارغ (jejunum). اعراض المرض تتضمن ألم وانتفاخ البطن واستفراغ. تأخير العلاج قد يؤدي الي التهاب غشاء التجويف البطني الحاد (acute peritonitis).

الارق Insomnia

الارق هو اضطراب النوم الذي يتصف بصعوبة بدأ النوم والنوم المتقطع والصحيان المبكر غير المقصود. الارق المزمن يكون مصحوبا بالإحساس بالتعب وضعف التركيز الذهني وتقلب المزاج.

ادخال انبوبة في القصبة الهوائية Intubation (tracheal or endotracheal intubation)

الغرض من ادخال انبوبة في القصبة الهوائية هو ابقاء المسالك الهوائية مفتوحة ومنع انسدادها (مثلا بالقئ في حالات الغيبوبة) ولتمكين تهوية الرئة الميكانيكية (mechanical ventilation) وايضا للتخدير العام (general anaesthesia).

التهاب القُزحية والعضلة الهدبية Iridocyclitis

انظر uveitis

القُزحية Iris

انظر Eye

متلازمة المصران المُتهيّج Irritable bowel syndrome

متلازمة المصران المتهيج هي مرض مزمن يتميز بفترات اسهال وألم في اسفل الجزء الأيسر من البطن ونفاخ واحيانا غثيان واستفراغ. الاسهال عادة يكون في الصبح او بعد الاكل. هذه الاعراض تتناوب مع فترات شفاء مؤقت. متلازمة المصران المتهيج اكثر حدوثا في النساء وسببها غير معروف وتكون عادة مصحوبة بقلق نفسي (anxiety) او اكتئاب (depression). التشخيص يتم باستثناء امراض القولون الأخرى مثلا مرض كرون (Crohn's disease) والتهاب القولون القُرحي (ulcerative colitis).

فقر الدم الموضعي Ischaemia

فقر الدم الموضعي هو نقص في تزويد عضو (او جزء من العضو) بالدم مثلا بسبب انسداد جزئي في شريان مما يؤدي الي اختلال بنية ووظائف ذلك العضو.

المنطقة فقيرة الدم Ischaemic penumbra
كلمة penumbra في اللغة الإنجليزية تعني المنطقة المظلمة جزئيا ولكن المصطلح يستخدم في الطب لوصف أي منطقة في الدماغ تكون فيها الدورة الدموية ضعيفة وتقع بين منطقة خلاياها ميتة بسبب انقطاع الدم عنها مثلا نتيجة السكتة الدماغية (stroke) ومنطقة خلاياها سليمة. تتصف خلايا المنطقة فقيرة الدم بانها حية ولكن لا تؤدي وظائفها كاملة.

J

صرع جاكسون Jacksonian epilepsy
صرع جاكسون هو نوع من الصرع الجزئي البسيط (simple partial seizures) يبدأ في منطقة صغيرة في قشرة المخ ثم ينتشر الي اجزاء اخري. (الطبيب الانجليزي جون جاكسون هو اول من وصف هذا النوع من الصرع في القرن التاسع عشر الميلادي). انظر epilepsy.

وهم المألوف المنسي Jamais vu
انظر deja vu

يرقان Jaundice (also called icterus)
اليرقان هو اصفرار الجلد وغشاء العين الصلب – او الصدَلِبة - (sclera) نسبة لزيادة البيليروبين (bilirubin) في الدم عادة الي 3 mg/dl او اكثر. اعراض اليرقان الأخرى تتضمن تغيير لون البراز ولون البول والحُكاك (itching). يمكن تصنيف أسباب اليرقان في ثلاثة مجموعات هي:
1 – يرقان تحلل الدم (haemolytic jaundice)
2 – يرقان أمراض الكبد (hepatocellular jaundice)
3 – يرقان انسداد مجاري الصفراء (obstructive jaundice).

المصران الفارغ Jejunum
المصران الفارغ هو الجزء الأوسط من الأمعاء الصغيرة (small intestine) وموقعه بين الاثني عشر (duodenum) والمصران الجانبي (ileum). وظيفة المصران الفارغ هي امتصاص العناصر الغذائية الناتجة من هضم الطعام. (كلمة jejunum مشتقة من اللفظ اللاتيني jejunus ومعناها جائع او صائم او فارغ. سمي المصران بذلك لأنه عادة يوجد خالي من الطعام اثناء تشريح الجثة).

مفاصل Joints (or articulations)
المفصل في علم التشريح هو بنية يلتقي فيها عظم مع عظم اخرتسمح بالحركة في ذلك الجزء من الجسم. المفاصل في جسم الانسان كثيرة ومتنوعة ولكن يمكن حصرها في ثلاثة مجموعات –
1 – المفصل الليفي (synarthrosis) هو مفصل يسمح بحركة صغيرة جدا مثلا المفاصل بين عظام الجمجمة في الطفولة المبكرة.
2 – المفصل المتقابل (amphiarthrosis) هو المفصل الذي يسمح بحركة قليلة مثلا مفاصل العامود الفقري.

3 – المفصل الزلالي (synovial joint) هو المفصل الذي يسمح بالحركة في اتجاهات مختلفة (ثني - flexion - وانبساط - extension - تقريب - adduction - او تبعيد - abduction) وفي نطاق اكبر من نطاق حركة المفاصل المتقابلة. المفاصل الزلالية تتضمن مفصل الركبة ومفصل الورك ومفاصل كثيرة اخري.

ضغط الوريد الوداجي Jugular venous pressure

ضغط الوريد الوداجي - وداجي تنطق بكسر الواو - أيضا يسمي نبض الوريد الوداجي (jugular venous pulse) هو اهتزاز الدم في الوريد الوداجي الداخلي (internal jugular vein) الذي يظهر في الرقبة علي ارتفاع اثنين او ثلاثة سنتيمترات من زاوية القص (sternal angle) عندما يكون الشخص مستلقيا علي ظهره ورأسه مستندا الي ارتفاع 45 درجة من سطح السرير. ارتفاع ضغط الوريد الوداجي هو احد علامات فشل القلب الاحتقاني (congestive heart failure).

(القص – بفتح القاف – باللغة الإنجليزية sternum - هو عظم مسطح يكوّن الجزء الامامي من القفص الصدري وفيه يرتبط عظم الترقوة (clavicle) والاضلاع السبعة العليا. زاوية عظم القص هي الزاوية التي يكونها ارتباط مقبض القص (manubrium sterni) مع جسم عظم القص).

K

الحمي السوداء (او داء الليشمانيا الحشوي) Kala azar

انظر Leishmaniasis

صورة الصبغي Karyotype

صورة الصبغي هي صورة طقم الصبغي (chromosome) كما يظهر عند فحص نواة الخلية تحت المجهر. دراسة شكل الطقم وحجم وعدد اجزائه المكوِّنة تساعد في تشخيص الامراض الوراثية.

الجُدْرة Keloids

الجدرة (بضم الجيم وسكون الدال) هي نَدَبة (scar) سميكة تنتج من زيادة في انتاج الانسجة الليفية خاصة البروتين الغرائي (collagen) في منطقة التئام جرح بالجلد. الجدرة تحدث عادة في الافارقة والاسيويين ونادرا في الاجناس الأوروبية.

المادة القرنية Keratin

المادة القرنية هي بروتين ليفي صلب يتواجد في الاظافر والشعر والجلد. اصل الكلمة keras ومعناها "قرن" في اللغة الاغريقية. (البروتين الليفي هو العنصر المُكوّن الاساسي في قرون الحيوانات).

التهاب القرنية Keratitis

التهاب القرنية (cornea) ينتج من العدوي الفيروسية – عادة فيروس هيربس البسيط (herpes simplex) او فيروس هيربس العصبي (herpes zoster) – وأيضا ينتج من عدوي الباكتيريا والفطريات (fungi). التهاب القرنية يسبب أم شديد وإحمرار في العين وضعف النظر وعدم احتمال الضوء (photophobia). المرض قد يكون حادا او مزمنا.

التهاب القرنية والمُلتحِمة الجاف Keratoconjunctivitis sicca

أسباب التهاب القرنية والملتحمة الجاف الأساسية تتضمن امراض الانسجة الضامة connective tissue disease) مثلا التهاب المفاصل الشبيه بحمي الروماتيزم (rheumatoid arthritis) ومتلازمة جوقرين (Sjogren's syndrome) وفقد فيتامين A واستعمال العدسات اللاصقة (contact lenses). اعراض المرض هي جفاف العين وتعبها (مثلا اثناء القراءة) واحساس حارق عادة يوصف بأنه يشبه وجود رمل في العين.

لين القرنية Keratomalacia

لين القرنية ينتج من نقص فيتامين A واعراضه هي ضعف النظر خاصة عندما يكون الضوء خافتا وجفاف العين (xerophthalmia) وفقد شفافية القرنية وظهور قرع فيها.

يرقان النواة Kernicterus

لفظ يرقان النواة هو ترجمة حرفية من اللغة الألمانية والمقصود هو مرض يصيب الاطفال حديثي الولادة (neonates) وينتج من زيادة في البيليروبين (bilirubin) في الدم نسبة لزيادة في انتاجه او نسبة لقصور في التخلص منه. اكثر الضرر يحدث في الجهاز العصبي المركزي خاصة العقد القاعدية (basal ganglia). اعراض المرض تتضمن اعراض الشلل الدماغي (cerebral palsy) والرقصة (chorea) ونوبات الصرع (epileptic seizures). الحالات الشديدة تؤدي الي ولادة الجنين ميتا (stillbirth).

الاجسام الكتونية Ketone bodies

الاجسام الكتونية هي جزئيات تنتجها الكبد من الدهون كمصدر للطاقة في حالة نقص الجلكوز في الدم ونقص الجلكوز المخزون في الكبد (glycogen) الذي يحدث عادة في حالة الجوع المزمن وادمان الخمر والنشاط العضلي المفرط وأيضا في مرض السكري (diabetes mellitus). الاجسام الكتونية ثلاثة: aceto-acetate, acetone, beta-hydroxybutyrate

كلية Kidney

الكلية (تنطق بضم الكاف وسكون اللام وجمعها كُليات) هي عضو بجانب العامود الفقري علي مستوي الفقرات T12 - L3. للإنسان كليتان – يمني ويسري. للكلية عدة وظائف يمكن تلخيصها في الآتي:

1 – تنقية الدم من نفايات التمثيل الغذائي (metabolism) مثلا البولينة (urea) والحامض البولي (uric acid) وأيضا تنقية الدم من المواد السامة والتخلص منها في البول.

2 – المحافظة علي التوازن الحمضي – القلوي (acid-base balance).

3 – تنظيم كمية الماء في الجسم وتنظيم كمية المركبات الايونية في الدم (serum electrolytes).

4 – تنظيم ضغط الدم.
5 – افراز فيتامين D3 (calcitriol) الذي يُحفِّز امتصاص الكالسيوم في الأمعاء.
6 – امتصاص الجلكوز والحوامض الامينية اثناء تصفية الدم من نفايات التمثيل الغذائي ومنع فقدها في البول.

هلوسة الحركة Kinaesthetic hallucinations

هلوسة الحركة هي الاعتقاد الوهمي بأن الجسم او احد أعضاء الجسم يتحرك بالرغم من ثباته.

السرقة القهرية Kleptomania

السرقة القهرية (او هلوسة السرقة) هي مرض عقلي يدفع المريض للسرقة من وقت لاخر. المريض لايستطيع مقاومة الرغبة في السرقة بالرغم من عدم او قلة قيمة الاشياء التي يسرقها وعدم احتياجه اليها او رغبته فيها.

متلازمة كلاينفلتر Klinefelter's syndrome

متلازمة كلاينفلتر أيضا تسمي متلازمة 47 XXY هي حالة غير وراثية تصيب الذكور وتنتج من وجود صبغي جنسي إضافي (X chromosome). اعراض متلازمة كلاينفلتر هي صغر الخصية وتثدي الرجل (gynaecomastia) والعقم وعدم الشهوة الجنسية وضعف العضلات. (Harry Klinefelter 1912-1990 هو الطبيب الامريكي الذي وصف هذه المتلازمة لأول مرة.)

اصوات كوروتكوف Korotkoff sounds

اصوات كوروتكوف هي خمسة اصوات تسمع بالسماعة الطبية اثناء قياس ضغط الدم فوق شريان محيطي عادة شريان الزند (brachial artery) في حفرة المِرفق (cubital fossa). يُستعمل الصوت الاول والصوت الخامس لقياس ضغط الدم. الصوت الاول هو صوت خافت ومتكرر يُسمع في بداية تفريغ سوار جهاز قياس ضغط الدم (sphygmomanometer) من الهواء. الصوت الاول يطابق ضغط الدم الإنقباضي (systolic blood pressure). لحظة اختفاء الاصوات تسمي الصوت الخامس وتعتبر مقياسا للضغط الإنبساطي (diastolic blood pressure).

سيرقي كورساكوف Korsakoff, Sergei (1854-1900)

سيرقي كورساكوف هو طبيب روسي وصف نوع من الاضطراب العقلي يتصف بفقد الذاكرة والهُتر (confabulation) وفقد نفاذ البصيرة وينتج من فقد فيتامين B1 وعادة يصيب مدمني الخمر.

Kwashiorkor
كواشيوركور

كواشيوركور هو احد امراض سوء التغذية (malnutrition) الذي يصيب الأطفال عادة في عمر سنة الي ثلاثة سنوات. سبب المرض هو نقص شديد ومزمن في البروتين بالرغم من ان الطعام الذي يتناوله المريض يحتوي علي كمية كافية من السكريات ومعظم العناصر الغذائية الأخرى. اعراض المرض الأساسية هي: تورم الوجه والارجل – انتفاخ البطن – فقر الدم – تضخم الكبد – التهاب الجلد – خفة وتساقط الشعر – وفقد الشهية. المريض أيضا يكون عرضة للعدوي المتكررة مثلا الالتهاب الرئوي نسبة لضعف المناعة. (توضيح اصل كلمة كواشيوركور ذكر في مقدمة هذا المعجم).

Kyphosis
حَدب

الحدب هو انحناء غير طبيعي في العامود الفقري في منطقة الصدر والعُجز واسبابه الرئيسية هي التشويهات الخلقية وكسور الفقرات الضغطي (compression vertebral fracture) وتآكل الاقراص الفقرية (degeneration of intervertebral discs).

L

Labyrinthitis
التهاب الاذن الداخلية

التهاب الاذن الداخلية هو التهاب متاهة الاذن الداخلية (labyrinth) وهي الجزء الذي يحتوي علي الجهاز الدهليزي (vestibular system). المرض يُعرف أيضا بالتهاب العصب الدهليزي (vestibular neuritis) واعراضه هي الدوار والاستفراغ وفقد السمع والطنين.

Labour (or delivery)
الولادة

الولادة (أيضا تسمي الوضع) هي نهاية الحمل وخروج الجنين والمشيمة (placenta) من الرحم وفي الأحوال الطبيعية تتم عن طريق المهبل. الولادة تبدأ بتقلصات عضلة الرحم المتكررة التي تؤدي الي اتساع عنق الرحم وعادة تستغرق 8-10 ساعات. (تقلصات عضلة الرحم تسمي الطلق او المخاض). فترة الولادة عادة تقسم الي ثلاثة مراحل. المرحلة الاولي تبدأ بتقلصات عضلة الرحم وتستمر حتي اكتمال اتساع عنق الرحم. اما المرحلة الثانية فهي الفترة بين اتساع عنق الرحم الكامل وخروج الطفل من الرحم. المرحلة الثالثة هي الفترة التي تنتهي بخروج المشيمة من الرحم.

Lack of insight
عدم نفاذ البصيرة

عدم نفاذ البصيرة هو عدم إدراك المريض لحالته المرضية.

Lacrimation
سيلان الدموع

Lactase
الخميرة هاضمة سكر الحليب

انظر Digestion

سكر الحليب Lactose

انظر carbohydrates

فراغ او فجوة Lacune

هذه الكلمة تستعمل في علم الامراض لوصف مناطق صغيرة جدا في المخ مجوفة بسبب النخر (infarction) الناتج عن انسداد الشرايين الصغيرة.

استئصال الصفيحة الفقرية Laminectomy

استئصال الصفيحة الفقرية هو ازالة الجزء الخلفي من عظام العامود الفقري بعملية جراحية لتخفيف الضغط علي اعصاب العامود الفقري (spinal nerves) الناتج مثلا من تتوئات العظام (osteophytes).

الفحص بمنظار البطن Laparoscopy

الفحص بمنظار البطن هو عملية طبية صغيرة تتكون من ادخال منظار طبي في تجويف البطن او الحوض عن طريق شق صغير في جدار البطن بغرض التشخيص او العلاج.

الامعاء الكبيرة Large intestine

الامعاء الكبيرة - ايضا تسمي الامعاء الغليظة - هي جزء من الجهاز الهضمي وتتكون من المصران الاعور (caecum) والقولون (colon) والمستقيم (rectum).

التهاب الحنجرة Laryngitis التهاب

الحنجرة الحاد هو عادة احد مضاعفات الرشح (rhinitis). أسباب التهاب الحنجرة المزمن كثيرة وتتضمن كثرة تدخين التبغ والكلام او الغناء بصوت مرتفع لفترات طويلة والتهاب الجيوب الانفية. اعراض التهاب الحنجرة هي بحة الصوت وخشونته وضعفه وألم في الحلق وسعال.

فحص الحنجرة بالمنظار Laryngoscopy

فحص الحنجرة بالمنظار هو عملية طبية تتلخص في ادخال منظار (endoscope) لتشخيص امراض الحنجرة مثلا شلل الحبال الصوتية (vocal cords paralysis) وأيضا تُستعمل لتسهيل ادخال انبوبة في القصبة الهوائية (trachea) لتستخدم في التخدير او الإنعاش القلبي الرئوي (cardio-pulmonary resuscitation, CPR).

الحنجرة Larynx

انظر Respiratory system

جانبي Lateral

في الطب كلمة جانبي تعني الي الخارج اي ابعد (بالمقارنة لعضو معين او لجزء من عضو) من خط وسط الجسم في المستوي الطولي (midline).

المُلينات Laxatives

الملينات هي مواد طبيعية او ادوية تلين البراز وتُسهّل مروره في القولون وتستعمل لعلاج الامساك

داء اعضاء رابطة المحاربين Legionnaire's disease

داء اعضاء رابطة المحاربين هو نوع من الالتهاب الرئوي الحاد تسببه باكتيريا سلبية القرام (Gram negative) تسمي legionella. المرض يكتسب عن طريق استنشاق ماء ملوث بالباكتيريا التي تتواجد عادة في اجهزة تكييف الهواء وابراج الماء. كان تشخيص هذا المرض لأول مرة في عدد كبير من اعضاء رابطة قدماء المحاربين (legionnaires) الذين كانوا نزلاء في فبدق بمدينة فيلادلفيا بالولايات المتحدة وهذا سبب التسمية.

داء الليشمانيا Leishmaniasis

داء الليشمانيا هو مجموعة من الامراض المعدية التي تسببها مثقبيات (trypanosomes) تعرف باسم مكتشفيها الطبيب الاسكتلندي وليام ليشمان (William Leishman 1865-1926) والطبيب الايرلندي شارلز دونوفان (Charles Donovan 1963-1951). الجرثومة تنتقل من الحيوانات المصابة (عادة الكلاب والثعالب والقوارض) عن طريق عضة الذبابة الرملية (sandfly) وتسبب:

1 – داء الليشمانيا الحشوي (visceral leishmaniasis) الذي يسمي أيضا كالا زار (kala azar) واعراضه حمي وتضخم الكبد والطحال والغدد الليمفاوية وفقر الدم. (معني كالا زار في اللغة الهندية هو الحمي السوداء).

2 – داء الليشمانيا الجلدي (cutaneous leishmaniasis) واعراضه ورم في موضع عضة الذبابة الرملية يتطور الي قرحة مزمنة. (انظر Trypanosoma).

الشريط المفتول Lemniscus

هذه ترجمة حرفية من اللغة الاغريقية ويستخدم اللفظ في علم التشريح لوصف مجموعتين من الالياف العصبية الموجودة في جذع المخ -

ا - الشريط المفتول الوسطي (medial lemniscus) وهو حزمة الالياف (أي المحاور) التي تنقل الإدراك الحسي العميق (proprioception) من النواة الحسية الثانية (gracile and cuneate nuclei) في النخاع المستطيل الي المهاد.

ب - الشريط المفتول الجانبي (lateral lemniscus) ويتكون من الالياف التي تحمل الإشارات السمعية من النواة القوقعية (cochlear nucleus) الي الجسم الرُكبي (geniculate body) في المهاد (thalamus) .

عدسة Lens انظر

Eye

السحايا الرقيقة Leptomeninges

انظر meninges

الجُذام Leprosy

الجذام هو مرض مزمن تسببه باكتيريا تنتمي لفصيلة الباكتيريا ثابتة اللون ضد الحوامض (acid fast bacilli) تسمي mycobacterium leprae. العدوي لا تنتقل بسهولة وتتم بالتعرض المستمر لفترة طويلة وتكتسب من افرازت انف المريض. فترة الحضانة في المتوسط خمسة سنوات. المرض يصيب الجهاز العصبي (اعتلال الاعصاب المحيطية -peripheral neuropathy) والجهاز التنفسي والجلد (بقع واورام حُبيبية). ابرز خصائص هذا المرض هو فقد الإحساس بالألم مما يؤدي الي فقد اطراف الأصابع بسبب الإصابات المتكررة.

داء اللولبيات Leptospirosis

داء اللولبيات ايضا يسمي مرض ويلز (Weil's disease) هو مرض تسببه باكتيريا من فصيلة اللولبيات (spirochetes) تسمي Leptospira. العدوي تنتقل للإنسان من القوارض مثلا الفئران بواسطة بول الحيوان المصاب او من التربة الملوثة ببوله عادة عن طريق جرح في الجلد. المرض يسبب حمي والتهاب الكبد ونزيف في الرئة وفشل كلوي.

أذي Lesion

ألاذي هو مصطلح يطلق علي إصابة جزء محدد من الجسم بمرض او رضخة بصرف النظر عن سبب الاصابة او نوعها. تحديد موضع الأذي في الجهاز العصبي له أهمية كبيرة في تشخيص الامراض المختلفة.

كرويات الدم البيضاء Leucocytes (or white blood cells)

كرويات الدم البيضاء تشكل جزأ هاما من جهاز المناعة (immune system) وتُكوّن 1% من خلايا الدم.
كرويات الدم البيضاء ثلاثة أنواع –
1 – كرويات الدم البيضاء الحُبيبية (granulocytes or polymorphonuclear leucocytes) – هذه الخلايا سميت حبيبية لأنها تحتوي علي حُويصلات (vesicles) تشبه الحبوب الصغيرة عندما يفحص الدم تحت المجهر. (الحويصلات تحتوي علي خمائر كيمائية - enzymes - تنشط عملية البلع المناعي (phagocytosis).
الكرويات الحبيبية هي:
(أ) الكرويات الحبيبية المتعادلة (neutrophils) – تكوّن 50-75% من كرويات الدم البيضاء ووظيفتها مكافحة عدوي البكتيريا (bacteria) والفطريات (fungi).
(ب) الكرويات الحبيبية الحِمضية (eosinophils) – تكوّن 2-6% من كرويات الدم البيضاء ووظيفتها مكافحة الطفيليات (parasites) وأيضا لها دور في الاستجابة المناعية لمسببات الحساسية (allergens).
(ث) الكرويات الحبيبية القاعدية (basophils) – تشكل اقل من 1% من كرويات الدم البيضاء ووظائفها تتضمن المراقبة المناعية (immune surveillance) ولها دور في الحساسية (allergy)
2 - كرويات الدم البيضاء الليمفاوية (lymphocytes) – هذه الخلايا نوعان: نوع بي (B lymphocytes) وهي خلايا تفرز الاجسام المضادة (antibodies) ونوع تي (T-lymphocytes) وهي خلايا وظيفتها مكافحة الفيروسات والخلايا السرطانية. الكرويات الليمفاوية تكوّن 20-40% من كرويات الدم البيضاء.

3 - كرويات الدم البيضاء الوحيدة (monocytes) – عددها يتراوح بين 2% و10% من كرويات الدم البيضاء ووظيفتها البلع المناعي (phagocytosis) وبالتحديد بنع الأجسام الغريبة وخلايا الجسم التالفة.

نقص كرويات الدم البيضاء
Leucopoenia

نقص كرويات الدم البيضاء هو حالة تكون فيها كرويات الدم البيضاء اقل من 4,000 خلية في الميليمتر المكعب من الدم واسبابها تتضمن الالتهاب والعدوي المزمنة (مثلا السل الرئوي) وسرطان الدم والعلاج الكيمائي.

زيادة كرويات الدم البيضاء
Leukocytosis

زيادة كرويات الدم البيضاء هي حالة تكون فيها كرويات الدم البيضاء اكثر من 11,000 خلية في الميليمتر المكعب من الدم واسبابها تتضمن الالتهاب وعدوي الباكتيريا وسرطان الدم.

اللطخة البيضاء
Leucoplakia

اللطخة البيضاء هي بقعة او بقع بيضاء تحدث في الغشاء المخاطي في الفم والمريئ والمثانة والشرج والفرج ولا تسبب اعراض مرضية ولكنها قد تتحول لورم سرطاني. سبب اللطخة البيضاء غير معروف.

أشْنة مسطحة او حَزاز مسطح
Lichen planus

الاشنة (بضم الالف وسكون الشين) المسطحة هي مرض جلدي سببه مجهول. المرض يؤدي الي حُكاك وظهور بثور (papules) مرتفعة عن مستوي الجلد ومسطحة تتواجد عادة في الجزء الامامي من الساقين والساعدين وأيضا في الاغشية المخاطية في الفم والمهبل (vagina). تسمية المرض تُنسب لشبه الجلد المصاب بالأشنة أي الحزاز. (الاشنة هي كائنات حية تتكون من طحالب خضراء - algae - وفطريات خيطية - fungi - تعيش تضامنيا في سطح الصخور وفي جذع وفروع الشجر وأيضا في التربة).

رباط
Ligament

الرباط هو شريط سميك وقوي مُكوّن من انسجة ضامة (connective tissue) وانسجة ليفية (fibrous tissue). الاربطة تشبه الاوتار (tendons) في بنيتها ولكن تختلف عنها في وظيفتها لأن الاوتار تربط العضل مع العظم بينما الاربطة تربط عظم مع عظم.

الانكسار الضوئي
Light refraction

الانكسار الضوئي هو التغيير الذي يحدث في اتجاه الشعاع الضوئي عند مروره من جسم شفاف الي جسم شفاف اخر ذو كثافة مختلفة. الانكسار يحدث في السطح الفاصل بين الطرفين. اختلالات الانكسار الضوئي (refractive errors) تسبب صعوبة الرؤية مثلا قرب النظر (myopia).

الجهاز الطرفي Limbic system

الجهاز الطرفي هو مجموعة من كتل الخلايا العصبية الاتية - التلفيف الحِزامي (cingulate gyrus) وحصان البحر (hippocampus) ولوزة المخ (amygdala) والصنارة (uncus) وخلايا اخري. وظيفة الجهاز الطرفي هي تنظيم العاطفة والسلوك وتركيز الذاكرة وتنظيم الوظائف غير الارادية. الجهاز الطرفي ايضا يحتوي علي مركز الشم.

الخميرة هاضمة الدهون Lipase

انظر Digestion

دهون Lipids

الدهون هي مجموعة من المركبات العضوية مكونة من جليسيرين (glycerol) وحوامض دهنية (fatty acids) مرتبة في شكل سلسلة. اجزاء سلسلة الحوامض الدهنية ترتبط ببعضها البعض بذرات كربون وهايدروجين. الحوامض الدهنية نوعان - الحوامض الدهنية المُشبّعة (saturated fat) والغير مشبعة (unsaturated). الدهون المشبعة تحتوي علي كمية كبيرة من الهايدروجين (اي مشبعة بالهايدروجين) ومصدرها الاساسي هو دهون الحيوانات وزيت النخيل. الدهون الغير مشبعة تحمل كمية قليلة من الهايدروجين وتتواجد في الخضروات ولحوم الدواجن والسمك والمُكسّرات (nuts) مثلا الفول السوداني والفستق والكاجو. الدهون تشكل العنصر الأساسي في تكوين غشاء الخلايا وهي أيضا مصدر مهم للطاقة. الافراط في اكل الدهون المشبعة يزيد احتمال حدوث تصلب الشرايين وامراض القلب (الذبحة الصدرية ونخر القلب).

سرطن النسيج الدهني Liposarcoma

الشهوة الجنسية Libido

بتر الاطراف Limb amputation

بتر الاطراف هو عملية جراحية لإزالة جزء من الرجل او اليد عادة لسبب طبي.

ورم شحمي Lipoma

الورم الشحمي هو ورم حميد ينشأ من خلايا دهنية ويكون عادة تحت الجلد ويتميز بأنه رخو ويمكن تحريكه بسهولة.

البروتينات الدهنية Lipoproteins

البروتينات الدهنية هي مركبات عضوية مكونة من كبسولة بروتينية وكوليسترول (cholesterol) او دهون ثلاثية (triglycerides) وظيفتها نقل الدهون في الدم وسوائل الجسم الأخرى. كثافة البروتينات الدهنية تعتمد على نسبة الدهن الي البروتين. كمية الدهون في البروتينات الدهنية منخفضة الكثافة (low density lipoproteins) أكثر من البروتين. نسبة الدهون للبروتين اقل في البروتينات الدهنية عالية الكثافة (high density lipoprotein).

عملية ازالة الحصي Lithotomy

عملية ازالة الحصي هي عملية جراحية لإستخراج حصوة (calculus) او حصوات من عضو داخلي مثلا المثانة او الحالب.

وضع ازالة الحصوة Lithotomy position

وضع ازالة الحصوة هو وضع يُستعمل لاجراء فحص او عمليات جراحية في منطقة العِجان (perineum) والحوض وايضا اثناء الولادة. في وضع ازالة الحصوة يكون المريض مستلقيا علي ظهره وارادفه في حافة الطاولة واطرافه السفلي تكون منثنية في مفصل الورك ومفصل الركبة ومنفرجة.

كبد Liver

الكبد هو عضو كبير بالناحية اليمني من البطن يقع تحت الحجاب الحاجز (diaphragm). للكبد وظائف كثيرة تتضمن – ولا تنحصر في – الاتي:

1– تنظيم تركيز السكر في الدم. ارتفاع تركيز السكر في الدم يؤدي الي تكوين الجلكوز المخزون (glycogen) وحفظه في الكبد والعضلات. اما انخفاضه فيسبب تفكك الجلكوز المخزون (glycogenolysis) وفي بعض الحالات انشاء الجلكوز من الحوامض الدهنية والبروتين (gluconeogenesis).

2 – تكوين البروتينات من الحوامض الامينية (amino acids).

3 – تحويل الحوامض الدهنية الي كوليسترول (cholesterol).

4 – افراز الصفراء (bile).

5 – خزن فيتامين A,D,B12,K

6 – تحطيم كرويات الدم الحمراء التالفة وإزالة البيليروبين (bilirubin) وأيضا تحطيم وازالة المواد الضارة الناتجة من تحلل الكحول والأدوية.

7 – افراز بعض الهورمونات مثلا angiotensin

فصوص المخ Lobes (of cerebral hemispheres)

فصوص المخ هي مناطق وظيفية في قشرة المخ (cerebral cortex) يفصلها عن بعضها البعض الاخدود المركزي والاخدود الجانبي وهي أربعة:

أ - الفص الجبهي (frontal lobe) – يقع امام الاخدود المركزي (central sulcus or Rolandic fissure) ووظيفته التحكم في الحركة الإرادية والسلوك العاطفي والذاكرة. بالإضافة الي ذلك الفص الجبهي يحتوي (عادة بالجانب الايسر من المخ) علي مركز اللغة الخاص بإنتاج الكلام والذي يعرف بمنطقة بروكا (Broca's area).

ب - الفص الجداري (parietal lobe) – هو منطقة الإدراك الحسي وموضعه خلف الاخدود المركزي وفوق الاخدود الجانبي (lateral sulcus or Sylvian fissure).

ت - الفص الصدغي (temporal lobe) – هو الفص الذي يقع تحت الاخدود الجانبي ويحتوي علي مركز السمع والذاكرة كما يحتوي أيضا في الجانب الايسر من المخ علي موضع فرنيك (Wernicke area) وهو مركز فهم اللغة.

ج - الفص القَذَالي (occipital lobe) – يُكوِّن الجزء الخلفي من القشرة ووظيفته هي الادراك البصري.

Local anaesthesia
التخدير الموضعي
انظر anaesthesia

Lordosis
قعس
القعس هو الانحناء الطبيعي في الجزء القطني من العامود الفقري (lumbar spine). الافراط في الانحناء يسمي hyperlordosis وعادة ينتج من ضعف عضلات جدار البطن وضعف عضلات باطن الرُكبة (hamstrings) وانزلاق الفقرات (spondylolisthesis) وفشل النمو الغضروفي (achondroplasia).

Lower motor neuron
العصبون الحركي السفلي
العصبون الحركي السفلي هو خلايا جذع الدماغ (brainstem) التي تنشأ منها الاعصاب القحفية الحركية (motor cranial nerves) وخلايا القرن النخاعي الامامي (anterior horn cells) بالنخاع الشوكي التي تنشأ منها الاعصاب الحركية المحيطية (motor peripheral nerves) التي تمد العضلات الهيكلية.

Lumbar
قطني
القطن (بفتح القاف والطاء) هو اسفل الظهر والمقصود هنا هو الجزء بين الصدر والعَجُز.

Lumbar plexus
ضفيرة الاعصاب القطنية
ضفيرة الاعصاب القطنية هي شبكة من الاعصاب تتكون من الفروع الامامية للاعصاب الشوكية القطنية الاربعة الاولي (L1-L4) ومن العصب الصدري الثاني عشر (T12).

Lumbar puncture
خرق المنطقة القطنية
خرق المنطقة القطنية هو عملية طبية تُعرف أيضا بالبزل النخاعي الشوكي (spinal tap) وتتلخص في ادخال إبرة بين الفقرة القطنية الثالثة والرابعة (lumbar vertebra, L3-L4) او بين الفقرتين الرابعة والخامسة (L4-L5) لإستخراج السائل النخاعي الشوكي (cerebrospinal fluid) عادة لفحصه.

Lung
الرئة
انظر Respiratory system

Lung (or pulmonary) function tests
اختبارات وظائف الرئة
اختبارات وظائف الرئة هي عدة اختبارات معملية تستعمل للمساعدة علي تشخيص امراض جهاز التنفس وقياس شدة المرض واستجابته للعلاج وأيضا لمتابعة تطور المرض مع مرور الزمن. الاختبارات الأكثر أهمية واستعمالا هي -
(1) قياس الضغط الجزئي للأوكسيجين ($oxygen\ partial\ pressure$, PaO_2) وثاني أوكسيد الكربون ($carbon\ dioxide\ partial\ pressure$, $PaCO_2$) في الدم الشرياني وقياس حموضة الدم (PH).
(2) قياس التنفس (spirometry) – اهم اختبارات قياس التنفس هي:

أ – قياس حجم الزفير الاجباري في ثانية واحدة (forced expiratory volume in one second, FEV_1) – في هذا الاختبار يستنشق المريض اكبر كمية ممكنة من الهواء ثم يزفرها بقوة. كمية الهواء الخارجة من الرئة تقاس بجهاز يسمي spirometer وفي الحالة الطبيعية تساوي 3.5 ليتر في الثانية.
ب – قياس السعة الحيوية الاجبارية (forced vital capacity, FVC) – يتم بنفس الطريقة الموصوفة أعلاه ولكن قياس كمية الهواء الخارجة من الرئة يكون في نهاية الزفير. هذا الاختبار يقيس حجم كل الهواء في الرئة. نسبة حجم الزفير الاجباري للسعة الحيوية الاجبارية (FEV_1/FVC) تتراوح بين 65% و 80% حسب عمر الشخص وبنيته. هذه النسبة تنخفض الي 50% او اقل في حالة الامراض التي تسبب انسداد المسالك الهوائية مثلا الربو (bronchial asthma). في امراض الرئة المُقيِّدة (restrictive lung disease) مثلا تليُّف الرئة (pulmonary fibrosis) وداء الصخر الحريري (asbestosis) يكون الانخفاض في حجم الزفير الاجباري مماثل للانخفاض في حجم السعة الحيوية الاجبارية والنسبة بينهما لا تتغير.
(3) قياس ذروة التدفق الزفيري (peak expiratory flow rate) – في هذا الاختبار ينفخ المريض في جهاز يسمي peak flow meter. كمية الهواء التي ينتجها الشخص البالغ السليم هي 650 – 500 ليتر في الدقيقة وتنقص عن ذلك في حالة الامراض التي تسبب انسداد في المسالك الهوائية.

داء الخيطيات الليمفاوي Lymphatic filariasis

داء الخيطيات الليمفاوي هو احد امراض المناطق الحارة تسببه الدودة الخيطية (filaria). المرض ينتشر عن طريق عضة الذبابة السوداء والباعوضة ويسبب انسداد الاوعية الليمفاوية وانتفاخ الجلد والاطراف. المرض ايضا يسمي داء الفيل (elephantiasis).

الجهاز الليمفاوي Lymphatic system

الجهاز الليمفاوي يتكون من الاوعية الليمفاوية والطِحال (spleen) والغدة الزعترية (thymus gland) ونخاع العظم (bone marrow) واللوزات (tonsils). وظائف الجهاز الليمفاوي هي:
1 – المناعة
2 – اعادة المصل (plasma) من الحيِّز الخلالي (interstitial space) الي الجهاز القلبي الوعائي (cardiovascular system).
3 – نقل الدهون والحوامض الدهنية من الامعاء الصغيرة الي الكبد.

سرطان الغدد الليمفاوية Lymphoma

السائل الليمفاوي Lymph

السائل الليمفاوي هو سائل يشبه المصل ولكنه خالي من الصفائح الدموية ويحتوي علي خلايا ليمفاوية وكمية قليلة من كرويات الدم الحمراء. السائل الليمفاوي يتسرّب من الحيِّز الخلالي (interstitial space) الي الاوعية الليمفاوية ومنها الي القناة الصدرية (thoracic duct) ثم الي الدم. السائل الليمفاوي يحمل الدهون من الجهاز الهضمي وايضا الماء والبروتين من الحيز الخلالي الي الدورة الدموية. (الترجمة الحرفية لكلمة lymph من اللغة اللاتينية هي"ماء").

الخلايا الليمفاوية Lymphocytes

الخلايا الليمفاوية هي نوع من خلايا الدم البيضاء التي تكوّن جزأ من جهاز المناعة.

Lymphoedema **الورم الليمفاوي**

الورم الليمفاوي هو تجمّع السائل الليمفاوي في النسيج الخلالي (interstitial tissue) في الاطراف نسبة لانسداد او تلف الاوعية الليمفاوية مثلا نتيجة علاج سرطان بالاشعة او ازالة الغدد الليمفاوية او انسداد الاوعية الليمفاوية بالديدان الخيطية (filariae) كما يحدث في داء الفيل (elephantiasis). اعراض المرض هي تورم الطرف المصاب وغلظة وتقرح جلده.

Lymphogranuloma venereum **الورم الليمفاوي الحُبيبي المنقول جنسيا**

الورم الليمفاوي الحبيبي المنقول جنسيا أيضا يسمي الورم الليمفاوي الحبيبي الأُربي (lymphogranuloma inguinale) هو مرض تسببه باكتيريا تنتمي لفصيلة المُدثِرات (chlamydia). العدوي تنتقل عن طريق الاتصال الجنسي وتسبب قرح غير مؤلمة في الأعضاء التناسلية الخارجية وتورم الغدد الليمفاوية الأربية (inguinal lymph nodes) المزمن.

Lymphokines **محركات كرويات الدم الليمفاوية**

انظر cytokines

M

Macrocytosis **كِبر كرويات الدم الحمراء**

كبر كرويات الدم الحمراء هو زيادة في متوسط حجم كرويات الدم الحمراء (mean corpuscular volume or MCV) الي اكثر من 100 فمتوليتر (femtolitre, fL) واسبابها الرئيسية هي نقص فيتامين B12 وفيتامين B9 (folate) وادمان الخمر.

Macropsia **تكبير المرئيات**

تكبير المرئيات هو احد أنواع اختلال الإحساس البصري تبدو فيه الأشياء اكبر من حجمها الحقيقي. تكبير المرئيات يحدث في بعض حالات الصرع (epilepsy) والصداع النصفي (migraine) وامراض شبكية العين وأيضا نتيجة تعاطي المخدرات وبعض الادوية. نفس هذه الأسباب قد تؤدي الي الإحساس بأن الأشياء المرئية اصغر من حجمها الحقيقي وهذه الحالة تسمي تصغير المرئيات (micropsia) .

Macula **بقعة العين**

انظر Eye

بُقعة الجلد Macule

بقعة الجلد هي منطقة في الجلد لونها يختلف عن لون بقية الجلد حولها.

طفح بُقعي بَثري Maculopapular rash

الطفح البقعي البَثري هو مجموعة من البثرات (اجسام صلبة صغيرة تشبه الحبوب) تكسو جزء من الجلد لونها يختلف عن لون بقية الجلد كما يحدث مثلا في مرض الحصبة (measles).

انحسار بُقعة العين Macular degeneration

انحسار بقعة العين هو التدهور التدريجي في بنية خلايا بقعة العين (macula) الذي يحدث في الشيخوخة ويؤدي الي فقد النظر في منتصف نطاق الرؤية (central vision).

ورم الفطريات Madura foot

انظر mycetoma

نقص الماقنيزيوم Magnesium deficiency

نقص الماقنيزيوم الي اقل من 0.75 mmol/l عادة ينتج من الاسهال المزمن واستعمال الادوية المدرة للبول وادمان الخمر واعراضه تشمل الارتباك (mental confusion) والرجفة (tremor) والرقصة (chorea) ونوبات الصرع (epileptic seizures).

التصوير بالرنين المغنطيسي Magnetic resonance imaging (MRI)

التصوير بالرنين المغنطيسي هو طريقة فحص بنية ووظائف الأعضاء الداخلية تقوم علي استخدام حقول مغنطيسية (magnetic fields) لتنشيط بروتونات الهايروجين (hydrogen protons) في الخلايا الحية والتقاط الإشارات الناتجة من هذه الخلايا وبذلك يمكن تحديد موقعها في الجسم حسب قوة الإشارة (قوة الإشارة تعتمد علي نوع الخلايا والانسجة).

مُركّب توافق الانسجة الكبير Major histocompatibility complex (MHC)

انظر human leucocyte antigen (HLA)

Malabsorption (of nutrients) **سوء امتصاص العناصر الغذائية**

العناصر الغذائية هي ما ينتج من هضم السكريات والبروتينات والدهون (انظر Digestion) بالإضافة للأملاح والمعادن والفيتامينات وامتصاصها يتم في الأمعاء الصغيرة (small intestine). سوء امتصاص العناصر الغذائية ينتج من تلف الزغيبات المعوية (intestinal villi) كما يحدث مثلا في مرض الداء البطني (coeliac disease) او نسبة لنقص الخمائر الكيمائية (enzymes) مثلا في حالات التهاب البانكرياس المزمن (chronic pancreatitis). اعراض سوء امتصاص العناصر الغذائية الأساسية هي نقص الوزن والاسهال الدهني (steatorrhea) والنفاخ وفقر الدم والضعف العام.

Malaise **الفتور المرضي**

الفتور المرضي هو الاحساس بالتعب الشديد او الضعف العام الناتج من مرض ما.

Malaria **ملاريا**

تسمية هذا المرض تأتي من اللغة الإيطالية ومعني ملاريا هو الهواء الفاسد. التسمية نسبة للاعتقاد في القرن الثامن عشر ان سبب المرض هو هواء المستنقعات العفن. الملاريا هي عدوي تسببها كائنات صغيرة حية طفيلية اجباريا (obligatory parasite) مكونة من خلية واحدة تعيش في الماء وتنتمي لفصيلة المُتصَوِرات (plasmodia). أربعة أنواع من المتصورات تسبب الملاريا هي: المتصورة المنجلية (plasmodium falciparum) والمتصورة النشيطة (plasmodium vivax) والمتصورة البيضاوية (plasmodium ovale) ومتصورة الملاريا (plasmodium malaria). تنتقل العدوي بواسطة انثي الباعوضة انوفيليس (anopheles mosquito) عندما تمتص دم شخص مصاب ثم تحقن لعابها (الذي يحتوي علي الجرثومة) في شخص اخر. اعراض الملاريا الرئيسية هي حمي واستفراغ ورعشة وصداع والم في العضلات. شدة المرض والمضاعفات التي تنتج منه تتفاوت حسب نوع الجرثومة ومناعة المريض. (جرثومة الملاريا سمّيت متصورة لأنها تشبه العفن اللزج او العفن الغرائي – slime mold- الذي يسمي ايضا متصورة).

Malignant hypertension **ارتفاع ضغط الدم الخبيث**

انظر hypertension

Malignant tumour **ورم خبيث**

Malleolus **الكعب**

الكعب هو النتؤ العظمي في منطقة التقاء الساق بالقدم وفي كل قدم كعبان – كعب داخلي (medial malleolus) ينشأ في عظم الساق الكبير (tibia) وكعب خارجي (lateral malleolus) ينشأ من عظم عصا الساق (fibula). الترجمة الحرفية من اللغة اللتينية لكلمة malleolus هي المطرقة الصغيرة. (لاحظ ان كلمة كعب احيانا تستعمل لتعني مؤخرة القدم وهذا خطأ لان مؤخرة القدم هي العُقب (calcaneum).

Malnutrition **سوء التغذية**

سوء التغذية هو عدم التوازن بين الكمية المأخوذة من العناصر الغذائية (nutrients) واحتياجات الجسم حسب عمر الشخص وجنسه (ذكر او انثي) ونشاطه الحركي مما يؤدي الي حالة مرضية. سوء التغذية يتضمن نقص التغذية (undernutrition) وأيضا السمنة (obesity) ولكن أحيانا اللفظ يستعمل ليعني نقص التغذية فقط.

Mammillary bodies **الاجسام الحَلمية**

الاجسام الحلمية هي كتلتان من الخلايا والانسجة دائرية الشكل تشبه حلمة الثدي وتتواجد في المخ تحت المهاد (hypothalamus). الاجسام الحلمية تشكل جزءا من الجهاز الطرفي (limbic system) ووظيفتها هي حفظ المعلومات في الذاكرة.

Mammography **تصوير الثدي بالاشعة**

تصوير الثدي بالاشعة هو فحص طبي يُستخدم لتشخيص سرطان الثدي في مراحله الاولي. الفحص يتم عادة باحد الطرق الاتية:

1 – تصوير الثدي التقليدي بالاشعة السينية (conventional x-ray mammography).

2 - تصوير الثدي الرقمي (digital mammography) – هو تحويل صورة الاشعة بالحاسوب الي صورة رقمية.

3 – تصوير الثدي ثلاثي الابعاد (three-dimensional mammography) – هو تحويل عدة صور تؤخذ من زوايا متعددة الي صورة ثلاثية الابعاد.

Mandible **الفك الاسفل**

Mania **الاختلال العقلي**

الاختلال العقلي هو مرض نفسي يتصف بزيادة ملحوظة في النشاط والحركة والكلام والشعور بالعظمة. تكون أفكار المريض مشتتة وينتقل بسرعة من فكرة الي اخري. الاختلال العقلي أيضا يجعل سلوك المريض غير طبيعي. (سلوك المريض لا يتأثر في الحالات الخفيفة التي تسمي hypomania).

Manic-depressive psychosis **ذهان الاختلال العقلي والاكتئاب التناوبي**

انظر bipolar disorder

Mantoux test **اختبار مانتو**

انظر tuberculin

الهزل Marasmus

الهزل هو احد امراض سوء التغذية (malnutrition) الذي ينتج من نقص شديد ومزمن في كل العناصر الغذائية – بروتينات ودهون واملاح وفيتامينات. الهزل عادة يصيب الأطفال في السنة الاولي من العمر. وزن الطفل ينقص الي 62%او اقل من الوزن الطبيعي ويصير المريض نحيفا ضامرا ويتعطل نموه. الهزل أيضا يُضعف مناعة الطفل ويعرضه للإصابة بالعدوي المتكررة خاصة عدوي الجهاز الهضمي. (اصل كلمة - marasmus - هو اللغة الاغريقية ومعناها الحرفي هو الذبول او الضمور).

حشيش أو بنقو Marijuana

انظر cannabis

متلازمة مارفان Marfan syndrome

متلازمة مارفان هي مرض وراثي وصفه الطبيب الفرنسي (Antoine Marfan 1858-1942). اعراض المرض الأساسية هي طول القامة (وخاصة طول أصابع اليدين والقدمين) وانحناء العامود الفقري الي الجانب (scoliosis) وقلس صمام الوتين (aortic regurgitation) والاتساع الموضعي بالوتين (aortic aneurysm) ونزوح عدسة العين (lens dislocation).

خلايا الهيستامين Mast cells

خلايا الهيستامين (histamine) هي خلايا تنتمي الي كرويات الدم البيضاء وتتواجد تحت الجلد وفي الانسجة الضامة (connective tissue). (هذه الخلايا تسمي في بعض المراجع الخلايا الصارية وهى ترجمه حرفية للكلمة الإنجليزية – mast - ولكن اصل الكلمة يرجع الي اللغة الألمانية ومعناها التغذية او التسمين. سميت خلايا التسمين نسبة للاعتقاد الخاطئ عن اكتشافها ان وظيفتها تغذية الخلايا والانسجة المجاورة لها. فضلت استعمال كلمة هيستامين لأن لفظ خلايا التسمين وايضا لفظ الخلايا الصارية لايعكس المعني المقصود).

ألم الثدي Mastalgia

أسباب الألم الذي يحدث في الثديين هي الحيض (menstruation) واستعمال منع حبوب الحمل وعلاج انقطاع الحيض الدائم (menopause) بالهورمونات. الألم في ثدي واحد هو احد علامات سرطان الثدي.

التهاب النتوء الحَلمي Mastoiditis

النتوء الحلمي (mastoid process) هو الجزء البارز من العظم الصدغي (temporal bone) الذي يقع مباشرة خلف الاذن. التهاب الخلايا التي تُبطّن النتوء الحلمي عادة يصيب الأطفال ويحدث نتيجة عدم علاج التهاب الاذن الوسطي (otitis media). اعراض المرض تتضمن ألم في الاذن وألم وإحمرار وورم في منطقة النتوء الحلمي وحمي واستفراغ. العدوي قد تنتشر الي داخل المخ وتسبب مضاعفات خطيرة.

الفك الاعلي Maxilla

الحصبة Measles

الحصبة هي مرض فيروسي معدي عادة يصيب الأطفال. العدوي تنتقل عن طريق الهواء وفترة الحضانة (incubation period) حوالي 10 أيام. اعراض المرض الاساسية هي حمي وسعال ورشح وطفح جلدي احمر يظهر في اليوم الثالث او الرابع من بداية الحمي. مضاعفات المرض تتضمن الاتهاب الرئوي والتهاب الدماغ (encephalitis).

التهوية الميكانيكية Mechanical ventilation

التهوية الميكانيكية هي استعمال جهاز يسمي جهاز التهوية (ventilator) لدفع الهواء في الرئة في حالة توقف التنفس (apnoea) او ضعفه وذلك بواسطة انبوبة تدخل في القصبة الهوائية (trachea) او عن طريق قطع شق في الرقبة وعمل فتحة في القصبة الهوائية (tracheostomy). التهوية الميكانيكية هي نوع من التهوية الاصطناعية (artificial ventilation). الأنواع الأخرى تتضمن استعمال بالون موصدّل بقناع (face mask) يوضع فوق الفم والانف ويضغط باليد لدفع الهواء وأيضا النفخ في الفم مباشرة (mouth-to-mouth) كما يحدث مثلا في الاستعمال الاسعافي في حالات الإنعاش القلبي الرئوي (cardio-pulmonary resuscitation, CPR).

البراز الأول Meconium

البراز الأول هو مادة لزجة كثيفة خضراء داكنة اللون يتبرزها الطفل حديث الولادة. البراز الاول يتكون من ماء الجنين (amniotic fluid) وخلايا ميتة ومخاط وفضلات اخري ابتلعها الجنين قبل ان يولد.

وسطي Medial

في الطب كلمة وسطي تعني الي الداخل اي اقرب الي خط وسط الجسم (midline). خط الوسط هو الخط الوهمي الذي يقسم الجسم الي نصفين ايمن وايسر.

العصب المتوسط Median nerve

العصب المتوسط (او العصب الاوسط) هو عصب مختلط (mixed nerve) يحتوي علي اليلف حركية تزوّد بعض عضلات الساعد وبعض عضلات الكف والياف حسية تزود جلد جزء من الكف والاصابع ماعدا النصف الخارجي لجلد الخنصر (ring finger) وكل جلد البنصر (small finger).

وسط الصدر Mediastinum

وسط الصدر هو المنطقة بين الرئتين التي تحتوي علي القلب والاوعية الدموية والشُعب الهوائية والقصبة الهوائية والغدة الزعترية (thymus gland) والمريء – أي كل أعضاء القفص الصدري ماعدا الرئتين.

سرطان خلايا المخيخ الجذعية
Medulloblastoma
سرطان خلايا المخيخ الجذعية ايضا يسمي الورم الارومي النخاعي ولكن – في رأيي – استعمال لفظ سرطان خلايا المخيخ الجذعية افضل لأن منشأ الورم هو الخلايا الجذعية بالمخيخ (stem cells) وأيضا لأن كلمه ارومي تطلق علي خلايا النخاع العظمي (bone marrow) التي تنتج كرويات الدم الحمراء ولذلك استعمال كلمة ارومي لوصف هذا السرطان قد يؤدي الي الالتباس.

القولون الضخم
Megacolon
القولون الضخم هو حالة مرضية يصير فيها القولون واسعا ويعاني فيها المريض من امساك شديد ومزمن ونفاخ والم في البطن. بعض الحالات خلقية (congenital) وبعضها مكتسب مثلا نتيجة مرض المثقبيات الأمريكي (American trypanosomiasis). تضخم القولون الحاد يسمي القولون الضخم التسممي (toxic megacolon) واهم أسبابه هي التهاب القولون القُرحي (ulcerative colitis) ومرض كرون (Crohn's disease) والتهاب القولون الغشائي الكاذب (pseudomembranous colitis).

انقسام الخلايا التناسلية
Meiosis
انقسام الخلايا التناسلية (gametes) يتم في خصية الذكر وبويضة الانثى في مرحلتين ويؤدي الي انتاج أربعة خلايا تختلف عن بعضها البعض في صفاتها الوراثية. كل خلية تحتوي علي طقم واحد من الصبغي (chromosome) وتسمي الخلية وحيدة الصبغي (haploid cells). التخصيب (fertilisation) – أي اتحاد الحيوان المنوي (sperm) مع البيضة (ovum) – يؤدى الى تكوين الخلية الملقحة (zygote) وهي خلية مزدوجة الصبغي (diploid cell) تحتوي على طقم صبغي من الذكر وطقم من الانثى.

البراز الأسود
Melaena
البراز الأسود هو احد علامات النزيف في المريء (oesophagus) او المعدة (stomach) او الاثني عشر (duodenum). اللون الأسود هو نتيجة تأثير عصارة المعدة وافرازات الإمعاء وأيضا الباكتيريا المعوية علي الهيموقلوبين.

سرطان الخلايا الصبغية الغامضة
Melanoma
سرطان الخلايا الصبغية الغامضة هو ورم خبيث عادة يصيب الجلد ينشأ من الخلايا الصبغية الغامضة (melanocytes).

إسوداد الجلد
Melasma
اسوداد الجلد هو حالة تصير فيها أجزاء من الجلد داكنة اللون مثلا في الوجه اثناء الحمل وأيضا أحيانا نتيجة استعمال حبوب منع الحمل.

قوانين مندل
Mendelian principles (or laws)
قوانين مندل - أيضا تسمي الوراثة المندلية (Mendelian inheritance) - تتلخص في الاتي:

(1) قانون انعزال الصفات (the law of dominance and uniformity) - وفقا لهذا القانون لكل صفة وراثية شكل يورث من الام وشكل اخر يورث من الاب. كل شكل يختلف عن الاخر في شفرته الوراثية ويسمي الشكل البديل (allele). احد الشكلين يسبب ظهور الصفة الوراثية ويسمى الشكل البديل السائد (dominant allele) والأخر يسمي الشكل البديل المنحي (recessive allele).

(2) قانون التوزيع المستقل (the law of independent assortment) – خلاصة هذا القانون ان أي صفة وراثية قد تورث من الام او من الاب بطريقة عشوائية ومستقلة تماما عن وراثة الصفات الأخرى مثلا طول القامة قد يورث من الاب ولون البشرة من الام.

(قرقا مندل – Gregor Mendel - هو راهب نمساوي عاش في القرن التاسع عشر يعتبر مؤسس علم الوراثة.)

Menarche بداية الحيض

بداية الحيض هو الحيض لأول مرة (first menstruation) وعادة يحدث بين عمر 16 - 12 سنة ويعتبر دلالة علي البلوغ والخصوبة.

Meniere's disease مرض مِنيير

سبب مرض منيير غير معروف. (Prosper Meniere 1799-1862 طبيب فرنسي). المرض عادة يصيب اذن واحدة ويسبب نوبات متكررة من الدوار (vertigo) والطنين (tinnitus) وفقد السمع العصبي الحسي (sensorineural deafness). الدوار دائما يحدث فجأة ويكون مصحوبا بغثيان واستفراغ ويستمر لعدة ساعات يزول بعدها تدريجيا.

Meninges (or meningeal membranes) السحايا

السحايا هي الاغشية التي تغطي المخ والنخاع الشوكي وتتكون من ثلاثة طبقات:

أ – الغشاء السميك او الام الجافية (dura mater). الام الجافية هي ترجمة حرفية من اللغة اللاتينية ولكن المعني المقصود هو الغشاء السميك. الغشاء السميك يشكل الغطاء الخارجي للمخ وبه جزء ينطوي تحت المخ ويفصل المخ من المخيخ ويعرف بخيمة المخيخ (tentorium cerebri) وله أيضا جزء اخر يفصل شقي الدماغ ويسمي المنجل الدماغي. (falx cerebri)

ب - الغشاء العنكبوتي او الام العنكبوتية (arachnoid mater)

ت – الغشاء الرفيع او الام الحنون (pia mater)

الام العنكبوتية والام الحنون معا يسميان السحايا الرقيقة (leptomeninges) .

Meningitis التهاب السحايا

التهاب السحايا هو عدوي تسببه البكتيريا وغيرها من الكائنات الدقيقة (microorganisms).

Meningioma الورم السحائي

Meniscus **الغضروف الهلالي**

الغضروف الهلالي هو غضروف ليفي يشبه الهلال في شكله يغطي جزءا من جوف المفصل. الغضروف الهلالي في الركبة يقلل احتكاك عظام الساق بعظم الفخذ وايضا يساعد في توزيع حمولة الجسم اثناء الوقوف والمشي.

Menopause **انقطاع الحيض الدائم**

انقطاع الحيض الدائم هو حالة طبيعية عادة تحدث في عمر 55 - 45 سنة وتتصف بتوقف الدورة الشهرية بصورة دائمة نسبة لنقص الهورمونات التناسلية. اعراض انقطاع الحيض الدائم تتضمن الإحساس المفاجئ بالحرارة في كل الجسم والعرق الذى يحدث بصورة متكررة والتعب واضطراب المزاج وألم العظام وجفاف المهبل (vaginal dryness) وفقد الشهوة الجنسية وضمور الثدي وضمور العظام (osteoporosis). انقطاع الحيض الدائم أيضا يسمي "عمر اليأس" نسبة لاستحالة الحمل والانجاب بصورة طبيعية بعد حدوثه.

Menses **الحيض**

انظر menstruation

Menstrual cycle **دورة الحيض**

دورة الحيض هي تغييرات في جهاز المرأة التناسلي غرضها تجهيز الرحم للحمل. دورة الحيض تبدأ مباشرة بعد نزيف الحيض وتستمر (في حالة عدم حدوث الحمل) الي الحيض التالي. التغييرات الأساسية تحدث في الرحم (uterus) والبويضة (ovary) وتخضع لتأثير الهورمونات الجنسية. في الأيام التي تلي الحيض يبدأ نمو البيضة (ovum) وفي نفس الوقت تزداد كثافة بطانة الرحم (endometrium) ومحتوياتها من السكريات والبروتين والدهون استعدادا لزرع البيضة. في منتصف الدورة يكتمل نمو البيضة ويتم خروجها من المبيض (ovulation) ونزولها الي الرحم بواسطة قناة فالوب (Fallopian tube). في حالة عدم حدوث الحمل تنتهى الدورة بالحيض وتبدأ دورة جديدة.

Menstruation **الحيض**

الحيض هو تدفق الدم وخلايا الغشاء المخاطي من رحم المرأة البالغة الذي يحدث طبيعيا وعادة بانتظام مرة كل شهر ويبدأ عند البلوغ ويستمر حتي سن اليأس (menopause). الحيض يتوقف اثناء سنين الخصوبة في حالة الحمل والرضاعة وأيضا نتيجة بعض الامراض واستعمال بعض الادوية. الحيض ايضا يسمي menses.

Mesenchyme (or mesenchyma) **انسجة الجنين الجذعية**

انسجة الجنين الجذعية هي خلايا في الجنين رخوة غير مترابطة وسهلة الحركة تحيطها مادة غير محدودة الشكل وهي الخلايا التي تنشأ منها العظام والدم والعضلات.

Mesentery **الغشاء المُثبّت**

انظر peritoneum

ورم النسج الطلائي الاوسط Mesothelioma

النسج الطلائي الاوسط (mesothelium) هو غشاء رفيع يُبطِّن تجويف البطن والصدر والاعضاء الداخلية ويفرز سائل لزج يساعد في حركة وحماية الاعضاء الداخلية. ورم النسيج الطلائي الاوسط عادة ينتج من التعرض المهني المزمن للصخر الحريري (asbestos).

التمثيل الغذائي Metabolism

التمثيل الغذائي (او الأيض) هو مجموعة من العمليات الحيوية داخل الخلايا الحية تؤدي الي تحويل الطعام الي طاقة وايضا تحويل العناصر الغذائية الي مواد اخري لازمة لبناية الجسم كالبروتينات مثلا. وظيفة التمثيل الغذائي الثالثة هي التخلص من الفضلات. للتمثيل الغذائي وجهان – بناء الخلايا والاعضاء (anabolism) وتحويل العناصر الغذائية الي طاقة (catabolism).

كُردوس Metaphysis

الكردوس هو المنطقة في العظم التي تقع بين المُشاش (epiphysis) وعامود العظم (diaphysis) وتحتوي علي صفيحة نمو العظم (growth plate).

انتشار الخلايا السرطانية Metastasis

ميثأمفتامين Methamphetamin

الميثأمفتامين هو مُنشِّط (stimulant) قوي يصنع بتركيب مواد كيمائية ويستعمل عادة كعقار استجمامي. تعاطي الميثأمفتامين المتكرر يؤدي الي الإدمان واضرار نفسية وجسدية. الاضرار الجسدية تتضمن سوء التغذية ونقص الوزن وقرح الجلد وتلف الاسنان. اما الاضرار النفسية فهي كثيرة وتشمل القلق وتقلب المزاج والارق والهلوسة ووهم الاضطهاد (paranoid delusions) وضعف الذاكرة.

صغر الرأس Microcephaly

صغر الرأس هو عيب خلقي يتصف بنقص ملحوظ في حجم الجمجمة. صغر الرأس يحد من نمو المخ ويسبب نقص في وظائفه.

صِغر كرويات الدم الحمراء Microcytosis

صغر كرويات الدم الحمراء هو نقص في متوسط حجم كرويات الدم الحمراء (mean corpuscular volume or MCV) الي اقل من 80 فمتوليتر (femtolitre, fL) واسبابه الرئيسية هي فقر الدم الناتج من نقص الحيد (iron deficiency anaemia) ومرض الثلاسيميا (thalassaemia).

الكائنات الحية الدقيقة Microorganisms

الكائنات الحية الدقيقة تسمي أيضا الميكروبات (microbes) هي مخلوقات حية مكونة من خلية واحدة وهي فصائل عدة تشمل الباكتيريا والفطريات (fungi) والطحالب (algae) بعضها نافع وبعضها ضار. لا يمكن رؤية معظم الميكروبات بالعين المجردة.

تصغير المرئيات Micropsia

انظر Macropsia

الصداع النصفي Migraine

الصداع النصفي هو ألم حاد في الشق الأيمن او الايسر من الراس. الألم ينسجم مع خفقان القلب ويكون مصحوبا بغثيان او استفراغ وعدم احتمال رؤية الضوء والاصوات العالية وأحيانا يري المريض بريق ضوء عابر ومتكرر (teichopsia)

السل الدخني Military tuberculosis

انظر tuberculosis

الحُبيبات الخيطية Mitochondria

الحبيبات الخيطية هي جسيمات عضوية (organelles) داخل الخلية وظيفتها الأساسية توليد الطاقة الكيمائية ادينوسين ثلاثي الفوسفات (adenosine triphosphate, ATP) اللازم لوظائف الخلايا. اصل مصطلح mitochondria يرجع للغة الإغريقية (chondrion - حبة صغيرة و mitos - خيط) والجسميات سميت بذلك لانها تحت المجهر الالكتروني تشبه اجسام دائرية تحتوي علي خيوط.

انقسام الخلايا الجسدية Mitosis

انقسام الخلايا الجسدية (somatic cells) أيضا يسمي انقسام النواة ووظيفته هي تكوين الأعضاء ونموها واستبدال الخلايا الميتة او التالفة. الانقسام يتم في عدة مراحل. في المرحلة التي تسبق الانقسام تنتج الخلية طقما ثانيا من الصبغي (chromosomes) ثم يبتعد كل طقم من وسط الخلية في اتجاه مضاد للآخر. يلي ذلك انقسام محتويات (او حشوة) الخلية (cytoplasm) الي نصفين متشابهين وتكوين غشاء حول كل واحد منهما - اى تكوين خليتين كل واحدة مطابقة تماما للخلية الأخرى في شفرتها الوراثية (genetic code) وخصائصها الحيوية.

Mitral regurgitation
ارتجاع (او قلس) الصمام القلنسوي
ارتجاع الصمام القلنسوي هو رجوع كمية من الدم من البطين الايسر (left ventricle) الي الاذين الايسر (left atrium) اثناء تقلص عضلة القلب (ventricular systole) نسبة لعدم انقفال الصمام القلنسوي انقفالا تاما. ارتجاع الصمام القلنسوي قد يكون خلقي (congenital). أسبابه الأخرى تتضمن حمى الروماتزم واعتلال عضلة القلب (cardiomyopathy). اعراض المرض تعتمد علي درجة العجز في الصمام وتشمل ألم في الصدر عادة اثناء النشاط العضلي واضطرابات إيقاع ضربات القلب (arrhythmias) وفي الحالات الشديدة فشل القلب (heart failure). اما الحلات الخفيفة فلا تُحدِث اعراضا.

Mitral stenosis
ضيق الصمام القلنسوي
ضيق الصمام القلنسوي هو عادة احد مضاعفات حمى الروماتزم (rheumatic fever) ولكن نادرا يكون خلقي (congenital mitral stenosis) او نتيجة ترسُّب ملح الكالسيوم في الصمام. اعراض المرض تظهر تدريجيا بعد عدة سنين من الإصابة وتتضمن الإحساس بالإرهاق والتعب وخفقان القلب (palpitations) وفي المراحل المتقدمة فشل القلب وذلك لأن ضيق الصمام يحد من كمية الدم التي تصل البطين الايسر وبالتالي كمية الدم التي يضخها القلب. ضيق الصمام ايضا يؤدي الي اتساع الاذين الايسر واحتقان وتجلط الدم فيه الذي احيانا يسبب الانسداد التجلطي (thromboembolism) في شريان في المخ والسكتة الدماغية (stroke).

Mitral valve
الصمام القلنسوي
الصمام القلنسوي هو غشاء بين الاذين الايسر (left atrium) والبطين الايسر (left ventricle) يتكون من جزئين تربطهما الحبال الوترية (chordae tendineae) بعضلة البطين الايسر. الصمام القلنسوي ينفتح اثناء انبساط البطين (diastole) حتي يمتلأ البطين بالدم وينقفل قبل انقباض البطين (systole) وبذلك يمنع رجوع الدم الي الاذين.

Modality
وسيلة او حاسة
لفظ modality يستعمل في الطب ليعني طريقة علاجية او تشخيصية معينة (treatment or diagnostic modality) او احد الحواس الخمسة (sensory modality).

Mole (mol)
الوزن الجزئي
الوزن الجزئي هو وحدة تُستعمل لتحديد كمية عنصر كيمائي وذلك بإعتبار الكتلة الذرية (atomic mass) او الكتلة الجزئية (molecular mass) لذلك العنصر هو وزنها الجزئي بالجرام. يستخدم اللفظ أيضا لتحديد تركيز المحاليل – أي تحديد كمية شيء معين مذاب في كمية معينة من سائل مثلا تحديد تركيز سكر الجلكوز في الدم. كمية السائل عادة تكون ليتر واحد و تكتب mol/l او mmol/l .

Mole (nevus)
خال او شامة
الخال هو ورم صلب في سطح الجلد ينتج من تكاثر الخلايا الصبغية الداكنة (melanocytes). الخال أحيانا يتحول الي ورم خبيث.

الجزئي Molecule

الجزئي هو اصغر وحدة لمادة كيمائية لها خصائص تلك المادة وقادرة علي التفاعل الكيمائي وتتكون علي الأقل من ذرتين بينهما روابط كيمائية.

البثور الرخوية المعدية Molluscum contagiosum

البثور الرخوية المعدية هي مرض جلدي يتصف بظهور بثور (papules) لينة ومجوّفة في الوسط تتواجد في البطن والظهر والارجل والأعضاء التناسلية. المرض ينتج من عدوي بفيروس الجدري (pox virus) الذي يسمي الفيروس الرخوي المعدي (molluscum contagiosum virus) ويكتسب بالاتصال المباشر بشخص مصاب مثلا عن طريق العملية الجنسية.

المنغولية Mongolism

المنغولية هو مصطلح قديم استعمل في الماضي بدلا من متلازمة داون (Down syndrome).

الاجسام المضادة وحيدة المنشأ Monoclonal antibodies

الاجسام المضادة وحيدة المنشأ هي اجسام مضادة تصنع في المعمل عن طريق انتاج نسخ كثيرة (clones) من جسم مضاد معين وتكون النسخ مطابقة تماما في صفاتها الوراثية للأصل. الاجسام المضادة وحيدة المنشأ تستخدم في علاج بعض أنواع السرطان وامراض اخري.

شلل احد الاطراف الاربعة Monoplegia

الخلية وحيدة الصبغي Monoploid cell

انظر ploidy

علم الامراض التشريحي Morbid anatomy (or anatomical pathology)

انظر pathology

المرض او الحالة المرضية Morbidity

يستعمل اللفظ أيضا في علم الوبائيات (epidemiology) ليعني نسبة حدوث وانتشار مرض معين في مجتمع محدد.

تصلّب الجلد الموضعي Morphoea (localised scleroderma)

تصلب الجلد الموضعي هو بقع في الجلد داكنة اللون وسميكة بالمقارنة للجلد حولها. تصلب الجلد الموضعي ينتج من تراكم البروتين الغرائي (collagen) في الجلد والاغشية اللينة تحت الجلد. المرض لا يسبب اعراض اخري.

مورفين Morphine

المورفين هوعقار يُستخرج من نبات الخشخاش المنوّم (opium poppy) يستعمل في علاج الألم الشديد. للمورفين مضاعفات عدة أهمها انخفاض ضغط الدم وصعوبة التنفس والاستفراغ. المورفين أيضا يسبب النعاس والنوم (كلمة مورفين مشتقة من اسم Morpheus - وهو الاه الاحلام حسب الاساطير الاغريقية). استعمال المورفين المتكرر يؤدى الي الإدمان. (تفرز الغدة النُخامية - pituitary gland - هرمون يشبه المورفين يسمي المورفين الداخلي - endorphin - وظيفته تمكين الجسم من احتمال الألم).

الموت Mortality

يستعمل اللفظ في علم الوبائيات (epidemiology) ليعني عدد الوفيات في فترة او زمن محدد بسبب مرض معين.

اختلال التركيبة الصبغية الفردي Monosomy

انظر aneuploidy

غثيان السفر Motion sickness

غثيان السفر هو الإحساس بالغثيان والدوار (vertigo) والتعب وأيضا الاستفراغ الذي يحدث اثناء السفر في باخرة او طائرة او سيارة او قطار ويستمر عدة ساعات. المرض ينتج من اضطراب مؤقت في وظيفة الجهاز الدهليزي (vestibular system).

تنسيق الحركة Motor coordination

تنسيق الحركة هو احد وظائف المخيخ التي تتلخص في دمج و ترتيب عدة عمليات ناشئة في أجزاء مختلفة في الجهاز العصبي (قشرة المخ – العقد القاعدية – مستقبلات الحس الخاص – والعضلات) لإنجاز حركة مقصودة بإتقان ودقة.

مرض العصبون الحركي Motor neuron disease

مرض العصبون الحركي هو مرض نادر ومجهول السبب يصيب كل العصبونات الحركية واليافها مما يجعل المريض غير قادر علي أداء الحركات الارادية وهو أربعة أنواع:

أ - التصلب الضموري الجانبي (amyotrophic lateral sclerosis) – المرض يصيب العصبون الحركي العلوي والعصبون الحركي السفلي معا.

ب - الضمور العضلي المتزايد (progressive muscular atrophy) – الاذي يصيب العصبون الحركي السفلي في النخاع الشوكي.

ت - الشلل البصلي (bulbar palsy)

ج - الشلل البصلي الكاذب (pseudobulbar palsy)

لاحظ ان مصطلح التصلب الضموري الجانبي يستخدم في أمريكا الشمالية واقطار اخري ليعني كل أنواع مرض العصبون الحركي.

جهد فعل الوحدة الحركية Motor unit action potential

جهد فعل الوحدة الحركية هو الشحنة الكهربائية التي تنتج من انقباض مجموعة الياف عضلة تأخذ امدادها العصبي من عصبون حركي واحد.

الورم النخاعي العظمي Multiple myeloma

الورم النخاعي العظمي هو سرطان ينشأ من الخلايا البلازمية (plasma cells) ويسبب تكاثرها في نخاع العظم. اعراض المرض الأساسية هي ألم وكسور العظام (عادة عظام سلسلة العامود الفقري) وفقر الدم وزيادة الكالسيوم (hypercalcaemia) واختلال وظائف الكلية والاصابات بالعدوي المتكررة نسبة لضعف المناعة.

تصلُّب الاعصاب المتعدد Multiple sclerosis

تصلب الاعصاب المتعدد هو مرض شائع في اقطار شمال أوروبا وفي أمريكا الشمالية ونادر في المناطق الإستوائية سببه التهاب المادة البيضاء (white matter) في الجهاز العصبي المركزي. الالتهاب يؤدي الي خراب المايلين (myelin) الذي يكسو الاعصاب. احد اهم خصائص هذا المرض ان التصلب يصيب أجزاء مختلفة من الجهاز العصبي ولذلك يسمي أيضا تصلب الاعصاب المنتشر (disseminated sclerosis)

التهاب الغدة النَكَفِيّة الفيروسي Mumps

التهاب الغدة النكفية الفيروسي هو مرض فيروسي معدي عادة يصيب الأطفال ويؤدي الي ورم الغدة النكفية (parotid gland) والحمي وجفاف الفم. في بعض الأحيان المرض يسبب أيضا التهاب الخصية (orchitis) والتهاب البانكرياس (pancreatitis).

نفخة القلب Murmur

انظر heart murmur

انقباض العضل اللاإرادي Muscle cramps

انقباض العضل اللاإرادي هو تقلص لإرادي في عضلة او مجموعة من العضلات المصحوب بألم حاد. التقلص عادة يستمر فترة وجيزة ويزول تلقائيا.

تقلص العضل السلبي Muscle tone

تقلص العضل السلبي هو تقلص جزئي ومستمر يحدث بدون إرادة الفرد في العضلات التي تحافظ علي وضع الجسم (posture) اثناء الوقوف والجلوس.

Muscular dystrophy — الهزل (او الحَثَل) العضلي

الهزل (او الحَثَل) العضلي هو مجموعة من الامراض الوراثية اعراضها الأساسية هي الضعف والضمور التدريجي في العضلات الهيكلية.

Mastication — المضغ

المضغ هو عملية تفتيت الطعام داخل الفم ومزجه باللعاب تجهيزا للبلع. يتم المضغ بتحريك عضلات الفك. اللسان يشارك في عملية المضغ عن طريق تحريك الطعام داخل الفم.

Mutagen — مسبب الطفرة الجينية

انظر mutation

Mutation — الطفرة الجينية

الطفرة الجينية هي تغيير الخصائص الوراثية الذي ينتج عن خلل في تركيب الحامض النووي الريبوزي ناقص الاوكسيجين (deoxyribonucleic acid, DNA) مثلا بسبب تعرض الفرد لإشعاع ذري.

Mutism — البكم

البكم هو عدم القدرة او عدم الرغبة في الكلام.

Myalgia — ألم العضلات

Myasthenia gravis — الوهن العضلي الشديد

الوهن العضلي الشديد هو مرض مناعي ذاتي (autoimmune disease) مزمن سببه اختلال نقل الاشارة العصبية للعضلات نسبة لخراب مستقبلات العضل (muscle receptors) بالاجسام المضادة (antibodies) وبالتالي عدم استجابتها للناقل العصبي (neurotransmitter).

Myeloproliferative disorders — امراض تكاثر الخلايا النخاعية

امراض تكاثر الخلايا النخاعية هي مجموعه من الأورام الناشئة من الخلايا الجذعية (stem cells) في نخاع العظم (bone marrow) وعادة تحدث بعد منتصف العمر وتتحول الي اورام خبيثة. اعراض المرض تتضمن الإحساس بالتعب الزائد وضعف التركيز وتجلط الدم وتضخم الطِحال والكبد. امراض تكاثر الخلايا النخاعية هي:
1- تليف نخاع العظم (myelofibrosis)
2 – كثرة الصفائح الدموية مجهولة السبب (essential thrombocythemia)
3 – سرطان الدم النخاعي المزمن (chronic myeloid leukaemia)
4 – كثرة كرويات الدم الحمراء الحقيقية (polycythaemia rubra vera).

نخر عضلة القلب Myocardial infarction

نخر عضلة القلب هو موت خلايا وانسجة جزء من عضلة القلب بسبب انسداد الشريان التاجي (coronary artery) او احد فروعه.

التهاب عضلة القلب Myocarditis

ورم الفطريات Mycetoma (or Madura foot)

ورم الفطريات هو مرض تسببه فطريات تسمي eumycetoma او باكتيريا تسمي actinomycetoma. العدوي تدخل الجسم عن طريق جرح في الجلد عادة في القدم وتسبب ورم حُبيبي (granuloma). الورم غير مؤلم وبطئ النمو. في الحالات المزمنة المرض ينتشر الي الانسجة اللينة (soft tissue) وأيضا العظام. ورم الفطريات أيضا يسمي مادورة نسبة للمنطقة في الهند التي اكتشف فيها المرض لأول مرة.

عدوي الفطريات Mycoses

عدوي الفطريات هي مجموعة من الامراض المعدية تسببها الفطريات (fungi) وعادة تحدث في حالة الضعف الشديد في المناعة. عدوي الفطريات الأكثر حدوثا هي:

(1) مرض المُبيِّضات (candidiasis) – مرض فيه الفطريات تغطي الغشاء المخاطي (mucous membrane) داخل الفم وفي اللسان (oral candidiasis or oral thrush) والمهبل (vaginal candidiasis or thrush) بطبقة بيضاء تشبه الحليب الرائب. (لفظ candidiasis مشتق من candidus ومعناها في اللغة اللاتينية ابيض).

(2) داء الرشاشات (aspergillosis) عادة يصيب الرئة ويؤدي الي تصلب (consolidation) ونخر (necrosis) الرئة. يسمي داء الرشاشات لان الجرثومة التي تسببه تشبه جهاز القسيس الذي يرش به الماء المقدس اثناء الطقوس الكنسية.

(3) داء المخفيات (cryptococcosis) – يسبب التهاب الرئة والمخ والسحايا والجلد. (كلمة crypto في اللغة الاغريقية تعني خفي والجرثومة تسمي cryptococcus لان غشاءها كبير جدا ونسبة لذلك لا تتأثر بالبلع المناعي - phagocytosis- كأنها مختفية من الرقابة المناعية – (immunological surveillance).

المايلين Myelin

المايلين هو مادة دهنية تكسو معظم الاعصاب بغشاء يسمي الغمد المايليني (myelin sheath) ويُكوّن عازلا كهربائيا وأيضا يزيد سرعة نقل الإشارات العصبية من جسم العصبون الي العضلات والغدد المختلفة.

تليّف نخاع العظم Myelofibrosis

انظر myeloproliferative disorders

اعتلال النخاع الشوكي Myelopathy

اعتلال النخاع الشوكي هو لفظ يطلق علي أي نوع من الأذى الذي يصيب النخاع الشوكي بدون تحديد نوع او سبب الأذي.

الارتجاج العضلي غير المنتظم Myoclonus

الارتجاج العضلي غير المنتظم هو حركة لإرادية واحدة او حركات قليلة متعاقبة وسريعة وغير منتظمة. أسباب الارتجاج العضلي غير المنتظم عُدة وتتضمن إصابات النخاع الشوكي وعلة الدماغ والصرع ومضاعفات بعض الادوية ويحدث أحيانا بدون أي حالة مرضية.

افراز المايوقلوبين في البول Myoglobinuria

افراز المايوقلوبين في البول هو حالة مرضية سببها عادة انحلال العضلات المخططة (rhabdomyolysis). المايوقلوبين (myoglobin) هو البروتين الذي يحمل الاوكسيجين في العضلات.

اعتلال العضلات Myopathy

اعتلال العضلات هو لفظ يطلق علي أي نوع من الأذى الذي يصيب العضلات بدون تحديد نوع او سبب الأذي.

قصر النظر Myopia

قصر او قرب النظر هو اختلال في انكسار الشعاع الضوئي (light refraction) في سطح العين ينتج في وقوع الصورة المرئية امام الشبكية (retina) مما يؤدي الي عدم وضوح رؤية الأشياء البعيدة بينما تكون رؤية الأشياء القريبة واضحة.

بروتين انقباض العضلات Myosin

بروتين انقباض العضلات هو احد مجموعة كبيرة من البروتينات التي تُمكِّن الحركة داخل الخلية (مثلا نقل الجزئيات) وبين الخلايا. بروتين انقباض العضلات يسبب تقلص العضلات بالتضامن مع بروتين حركي اخر يسمي بروتين انقباض العضلات المساعد (Actin).

التهاب العضلات Myositis

الانقباض العضلي المستمر Myotonia

الانقباض العضلي المستمر هو عرض مرضي نادر تكون فيه عضلة او عضلات في حالة انقباض مستمر لفترة طويلة بعد نهاية أداء حركة ارادية.

التورم المخاطي Myxoedema

التورم المخاطي هو احد اعراض امراض الغدة الدرقية (thyroid gland) ويحدث في حالة زيادة نشاط الغدة (hyperthyroidism) وأيضا في حالة عجزها (hypothyroidism) وينتج من ترسُّب السكريات المتعددة المخاطية (mucopolysaccharides) والبروتينات تحت الجلد فيصير الجلد غليظا.

الفيروسات المخاطية Myxoviruses

الفيروسات المخاطية هي عائلة من فيروسات الحامض النووي الريبوزي (ribonucleic acid viruses) وتشمل فيروس الحصبة (measles) وفيروس النكاف (mumps) وفيروس الانفلونزا (influenza) ونظير النفلونزا (parainfluenza). هذه الفيروسات سُميت مخاطية نسبة لقابليتها للتفاعل مع البروتين المخاطي – (mucoprotein).

N

النرجسية Narcissism

النرجسية في علم النفس هي أحد الاضطرابات العقلية التي تتميز بالإعجاب المفرط بالنفس والغرور وعدم الاكتراث بالآخرين. مصدر المصطلح هو الأسطورة الإغريقية القائلة ان رجلا جميلا يسمي نرجس (Narcissus) رأي صورته منعكسة في الماء فأحب نفسه ولم يحفل بأي شخص آخر واستمر يتأمل صورته حتى وقع في الماء ومات غرقا.

نوبات النوم القهري Narcolepsy

نوبات النوم القهري هي مرض مزمن يصيب المخ ويسبب نوبات مفاجئة من النوم غير ارادية ولا يستطيع المريض مقاومتها. النوبات عادة تكون مصحوبة بهلوسة ونوبات جمود الحركة (cataplexy) وايضا ضعف العضلات مباشرة قبل النوم او عند اليقظة من النوم (sleep paralysis) .

التخدير العارض Narcosis

التخدير العارض هو نقص او فقد الوعي الناتج من مضاعفات دواء او تعاطي مادة اخري (مثلا للترفيه). التخدير العارض يختلف عن التخدير العام (general anaesthesia) في انه غير مقصود.

مُخدِّر Narcotic

المخدر هو دواء او مادة كيمائية اخري تسبب التخدير.

الجيوب الانفية Nasal sinuses

انظر Respiratory system

الخلايا القاتلة الطبيعية Natural killer (NK) cells

الخلايا القاتلة الطبيعية هي خلايا ليمفاوية تنتمي لجهاز المناعة الفطرية (innate immunity) تقتل الخلايا السرطانية والخلايا المصابة بالعدوي الفيروسية بدون مساهمة من الاجسام المضادة (antibodies) عادة في الثلاثة أيام الاولي من العدوي.

الغثيان Nausea
الغثيان هو إحساس غير طبيعي ينشأ في المعدة وعادة يكون مصحوبا بزيادة في افراز اللعاب والرغبة في التقيؤ.

مضاجعة الجثة Necrophilia
انظر sexual perversion

النخر الحيوي الدهني Necrobiosis lipoidica
النخر الحيوي الدهني هو حالة مرضية نادرة مجهولة السبب عادة تصيب مرضي السكري وتسبب تنكّس البروتين الغرائي (collagen degeneration) وتراكم الخلايا الدهنية في منطقة محددة في الجلد واحيانا تسبب قرح في الجلد.

تشريح الجثة Necropsy
انظر autopsy

نخر Necrosis
النخر هو موت الخلايا والانسجة مثلا بسبب انقطاع جريان الدم في العضو المصاب او بسبب العدوي او التسمم.

التهاب اللفافة الناخر Necrotising fasciitis
التهاب اللفافة الناخر هو عدوي تسببها باكتيريا مثلا الباكتيريا المغزلية الغرغرينية (clostridium perfringens) والباكتيريا الكروية العنقودية (staphylococcus) وتحدث عادة في حالات ضعف المناعة. العدوي تبدأ في الجلد وتنتشر بسرعة في كل الانسجة اللينة (soft tissue) تحت الجلد وتسبب نخرها (necrosis).

النايسيريات Neisseria
النايسيريات هي مجموعة من الباكتيريا سلبية القرام (Gram negative) شكلها كروي مزدوج (diplococci) تسبب عدة امراض مثلا السيلان (gonorrhoea) والتهاب السحايا (meningitis). تسمية هذه البكتيريا مشتقة من اسم مكتشفها الطبيب الالماني A. Neisser.

الديدان المدوّرة Nematodes (or roundworms)
الديدان المدورة التي تسبب امراض في الانسان تنقسم الي ثلاثة مجموعات:
1 – الديدان المدورة التي تقطن الجهاز الهضمي مثلا دودة الأمعاء الخراطينية (ascaris lumbricoides).

2 - الديدان المدورة التي تقطن الجهاز الليمفاوي مثلا الدودة الخيطية (filaria) التي تسبب داء الفيل (elephantiasis) والدودة كُلاّبية الذنب الملتوية (onchocerca volvulous) التي تسبب العمي النهري (river blindness). (الكلاب بضم الكاف وتشديد اللام هو السنارة).

3 - الديدان المدورة التي تكتسب من الحيوانات مثلا دودة الكلب السهمية (toxocara canis).

عملية استئصال الكلية Nephrectomy

ترسب الكالسيوم في الكلية Nephrocalcinosis

ترسب الكالسيوم في الكلية ينتج من ارتفاع تركيز هورمون الغدة جارة الدرقية (parathyroid gland) والتسمم بفيتامين D وامراض اخري. الاعراض تعتمد علي الكمية المترسبة. في الحالات الخفيفة الترسب لا يسبب أي اعراض ويكتشف عادة بالمصادفة.

الوحدة الكلوية Nephron

الوحدة الكلوية هي اصغر بنية وظيفية في الكلية وتتكون من غشاء يحتوي علي عدد من الانابيب الصغيرة (renal tubules) وكتلة من الشعيرات الدموية (capillaries) ملفوفة في شكل كرة صغيرة تسمي الكُبيبة (glomerulus). وظيفة الوحدة الكلوية هي انتاج البول وتنقية الدم من نفايات التمثيل الغذائي (metabolism) ومن المواد الضارة الأخرى والتخلص منها في البول.

متلازمة الكلية Nephrotic syndrome

متلازمة الكلية هي حالة مرضية تتصف بفقد كمية كبيرة من البروتينات في البول (proteinuria) عادة 3 جرام او اكثر في 24 ساعة ونقص البروتين في الدم (hypoproteinaemia) وتورم الوجه والارجل والاستسقاء (ascites). اسباب متلازمة الكلية تتضمن التهاب الكُبيبات الكلوية (glomerulonephritis) ومرض السكري (diabetes mellitus) ومرض الاميلويد (amyloidosis).

ورم Neoplasm

الورم هو كتلة من الخلايا والانسجة تنتج من نمو غير طبيعي وتختلف في بنيتها عن ما يجاورها من الخلايا والانسجة السليمة. (جمع neoplasm هو neoplasia)

عصب Nerve

العصب هو محاور مجموعة من الخلايا العصبية (axons) ووظيفته هي نقل الإشارات من الجهاز العصبي المركزي الي الأعضاء المختلفة ومنها الي الجهاز العصبي المركزي. الاعصاب ثلاثة أنواع: حركية وحسية ومختلطة.

التخدير الاعتراضي Nerve block
انظر anaesthesia

دراسة التوصيل العصبي Nerve conduction studies

دراسة التوصيل العصبي هي اختبار طبي تشخيصي يُستخدم لتقييم وظائف الاعصاب الحسية والحركية خاصة قياس سرعة نقل الإشارة العصبية.

سرعة نقل الإشارة العصبية Nerve conduction velocity

الضفيرة العصبية Nerve plexus

الضفيرة العصبية هي شبكة من الاعصاب تكونها المحاور (axons) والزوائد المتشجرة (dendrites) الناشئة من أعصاب النخاع الشوكي الامامية وهي خمسة مجموعات موزعة علي طول النخاع الشوكي بالإضافة الي ضفائر اخري تغذى الأعضاء الداخلية.

الألم العصبي Neuralgia

الالم العصبي هو ألم (عادة شديد ومتكرر) في منطقة قطاع جلدي حسي (sensory dermatome) يزوده العصب المصاب.

غمد الليف العصبي Neurilemma

غمد الليف العصبي ايضا يسمي غمد شوان (Schwann sheath) هو الطبقة الخارجية للمحاور العصبية (axons) في الجهاز العصبي المحيطي ووظيفته حماية الالياف العصبيية.

الالياف العصبية المتشابكة Neurofibrillary tangles

الالياف العصبية المتشابكة هي تجمعات بروتين جامد تكونت بسبب تلف بروتين تاو نتيجة انضمام الفوسفات اليه وتتواجد بكميات كبيرة في مرض الزهايمر. (بروتين تاو - Tau protein – هو بروتين سائل يتواجد في الخلايا العصبية واهم وظائفه هي المحافظة علي سلامة الانابيب الدقيقة - microtubules - في العصبون. تاو هو احد حروف اللغة الاغريقية).

الورم الليفي العصبي Neurofibroma

الورم الليفي العصبي هو ورم حميد ينشأ من أعصاب الجهاز العصبي المحيطي (peripheral nervous system).

عرج الاضطراب العصبي Neurogenic claudication or pseudo-claudication

انظر claudication

نقص سكر الجلكوز في الدماغ	Neuroglycopenia

ادوية الذُهان	Neuroleptics

ادوية الذُهان ايضا تسمي المُسكِّنات (tranquilisers) ومضادات الذهان (antipsychotics) هي فصيلة من الادوية التي تستعمل لعلاج الذهان (psychosis) الناتج مثلا من مرض انفصام الشخصية (schizophrenia).

اعتلال الاعصاب	Neuropathy

عصبون	Neuron

العصبون هو خلية الجهاز العصبي. العصبونات ثلاثة انواع: عصبونات حركية وحسية وعصبونات رابطة او وسطية (interneurons). العصبونات الرابطة توصل العصبونات ببعضها البعض.

النقل العصبي العضلي	Neuromuscular transmission
انظر neurotransmission	

الاضطراب النفسي	Neurosis

الاضطراب النفسي هو مجموعة من الامراض العقلية تتضمن – ولا تنحصر في - اضطراب الوسواس القهري (obsessive compulsive disorder) واضطراب التحويل (conversion disorder) والخوف المرضي (phobia) وتتصف بالتوتر الشديد والقلق المفرط والخوف الذي لا اساس له واعراض اخري. يختلف الاضطراب النفسي عن الذُهان (psychosis) في أنه لا يسبب الهلوسة والاوهام.

نقل الإشارة العصبية	Neurotransmission

نقل الإشارة العصبية هو تحريكها من جسم العصبون بالمحور (axon) عن طريق النقل القفزي (saltatory conduction) الي نهاية المحور. الاشارة العصبية تسبب افراز مادة كيمائية تسمي الناقل العصبي (neurotransmitter). الناقل العصبي يعبر المشبك العصبي (synapse) وينشط مستقبلات (receptors) في الزوائد المتشجرة (dendrites) للعصبون التالي للمشبك وبذلك يواصل نقل الإشارة. النقل العصبي يتم أيضا بنفس الطريقة من العصبون الي العضل ويسمي النقل العصبي العضلي (neuromuscular transmission).

نقص خلايا الدم المتعادلة	Neutropenia

خلايا الدم المتعادلة (neutrophils) تكون 50-75% (5000-7500 خلية في ميليمتر مكعب) من كرويات الدم البيضاء (leucocytes) ونقصها عن ذلك ينتج من عدوي الباكتيريا الشديد وامراض نخاع العظم (bone marrow) والعلاج الكيمائي وادوية كثيرة مثلا valproate, carbamazepine, penicillamine. اعراض نقص خلايا الدم المتعادلة هي الحمي وقرح الفم والتهاب الحلق وعدوي الباكتيريا المتكررة. انخفاض عدد خلايا الدم المتعادلة الي اقل من 500 خلية في ميليمتر مكعب يسمي عدم خلايا الدم المتعادلة (agranulocytosis).

خال او شامة Nevus

انظر mole

سلس البول الليلي Nocturnal enuresis

سلس البول الليلي هو تبّول لا ارادي اثناء النوم يحدث عادة في الطفولة بعد عمر ثلاثة سنوات ويُعتبر احد علامات اضطرابات النمو (developmental delay) ولكن قد ينتج من اضطرابات نفسية او امراض عضوية بعد عمر الطفولة المبكرة.

عقد رانفير Nodes of Ranvier

عقد رانفير هي أجزاء من المحور العصبي (axon) متكررة علي مسافات منتظمة لا يكسوها غشاء المايلين (myelin) وظيفتها نقل الإشارة العصبية من جسم الخلية (cell body) الي نهاية المحور. (رانفير هو طبيب فرنسي في القرن التاسع عشر الميلادي).

عقدة صغيرة Nodule

العقدة الصغيرة هي جسم صلب عادة غير مؤلم يوجد تحت او فوق الجلد وقطره لا يزيد عن سنتيمتر واحد.

القرحة المُلتهمة Noma

القرحة الملتهمة ايضا تسمي قرحة الفم (cancrum oris) والتهاب الفم التقرّحي النخري (necrotizing ulcerative stomatitis) هي مرض عادة يصيب الاطفال ويؤدي الي ظهور قرحة في الفم تنتشر بسرعة وتسبب نخر الانسجة الرخوة (soft tissue necrosis) وعظام الوجه (كأنها تلتهم اجزاء من الوجه). المرض اكثر انتشارا في المناطق الاستوائية وفي حالات سوء التغذية الشديد وضعف المناعة وعدم نظافة الفم بانتظام.

عدوي المستشفيات Nosocomial infection

عدوي المستشفيات هي عدوي تُكتسب في المستشفيات ودور الرعاية الصحية الأخرى مثلا العيادات والصيدليات والمعامل الطبية ومصادرها مختلفة وتتضمن العاملين بهذه المؤسسات والمرضي والأجهزة الطبية الملوثة.

امراض واجب الابلاغ عنها Notifiable diseases

الامراض واجب الابلاغ عنها هي مجموعة من الامراض الوبائية قانون البلد يلزم الطبيب بإبلاغ السلطات عنها فور تشخيصها. في بريطانيا مثلا قائمة الامراض واجب الابلاغ عنها حاليا تتضمن شلل الاطفال والملاريا والسل.

الرباط القفوي Nuchal ligament

الرباط القفوي هو رباط قوي في قفا العنق يبدأ في مؤخرة العظم القذالي (occipital bone) وينتهي في فقرة الرقبة السابعة. الرباط القفوي يسند الراس وفيه تربط العضلة الرافدة الرأسية (splenius capitis) والعضلة شبه المنحرفة (trapezius muscle).

الطب النووي Nuclear medicine

الطب النووي هو فرع من الطب يتخصص في استخدام المواد المشعة (radioactive substances) في تشخيص وعلاج الامراض.

النُويّة Nucleolus

النُويّة (تصغير نواة) هي احد العضويات الصغيرة (organelles) التي تتواجد داخل نواة الخلية (nucleus). وظيفة النوية هي تكوين جسيمات الحامض النووي الريبوزي (ribosomes).

نواة Nucleus

انظر cell

العناصر الغذائية Nutrients

العناصر الغذائية هي مواد ضرورية لبناية الخلايا والانسجة واستمرار حياتها ووظائفها ونموها. العناصر الغذائية هي:

(1) مصادر الطاقة – السكريات والدهون

(2) مواد اساسية لبنية وتنظيم وظائف الخلايا والانسجة – البروتينات

(3) الفيتامينات

(4) الاملاح والمعادن والماء

(5) الالياف (fibre)

رجرجة حدقة العين Nystagmus

رجرجة حدقة العين تسمي أيضا العين الراقصة وهي اهتزاز العين. الاهتزاز لإرادي وقد يكون خلقي او مكتسب.

O

السُمنة Obesity

السمنة هي حالة مرضية تسببها زيادة كبيرة في الانسجة الدهنية (adipose tissue) بالجسم. كمية الانسجة الدهنية في الجسم عادة تُحدد بمؤشّر كتلة الجسم (Body mass index - BMI) ويعتبر الشخص سمينا اذا زاد مؤشر كتلة جسمه عن $30\ kg/m^2$. (مؤشر كتلة الجسم يُحدَد بقسم وزن الشخص بالكيلوجرامات علي مربع طوله بالمتر وفي الحالة الطبيعية لا يتجاوز $25\ kg/m^2$). السمنة عادة تنتج من تناول الغذاء لفترة طويلة بكميات تزيد عن احتياجات الشخص ولكن أحيانا تسببها بعض امراض الغدد الصماء وأيضا بعض الادوية. السمنة تسبب امراض كثيرة أهمها مرض الشريان التاجي (coronary heart disease) ومرض السكري النوع الثاني type 2 diabetes) والتهاب المفاصل وبعض أنواع السرطان وايضا لها تاثير سلبي علي الحالة النفسية واحيانا تؤدي الي الاكتئاب (depression).

متلازمة السمنة ونقص التهوية Obesity hypoventilation syndrome

انظر Pickwickian syndrome

اضطراب الوسواس القهري Obsessive-compulsive disorder

اضطراب الوسواس القهري هو مرض عقلي مجهول السبب يكون فيه المريض مشغولا دائما بفكرة معينة يفهم انها لامنطقية ولكن لا يستطيع التخلص منها (وسواس – obsession)) وتُرغم المريض علي القيام بعمل غير مجدي يكرره بصورة قهرية (compulsive) مثلا تكرار غسل اليدين المتواصل بدون سبب. يكون المرض عادة مصحوبا بالتوتر والقلق الشديد.

الطب المهني Occupational Medicine

الطب المهني هو فرع من طب البيئة (environmental medicine) يتخصص في تشخيص تاثير العمل والبيئة التي يتم فيها العمل علي صحة الفرد والعوامل الصحية التي تمنع الفرد او تُحدِد من اداء عمله بالمستوي المتوقع ومعالجتها وايضا تشخيص وعلاج الامراض المهنية والوقاية منها.

انتفاخ الحيز الخلالي الموضعي Oedema

انتفاخ الحيز الخلالي الموضعي هو تسرب مصل الدم من الاوعية الدموية وتجمعه في الحيز الخلالي (interstitial space) في احد الأعضاء مثلا الرئتين (pulmonary oedema) او في الانسجة مثلا حول الكاحل (ankle oedema) نسبة لخلل بحائط الاوعية الدموية وهذه الحالة تعرف بانتفاخ الحيز الخلالي الموضعي الوعائي (vasogenic oedema). في بعض الحالات يتسرب السائل الي داخل الخلايا نتيجة اضطراب التمثيل الغذائي فيها (cellular metabolism) وفي هذه الحالة يسمي انتفاخ الحيز الخلالي الموضعي السام للخلايا (cytotoxic oedema). عندما يتأثر موضع الانتفاخ بوضع المريض الحالة تسمي انتفاخ الحيز الخلالي الموضعي الاعتمادي (dependent oedema).

هورمون الانوثة Oestrogen

هورمون الانوثة هوهورمون يفرزه المبيض (ovary) وظيفته الاساسية هي تحفيز نمو اعضاء الانثي التناسلية والخصائص الجنسية الثانوية (secondary sexual characteristics) وتنظيم الحيض (menstruation). هورمون الانوثة ايضا يتواجد بكمية قليلة في الذكور وله دور في تكوين الحيوانات المنوية والشهوة الجنسية (libido) ووظائف اخري.

الاخدود الشمّي Olfactory groove

الاخدود الشمي هو انخفاض طولي في العظم الغُربالي (ethmoid bone) يقع مباشرة تحت الفص الجبهي (frontal lobe) و يحتوي علي بصلة الشم (olfactory bulb)

Olfactory nerve **عصب الشم**

عصب الشم هو العصب القحفي الأول (first cranial nerve) وهو عصب حِسّي ينقل الحس بالروائح من مستقبلات الانف (nasal receptors) الي المخ.

Oligoclonal bands **الشرائط قليلة النُسخ**

الشرائط قليلة النسخ هي مجموعة صغيرة من بروتينات المناعة (immunoglobulins) تتجمع في رسم الانتقال الكهربائي (electrophoresis) في شكل اشرطه قريبة من بعضها البعض. الشرائط قليلة النسخ توجد في السائل النخاعي الشوكي (cerebrospinal fluid) وفي المصل (serum) في حالات التصلب العصبي المتعدد (sclerosis multiple) وامراض اخري.

Oliguria **قلة البول**

قلة البول هي انتاج كمية من البول اقل من 400 ml في 24 ساعة واسبابها تتضمن فقد السوائل (dehydration) وهبوط ضغط الدم وامراض الكلية.

Omentum **غشاء الامعاء الشحمي**

انظر Peritoneum

Omphalocele **الفتاق السُرّي**

الفتاق السري هو عيب خلقي يتكون من فتحة في جدار البطن في منطقة حبل السُرّة (umbilical cord) يخرج منه جزء من الأمعاء وفي بعض الحالات أعضاء البطن الأخرى. تصحب الفتاق السري عاهات اخري في كثير من الأحيان.

Oncology **علم الأورام**

علم الأورام هو فرع من الطب يتخصص في تشخيص وعلاج الأورام السرطانية والوقاية منها.

Onychia **التهاب طيات الظفر**

Oophorectomy **استئصال البويضة**

Ophthalmology **طب العيون**

طب العيون هو قسم من الطب يختص بدراسة وتشخيص وعلاج والوقاية من امراض العين.

شلل عضلات العين Ophthalmoplegia

شلل عضلات العين هو شلل عضلة واحدة او أكثر من العضلات التي تحرك العين واعراضه هي الحول (squint or strabismus) وازدواج الرؤية (diplopia)

تَقوُس الظهر Opisthotonos

تقوس الظهر هو انحناء الظهر والرقبة الي الوراء الذي ينتج من تقلص عضلات الظهر كما يحدث مثلا في مرض الانقباض العضلي (tetanus) وبعض حالات التهاب السحايا (meningitis).

الافيون Opium

الافيون هو دواء يستخرج من عصارة ثمرة الخشخاش (opium poppy) يستعمل لعلاج الألم الشديد. تكرار استعماله يؤدي الي الإدمان.

العدوي الإنتهازية Opportunistic infection

العدوي الانتهازية هي عدوي تحدث فقط في حالات الضعف الشديد في المناعة لأن الميكروبات التي تسبب هذا النوع من العدوي عادة غير ضارة اذا كانت مناعة الشخص طبيعية.

التجهيز للهضم المناعي Opsonization

التجهيز للهضم المناعي هو عملية حيوية تنتج في ربط جزئيات تسمي الطاهيات (opsonins) باجسام اخري (مثلا الجراثيم) تمهيدا لبلعها المناعي (phagocytosis) بكرويات الدم البيضاء.

انظر complement system

ضمور القرص البصري Optic atrophy

ضمور القرص البصري هو احد اسباب العمي وعلاماته هي ان يصير القرص البصري (optic disc) صغيرا وشاحب اللون ضامر الشرايين وذو حافة واضحة.

التقاطع البصري Optic chiasma

الياف العصب البصري تنقسم الي قسمين في المنطقة التي تقع فوق الغدة النُخامية (pituitary gland). الالياف التي تنشأ من النصف الأنفي من الشبكية (retina) تعبر في هذه المنطقة الي الاتجاه المضاد. اما الالياف الناشئة من النصف الصدغي (temporal) من الشبكية فتواصل في نفس اتجاهها. تقاطع الياف الجزء الانفي من شبكية العين اليمني ومن العين اليسري يسمي التقاطع البصري.

Optic disc **القرص البصري**

القرص البصري هو المنطقة في الشبكية التي تلتقي فيها الياف الخلايا المخروطية (cones) والياف العيدان (rods) التي تكوّن بداية العصب البصري. القرص البصري لا يحتوي علي مستقبلات الضوء (photoreceptors) ولذلك يسمي النقطة العمياء (blind spot) .

Optic nerve **العصب البصري**

العصب البصري هو العصب القحفي الثاني (second cranial nerve) وهو عصب حسي. بداية العصب البصري هي مستقبلات الضوء (photoreceptors) وهي نوعان: العيدان (جمع عود) (rods) والخلايا المخروطية (cones) . (المخروط هو الجسم الذي يتكون من قاعدة مستديرة تتناقص تدريجيا حتي تنتهي في نقطة). محاور العيدان ومحاور الخلايا المخروطية تلتقى في القرص البصري وتكون العصب البصري الذي يمتد من محجر العين (eye socket) الي التقاطع البصري (optic chiasma).

Optic tract **المسلك البصري**

المسلك او المساق البصري يبدأ بعد التقاطع البصري (optic chiasma) ويتكون من الياف النصف الصدغي (temporal half) من الشبكية في نفس الجانب من المخ والياف النصف الانفي (nasal half) من شبكية العين الأخرى – أي الالياف العابرة من الاتجاه المضاد. الياف المساق البصري تنتهي في الجسم الرُكبي الجانبي (lateral geniculate body).الالياف الناشئة من الجسم الركبي الجانبي تسمي الإشعاع البصري (optic radiation) وتنقسم الي مجموعتين: مجموعة تواصل في الفص الجداري (parietal lobe) والأخرى تواصل في الفص الصدغي (temporal lobe) وكلاهما ينتهي في مركز البصر الذي يعرف بالشق المِهمازي (calcarine fissure).

Oral thrush **مُبيّض الفم**

انظر mycoses

Orbit (or eye socket) **المِحجر**

المحجر هو فجوة في الجمجمة تحتوي علي العين والانسجة المحيطة بالعين.

Orbital cellulitis **التهاب الانسجة خلف المحجر**

التهاب الانسجة خلف المحجر هو التهاب النسيج الرخوي (soft tissue) الذي يتواجد خلف الغشاء المحجري (orbital septum) وسببه عادة انتشار العدوي من الجيوب الانفية او عن طريق الدم من مكان اخر في الجسم. اعراض المرض الأساسية هي الم اثناء تحريك العين وجحوظ العين (exophthalmos) وتورم الجفن وتورم الملتحمة (conjunctival swelling or chemosis).

انظر periorbital cellulitis.

Orchitis **التهاب الخصية**

Orthopaedics	جراحة العظام
Orthopnoea	ضيق التنفس الاستلقائي

انظر dyspnoea

Orthosis — جهاز التقويم

جهاز التقويم هو جهاز يُثبّت خارجيا علي جزء من الجسم لدعمه او لتصحيح شكله او لتحسين ادائه الوظيفي. اجهزة التقويم تصنف في اربعة مجموعات —
1 – اجهزة تقويم الاطراف العليا (upper limb orthoses).
2 – اجهزة تقويم الاطراف السفلي (lower limb orthoses).
3 – اجهزة تقويم العامود الفقري (spinal orthoses).
4 – اجهزة تقويم الوجه والراس (head orthoses).

Orthostatic hypotension — انخفاض ضغط الدم الوضعي

انظر hypotension

Orthotics — علم اجهزة التقويم

علم اجهزة التقويم هو فرع من الطب يتخصص في تصميم وصناعة واستعمال اجهزة التقويم (orthoses) لتصحيح وضع او شكل او وظائف جزء من الجهاز العضلي الهيكلي.

Osmolality — تركيز الجزئيات المصلية

تركيز الجزئيات المصلية هو كمية الجزئيات الذائبة في كيلوجرام واحد من مصل الدم وتتفاوت بين 275 و 295 ملليمول في الكيلوجرام (mmol/kg). جزئيات المصل هي المُركّبات الايونية (ions) والبروتينات وسكر الجلكوز.

Ossification — تكوين العظام

انظر osteogenesis

Osteitis deformans (or Paget's disease) — التهاب العظم المشوه

انظر Paget's disease

التهاب المفصل الإنحساري Osteoarthritis

التهاب المفصل الإنحساري هو انحسار (degeneration) غضروف وانسجة المفصل (أي التدهور التدريجي في بنيتها ووظائفها) المصحوب بالتهاب خفيف ومزمن وتكوين أجزاء جديدة في طرف العظم داخل المفصل تسمي النتوءات العظمية (osteophytes). التهاب المفصل الانحساري عادة يحدث بعد منتصف العمر وفي اغلب الأحيان يكون في مفصل الركبة ومفصل الفخذ. اعراض المرض الأساسية هي ألم وتشوه في المفصل وصعوبة الحركة.

الالتهاب العظمي الغضروفي Osteochondritis

النخر العظمي الغضروفي Osteochondrosis

النخر العظمي الغضروفي هو مرض يحدث في الطفولة سببه انقطاع تدفق الدم الي النهاية المستديرة في العظام الطويلة (epiphysis) ويكون عادة في عظم الفخذ والركبة والساعد. نخر العظمي الغضروفي يسبب ألم وخلل في نمو العظم.

تكوين العظام Osteogenesis

تكوين العظام ايضا يسمي ossification. تكوين العظام يبدأ في الشهر الثالث من عمر الجنين ويكتمل في عمر 25 سنة.

تكوين العظام الناقص Osteogenesis imperfecta

تكوين العظام الناقص هو مرض وراثي يسبب اختلال في تكوين العظام فتصير هشة وقابلة للكسر بسهولة. اعراض المرض (بالإضافة لحدوث الكسور المتكرر) هي قصر القامة وتقـُّوس الساقين وليونة المفاصل وضعف السمع وانحناء العامود الفقري وزُرقة الصلَبة (blue sclera).

تلين العظم Osteomalacia

تليُّن العظم ينتج من نقص فيتامين D والكالسيوم (calcium) الذي يحدث بعد عمر الطفولة. المرض يسبب ألم في العظام ويزيد قابليتها للكسر وأيضا يسبب ضعف العضلات خاصة عضلات الحوض (pelvic muscles).

التهاب العظم ونخاعه Osteomyelitis

التهاب العظم ونخاعه عادة ينتج من عدوي انتقلت من منطقة مجاورة مثلا حبن (abscess) او عن طريق الانتشار بالدم (haematogenous spread) وسببه في كثير من الأحيان العدوي بالبكتيريا الكروية العنقودية (staphylococcus). العوامل التي تساعد علي الإصابة بالتهاب العظم ونخاعه تتضمن مرض السكري وادمان الخمر وضعف المناعة.

تقويم العظام Osteopathy
تقويم العظام هو احد انواع الطب البديل (alternative medicine) واهم مميزاته هي العلاج اليدوي (manipulation) مثلا جذب ثم ارخاء العضلات والدلك (massage) لعلاج آلام الجهاز العضلي الهيكلي. حاليا لايوجد دليل قاطع علي فائدة تقويم العظام.

النتوءات العظمية Osteophytes
انظر osteoarthritis

ضمور العظم Osteoporosis
ضمور العظم (او وهن العظم) هو مرض يتصف بنقص كثافة العظام وضعفها مما يؤدي الي سهولة كسرها خاصة في عنق عظم الفخذ (neck of femur) وعظم الساعد وعظام السلسلة الفقرية. ضمور العظم عادة يصيب النساء بعد انقطاع الحيض الدائم (menopause) نسبة لقلة هرمون الانوثة (oestrogen). قلة النشاط الحركي أيضا تزيد القابلية للإصابة بضمور العظم.

قطع العظم Osteotomy
قطع العظم هو عملية جراحية يُقطع فيها جزء من العظم لزيادة او تقصير طوله او لتعديل وضعه او شكله لتحسين انسجامه مع عظم اخر في مفصل مثلا لتحسين وضع رأس عظم الفخذ (femoral head) في الحُق (acetabulum).

التهاب الاذن الوسطي Otitis media
التهاب الاذن الوسطي عادة يصيب الأطفال الصغار وفي اغلب الأحيان يكون احد مضاعفات عدوي المسالك الهوائية العليا. اعراض المرض الأساسية هي ألم في الاذن واستفراغ وحمي. التهاب الاذن الوسطي قد يؤدي الي ثقب طبلة الاذن وفقد السمع وانتشار العدوي الي المخ.

السيلان الاذني Otorrhoea
السيلان الاذني هو تقطر أي سائل من الاذن بصرف النظر عن سببه او لونه او درجة كثافته. أسباب السيلان الاذني تتضمن التهاب الاذن الوسطي وإصابة الدماغ الرضخية (traumatic brain injury) والتهاب السحايا (meningitis).

تصلّب الاذن الوسطي Otosclerosis
تصلب الاذن الوسطي هو مرض وراثي سببه اختلال في نمو عظيمات الاذن الوسطي مما يحد او يمنع اهتزازها ونقل الموجات الصوتية الي الاذن الداخلية. المرض يؤدي الي فقد السمع تدريجيا وأيضا يسبب الطنين (tinnitus) والدوار (vertigo).

بويضة او مبيض Ovary
البويضة هي احد اعضاء الانثي التناسلية ووظيفتها انتاج البيض (ova) وهورمون الأنوثة (oestrogen) وهورمون الحمل (progesterone) التي تنظم الحيض والخصوبة والحمل.

الإباضة Ovulation
الاباضة هي خروج البيضة من البويضة ونزولها في قناة فالوب (Fallopian tube). الاباضة تحدث في منتصف الدورة الشهرية.

P

الم Pain
الألم او الوجع هو احساس يسبب درجات متفاوتة من عدم الارتياح الذي ينتج من تحفيز مستقبلات الالم (nociceptors) المتواجدة في الجلد والاغشية المخاطية والعضلات والاوعية الدموية والسحايا والمفاصل.

مرض باجيت Paget's disease
مرض باجيت هو مرض غير معروف السبب ينتج من تغيير في بنية عظم واحد او عدة عظام. خلايا العظم المصاب تتلف وتبدل بخلايا غير منتظمة مما يؤدي الي تشوه العظم وضعفه وزيادة قابليته للكسر. المرض عادة يصيب عظم الساق والحوض والجمجمة.

سقف الفم Palate
سقف الفم يفصل جوف الفم من الانف وهو جزءان – الجزء الامامي يسمي سقف الفم الصلب (hard palate) ويتكون من عظم والجزء الخلفي الذي يتكوّن من اغشية لينة ويسمي سقف الفم الرخو او اللهاة (soft palate or uvula).

الطب التخفيفي Palliative medicine
الطب التخفيفي هو فرع من الطب يتخصص في علاج اعراض الامراض التي لا شفاء منها عادة في مراحلها الأخيرة لتخفيف معاناة المريض (مثلا علاج ألم دائم او اضطرابات النوم) بغرض تحسين نوعية ما تبقي من حياة المريض. الطب التخفيفي هو جزء من الرعاية التي تهدف لتخفيف كل الصعوبات الجسدية والنفسية التي يواجهها المريض في حالة استحالة الشفاء عادة في المرحلة النهائية من حياته (palliative care).

جس Palpation
الجس هو طريقة سريرية تشخيصية تتلخص في اللمس باليد مثلا لتحيد موضع وشكل وحجم وصلابة الاعضاء داخل التجويف البطني. الجس يستعمل ايضا لتقييم النبض.

خفقان القلب Palpitations

خفقان القلب هو ضربات القلب التي تتصف بالشدة والسرعة كما يحدث مثلا في حالات الخوف والقلق وبعض الامراض.

البانكرياس Pancreas

ترجمة كلمة بانكرياس الحرفية من اللغة اللاتينية هي "كُلّه لحم". لفظ "كله لحم" لا يشير الي موضع العضو ولا يصف خصائصه المميزة ولذلك لا اري فائدة في استعماله. البانكرياس هو عضو مفلطح ومستطيل الشكل يوجد تحت المعدة. للبانكرياس وظيفتان:

(1) افراز خمائر كيمائية (enzymes) لهضم السكريات (alpha amylase) والبروتينات (trypsinogen) والدهون (lipase).

(2) افراز هورمونات تنظم كمية السكر في الدم (insulin, glucagon) وهرمون ينظم حموضة المعدة وافراز الهورمون مثبط هورمون النمو (somatostatin).

التهاب البانكرياس Pancreatitis

اهم أسباب التهاب البانكرياس هو تعاطي كمية كبيرة من الخمر في فترة قصيرة (binge drinking) او ادمان الخمر (alcoholism) وأيضا انسداد قناة الصفراء (bile duct obstruction). الحالات الحادة تسبب ألم شديد في الجزء الايسر من البطن وغثيان واستفراغ وقد تؤدي الي صدمة (shock) وفشل كلوي. اعراض الالتهاب المزمن هي فقد الوزن والاسهال الدهني (steatorrhea) ومرض السكري.

عجز الغدة النُخامية Panhypopituitarism

عجز الغدة النخامية هو حالة مرضية تضعف فيها وظائف الغدة النخامية وبالتالي ينقص انتاج كل هورموناتها واكثر أسبابه حدوثا هي الاورام الناتجة من الغدة النخامية او من الانسجة المجاورة لها وأيضا إصابات المخ الرضخية (traumatic brain injury). اعراض المرض تتضمن الإحساس بالتعب الشديد وبطيء الحركة وضعف التركيز والامساك وجفاف الجلد وفقد الشهوة الجنسية (loss of libido) والعجز الجنسي (impotence) وانقطاع الحيض (amenorrhoea).

التهاب الانسجة الدهنية Panniculitis

التهاب الانسجة الدهنية قد يصيب الانسجة الدهنية تحت الجلد (مثلا نتيجة رضخة) او داخل الجسم كما يحدث ضمن مضاعفات بعض الامراض مثلا تصلب الجلد (scleroderma) ومرض كرون (Crohn' disease).

انتفاخ القرص البصري Papilloedema

يتميز انتفاخ القرص البصري (optic disc) بزيادة وإحمرار القرص بالمقارنة للشبكية نسبة لاحتقان الدم في اوردة القرص. بالإضافة الي ذلك تصير حافة القرص اقل وضوحا وفي الحالات الشديدة قد يحدث نزيف في الشبكية. انتفاخ القرص البصري هو احد علامات ارتفاع الضغط داخل قحف الدماغ (raised intracranial pressure).

فيروسات بابوفا Papova viruses

فيروسات بابوفا هي مجموعة من الفيروسات الصغيرة التي تنتمي الي فصيلة فيروسات الحامض النووي الريبوزي ناقص الاوكسيجين (DNA viruses). هذه الفيروسات عادة لا تسبب اعراض مرضية الا في حالات ضعف المناعة الشديد. فيروسات بابوفا هي ثلاثة:

1 – الفيروسات الحلمية (papilloma viruses).

2 – فيروسات الاورام المتعددة (polyoma viruses).

3 – فيروسات القرود الدُويصلاتية (vacuolating viruses, Simian vacuolating viruses or SV40).

(كلمة بابوفا مُشتقة من الحرف الاول والثاني من اسم الثلاثة فيروسات المذكورة اعلاه).

بثرة Papule

البثرة هي جسم صلب يرتفع عن سطح الجلد وحجمه صغير (قطره لايزيد عن نصف السنتيمتر) ويشبه الحبة.

شلل الإمعاء Paralytic ileus

شلل الامعاء هو نوع من انسداد الامعاء (intestinal obstruction) ينتج من انعدام تقلصات الامعاء (peristalsis) التي – في الاحوال الطبيعية - تسبب حركة محتويات الامعاء. اسباب شلل الامعاء تتضمن التهاب غشاء تجويف البطن (peritonitis) ونقص البوتاسيم (hypokalaemia) والفشل الكلوي.

الجيوب مجاورة الانف Paranasal sinuses

الجيوب مجاورة الانف أيضا تسمي الجيوب الانفية (nasal sinuses).

انظر Respiratory system.

المتلازمات المرتبطة بالسرطان Paraneoplastic syndromes

المتلازمات المرتبطة بالسرطان هي مجموعة من الاعراض والعلامات المرضية بعيدة عن موضع السرطان وتنتج من استجابة مناعية (immune response) او من مواد يفرزها السرطان (مثلا هورمونات) وليس من انتشار الخلايا السرطانية (metastasis).

وهم الاضطهاد Paranoia

وهم الاضطهاد هو احد اعراض الامراض العقلية. الوهم يجعل المريض يرتاب في الاخرين ويعتقد اعتقادا تاما انهم يتآمرون عليه ويقصدون ضرره.

طفيلي Parasite

الطفيلي هو كائن حي يعيش في جلد او داخل جسم مخلوق اخر ويستمد غذاءه منه ويضره. الطفيليات التي تصيب الانسان ثلاثة انواع: -

1 – الكائنات الاولية (protozoa).
2 – ديدان الامعاء (helminths).
3 – الطفيليات الخارجية (ectoparasites).

الديدان الطفيلية Parasitic worms
انظر Helminths

علم الطفيليات Parasitology
علم الطفيليات هو دراسة الطفيليات (parasites) وتأثيرها علي مضيفها (host) والامراض التي تسببها وطريقة تشخيصها وعلاجها والوقاية منها.

نظير التايفويد Paratyphoid
نظير التايفويد هو مرض معدي يشبه التايفويد ولكن اعراضه اقل شدة ومدة المرض عادة قصيرة. سبب العدوي هو السالمونيلا نظيرة التايفويد (salmonella paratyphoid) وهي ثلاثة أنواع - A, B, C.
انظر typhoid.

مجاور المستوي السهمي Parasagittal
مجاور المستوي السهمي هو ما يجاور الخط الوهمي الذي يقسم الجسم الي نصفين ايمن و ايسر. (يسمي سهمي لأنه يشبه صورة السهم الذي يشق الجسم الي نصفين).

الجهاز العصبي نظير المُنسِّق Parasympathetic nervous system
انظر sympathetic nervous system

الغدد مجاورة الدرقية Parathyroid glands
الغدد مجاورة الدرقية هي اربعة غدد صماء صغيرة في الرقبة وراء الغدة الدرقية وظيفتها انتاج وافراز هورمون (parathyroid hormone) ينظم كمية الكالسيوم (calcium) في الدم وفي العظام (مع فيتامين D والكالسيتونين - calcitonin)

كتلة الانسجة الوظيفية Parenchyma
كل عضو في الجسم يحتوي علي خلايا وانسجة متخصصة فقط في أداء وظائف ذلك العضو وتسمي الانسجة الوظيفية مثلا الاكياس الهوائية (alveoli) في الرئة والعصبونات (neurons) في المخ. بقية انسجة العضو لها دور مساعد مثلا تكوين بنية العضو وتغذية الانسجة الوظيفية وابعاد نفايات التمثيل الغذائي. هذه الانسجة تسمي الانسجة الهيكلية (stroma).

Parenteral nutrition **التغذية بالوريد**

التغذية بالوريد هي اعطاء المواد الغذائية عن طريق حقننها في الوريد في حالة عدم استطاعة المريض تناول الطعام (او تناول كمية كافية من الطعام) بالفم او في حالة استحالة ادخال انبوبة في المعدة للتغذية وايضا في حالات امراض الامعاء التي تمنع امتصاص المواد الغذائية.

Parkinson's disease **مرض باركينسون**

مرض باركينسون هو مرض مجهول السبب يصيب الجهاز العصبي عادة بعد منتصف العمر وينتج من انحسار خلايا المادة السوداء (substantia nigra) واعراضه الاساسية هي بطئ الحركة (bradykinesia) وارتعاش الاطراف (tremor) وتصلب العضلات (muscle rigidity) وصعوبة المشي. المرض ايضا يسمي الشلل الارتعاشي (paralysis agitans) او المرض الباركنسوني مجهول السبب (idiopathic parkinsonism). وصف المرض لأول مرة الطبيب الإنجليزي جيمس باركينسون (James Parkinson 1755-1824).

Paronychia **الالتهاب مجاور الظفر**

الالتهاب مجاور الظفر هو عدوي حول جلد الظفر قد تكون حادة نتيجة عدوي الباكتيريا الكروية العنقودية (staphylococcus) او مزمنة نتيجة الفطريات المُبيِّضات (candidiasis). الالتهاب يكون عادة في السبابة (index finger) واعراضه هي ألم في الاصبع وإحمرار وتورم بالقرب من الظفر.

Parotitis **التهاب الغدة النكفِيّة**

التهاب الغدة النكفية ينتج من العدوي بالباكتيريا والفيروسات وانسداد الغدة النكفية وبعض امراض المناعة واعراضه الأساسية هي ورم الغدة وجفاف الفم (xerostomia) والحمي.

Paroxysmal pain **الألم التناوبي**

الألم التناوبي هو نوبات حادة من الألم تحدث فجأة وتتناوب مع فترات خالية من الألم.

Parturition **الولادة**

انظر labour

Patella **عظم رأس الركبة**

عظم رأس الركبة هو اكبر عظم سمسمي في جسم الانسان (sesamoid bone) ويتواجد في الجزء الامامي من الركبة. عظم رأس الركبة مفلطح ومثلث الشكل ووظيفته حماية مفصل الركبة. (الترجمة الحرفية من اللغة اللاتينية لكلمة patella هي الصحن الصغير المفلطح).

التزام المريض بالإرشادات الطبية Patient compliance

الالتزام بالإرشادات الطبية يعني استجابة المريض للنصائح الطبية التي تتضمن تناول الدواء بانتظام وتغيير السلوك الغذائي وممارسة التمارين الرياضية ونبذ الممارسات الضارة للصحة (مثلا تدخين التبغ وتعاطي الخمر). عدم الالتزام بالإرشادات الطبية ينتج عادة من سوء العلاقة بين الطبيب والمريض وتكاليف العلاج ومضاعفات العلاج وقلة الثقافة الصحية.

كيفية نشوء وتطور المرض Pathogenesis

علم الامراض Pathology

علم الامراض قسمين –

1 – علم الامراض التتشريحي (anatomical pathology) وهو الفحص الظاهري والمجهري لأنسجة واعضاء الجسم ويتضمن تشريح الجثة بكاملها (autopsy, post mortem).

2 – علم الامراض السريري (clinical pathology) وهو تشخيص الامراض بواسطة فحص سوائل الجسم في المختبر مثلا فحص الدم لتحيد كمية الجلكوز.

الجراثيم Pathogens

الجراثيم هي الميكروبات الضارة التي تسبب العدوي.

ذروة التدفق الزفيري Peak expiratory flow rate

انظر lung function tests

صدر الحمامة Pectus carinatum (or pigeon chest)

صدر الحمامة هو تشويه عادة خلقي ولكن أحيانا يكون مكتسب مثلا كأحد مضاعفات مرض الكُساح (rickets) وينتج من خلل في نمو غضاريف الاضلاع مما يؤدي الي بروز عظم القَص (sternum). صدر الحمامة أحيانا يكون مصحوب بتشويهات خلقية اخري مثلا اعوجاج العامود الفقري (scoliosis). صدر الحمامة عادة لا يسبب اعراض مرضية ولكن في الحالات الشديدة يسبب صعوبة التنفس خاصة اثناء المجهود العضلي.

الصدر الكهفي Pectus exacavatum

الصدر الكهفي هو عاهة خلقية مجهولة السبب يكون فيها عظم القص (sternum) مقوّس الي الوراء عادة في جزئه الأسفل. الحلات الشديدة تؤدي الي صعوبة في التنفس وأيضا لها تأثير سلبي علي وظيفة القلب.

الإصابة بالقمل Pediculosis

القملة (louse جمعها lice) هي حشرة طفيلية تمتص الدماء. إصابة الانسان تتم عن طريق الالتصاق لفترة طويلة بشخص مصاب. الاصابة بالقمل تسبب حُكاك شديد ومزمن. العدوي قد تصيب الراس (pediculosis capitis) او الجسم (pediculosis corporis) او العانة (pediculosis pubis).

ساق Peduncle

الساق في علم التشريح هو مجموعة من العصبونات في شكل بنية نحيلة تربط جزء من الدماغ بجزء اخر.

الجرب اليابس Pellagra

الجرب اليابس هو داء سببه نقص فيتامين ب ثلاثة (vitamin B3) واعراضه الأساسية هي التهاب الجلد (dermatitis) والاسهال (diarrhoea) والخبل (dementia).

حوض Pelvis

الحوض هو الجزء من الهيكل العظمي الذي يقع بين العامود الفقري والأرجل ويحتوي علي الأعضاء التناسلية الداخلية والمثانة (urinary bladder) والمستقيم (rectum). الحوض يتكون من عظم الورك الأيمن والايسر (ايضا يسمي عظم الحوض – pelvic bone). لعظم الحوض ثلاثة أجزاء: عظم الحرقفة او عظم الحوض الجانبي (ilium) وعظم مفصل الورك (ischium) وعظم العانة (pubic bone). عظم الورك يرتبط بالجزء الأسفل من العامود الفقري أي بعظم العجز (sacrum) وبالعصعص (coccyx).

شبيه مرض الفقاع Pemphigoid

انظر pemphigus

مرض الفقاع Pemphigus

مرض الفقاع هو مرض مناعي ذاتي (autoimmune disease) يسبب فقاقيع كبيرة (blisters) في الغشاء المخاطي في الفم وفي الجلد. الجلد المجاور يظهر طبيعيا. انفجار الفقاقيع يسبب انسلاخ بشرة الجلد. الخلل المناعي يؤدي الي فقد الترابط بين خلايا بشرة الجلد المعروف بانحلال الاشواك (acantholysis). انحلال الاشواك يسبب انفصال البشرة (epidermis) عن طبقة الجلد الوسطي (dermis) ويفرق مرض الفقاع (عند فحص الانسجة تحت المجهر) من الامراض الأخرى التي تسبب انسلاخ الجلد مثلا شبيه مرض الفقاع (pemphigoid).

قضيب Penis

القضيب هو عضو الذكر التناسلي الخارجي ويعادل البظر (clitoris) في الاناث.

الخميرة الهضمية Pepsin

انظر Digestion

Peptic ulcer **القرحة الهضمية**

القرحة الهضمية هي شق في الغشاء المخاطي في المعدة (stomach) او الاثني عشر (duodenum) او المريء (oesophagus). اهم أسباب القرحة الهضمية هي العدوي بباكتيريا تسمي الباكتيريا الملتوية البابية (Helicobacter pylori) واستعمال بعض الادوية لفترة طويلة وادمان الخمر وتدخين التبغ. اعراض المرض هي ألم في المعدة وغثيان واستفراغ وزيادة في افراز اللعاب وفقد الشهية. علاقة الم المعدة بتناول الطعام لها أهمية في التشخيص لأن الألم الذي يحدث بين الوجبات (اثناء الجوع) يشير عادة الي قرحة الاثني عشر (duodenal ulcer) بينما الألم الذي يعقب الاكل يحدث في حالة قرحة المعدة (stomach or gastric ulcer).

Percussion **قرع**

القرع (او الطرق) هو طريقة تشخيصية تستعمل في الفحص السريري (clinical examination) عادة لإثبات وجود سائل او هواء في تجويف البطن او الصدر. القرع يتلخص في وضع الاصبع الاوسط فوق جدار الصدر او البطن ودقه باصبع اليد الاخري. الزيادة في رنين الصوت الناتج من القرع (hyperresonance) تشير الي وجود هواء في الحيز الرئوي الجانبي (pleural cavity) او انتفاخ الرئة (emphysema) او البطن. الصوت الخافت (dull or stony dull) يشير الي وجود سائل.

Pericarditis **التهاب غشاء القلب**

التهاب غشاء القلب (pericardium) هو التهاب الكيس الرفيع الذي يكسو عضلة القلب من الخارج.

Pericardium **غشاء القلب**

غشاء القلب هو كيس رفيع يكسو عضلة القلب من الخارج ويحتوي علي كمية قليلة من السائل. اهم وظائف غشاء القلب هي حماية القلب بمنع احتكاكه بالأعضاء المجاورة اثناء انقباض وانبساط عضلته.

Peripheral neuropathy **اعتلال الاعصاب المحيطية**

اعتلال الاعصاب المحيطية هو لفظ عام يطلق علي اختلال بنية ووظائف الاعصاب المحيطية (peripheral nerves) بصرف النظر عن سبب الاختلال وهو ثلاثة أنواع:

أ – اعتلال الاعصاب المحيطية المتعدد (polyneuropathy) وهو إصابة عدد من الاعصاب قي نفس الوقت.

ب – اعتلال عصب محيطي واحد (mononeuropathy) وهذا عادة نتيجة اذي موضعي مثلا ضغط علي العصب.

ت – اعتلال عصب واحد متعدد (multiple mononeuropathy or mononeuritis multiplex) أي اختلال عدة أعصاب في أوقات مختلفة.

Perimetry **قياس نطاق الرؤية**

قياس نطاق الرؤية هو فحص غرضه التأكد من وتحديد نوع خلل نطاق الرؤية (visual field) باستعمال جهاز معين. أجهزة قياس نطاق الرؤية كثيرة وتختلف عن بعضها البعض في درجة تعقيدها ودقة أدائها. اكثر هذه الأجهزة استعمالا في الوقت الحاضر تستخدم الحاسوب ومبنية علي تسجيل استجابة المريض لمثير ضوئي مثلا ومضة ضوء تعرض بطريقة عشوائية لمدة ثواني في أجزاء مختلفة من شاشة الحاسوب.

العِجان Perineum

العجان (بكسر العين) هو المنطقة بين فتحة المهبل (vagina) والشرج (anus) او المنطقة بين القضيب (penis) والشرج.

التهاب الانسجة حول المحجر Periorbital cellulitis

التهاب الانسجة حول المحجر هو التهاب الجفن والانسجة التي تتواجد امام الغشاء المحجري (orbital septum) وسببه عادة انتشار العدوي من الجيوب الانفية او الملتحمة (conjunctiva). اعراض المرض الأساسية هي إحمرار وورم الجفن واحتقان الملتحمة وتدفق الدمع.

انظر orbital cellulitis .

التهاب دواعم الاسنان Periodontitis

التهاب دواعم الاسنان هو التهاب الانسجة حول الاسنان المزمن الناتج من العدوي بالباكتيريا. الالتهاب يؤدي الي تراجع اللثة (gum or gingival recession) وتآكل جذور الاسنان وايضا فقد الاسنان.

غشاء العظم او السِمحاق Periosteum

غشاء العظم هو طبقة سمبكة من الانسجة الضامة (connective tissue) تغطي العظم وتحتوي علي الاوعية الدموية والاياف العصبية التي تزود العظم.

تقلصات المريئ والإمعاء Peristalsis

تقلصات المريئ والامعاء هي تقلصات ثم ارتخاء عضلات الجهاز الهضمي التي تتم بصورة دورية ولا إرادية. وظيفة تقلصات المريئ والامعاء هي دفع الطعام تديرجيا من اعلي الجهاز الهضمي الي اسفله.

غشاء تجويف البطن Peritoneum

غشاء تجويف البطن هو غشاء يتكون من طبقتين. الطبقة الخارجية او الغشاء الجداري (parietal peritoneum) يغطي جدار البطن والحوض والطبقة الداخلية (visceral peritoneum) التي تغطي معظم الاعضاء الداخلية. جزء من الطبقة الداخلية ينطوي علي نفسه ويربط الامعاء بالعامود الفقري. هذا الجزء يسمي الغشاء المُثبّت (mesentery). الغشاء المثبت يحتوي علي اوعية دموية واوعية ليمفاوية واعصاب. جزء اخر من الطبقة الداخلية يسمي غشاء الامعاء الشحمي (omentum) وهو مخزن للدهون (الطاقة) وايضا له دورا هاما في منع انتشار العدوي.

التهاب غشاء التجويف البطني Peritonitis

التهاب غشاء التجويف البطني قد يكون حادا او مزمنا. الالتهاب الحاد عادة ينتج من مضاعفات امراض الجهاز الهضمي (مثلا ثقب الامعاء – intestinal perforation - او انفجار الزائدة الدودية) وايضا من التهاب البنكرياس الحاد (acute pancreatitis) ومرض التهاب الحوض (inflammatory pelvic disease) وامراض اخري. في الكثر الحالات سبب الالتهاب هو عدوي باكتيريا ولكن احيانا يكون الالتهاب عقيما (aseptic peritonitis) مثلا في حالات تسرب عصارة المعدة (gastric juice) الي تجويف البطن.

فقر الدم الخبيث Pernicious anaemia

فقر الدم الخبيث هو نوع من فقر الدم ضخم الارومات (megaloblastic anaemia) سببه نقص بروتين تفرزه خلايا المعدة الجدارية (gastric parietal cells) يعرف بالعامل الداخلي (intrinsic factor). العامل الداخلي ضروري لإمتصاص فيتامين B12. فقر الدم الخبيث هو احد امراض المناعة الذاتية (autoimmune disease) ويعتقد أيضا ان بعض الحالات وراثية. (في امراض المناعة الذاتية الجسم ينتج بروتينات ضد نفسه – في حالة فقر الدم الخبيث البروتينات تهاجم وتقتل خلايا المعدة الجدارية - gastric parietal cells).

طول النظر الشيخوخي Presbyopia

انظر hypermetropia

القناة الشريانية المستديمة Persistent (or patent) ductus arteriosus

القناة الشريانية هي شريان صغير وظيفته نقل الدم من الشريان الرئوي (pulmonary artery) الي الوتين (aorta) اثناء نمو الجنين وينقفل بعد الولادة. أحيانا تظل القناة مفتوحة وذلك يؤدي الي احتقان الرئة وفشل القلب في الحالات الشديدة.

اضطرابات الشخصية Personality disorders

اضطرابات الشخصية هي مجموعة من الامراض العقلية تتميز بأن نمط سلوك المريض وموقفه الذهني تجاه الآخرين يختلف عن السلوك المتبع والمقبول في المجتمع الي درجة تؤدي الي اذي الآخرين او عدم المرونة في التعامل معهم. تبدأ اضطرابات الشخصية في آخر الطفولة ولا تتغير طيلة الحياة ويكون المريض غير مدرك لحالته المرضية.

السمات الشخصية Personality traits

السمات الشخصية هي صفات وطباع موروثة وأيضا مكتسبة لها تأثير علي سلوك الفرد في تعامله مع الاحداث ومع الآخرين. يرتب علم النفس السمات الشخصية في خمسة مجموعات:

الانطوائية (introversion) - هي تفضيل العزلة عن الاخرين. الانطوائي هو شخص متحفظ وخجول وقليل الكلام

السمة الاجتماعية (extroversion) - هي عكس الانطوائية. الشخص الاجتماعي يحب الاختلاط والتفاعل مع الاخرين وهو عادة نشيط وكثير الكلام والمداعبة.

يقظة الضمير (conscientiousness) - يقظ الضمير هو من يتصف بالحذر والمثابرة والسعي لعمل ما هو صائب والوفاء بالتزاماته نحو الاخرين.

الشراسة (aggressiveness) – طباع حادة تتصف بالقسوة والعدوانية.

الانفتاح (openness to experience) – هو القابلية لأخذ الأفكار والتجارب الجديدة بسهولة

مرض بيرثيس Perthes disease

مرض بيرثيس هو مرض مجهول السبب يصيب الاطفال عادة بين عمر 4 و 10 سنوات. المرض يؤدي الي نخر (necrosis) وتشويه رأس عظم الفخذ (femoral head) نسبة لإنقطاع مؤقت في جريان الدم. (بيرثيس – G.C. Perthes 1869-1927 - هو جراح الماني).

السعال الديكي Pertussis (whooping cough)

السعال الديكي هو مرض معدي تسببه باكتيريا تسمي Bordetella pertussis. المرض عادة يصيب الأطفال والعدوي تنتقل باستنشاق الهواء الملوث بالباكتيريا. فترة الحضانة 14-12 يوم والاعراض في بداية المرض هي رشح وزكام وارتفاع قليل في درجة الحرارة. تلي هذه الاعراض نوبات من السعال الشديد المصحوب بشهقة تشبه صيحة الديك. السعال الديكي عادة يستمر لعدة أسابيع.

القدم الجوفاء Pes cavus

القدم الجوفاء هي حالة وراثية او مكتسبة تتميز بارتفاع قوس القدم مما يجعل الاخمُص (أي باطن القدم الذي لا يلمس الأرض) عميقا.

نمش دموي Petechia

النمش الدموي هو بقع صغيرة في الجلد حمراء اللون تنتج من نزيف من الشعيرات الدموية (capillaries) واسبابه تتضمن نقص الصفائح الدموية (thrombocytopenia) وبعض انواع العدوي بالباكتيريا والفيروسات ورضخات الجلد.

ورم القواتم Phaeochromocytoma

المصطلح ورم القواتم هو ترجمة حرفية من اللغة الاغريقية ومعناه الورم الناشئ من الخلايا داكنة او قاتمة اللون. ورم القواتم عادة ينشأ من زيادة خلايا نخاع الغدة الكُظرية (adrenal medulla) واعراضه الأساسية هي نوبات متكررة من الارتفاع الشديد في ضغط الدم وخفقان القلب وتدفق العرق والصداع والقلق نسبة لإنتاج كمية كبيرة من الادرينالين (adrenaline).

Phagocytosis — البلع المناعي
البلع المناعي هو احد الطرق المناعية لإبادة والتخلص من الاجسام الغريبة التي دخلت الجسم (مثلا الباكتيريا) وأيضا لإزالة خلايا الجسم الميتة. البلع المناعي يتم بواسطة خلايا متخصصة تشمل بعض كرويات الدم البيضاء والخلايا هادمة العظم (osteoclasts) والخلايا التشعبية (dendritic cells) وتتم عملية البلع عندما تلف الخلية نفسها حول الجسم الغريب حتي يصير داخلها ثم تقوم بهضمه.

Phalanges — عظام الاصابع

Phallus — القضيب المنتصب
كلمة phallus تستعمل احيانا بدلا من كلمة penis وهو استعمال غير دقيق لأن كلمة penis تعني القضيب في كلا حالتيه — منتصب او غير منتصب.

Phantom limb — الطرف الوهمي
الطرف الوهمي هو احد مضاعفات بتر الأعضاء (amputation) بعملية جراحية ويتلخص في الإحساس بأن العضو الذي بُتر لا يزال في مكانه و يؤدي وظائفه الطبيعية وهذا الاحساس يحدث بالرغم من ان المريض بكامل قواه العقلية.

Phantom pain — ألم العضو الوهمي
الم العضو الوهمي هو الاحساس بألم في مكان عضو تمت ازالته بعملية جراحية.
انظر Phantom limb

Pharmacology — علم الادوية او الصيدلة

Pharmacodynamics — تأثير الدواء علي الجسم
تأثير الدواء علي الجسم هو دراسة التغييرات التي يحدثها الدواء في الجسم مثلا تحفيز او منع وظيفة حيوية معينة في الخلايا والانسجة وما يترتب علي ذلك من تغيير مرغوب فيه (مثلا علاج مرض) او تأثير ضار.

Pharmacogenetics — علاقة علم الصيدلة بالوراثة
علاقة علم الصيدلة بالوراثة هي دراسة تأثير العوامل الوراثية في استجابة الجسم للأدوية وذلك يتضمن امتصاص الدواء وانتشاره في سوائل وانسجة الجسم وازالته من الجسم.

Pharmacovigilance — الرقابة الصيدلية
الرقابة الصيدلية هي فرع من الصيدلة غرضه التأكد من سلامة الادوية وذلك بإكتشاف الاثار الضارة (adverse effects) التي تنتج من الادوية وتقيمها ومعالجتها والوقاية منها.

الحنجرة Pharynx

انظر Respiratory system

الصفات الموروثة الظاهرة Phenotype

الصفات الموروثة الظاهرة هي الصفات الناتجة من العوامل الوراثية (genes) وتأثير البيئة وتشمل المظهر الفزيائي (مثلا لون البشرة او طول القامة) والسمات الشخصية (personality traits) والسلوك الناتج عنها.

زيادة الفِنيل الكتوني في البول Phenylketonuria

زيادة الفِنيل الكتوني في البول هو مرض وراثي ينتج من خلل في التمثيل الغذائي يؤدي الي نقص في تحويل الحامض الاميني الي phenylalanine وتراكمه في الجسم. تراكم ال phenylalanine ضار للمخ ويسبب الصرع والتخلف العقلي والاضطرابات النفسية واضطراب النمو.

ضيق قلفة القضيب Phimosis

ضيق قلفة القضيب هو التفاف القلفة (prepuce, foreskin) بإحكام حول الحشفة (glans penis) الذي يمنع سحب القلفة الي الوراء. هذه الحالة عادة تكون خلقية (congenital) ولا تسبب اعراض مرضية في اكثر المصابين بها ولكن احيانا تؤدي الي التهاب الحشفة (balanitis) وأيضا قد تسبب ألم اثناء التبول.

استئصال الاوردة Phlebectomy

استئصال الاوردة هو عملية جراحية لإزالة الاوردة السطحية عادة لعلاج الدوالي (varicose veins).

التهاب الوريد Phlebitis

ثقب الوريد Phlebotomy (or venesection)

ثقب الوريد هو ادخال ابرة في وريد سطحي مثلا لاخذ عينة من الدم لفحصها او لحقن دواء.

الخوف المرضي Phobia

الخوف المرضي يشمل عدد كبير من الاضطرابات النفسية مثلا الخوف من الأماكن الفسيحة او المزدحمة (agoraphobia) والخوف من الأماكن المغلقة (claustrophobia). كل أنواع الخوف المرضي تتصف بخوف مفرط لا أساس له وغير طبيعي. الاعراض دائمة ولها تأثير سلبي علي حياة المريض.

الاطراف الفقمية Phocomelia

الفقم (بضم الفاء وسكون القاف) هو عجل البحر (seal). الاطراف الفقمية هي تشويه خلقي وراثي نادر او نتيجة مضاعفات بعض الادوية مثلا thalidomide. المرض يتميز بنقص نمو الايدي والارجل وقصرها وشبهها باطراف الفقم.

العلاج الضوئي الكيمائي Photochemotherapy

العلاج الضوئي الكيمائي هو اعطاء مادة كيمائية تزيد الاحساس بالضوء ثم تعريض الجلد لمصدر ضوء واوكسيجين بغرض قتل الخلايا المريضة. العلاج الضوئي الكيمائي يستعمل في علاج حب الشباب (acne) والصدفية (psoriasis) وبعض انواع السرطان وامراض اخري.

عدم احتمال الضوء Photophobia

عدم احتمال الضوء هو حالة مرضية يتضايق فيها المريض من الضوء وتحدث نتيجة بعض امراض العين وامراض الجهاز العصبي مثلا الصداع النصفي (migraine). (الترجمة الحرفية هي الخوف من الضوء).

الومضات الضوئية Photopsia

الومضات الضوئية هي الاحساس بظهور بريق من الضوء في نطاق الرؤية (visual field). البريق عادة يكون عابر ومتكرر واسبابه تتضمن الصداع النصفي (migraine) والنزيف في العين داخل الجسم الزجاجي (vitreous haemorrhage) ونخر الفص القَذَالي (occipital lobe infarct) والتهاب العصب البصري (optic neuritis).

مستقبلات الضوء Photoreceptors

انظر Eye

حساسية الضوء Photosensitivity

حساسية الضوء هي حالة غير طبيعية يزيد فيها تفاعل الجلد مع اشعة الشمس وايضا مع مصادر الضوء فوق البنفسجي (ultra violet light) الاخري. اعراض حساسية الضوء تتضمن حروق الجلد وظهور فقاقيع (blisters) وطفح.

العلاج الطبيعي Physical therapy (physiotherapy)

العلاج الطبيعي هو فرع من المهن التابعة للطب يتخصص في علاج وتأهيل (rehabilitation) المصابين باختلال حركة الجسم ويستعمل عدة طرق فيزيائية مثلا العلاج باليد (manipulation) والتمارين الرياضية المختلفة.

البقعة العمياء الطبيعية Physiological blind spot

البقعة العمياء الطبيعية هي المنطقة في نطاق الرؤية (visual field) التي لا تظهر فيها الصورة المرئية لأنها تطابق منطقة القرص البصري (optic disc) في الشبكية. البقعة العمياء الطبيعية أيضا تسمي النقطة العمياء (blind point).

علم وظائف الاعضاء Physiology

علم وظائف الاعضاء هو فرع من العلوم الطبية يتخصص في دراسة العمليات الكيمائية والحيوية داخل الخلايا والاعضاء التي تؤدي الي وظائف الجسم وايضا دراسة تنظيم هذه العمليات.

العلاج الطبيعي Physiotherapy

انظر Physical therapy

الام الحنون Pia mater

انظر meninges

اكل غير الأطعمة Pica

اكل غير الاطعمة هو اشتهاء او اكل اشياء لاتنتسب للطعام مثلا اكل الطين والفحم وماشابه ذلك. اكل غير الغذائيات يحدث احيانا في المراحل الاولي من الحمل وايضا في بعض الامراض العقلية واحيانا اثناء الطفولة. كلمة (pica) هي لاتينية ومعناها العَقْعَق. (العقعق - magpie - هو طائر من فصيلة الغراب متوسط الحجم لون جناحيه وذيله اسود ولون بقية جسمه ابيض). يعتقد ان سبب التسمية هو ان اكل غير الغذائيات يشبه عادات العقعق الغذائية لان العقعق ياكل اطعمة متنوعة ولايحفل بانتقاء نوعا معينا.

متلازمة بكويك Pickwickian syndrome

متلازمة بكويك هي مرض ينتج من السمنة المفرطة التي تؤدي الي صعوبة التنفس ونقص الاوكسيجين في الخلايا وانقطاع التنفس الانسدادي (obstructive sleep apnoea) والنعاس الشديد اثناء النهار وارتفاع ضغط الدم وفشل القلب الاحتقاني (congestive heart failure). متلازمة بكويك ايضا تسمي متلازمة السمنة ونقص التهوية (obesity hypoventilation syndrome). تسمية متلازمة بكويك تنسب لشخصية تسمي جو في قصة الكاتب الانجليزي شارلز ديكنز The Pickwick Papers. حسب القصة جو كان سمينا جدا وكان لايستطيع مقاومة النوم اثناء النهار.

مرض الناسور الشعري Pilonidal disease

مرض الناسور الشعري هو التهاب في الجلد يؤدي الي تكوين قناة او كيس يحتوي علي شعر ويحدث عادة في الارداف. سبب المرض غير معروف. التهاب الناسور يسبب افراز قيح ودم وألم في منطقة الاذي.

Pineal gland
الغدة الصنوبرية

الغدة الصنوبرية (ايضا تسمي epiphysis) هي غدة صماء تشبه مخروط الصنوبر وتتواجد في نصف المخ بين نصفي المهاد (thalamus) – النصف الايمن والايسر. الغدة الصنوبرية تفرز هورمون يسمي ميلاتونين (melatonin) وظيفته الاساسية هى تنظيم الايقاع الليلي النهاري (circadian rhythm).

Pinna
صيوان الاذن

انظر Ear

Pituitary adenoma
ورم الغدة النخامية

Pituitary gland (also called hypophysis)
الغدة النُخامية

الغدة سميت نخامية نسبة للاعتقاد الخاطئ عند اكتشافها انها تفرز النخام أي المخاط. الغدة النخامية هي غدة صماء (endocrine gland) في قاعدة المخ تجلس في السرج التركي (Sella turcica) وتحت التقاطع البصري (optic chiasm) وتتصل بتحت المهاد (hypothalamus) بقناة تسمى الساق (infundibulum) او ساق الغدة النخامية (pituitary stalk). الغدة النخامية تتكون من ثلاثة أجزاء – الفص الامامي والاوسط والخلفي. الفص الامامي ينتج ويفرز خمسة هورمونات هي هورمون النمو (growth hormone) والهورمون محفز تدفق الحليب (prolactin or lactotropin) والهورمونات موجهات الغدد التناسلية (gonadotropins) والهورمون موجه قشرة الغدة الكُظرية (adrenocorticotropin, ACTH) والهورمون منشط الغدة الدرقية (thyroid stimulating hormone). الفص الخلفي يفرز الهورمون المضاد لإدرار البول (antidiuretic hormone) وهورمون اخر يسمي اوكسيتوسين (oxytocin). لاحظ ان انتاج الهورمون المضاد لإدرار البول والاوكسيتوسين يتم في تحت المهاد ويفرز بالغدة النخامية.

Placebo
علاج وهمي

العلاج الوهمي هو مادة تشبه الدواء (او نادرا عملية جراحية) تعطي لعلاج مرض معين بالرغم من ان الطبيب يعلم بانها لا تملك فائدة علاجية. العلاج الوهمي عادة يستعمل في البحث العلمي لتقييم فعالية وسلامة الادوية الجديدة.

Placenta
المشيمة

المشيمة أيضا تسمي السخد (تنطق بضم السين وسكون الخاء) هي شبكة من الخلايا والانسجة والاوعية الدموية ملتصقة في بطانة الرحم (endometrium) ومرتبطة بالجنين عن طريق الحبل السُرّي (umbilical cord). وظيفة المشيمة هي تزويد الجنين بالاوكسيجين والعناصر الغذائية ونقل ثاني أوكسيد الكربون وفضلات التمثيل الغذائي من الجنين. بالإضافة الي ذلك المشيمة تفرز هورمونات تساعد في استمرار الحمل وأيضا تشكل حاجزا مناعيا يمنع دخول الاجسام الغريبة في جسم الجنين.

المشيمة شاذة الموضع Placenta praevia

المشيمة (placenta) شاذة الموضع هي المشيمة التي تكون في غير موضعها الطبيعي مثلا بالقرب من فتحة عنق الرحم او فوقها وعادة تسبب نزيف من الرحم في المراحل الأخيرة من الحمل. (موضع المشيمة الطبيعي هو قاع الرحم - uterine fundus)

العضلة الاخمُصية Plantaris muscle

العضلة الاخمصية هي عضلة صغيرة تتواجد بجانب عضلة الساق (gastrocnemius muscle). العضلة الاخمصية تنشأ من الجزء الاسفل لعظم الفخذ (femur) ووترها يندمج مع وتر الخيليس (Achilles tendon) الذي يرتبط في العظم العُقبي (calcaneus) ووظيفتها المساعدة في ثنية الركبة (knee flexion) وثنية القدم الي اسفل (ankle plantarflexion).

التصلب الموضعي Plaque

الترجمة الحرفية لهذه الكلمة هي اللوحة و لكن الكلمة تستعمل في علم الامراض لتعني المنطقة المتصلبة في الدماغ او النخاع الشوكي التي تنتج من تلف المايلين (myelin) كما يحدث مثلا في مرض التصلب العصبي المتعدد (multiple sclerosis).

مصل Plasma

المصل هو الجزء السائل من الدم الذي لايحتوي علي خلايا.

استبدال مصل الدم Plasma exchange

استبدال مصل الدم هو نوع من العلاج فيه يُفصل المصل (serum) من بقية الدم ثم تعاد خلايا الدم الي الجسم مع سائل اخر بدلا من المصل. السائل عادة هو تركيبة من الزلال (albumin) ومحلول ملح الطعام (saline solution) . استبدال مصل الدم يستعمل في علاج امراض المناعة الذاتية (autoimmune diseases) لإزالة الاجسام المضادة (antibodies) وفي علاج امراض اخري وهو احد ثلاثة طرق علاجية تعرف معا باستخراج مصل الدم (plasmapheresis) . الطرق الأخرى هي:

أ – يفصل مصل الدم ويعالج خارج الجسم ثم يعاد الي للجسم (autologous plasmapheresis) .

ب – يفصل مصل الدم من شخص معافي بقصد منحه لعلاج شخص اخر يعاني من احد امراض الدم مثلا مرض سيولة الدم (haemophilia)

استخراج مصل الدم Plasmapheresis

انظر plasma exchange

Plasmid صبغي الحشوة

صبغي الحشوة هو حامض نووي ريبوزي ناقص الاوكسجين (deoxyribonucleic acid, DNA) يتواجد خارج النواة في حشوة (cytoplasm) خلايا الباكتيريا والكائنات الاولية (protozoa). صبغي الحشوة يحمل معلومات وراثية تمنحه المقدرة علي الاستنساخ ومقاومة المضادات الحيوية.

Plantar fascia اللفافة الاخمُصية

اللفافة الاخمصية هي الانسجة الضامة (connective tissue) التي تساعد في تقوية قوس القدم.

Plantar fasciitis التهاب اللفافة الاخمُصية

التهاب اللفافة الاخمصية هو مرض مجهول السبب واحيانا يصاحب التهاب المفاصل الفقرية التصلبي (ankylosing spondylitis) واعراضه هي ألم شديد في القدم وصعوبة المشي.

Plantarflexion انبساط القدم

انبساط القدم هو لفظ اخر لثنية القدم في اتجاه الأخمُص وهو عكس dorsiflexion

Plague الطاعون

الطاعون هو مرض وبائي تسببه باكتيريا تسمي يرسينية الطاعون (yersinia pestis). يرسينية الطاعون هي باكتيريا سلبية القرام (Gram negative) ولاهوائية (anaerobic) سميت باسم مكتشفها الطبيب الفرنسي Alexandre Yersin. العدوي تنتقل للإنسان من القوارض مثلا الفئران والجرذان والسناجب عن طريق عضة البرغوث (flea) وأيضا عن طريق استنشاق الهواء الملوث او لمس الأشياء الملوثة بالباكتيريا او ببول او براز حيوان مصاب. الطاعون ثلاثة أنواع –

1 – الطاعون العُقَدي (bubonic plague) – يسبب حمي وتضخم الغدد الليمفاوية في الابط والأرب (اعلي الفخذ).

2 – الطاعون الرئوي (pneumonic plague) – يسبب التهاب رئوي حاد.

3 – طاعون تلّوث الدم (septicaemic plague) – يسبب حمي عالية وغرغرينة (gangrene) ونزيف تحت الجلد ومن الفم والشرج والانف وعادة يؤدي الي الموت في الأيام الاولي من التعرض للعدوي.

Platelets الصفائح الدموية

الصفائح الدموية هي قطع من حشوة (cytoplasm) الخلايا كبيرة النواة (megakaryocytes) التي ينتجها نخاع العظم (bone marrow). الصفائح الدموية تختلف عن بعضها البعض في شكلها وحجمها ولا تحتوي علي نواة وعددها 150000 – 450000 خلية في مليمتر مكعب من الدم ووظيفتها توقيف النزيف عن طريق تكوين جلطة في موقع الجرح.

Pleocytosis
الزيادة في عدد الخلايا
الزيادة في عدد الخلايا هو وجود خلايا معينة (مثلا كرويات الدم البيضاء) عادة في السائل النخاعي الشوكي بكمية اكثر من كميتها الطبيعية.

Pleura
الغشاء الجانبي
الترجمة الحرفية لكلمة pleura من اللغة اللاتينية هي "الجانب" ولكن الكلمة تستعمل في علم التشريح لتعني الغشاء الرفيع الذي يغطي الرئة (الغشاء الجانبي الحشوي – visceral pleura). الغشاء الجانبي الحشوي ينطوي ويكسو القفص الصدري. هذا الجزء يسمي الغشاء الجانبي الجداري (parietal pleura). المنطقة بين الغشاء الجانبي الحشوي والغشاء الجانبي الجداري تعرف بالكيس الجانبي (pleural sac). الكيس الجانبي يحتوي علي سائل وظيفته منع احتكاك الرئة بالقفص الصدري اثناء حركة التنفس.

Pleural effusion
افراز الحيز الجانبي
افراز الحيز الجانبي هو تجمُّع كمية غير طبيعية من سائل في الحيز الجانبي (pleural cavity). السائل قد يكون:
(1) مصل - افراز الحيز الجاني المصلي (hydrothorax) كما يحدث في فشل القلب الاحتقاني (congestive heart failure) وتليُّف الكبد (liver cirrhosis).
(2) دم – افراز الحيز الجانبي الدموي (haemothorax) مثلا نتيجة اضطرابات تجلط الدم ونخر الرئة (pulmonary infarction) والسل الرئوي.
(3) قيح – افراز الحيز الجانبي القيحي (empyema thoracis or pyothorax) مثلا في حالات مرض السل الرئوي والالتهاب الرئوي الذي تسببه الباكتيريا.

Pleural rub
احتكاك الغشاء الجانبي
احتكاك الغشاء الجانبي هو صوت غير متواصل يسمع فوق الرئة ويتكرر مع حركة القفص الصدري اثناء التنفس وسببه التهاب الغشاء الجانبي (pleurisy).

Pleurisy
التهاب الغشاء الجانبي
التهاب الغشاء الجانبي هو عادة احد مضاعفات امراض الرئة مثلا عدوي الباكتيريا والفيروسات وسرطان الرئة ونخر الرئة (pulmonary infarction) واعراضه الرئيسية هي ألم في الصدر اثناء التنفس واحتكاك الغشاء الجانبي (pleural rub) بالإضافة الي اعراض مرض الرئة الذي سبب الالتهاب.

Ploidy
تركيبة الصبغي
تركيبة الصبغي هي عدد طقوم الصبغي (chromosome) في الخلية الواحدة. مثلا الخلايا التناسلية (gametes) تحتوي علي طقم واحد من الصبغي وتسمى الخلايا وحيدة الصبغي (monoploid) cells). بقية خلايا الانسان تحتوي علي 46 صبغي مرتبة في طقمين وتسمي الخلايا مزدوجة الصبغي (diploid cells). خلايا بعض الكائنات الحية الأخرى تحتوي علي ثلاثة طقوم صبغية او اكثر من ذلك وتسمي الخلايا متعددة الصبغي (polyploid cells).

التسمم بالرصاص Plumbism (lead poisoning)

التسمم بالرصاص يحدث نتيجة التعرض المهني او التعرض المزمن لبيئة ملوثة بغبار الرصاص. اعراض التسمم الحاد تعتمد علي كمية الرصاص في الدم وتتضمن ألم في البطن وغثيان واستفراغ وصداع وارتبك ذهني (mental confusion) والفشل الكلوي. التسمم المزمن يسبب ألم في البطن وفقد الوزن وفقر الدم وضعف الذاكرة والاكتئاب.

الإلتهاب الرئوي Pneumonia

الالتهاب الرئوي ينتج عادة من العدوي بالباكتيريا والفيروسات. أحيانا الفطريات (fungi) تسبب الالتهاب الرئوي عندما تكون مناعة الشخص ضعيفة جدا. الالتهاب الرئوي يسمي التهاب رئوي اولي عندما يحدث في جهاز تنفس سليم ويسمى ثانوي اذا حدث في رئة مصابة بمرض اخر مثلا التليّف الكيسي (cystic fibrosis) او الربو (asthma).

امراض غبار الرئة Pneumoconiosis

امراض غبار الرئة هي مجموعة من الامراض المهنية يسببها ترسب غبار في الرئة مثلا غبار الفحم الحجري الذي يتعرض له عمال المناجم (coal workers pneumoconiosis) وأيضا ترسب المعادن في الرئة مثلا ترسب الحديد الرئوي (pulmonary siderosis).

هواء الحيز الجانبي Pneumothorax

هواء الحيز الجانبي هو دخول الهواء وانحباسه في الحيز الجانبي (pleural cavity). أسبابه الرئيسية هي جرح يخترق الرئة او انفجار فقاعة هوائية (emphysematous bulla) عادة في شخص يعاني من مرض رئوي مزمن مثلا مرض الانسداد الرئوي المزمن (chronic obstructive pulmonary disease) والتليّف الكيسي (cystic fibrosis) والسل الرئوي. الاعراض تعتمد علي كمية الهواء في الحيز الجانبي وتنعدم اذا كانت الكمية قليلة. تجمع كمية كبيرة من الهواء يؤدي الي انكماش الرئة (atelectasis) ويسبب ألم شديد ومفاجئ في الجانب المصاب من الصدر وصعوبة شديدة في التنفس وهبوط ضغط الدم وزيادة سرعة النبض ويشكل خطورة علي الحياة. هذا النوع يسمي هواء الحيز الجانبي الضاغط (tension pneumothorax).

النقرس Podagra (or gout)

انظر Gout

طب القدم Podiatry

طب القدم هو فرع من الطب يتخصص في دراسة وتشخيص وعلاج امراض الطرف السفلي (lower limb) وخاصة القدم (foot) والكاحل (ankle).

كروية الدم الحمراء المُشوّهة Poikilocyte

كروية الدم الحمراء المشوهة هي كروية الدم الحمراء غير منتظمة الشكل كما يحدث مثلا في مرض الخلايا المنجلية (sickle cell disease).

Polyarthritis nodosa
التهاب الشرايين العقدي المتعدد
التهاب الشرايين العقدي المتعدد هو مرض نادر يؤدي الي التهاب الشرايين متوسطة الحجم. يسمي عقدي لأنه يسبب إتساعات صغيرة بالونية الشكل علي طول الشريان كالخرز في العقد.

Polychromasia
تعدد الوان كرويات الدم الحمراء
تعدد الوان كرويات الدم الحمراء هو تواجد كرويات دم حمراء متفاوتة في حمرتها عند فحص الدم تحت المهجر وهذه الحالة تحدث نتيجة خروج كرويات غير مكتملة النمو (immature erythrocytes) من نخاع العظم ودخولها الدورة الدموية. أسباب تعدد الوان كرويات الدم الحمراء هي امراض نخاع العظم (bone marrow) مثلا ترسب الخلايا السرطانية فيه وفقر الدم وأيضا في حالة زيادة افراز الهورمون erythropoietin.

Polycystic ovary syndrome
متلازمة البويضة متعددة الاكياس
متلازمة البويضة متعددة الاكياس أيضا تسمي متلازمة استاين ليفينثال (Stein-Leventhal syndrome) هي حالة مرضية تنتج من زيادة انتاج هورمونات الذكورة (androgens) وعلاماتها عدم انتظام او انقطاع الحيض (amenorrhoea) وكثافة الشعر غير الطبيعية (hirsutism) والسمنة وتوقف التبييض (anovulation) ونزيف الرحم وظيفي السبب (dysfunctional uterine bleeding).

Polycythaemia rubra vera
كثرة الكرويات الحمراء الحقيقية
كثرة الكرويات الحمراء الحقيقية هو داء يتميز بزيادة غير طبيعية في عدد كرويات الدم الحمراء فتزيد كمية الهيموقلوبين عن 18g/dl في الرجال اوعن 16g/dl في النساء. المرض ينتج من ورم الخلايا الجذعية بالنخاع العظمي (انظر myeloproliferative disorders). اهم مضاعفات هذا المرض هو تجلط الدم (blood clotting) الذي يؤدي الي انسداد الاوعية الدموية. تكاثر الكرويات الحمراء الحقيقية يختلف عن تكاثر الكرويات الحمراء الثانوي (secondary polycythaemia) الذي يحدث في حالات قلة الاوكسيجين في الخلايا (hypoxia) مثلا نتيجة امراض الرئة او امراض القلب. تكاثر الكرويات الحمراء الثانوي أيضا يحدث في حالة زيادة الهورمون erythropoietin

Polydactyly
تعدد الاصابع
انظر fingers

Polydipsia
العطش الشديد
العطش الشديد عادة يكون مصحوبا بالإفراط في الشرب واسبابه تتضمن مرض السكري ومرض السكري الكاذب (diabetes insipidus) والافراط في تناول ملح الطعام وبعض الامراض العقلية مثلا انفصام الشخصية (schizophrenia).

الوراثة بعوامل متعددة
Polygenetic inheritance

الوراثة بعوامل متعددة هي وراثة صفة معينة (مثلا طول القامة) عن طريق اضافة تاثير عدد من العوامل الوراثية مع بعضها.

ألم العضلات الروماتزمي
Polymyalgia rheumatica

الم العضلات الروماتزمي هو التهاب في العضلات خاصة عضلات الحوض والكتف المصحوب بحمى وفقد الشهية ونقص الوزن والاحساس بالتعب الزائد واحيانا التهاب المفاصل وأيضا التهاب الشريان الصدغي (temporal arteritis).

تفاعل مُركّب الوحدات المتكررة المتسلسل
Polymerase chain reaction (PCR)

مركب الوحدات المتكررة (polymer) هو اي مادة (طبيعية او مصنوعة) مكونة من نسخ كثيرة من جزئي (molecule) اوجزئيات معينة تشكل وحدة كيمائية. تفاعل مركب الوحدات المتكررة المتسلسل هو طريقة معملية لإنتاج نسخ كثيرة وكاملة (بواسطة خميرة كيمائية - enzyme) من قطعة صغيرة جدا من الحامض النووي الريبوزي ناقص الاوكسيجين (deoxyribonucleic acid, DNA). التفاعل يُستعمل لعدة أغراض مثلا لتشخيص بعض الامراض وفي الطب الجنائي والبحث العلمي.

التهاب العضلات المتعدد
Polymyositis

التهاب العضلات المتعدد هو التهاب مزمن في العضلات الهيكلية خاصة عضلات الحوض والكتف واعراضه تتضمن ألم وضعف في العضلات وحمى وشعور بالتعب ونقص الوزن. المرض يبدأ عادة في العقد الخامس من الحياة. التهاب العضلات المتعدد يزيد احتمال حدوث بعض أنواع السرطان.

الزائدة اللحمية
Polyp

الزائدة اللحمية هي ورم حميد قابل لأن يصير سرطاني ويكون عادة في القولون والمعدة والجيوب الانفية والمثانة والرحم. الورم عادة دائري الشكل ويتعلق من الغشاء المخاطي بجزء رفيع يشبه ساق النبات.

تعدد الادوية
Polypharmacy

تعدد الادوية هو تناول خمسة ادوية مختلفة او اكثر من ذلك في اليوم الواحد. تعدد الادوية يزيد احتمال حدوث المضاعفات الضارة (adverse effects) التي تسببها الادوية خاصة في الشيخوخة.

الخلايا متعددة الصبغي
Polyploid cells

انظر ploidy

Polycystic kidney **الكلية متعددة الاكياس**

الكلية متعددة الاكياس هي حالة وراثية تتصف باختلال نمو الانابيب الكلوية (renal tubules) وتكوين أكياس لاوظيفية مملوءة بسائل مما يؤدي الي تضخم الكلية والتدهور التدريجي في وظائفها.

Polyuria **كثرة البول**

كثرة البول هو انتاج كمية من البول تزيد عن ثلاثة ليترات في 24 ساعة وليست كثرة تكرار التبول (urinary frequency). أسباب كثرة البول تتضمن مرض السكري ومرض السكري الكاذب (diabetes insipidus) وامراض الكلية.

Porencephaly **المخ المُثقب**

المخ المثقب هو عاهة خلقية تتميز بوجود أكياس (cysts) وتجاويف (cavities) في المخ – عادة في نصفي كرة المخ (cerebral hemispheres). اعراض المرض تعتمد علي مكان وحجم وعدد الثقوب والتجويفات.

Porphyria **بورفيريا**

البورفيريا هي مجموعة من الامراض الوراثية التي تنتج من تراكم البورفيرين في الجسم نسبة لفقد خمائر كيمائية (enzymes) معينة. (البورفيرين هو مركب عضوي بنفسجي اللون – الترجمة الحرفية من اللغة الاغريقية لكلمة porphyria هي بنفسجي. البورفيرين هو احد مكونات الهيموقلوبين). البورفيريا تسبب عدة اعراض مرضية ناتجة من اختلال وظائف الجهاز العصبي والجهاز الهضمي والجلد.

Portal hypertension **ارتفاع ضغط الوريد البابي**

اهم اسباب ارتفاع ضغط الوريد البابي هو تليُّف الكبد (liver cirrhosis) واعراضه الاساسية هي الاستسقاء (ascites) وتضخم الكبد والطحال (hepatosplenomegaly) والنزيف من دوالي المريئ (oesophageal varices) والبواسير واعتلال الدماغ (encephalopathy).

Portal vein **الوريد البابي**

الوريد البابي هو وريد كبير يحمل الدم من الجهاز الهضمي والمرارة والبانكرياس والطحال الي الكبد.

Positron emission tomography (PET) **التصوير المقطعي من اشعة الإليكترون الإيجابي**

التصوير المقطعي من اشعة الإليكترون الإيجابي هو تصوير وظيفي (functional imaging) يُستخدم لتقييم التغييرات في التمثيل الغذائي وتدفق الدم والتركيبة الكيمائية في الانسجة والأعضاء. التصوير يتم عادة بحقن دليل مُشِع (radioactive tracer) والتقاط اشعة قاما (gamma rays) المنبعثة من العضو الذي تركّز فيه الدليل المشع وتحويلها بالحاسوب الي صورة ثلاثية الابعاد. (الدليل المشع هو مادة كيمائية حيوية – مثلا جلكوز – استبدلت فيه ذرات بذرات مادة مشعة).

Post-mortem examination

تشريح الجثة
انظر autopsy

Postpartum

فترة ما بعد الولادة
فترة ما بعد الولادة هي الفترة التي تلي خروج الجنين من الرحم وتستمر ستة اشهر. الأسابيع الستة الاولى من هذه الفترة تسمي النُفاس (puerperium) وتتميز بزيادة احتمال حدوث مضاعفات خطيرة مثلا النزيف من الرحم (postpartum haemorrhage) والعدوي وتجلط الاوردة (deep vein thrombosis) والاكتئاب (postnatal depression).

Post term birth

الولادة المتأخرة عن موعدها
الولادة المتأخرة عن موعدها هي الولادة بعد الأسبوع 42 من آخر حيض. الولادة المتأخرة عن موعدها عادة تسبب مضاعفات للجنين او ولادة الجنين ميتا (stillbirth) نسبة لتدهور المشيمة (placenta) وأيضا قد تسبب عسر ومضاعفات في الولادة خاصة اذا كان حجم الجنين كبيرا.

Post-traumatic stress disorder

حالة التوتر النفسية بعد الصدمة
حالة التوتر النفسية بعد الصدمة هي اضطراب نفسي يحدث نتيجة الاصابة او التعرض لكارثة تهدد حياة الشخص واعراضها الاساسية هي استرجاع تفاصيل الكارثة (flashbacks) والكابوس (nightmares) واضطراب النوم والقلق (anxiety).

Precocious puberty

البلوغ المُبكِّر
البلوغ المبكر هو اكتمال نمو ووظائف الغدد والأعضاء التناسلية وظهور الخصائص الجنسية الثانوية (secondary sexual characteristics) قبل عمر 8 سنوات في الاناث وقبل عمر 10 سنوات في الذكور. أسباب البلوغ المبكر تتضمن امراض الغدة النخامية (pituitary gland) وتحت المهاد (hypothalamus) والغدة الكُظرية (adrenal gland) والغدد التناسلية. البلوغ المبكر عادة يسبب مشاكل للطفل في السلوك الاجتماعي وله أيضا اضرار صحية ونفسية.

Precocity

البلوغ المُبكِّر
انظر Precocious puberty

Pregnancy (or gestation)

الحَمل
الحَمل هو نمو الجنبين في رحم المرأة وفي الأحوال الطبيعية يستمر تسعة اشهر (38 أسبوع). بداية الحمل تُحسب من اليوم الأول من آخر حيض. فترة الحمل عادة تُقسّم الي ثلاثة مراحل (trimesters) لكل مرحلة خواص مميزة. اعراض بداية الحمل تشمل عدم حدوث الحيض بإسبوع او اكثر من وقته المتوقع والغثيان والاستفراغ والشعور بالتعب وتضخم الثدي.

صمم الشيخوخة Presbycusis

صمم الشيخوخة هو فقد السمع التدريجي في كلا الاذنين الذي يحدث في الشيخوخة نتيجة التدهور الطبيعي في بنية ووظائف الاذن الداخلية وعادة يبدأ بعد عمر الستين سنة.

طول النظر الشيخوخي Presbyopia

انظر hypermetropia

قُرح السرير او قرح الفراش Pressure sores (or ulcers)

قرح السرير هي نخر (necrosis) في الجلد والانسجة تحت الجلد ينتج من ضعف تدفُّق الدم نسبة لضغط خارجي لفترة طويلة خاصة في أجزاء الجسم التي تغطي نتوءات عظمية مثلا عظم العجز (sacrum) ونتوء عظم مفصل الورك (ischial tuberosity) ونتوء الكعب (malleolus). قرح السرير عادة تحدث نتيجة فقد الحس مثلا في حالة إصابات النخاع الشوكي الرضخية (spinal cord injuries) وتحدث أيضا في الامراض المزمنة التي تؤدي الي عدم او قلة الحركة.

الولادة المُبكِّرة Preterm birth

الولادة المبكرة هي الولادة قبل الأسبوع 37 من آخر حيض. الولادة المبكرة عادة تسبب امراض عديدة للجنين مثلا الشلل الدماغي (cerebral palsy) والنمو المتأخر واعتلال السمع والبصر.

الانتصاب المستمر Priapism

الانتصاب المستمر هو انتصاب عضو الرجل التناسلي (penis) الذي يستمر لمدة طويلة (عادة ساعات) ويكون الانتصاب في كثير من الحالات مصحوبا بألم شديد. أسباب الانتصاب المستمر عُدّة وتتضمن امراض الدم (مثلا الانيميا المنجلية وسرطان الدم) وإصابات النخاع الشوكي ومضاعفات بعض الادوية (e.g. chlorpromazine, trazadone) والمخدرات والخمر .

زيادة افراز الالدوستيرون الأولية Primary aldosteronism

زيادة افراز الالدوستيرون الأولية أيضا تسمي متلازمة كون (Conn's syndrome) وسببها اورام الغدة الكُظرية او تكاثر خلاياها المفرط (adrenal hyperplasia). اعراض المرض الأساسية هي ارتفاع ضغط الدم وضعف والم العضلات ونقص البوتاسيوم في الدم (hypokalaemia). زيادة افراز الالدوستيرون أيضا تحدث نتيجة امراض غير امراض الغدة الكُظرية مثلا تليُّف الكبد (liver cirrhosis) ومتلازمة الكلية (nephrotic syndrome) وفشل القلب الاحتقاني (congestive heart failure). المرض في هذه الحالات يسمي زيادة افراز الالدوستيرون الثانوية (secondary aldosteronism).

هورمون الحمل
Progesterone

هورمون الحمل هو هورمون يفرزه الجسم الاصفر (corpus luteum) في المبيض (ovary) وظيفته الاساسية هي تنظيم الحيض (menstruation) وتجهيز الرحم لزرع البويضة المخصبة واستمرار الحمل وزيادة خلايا الثدي في حالة حدوث الحمل.

التنبوء بمسيرة المرض
Prognosis

التنبوء بمسيرة المرض هو ما يتوقعه الطبيب بالنسبة لتطور المرض (او تراجعه) واحتمال استجابته للعلاج والشفاء منه وما يتركه من تأثير على وظائف الجسم. التنبوء بمسيرة المرض ينبني علي تحليل عدة عوامل مثلا طبيعة المرض وحالة المريض الصحية وعمره ونوعية العلاج المتاح.

الخلايا عديمة النواة او الخلايا البدائية
Prokaryotic cells

انظر معنى eukaryotic cells

إنكِباب اليد
Pronation

انكباب اليد هو حركة الساعد في المستوي الافقي التي تجعل باطن الكف يواجه الي اسفل.

الوقاية من الامراض
Prophylaxis

الوقاية من الامراض هي اتخاذ خطوات لتجنب الإصابة بمرض معين او لمنع انتشاره في المجتمع مثلا بالتطعيم (vaccination) بغرض الحماية من مرض معدي.

اللغة الاخبارية
Propositional language

اللغة الاخبارية هي العبارات التي تستخدم لإدلاء رأي او للتعبير العاطفي او تبادل المعلومات والاخبار. اللغة الاخبارية تختلف عن اللغة اللاخبارية التي تتكون من عبارات مألوفة اكتسبت بكثرة التكرار مثلا "السلام عليكم" "كيف حلك" ... الخ و أيضا ترتيل الادعية وما شابه ذلك.

جحوظ العين
Proptosis

انظر exophthalmos

نغمة الكلام
Prosody

نغمة الكلام هي تغيير حدة الصوت عند الكلام برفعه او خفضه او تفخيمه حسب ما يقتضي المعني المُراد.

بروستاقلاندين Prostaglandin

البروستاقلاندين هو احد مجموعة من المركبات الدهنية المنتشرة في الجسم ولها وظائف عدة مثلا انقباض او توسيع الاوعية الدموية ونمو الخلايا وتنظيم حرارة الجسم وأيضا لها دور في الالتهاب والاحساس بالألم. (كلمة بروستاقلاندين مستمدة من prostate gland نسبة لاكتشاف هذه المركبات لأول مرة في السائل المنوي في غدة البروستاتا).

غدة البروستاتا Prostate gland

الترجمة الحرفية من اللغة الاغريقية لكلمة بروستاتا هي (في المقدمة) وسميت الغدة بذلك نسبة لموقعها في قاعة المثانة. الترجمة الحرفية (غدة المقدمة) لا تصف الغدة ولا تميز موقعها ولذلك الاحتفاظ بكلمة البروستاتا – في رائي - افضل. البروستاتا هي غدة تناسلية صغيرة يمر فيها جزء من قناة البول (urethra) وتقع بين المستقيم (rectum) والمثانة (urinary bladder). وظيفة البروستاتا الأساسية هي انتاج السائل المنوي.

عضو صناعي Prothesis

العضو الصناعي هو جهاز يُضاف لعضو في الجسم (مثلا الرجل) كبديل لكل او لجزء من عضو فُقِد نتيجة اصابة او مرض او عاهة خلقية لإستعادة وظيفة ذلك العضو او لتصحيح التشويه الناتج من فقده. اكثر الاعضاء الصناعية استعمالا هي الاطراف الصناعية (prosthetic or artificial limbs) التي تُستخدم عادة في الحالات الناتجة من بتر جزء من الرجل او اليد.

مدة سرعة تجلط الدم Prothrombin time

مدة سرعة تجلط الدم هي اختبار معملي لتقييم عملية تجلّط الدم ويستخدم لتشخيص الامراض التي تؤدي الي نزيف او تجلط الدم وأيضا لتحديد شدة المرض او للمساعدة في اختيار جرعة الادوية المانعة للتجلط مثلا warfarin. مدة سرعة تجلط الدم الطبيعية هي 12-14 ثانية.

الاقرب الي البداية Proximal

لفظ الاقرب الي البداية يستعمل في العلوم الطبية لوصف بُعد نقطة ما في الجسم من نقطة مرجعية مثلا الرسغ اقرب إلي الكتف من الأصابع. عكس كلمة proximal هو distal.

وضع الجسم اثناء الوقوف والجلوس Posture

متلازمة ما قبل الحيض Premenstrual syndrome

متلازمة ما قبل الحيض هي مجموعة من الاعراض النفسية والجسدية التي تسبق الحيض بحوالي أسبوع وتزول مع بداية نزيف الحيض. الاعراض تحدث بدرجة متفاوتة في نسبة كبيرة من النساء وتتضمن القلق والتوتر والاكتئاب واضطراب النوم والاحساس بالتعب وزيادة الوزن وتورم وألم الثدي والصداع والمغص.

Prenatal care | الرعاية اثناء الحمل
انظر antenatal care

Prepuce | قلفة القضيب
قلفة القضيب هي الجلد الذي يغطي حشفة عضو الذكر التناسلي (glans penis).

Primary chancre | القرحة الأولية
انظر syphilis

Progeria | شيخوخة الاطفال
شيخوخة الاطفال هي مرض نادر ينتج من طفرة جينية تؤدي الي ظهور علامات الشيخوخة اثناء الطفولة وتطورها السريع. الاعراض عادة تظهر في السنة الثانية من عمر الطفل.

Progressive muscular atrophy | الضمور العضلي المتزايد
انظر motor neuron disease

Proprioception | الحس العميق
الحس العميق هو ادراك وضع اجزاء الجسم بالنسبة لبعضها البعض وادراك الحركة. مصدر الحس العميق هو العضلات والمفاصل والجهاز الدهليزي (vestibular system) .

Protein | بروتين
البروتين هو مادة أساسية للحياة لها وظائف عدة وتتكون من حوامض امينية (amino acid) منظمة في شكل سلسلة تسمى polypeptides. تختلف البروتينات من بعضها البعض في عدد سلاسل الحامض الاميني وبالتالي في وظائفها.

Proteinuria | زيادة افراز البروتين في البول
في الحالة الطبيعية كمية البروتين في عينة من البول تؤخذ في أي وقت اثناء اليوم تتراوح بين صفر و 14mg/dl وكمية البروتين التي تفرزها الكليتان في 24 ساعة لا تزيد عن 150mg . فقد كمية من البروتين اكثر من ذلك في البول تنتج من امراض الكلية والحمى واثناء الحمل والاكلامبسيا (eclampsia) وامراض اخري.

Pruritus (itch) | حُكاك
الحُكاك هو الإحساس الذي يُسبب الرغبة في حك الجلد. الحكاك قد يكون موضعي او قد يشمل كل الجلد ويمكن حصر أسبابه في مجموعتين:

1 – الحكاك الناتج من الامراض الجلدية مثلا الجرب (scabies) والإصابة بالقمل (pediculosis) والطفح القراصي (urticaria).
2 – حكاك الامراض غير الموضعية (systemic diseases) مثلا الفشل الكلوي ويرقان انسداد مجاري الصفراء (obstructive jaundice) وسرطان الدم (leukaemia).

الشلل البصلي الكاذب Pseudobulbar palsy
الشلل البصلي الكاذب هو مجموعة من الاعراض والعلامات المرضية تنتج من إصابة العصبون الحركي الأعلى (upper motor neuron) للأعصاب القحفية (cranial nerves) رقم 9 و10 و11 و12.

الحِمل الوهمي Pseudocyesis
الحمل الوهمي هو ظهور تغييرات في جسم المرأة تشبه علامات الحمل في عدم وجود حمل ويعتقد ان سببه هو الامراض النفسية. نادرا علامات الحمل تظهر في الرجل عندما تكون زوجته حاملة. هذه الحالة تسمي الحمل التضامني (sympathetic pregnancy).

ثُنائية الجنس الزائفة Pseudohermaphroditism
ثنائية الجنس الزائفة هي حالة يمتلك فيها الشخص غدة تناسلية مطابقة لنوع الصبغي الجنسي (sex chromosomes) ولكن اعضاءه التناسلية الخارجية تكون مشابه لأعضاء الجنس المضاد مثلا بويضة وصبغي XX واعضاء الرجل التناسلية الخارجية.

التهاب القولون الغشائي الكاذب Pseudomembranous colitis
التهاب القولون الغشائي الكاذب هو التهاب حاد في القولون تسببه باكتيريا تسمي الباكتيريا المغزلية العسيرة (clostridium difficile) وهو عادة احد مضاعفات المضادات الحيوية (antibiotics). استيطان هذه الباكتيريا في الإمعاء يؤدي الي افراز مادة لزجة تحتوي علي فيبرين (fibrin) وخلايا ميتة ومخاط تغطي باطن الإمعاء تشبه الغشاء.

الباكتيريا الزائفة Pseudomonas
الباكتيريا الزائفة هي عائلة من الباكتيريا الهوائية (aerobic) سلبية القرام (Gram negative) عادة تسبب عدوي المسالك الهوائية والبولية والدم في حالة ضعف المناعة. (يُعتقد ان اصل التسمية يرجع الي اختلاف شكل هذه البكتيريا عن شكل الباكتيريا المألوف وشبهها بالكائنات اللاسوطية (non-flagellates) في شكلها وحركتها).

الورم الأصفر الكاذب المرن Pseudoxanthoma elasticum
الورم الأصفر الكاذب المرن هو مرض وراثي يسبب ترسُّب الكالسيوم واملاح اخري في الانسجة الضامة (connective tissue) خاصة في الجلد والعين والاوعية الدموية. اعراض المرض الأساسية هي ظهور اورام صغيرة صفراء اللون في الجلد (خاصة في الرقبة) ومرونة الجلد الزائدة وتصلب الشرايين المبكر.

الصدفية Psoriasis

الصدفية هي مرض جلدي مزمن ينتج من خلل في المناعة يؤدي الي تجدد سريع في خلايا بشرة الجلد. اعراض المرض هي بقع حمراء بارزة تغطيها قشور يابسة فضية اللون. القشور في بعض الحالات تكون قيحية (pustular psoriasis). البقع عادة تتواجد في الجزء الخلفي للساعدين والرجلين وفي الظهر وفروة الرأس. الاعراض الأخرى هي حُكاك وتغيير في الاظافر والتهاب المفاصل (psoriatic arthritis).

الطب النفسي Psychiatry

الطب النفسي هو فرع من الطب يتخصص في تشخيص وعلاج الامراض العقلية.

علم النفس Psychology

علم النفس هو دراسة الوظائف العقلية كالتفكير والادراك والعاطفة والسلوك.

الذهان (بضم الذاء) Psychosis

الذُهان هو مجموعة من الامراض العقلية تتميز باضطرابات شديدة في التفكير والمشاعر والسلوك نتيجتها ان يفقد المريض احساسه بالواقع. اعراض الذهان تتضمن الهلوسة والاوهام وزيادة - او قلة - الحركة والكلام والنوم. بالإضافة الي ذلك يكون المريض غير مدرك لحالته المرضية. أسباب الذهان تشمل انفصام الشخصية وادمان الخمر وتعاطي المخدرات.

العلاج النفسي Psychotherapy

العلاج النفسي هو نوع من العلاج مبني علي المحادثة المباشرة بين الطبيب المعالج والمريض ويستعمل في علاج بعض الامراض العقلية. بصورة عامة هدف العلاج النفسي هو مساعدة المريض علي فهم الصعوبات النفسية والعاطفية التي يواجهها وكيفية طريقة التغلب عليها مثلا بتغيير سلوكه او نمط حياته.

نزول جفن العين Ptosis

نزول جفن العين هو هبوط الجفن من موضعه حتي يغطي حدقة العين بكاملها (complete ptosis) اوعلي الأقل نصفها (partial ptosis) سببه ضعف العضلة رافعة الجفن (levator palpebrae superioris) او إصابة عصبها.

خميرة اللعاب Ptyalin

خميرة اللعاب هى خميرة كيمائية (enzyme) تساعد علي هضم النشويات وتوجد في اللعاب (saliva). معني كلمة ptyalin في اللغة الاغريقية هو بصاق.

البلوغ Puberty

البلوغ هو تغييرات في الجسم عادة تبدأ في الاناث قبل الذكور وتكتمل في عمر 17-16 سنة وعلاماته الأساسية هي اكتمال نمو ووظائف الأعضاء التناسلية والمقدرة علي الانجاب.

الصحة العامة Public health

الصحة العامة هي فرع من الطب يتخصص في طرق الوقاية من الامراض وتحسين صحة الفرد والمجتمع بوسائل مختلفة مثلا الارشاد الصحي والتطعيم ضد الامراض الوبائية وبرامج كشف الامراض في مراحلها الاولي (health screening programs).

النفاس Puerperium

انظر postpartum

التصلّب الرئوي Pulmonary consolidation

التصلب الرئوي هو حالة مرضية يفقد فيها جزء من الرئة رخاوته الطبيعية نسبة لامتلاء الاكياس الهوائية (alveoli) بسائل بدلا من الهواء. يظهر التصلب في صورة الاشعة السينية (x-ray) كمنطقة بيضاء (radio-opaque). أسباب التصلب الرئوي تتضمن الالتهاب الرئوي وسرطان الرئة ونخر الرئة (pulmonary infarction).

انتفاخ الحيز الخلالي الرئوي Pulmonary oedema

انتفاخ الحيز الخلالي الرئوي هو تراكم السوائل في الرئة الذي يؤدي الي اختلال التبادل الغازي (gas exchange) واسبابه تتضمن فشل بطين القلب الايسر (left ventricular failure) وفشل القلب الاحتقاني (congestive heart failure) وأيضا امراض الرئة مثلا الاتهاب الرئوي الشديد. اعراض المرض تتضمن ضيق التنفس (dyspnoea) وضيق التنفس الاستلقائي (orthopnoea) وسعال الدم (haemoptysis) وزرقة البشرة المركزية (central cyanosis).

ترسُّب الحيد الرئوي Pulmonary siderosis

ترسب الحيد الرئوي هو ترسب غبار الحديد في الرئة الذي يحدث نتيجة التعرض المهني المزمن له ويسبب سعال مزمن وضيق في التنفس. (لفظ – superficial siderosis - يطق علي ترسب الحديد في الجهاز العصبي المركزي نتيجة نزيف تحت السحايا العنكبوتية - subarachnoid haemorrhage - المتكرر. لاحظ ان مصدر الحديد هنا هو الدم وليس غبار الحديد المتواجد في البيئة.)

السل الرئوي Pulmonary tuberculosis

انظر tuberculosis

Pulpitis
التهاب لب السن
التهاب لب السن ينتج من العدوي بالباكتيريا ويصيب الانسجة الضامة داخل السن ويسبب الم شديد في السن المصاب.

Pulsating exophthalmos
جحوظ العين النابض
جحوظ العين النابض هو نتوء العين المصحوب بحركة مقلة العين (eyeball) المنسجمة مع ضربات القلب. جحوظ العين النابض هو احد اعراض الناسور السباتي القحفي (carotico-cavernous fistula)

Pulse
النبض
النبض هو اهتزاز الدم في الشرايين الناتج من تقلصات عضلة القلب والذي يُمكِن الإحساس به عند الضغط الخفيف علي احد الشرايين القريبة من سطح الجلد مثلا شريان المعصم.

Pulse oximetry
قياس الاوكسيجين بالجهاز النبضي
قياس الاوكسيجين بالجهاز النبضي هو قياس تشبُّع الدم بالاوكسيجين بجهاز يُربط عادة في احد الاصابع. الجهاز يبث اشعة فوق البنفسجية (ultra violet light) ويسجل النسبة من الاشعة التي يمتصها الهيموقلوبين. (كمية الاشعة فوق البنفسجية التي يمتصها الهيموقلوبين تتناسب مع كمية الاوكسيجين في الدم).

Pupil
حدقة العين
انظر Eye

Purgative
مُسهّل
انظر Laxative

Purkinje
بوركينيا
بوركينيا هو عالم ولد في القرن التاسع عشر في بوهيميا (Bohemia) وهي منطقة حاليا في الجمهورية التشيكية (Czech Republic). بوركينيا اكتشف الخلايا في المخ المعروفة بإسمه وأيضا الالياف التي تكوّن جزءا من جهاز نقل إشارة القلب الكهربائية (heart conducting system).

Purpura
الطفح الارجواني
الطفح الارجواني هو بقع في الجلد ارجوانية اللون (حمراء داكنة تميل الي اللون البنفسجي) تنتج من نزيف تحت الجلد.

Pustule
بثرة قيحية
البثرة القيحية هي جسم صغير صلب يرتفع عن سطح الجلد ويحتوي علي قيح (pus).

النواة البُطمِية ا Putamen
لنواة البطمية (بضم الباء وكسر الميم) هي كتلة من الخلايا العصبية تحت قشرة المخ (cerebral cortex) تنتمي الي العقد القاعدية (basal ganglia) ولها دور مهم في تنظيم الحركة اللإرادية. (تسمي البطمية لأنها تشبه ثمرة شجرة البُطم وهي شجرة من فصيلة الفستق تنمو في مناطق البحر الأبيض المتوسط واسيا الوسطي لها ثمار خضراء كروية ومفلطحة).

تقيُح الدم Pyaemia
تقيح الدم هو نوع من تعفُّن الدم (septicaemia) يؤدي الي تكوين خُرّاجات (abscesses) في اجزاء مختلفة من الجسم وعاد ينتج من عدوي الباكتيريا االكروية العنقودية (staphylococcus).

التهاب المسالك البولية العليا Pyelonephritis
التهاب المسالك البولية العليا هو التهاب حوض الكلية (renal pelvis) ونسيجها الوظيفي (parenchyma) عادة نتيجة عدوي بجرثومة اشيريك القولونية (Escherichia coli) وفي اكثر الأحيان نسبة لإنسداد جزئي في المسالك البولية. اعراض التهاب المسالك البولية العليا هي حمي ورجفة (rigors) وألم في جانبي البطن وصعوبة في التبول (dysuria).

بوابة Pylorus
البوابة هي الجزء من المعدة الذي يتصل بالإثني عشر (duodenum). في ملتقي المعدة بالاثني عشر توجد عضلة دائرية تسمي مصرّة البوابة (pyloric sphincter).

تقيُح الجلد Pyoderma
تقيح الجلد هو اي مرض جلدي يؤدي الي تكوين صديد (pus) في طبقات الجلد السطحية.

العدوي القيحية Pyogenic infection
العدوي القيحية هي عدوي باكتيريا تسبب تجمع القيح في موضع ما بالجسم مثلا الكبد.

التهاب اللثة القيحي Pyorrhoea
التهاب اللثة القيحي هو التهاب الانسجة التي تحيط بالاسنان (دواعم الاسنان) وتكوين صديد (pus) حول الاسنان نتيجة عدوي بالباكتيريا.

افراز الحيز الجانبي القيحي Pyothorax
انظر pleural effusion

السبيل الهرمي Pyramidal tract

السبيل الهرمي هو جزء من الجهاز الحركي (motor system) ينشأ من العصبونات الحركية العليا (upper motor neurons) في الفص الجبهي (frontal lobe) ويتكون من قسمين:

أ – السبيل القشري البصلي (corticobulbar tract) هو الالياف التي تنتهي في العصبونات الحركية السفلية (lower motor neurons) في جذع المخ الخاصة بالاعصاب القحفية الحركية

ب – السبيل القشري النخاعي (corticospinal tract) هو الالياف التي تنتهي في العصبونات الحركية السفلية بالنخاع الشوكي.

وظيفة السبيل الهرمي هي التحكم في الحركات الارادية وسمي هرمي لأن اليافه تتجمع في النخاع المستطيل (medulla oblongata) في شكل هرم مقلوب.

حمي Pyrexia

الحمي هي ارتفاع درجة حرارة الجسم الغير طبيعي. حرارة الجسم الطبيعية تتفاوت بين 38.3 و 37.4 درجة مئوية (99.2 - 100 درجة فهرنهايت) حسب عمر الشخص وعومل اخري وفي المتوسط تعادل 37.5 درجة مئوية عندما تقاس في الفم.

Q

العمي الرُبعي Quadrantanopia

العمي الربعي هو فقد النظر في الربع الاعلي او الربع الأسفل من نطاق الرؤية (visual field) ويحدث نتيجة إصابات الاشعاع البصري (corona radiata) في الفص الصدغي (العمي الربعي العلوي) او في الفص الجداري (العمي الربع السفلي).

الحجز الصحي Quarantine

الحجز الصحي هو حجز المواطنين الاصحاء لفترة محددة في منازلهم او في مكان آخر مخصص للحجز لمنع انتشار عدوي وبائية.

خُرّاج اللوزات Quinsy (peritonsillar abscess)

خراج اللوزات هو تجمع القيح في الحلق خلف اللوزتين نتيجة عدوي الباكتيريا.

R

داء السُعر
Rabies

السعر (بضم السين) هو الهيجان او الجنون وهو ممعني كلمة rabies في اللغة اللاتينية. داء السعر يسمي داء الكلب في بعض الأقطار العربية وهو مرض فيروسي ينتقل عن طريق عضة حيوان مصاب غالبا كلب واحيانا قط او ثعلب او الخفاش مصاص الدماء (vampire bat). المرض يسبب التهاب المخ الحاد (acute encephalitis) ومتوسط فترة الحضانة 4-8 أسابيع. اعراض المرض هي حمي وهيجان وقلق وهلوسة وخوف شديد من الماء (hydrophobia) وغيبوبة. في معظم الأحيان المريض يموت في الأسبوع الأول بعد ظهور الاعراض. الشفاء من داء السعر نادر جدا.

القياس المناعي الاشعاعي
Radioimmunoassay

القياس المناعي الاشعاعي هو فحص معملي يَستخدم مسبب مضاد (antigen) موسوم بمادة مشعة (radioactive substance) عادة لقياس تركيز الهورمونات والادوية في الدم وسوائل الجسم الاخري.

طب الاشعة
Radiology

طب الاشعة هو فرع من الطب يتخصص في تشخيص الامراض عن طريق الفحص بالاشعة السينية (x-ray) والمسح المقطعي الحاسوبي (computerised tomographic scans) والموجات فوق الصوتية (ultrasound).

اعتلال الجذور العصبية
Radiculopathy

اعتلال الجذور العصبية هو اختلال في عصب واحد او عدة أعصاب وسببه إصابة جذر العصب بالقرب من مخرجه من النخاع الشوكي. اكثر أسباب اعتلال الجذور العصبية شيوعا هو تآكل أقراص السلسلة الفقرية في الرقبة (cervical spondylosis) والتهاب مفاصل العامود الفقري الانحساري (spinal osteoarthritis) وانزلاق الفقرات (spondylolisthesis). اعراض اعتلال الجذور العصبية تشمل ألم وخدر في القطاع الجلدي (dermatome) المطابق للعصب المُصاب وأيضا ضعف وضمور العضلات التي تأخذ امدادها العصبي من ذلك العصب.

العلاج بالأشعة
Radiotherapy

العلاج بالأشعة يُستعمل عادة لعلاج الأورام الخبيثة لوحده او مع العلاج الكيمائي (chemotherapy) بهدف القضاء الكامل علي الخلايا السرطانية وشفاء المريض او للسيطرة علي اعراض المرض في حالة استحالة الشفاء.

عصا الساعد
Radius bone

عصا الساعد هي احد عظمي الساعد واصغرهما. عصا الساعد يوصل المرفق بالرسغ.

غصن
Ramus

نوم حركة العين السريعة Rapid eye movements (REM) sleep

نوم حركة العين السريعة هو مرحلة من مراحل النوم تتحرك فيها العين بطريقة عشوائية وسريعة وعادة تحدث لفترات قصيرة اربعة او خمسة مرات اثناء النوم الطبيعي الذي يستمر 7-8 ساعات. معظم الاحلام تحدث في هذه المرحلة. وظيفة نوم حركة العين السريعة غير معروفة.

طفح جلدي Rash

انظر exanthema

مُستقبلات Receptors

المستقبلات في علم وظائف الاعضاء (physiology) هي بنيات وظيفية قادرة علي الاستجابة لمؤثرات ناشئة من البيئة (environmental stimuli) وتحويلها الي الي اشارة كهربائية ينقلها العصب الحسي للمخ. المستقبلات تتضمن نهاية العصب العارية (nerve endings) في الجلد والاعضاء الحسية (sense organ). كلمة مستقبلات تُستعمل ايضا في علم الكيمياء العضوية (biochemistry) وتعني جزئيات بروتينية في غشاء الخلية او في داخلها تسبب تغييرات معينة في وظائف الخلية عندما ترتبط بناقل عصبي (neurotransmitter) او هورمون او مسبب مضاد (antigen).

الحامض النووي الريبوزي ناقص الاوكسيجين المصنوع Recombinant DNA

المصطلح "مصنوع" يطلق علي الحامض النووي الريبوزي ناقص الاوكسيجين (- deoxyribonucleic acid DNA) اذا تم تركيبه في المعمل عن طريق خلط حوامض نووية من مصادر مختلفة لا تتواجد طبيعيا مع بعضها البعض. الحامض النووي الريبوزي ناقص الاوكسيجين المصنوع يُستخدم لعدة أغراض مثلا صناعة بعض الأدوية والهورمونات وعلاج بعض أنواع السرطان والامراض الأخرى.

تدلي المستقيم Rectal prolapse

تدلي المستقيم هو هبوط جزء من المسقيم (rectum) خارج الشرج (anus) ويحدث عادة في حالات الامساك المزمن والبواسير (haemorrhoids) ونتيجة ضعف مصرّة الشرج (anal sphincter).

المستقيم Rectum

المستقيم يقع بين القولون السيني (sigmoid colon) والشرج (anus) وهو الجزء الاخير من الامعاء (intestine). المستقيم يخزن البراز وتقلصات عضلاته تساعد في عملية التبرّز (defecation).

قيد الوتر Retinaculum

قيد الوتر هو غشاء ليفي سميك وقوي يُوجد حول بعض الاوتار مثلا اوتار الرسغ ووظيفته هي تثبيت الاوتار (tendons) في مكانها.

فتق المستقيم Rectocele

فتق المستقيم هو نتوء جزء من المستقيم (rectum) في جدار المهبل (vagina) الخلفي نسبة لضعف او تمزق فيه. أسباب فتق المستقيم هي استئصال الرحم (hysterectomy) ومضاعفات الولادة والسعال المزمن والسمنة.

كرويات الدم الحمراء Red blood cells

انظر erythrocytes

مُنعكِس Reflex

المنعكس هو استجابة الجسم او رد فعل لا ارادي وفوري لمؤثّر (stimulus) منبعث من خارج او داخل الجسم. المنعكسات كثيرة ولكن يمكن تصنيفها في اربعة مجموعات:-

1 – منعكسات ناتجة من مؤثر خارج الجسم مثلا منعكس شد العضل (muscle stretch reflex).

2 - منعكسات ناتجة من مؤثر داخل الجسم مثلا المنعكس المعدي القولوني (gastro-colic reflex)

3 – المنعكسات البدائية (primitive reflexes) التي تحدث في الطفولة المبكرة وعادة تختفي في عمر سنتين او ثلاثة مثلا منعكس المص (suckling reflex).

4 – المنعكس الشرطي (conditional reflex) هو رد فعل مُكتسب تعلّمه الشخص نتيجة تعرُّضه السابق للمحفّز الذي سبب الإنعكاس.

الإرجاع المعوي المريئي Regurgitation

الارجاع المعوي المريئي هو دخول الحامض المعوي في المريئ نسبة لضعف مَصرّة المريئ السفلي (lower oesophageal sphincter) واعراضه هي الحرقان (heartburn) وسوء الهضم وصعوبة البلع (dysphagia).

التأهيل Rehabilitation

التأهيل هو فرع من الطب هدفه استعادة وظائف الجسم التي فُقدت نتيجة المرض او الإصابات بالعلاج الطبيعي وطرق علاجية اخري او بالتعويض عن تلك الوظائف بوسائل مختلفة مثلا استخدام الأجهزة المساعدة علي الحركة في حالة الشلل.

الإنتكاسة Relapse

الانتكاسة هي عودة المرض بعد الشفاء

الشفاء المؤقت Remission..

الفشل الكلوي Renal (kidney) failure

الفشل الكلوي هو انخفاض شديد في مقدرة الكليتين علي تنقية الدم مما يؤدي الي ارتفاع في كمية البولينة (urea) والكرياتينين (creatinine) في الدم. الفشل الكلوي قد يكون حادا او مزمنا ويّمكن حصر أسبابه في ثلاثة مجموعات هي –

1 – امراض نسيج الكلية الوظيفي (parenchymal disease) مثلا التهاب الكُبيبات الكلوية (glomerulonephritis) والتهاب المسالك البولية العليا (pyelonephritis) ومرض السكري (diabetes mellitus).

2 – انقطاع او النقص الشديد في تدفق الدم الي الكليتين كما يحدث مثلا في الصدمة (shock) وفقد السوائل الشديد.

3 – انسداد المسالك البولية الكامل.

الفشل الكلوي المزمن عادة لا يؤدي الي اعراض مرضية في مراحله الاولي. في المراحل المتقدمة يعاني المريض من الإحساس بالتعب الزائد والغثيان والاستفراغ وفقد الوزن وتورم الوجه والارجل وحُكاك الجلد والاضطرابات العقلية

الكبت (في علم التحليل النفسي) Repression (in psychoanalysis)

الكبت هو وسيلة غريزية غير شعورية وظيفتها حماية الانسان من اضرار الصراعات النفسية التي تنتج من الاحداث المؤلمة والرغبات الخفية. يتم الكبت بإبعاد هذه الصراعات من مجال الشعور ونقلها الي العقل الباطن.

جهاز التنفس Respiratory system

جهاز التنفس يتكون من الأنف والجيوب الانفية (nasal sinuses) والحلقوم (pharynx) والحنجرة (larynx) وقافل الحنجرة (epiglottis) والقصبة الهوائية (trachea) والشُعب الهوائية (bronchi) والرئتين (lungs).

(1) الأنف (nose) – الانف هي الجزء الخارجي من جهاز التنفس الذي يدخل منه الهواء وهي أيضا عضو الشم. الانف أيضا تُشكّل حاجزا يمنع الاجسام الغريبة الصغيرة من الوصول الي الرئة وذلك عن طريق الشعر الذي بداخل الانف والغشاء المخاطي الذي يُبطنها والعطس اللإرادي (reflex sneezing).

(2) الجيوب الأنفية (nasal sinuses) – أيضا تسمي الجيوب مجاورة الانف (paranasal sinuses) هي تجويفات في عظام الجمجمة لها قنوات صغيرة تفتح في جوف الانف وهي أربعة ازواج : الجيوب الجبهية (frontal sinuses) والجيوب الفكية العليا (maxillary sinuses) والجيوب الغُربالية (ethmoid sinuses) والجيوب الوِتدية (sphenoid sinuses). يُعتقد ان وظيفة الجيوب الانفية الأساسية هي ترطيب وتدفئة الهواء المستنشق قبل دخوله الرئة.

(3) الحلقوم (larynx) – الحلقوم يقع وراء الفم والتجويف الانفي (nasal cavity) ويمتد من قاعدة الجمجمة الي المريء (oesophagus) والحنجرة ويحتوي علي كتلتين من الانسجة الليمفاوية تسمي اللوزات الانفية الحلقومية (naso-pharyngeal tonsils) وفيه يفتح التجويف الانفي والقناة السمعية (auditory canal) المعروفة أيضا بأنبوبة يوستاجي (Eustachian tube). وظيفة الحلقوم هي نقل الهواء للرئة والطعام الي المريء.

(4) الحنجرة (pharynx) – هي عضو يقع بين الحلقوم والقصبة الهوائية (trachea) مُكوّن من غضاريف في شكل حلقات مرتبة فوق بعضها البعض وعضلات داخل وخارج جدارها. الحنجرة تحتوي علي الحبال الصوتية (vocal cords) وفي مدخلها ينشأ قافل الحنجرة (epiglottis). الحنجرة هي المسلك الذي يمر فيه الهواء من الانف والفم الي الرئة ووظائفها الأخرى هي انتاج الأصوات.

(5) قافل الحنجرة (epiglottis) – هو غضروف مرن مكسو بغشاء مخاطي ينشأ في مدخل الحنجرة خلف اللسان ووظيفته قفل الحنجرة اثناء البلع لمنع دخول الطعام في القصبة الهوائية. قافل الحنجرة يكون فاتحا في الأوقات الأخرى ليمكِّن مرور الهواء للرئة.

(6) القصبة الهوائية (trachea) – هي المسلك الذي يمر فيه الهواء الي ومن الرئة وهي انبوبة طولها تقريبا أربعة بوصات مكونة من حلقات غضروفية ومبطنة من الداخل بغشاء طلائي (epithelial tissue). القصبة الهوائية تمتد من الحنجرة الي مستوي زاوية عظم القص (sternal angle) حيث تنقسم الي شعبة هوائية يمني ويسري (right and left bronchus).

(7) الشُعب الهوائية (bronchi) – تنقسم القصبة الهوائية الي شعبة هوائية يمني ويسري وكل واحدة منهما تدخل الرئة المطابقة. الشعبة الهوائية اليمني تنقسم الي ثلاثة شعب هوائية ثانوية كل واحدة في فص (lobe) من فصوص الرئة اليمني الثلاثة. الشعبة الهوائية اليسرى تنقسم الي اثنين – واحد في كل فص من فصي الرئة اليسرى. داخل فصوص الرئة تنقسم الشعب الهوائية الثانوية الى فروع اصغر بالتدريج كفروع الشجرة واصغرها يسمي شعيبة (bronchiole). الشعب الهوائية تشبه القصبة الهوائية في بنيتها ووظائفها.

(8) الرئة (lung) – الرئة هي عضو في القفص الصدري وللإنسان رئتان – يمني ويسرى – يجلس بينهما القلب. الرئة اليمني تنقسم الي ثلاثة أجزاء تسمي فصوص (lobes). الرئة اليسرى اصغر حجما من اليمني وتحتوي علي فصين. يحيط بالرئة كيس رفيع يحتوى علي سائل يسمي الكيس الجانبي (pleural sac). وظيفة السائل هي منع الرئة من الاحتكاك بالقفص الصدري اثناء حركة التنفس. وظيفة الرئة هي التبادل الغازي (gas exchange) الذي يتم في الاكياس الهوائية (alveoli) وهو استخلاص الاوكسيجين من الهواء المستنشق وإبعاد ثاني أوكسيد الكربون (carbon dioxide, CO_2).

(9) الكيس الهوائي (alveolus) – هو كيس رفيع مملوء بالهواء يتواجد في نسيج الرئة الحشوي (parenchyma) ويتصل بالشعيبات الهوائية (bronchioles) عن طريق قناة صغيرة وتحيط به شبكة من الاوعية الدموية. الكيس الهوائي هو الوحدة الوظيفية في الرئة وفيه يتم التبادل الغازي (gas exchange).

إنعاش Resuscitation

انظر cardiopulmonary resuscitation

كرويات الدم الحمراء الشبكية Reticulocytes

كرويات الدم الحمراء الشبكية هي خلايا غير مكتملة النمو (immature cells) تتكون في احد المراحل النهائية في انتاج كرويات الدم الحمراء (erythrocytes) وتتواجد في الدم بكمية ضئيلة لا تتجاوز 2% من كرويات الدم الحمراء وزيادتها عن ذلك (reticulocytosis) تحدث في حالات فقر الدم الانحلالي (haemolytic anaemia).

زيادة كرويات الدم الحمراء الشبكية Reticulocytosis

انظر reticulocytes

الشبكية Retina

انظر Eye

انفصال الشبكية Retinal detachment

انفصال الشبكية هو انسلاخ الشبكية او جزء منها عن الانسجة الضامة التي تُثبّت الشبكية علي جدار العين الخلفي واسبابه تتضمن إصابات العين الرضخية وارتفاع ضغط الدم الخبيث (malignant hypertension) ومرض السكري والامراض والأدوية التي تمنع تجلط الدم. اعراض انفصال الشبكية هي فقد البصر وظهور الاجسام الطافية (floaters) المفاجئ والومضات الضوئية (photopsia).

التهاب الشبكية الصبغي Retinitis pigmentosa

التهاب الشبكية الصبغي هو مرض وراثي يؤدي الي فقد تدريجي في النظر في اطراف نطاق الرؤية (peripheral visual field) مع الاحتفاظ بالرؤية المركزية.

تليُف خلف غشاء تجويف البطن Retroperitoneal fibrosis

تليف خلف غشاء تجويف البطن هو التهاب وتكاثر الاغشية الليفية في الحيز وراء غشاء تجويف البطن (peritoneum) الذي يحتوي علي الكلية والحالب والوتين (aorta). اسباب المرض تتضمن اختلال المناعة والسرطان واحيانا بعض الادوية (مثلا methysergide, hydralazine). اعراض المرض الاساسية هي ألم في الظهر وتجلط الاوردة العميقة (deep vein thrombosis) وفشل الكلي وارتفاع ضغط الدم.

إنحلال العضلات المخططة Rhabdomyolysis

انحلال العضلات المخططة هو حالة مرضية تؤدي الي تفكك العضل المخطط (striated muscle) الي اجزائه المُكوّنة وافراز الميوقلوبين (myoglobin) في البول وأهم مضاعفات هذه الحالة هي الفشل الكلوي.

عامل ريزوس Rhesus factor

عامل ريزوس هو بروتين مناعي يوجد في سطح كرويات الدم الحمراء في اكثر من 80% من الناس وفي هذه الحالة فصيلة الدم تسمي ريزوس ايجابي (Rhesus positive). فصيلة الدم تسمي ريزوس سلبي (Rhesus negative) في حالة عدم وجود عامل ريزوس. في حالات نقل الدم عدم تطابق عامل ريزوس بين مانح الدم ومتلقيه وايضا عدم التطابق بين المرأة الحامل والجنين الذي تحمله يؤدي الي فقر الدم الإنحلالي (haemolytic anaemia).

الروماتزم Rheumatism

الروماتزم هو مصطلح عام لا يعني مرض محدد ويُستخدم لوصف ألم مزمن بالمفاصل والعضلات سببه التهاب الأنسجة الضامة (connective tissue).

حمي الروماتزم Rheumatic fever

حمي الروماتزم هي مرض تسببه الباكتيريا الكروية العِقدية (streptococcus) يؤدى الي إصابة القلب والمخ والمفاصل واحيانا أيضا يسبب طفح جلدي . إصابة القلب عادة تسبب تلف الصمامات مثلا ضيق الصمام القلنسوي (mitral stenosis). اكثر اعراض إصابة المخ حدوثا هي الرقصة (chorea).

التهاب المفاصل الشبيه بحمي الروماتزم Rheumatoid arthritis

التهاب المفاصل الشبيه بحمي الروماتزم هو مرض مزمن يتميز بإنتكاسات حادة تتناوب مع فترات شفاء مؤقت (relapses and remissions). التهاب المفاصل الشبيه بحمي الروماتزم هو احد امراض المناعة الذاتية (autoimmune diseases) واعراضه الرئيسية هي التهاب وتشوه المفاصل والم المفاصل والعضلات. التهاب المفاصل عادة يصيب مفاصل اليدين والرسغين في بداية المرض ثم ينتشر للمفاصل الأخرى بعد ذلك. المرض أيضا يصيب الأعضاء الأخرى ويسبب التهاب الغشاء الجانبي (pleurisy) وغشاء القلب (pericarditis) واعتلال الاعصاب المحيطية (peripheral neuropathy) وفقر الدم المزمن ونقص الوزن واعراض اخري.

عامل الروماتزم Rheumatoid factor

عامل الروماتزم هو اجسام مضادة ينتجها الجسم ضد نفسه (auto antibodies) ويوجد في 80% من حالات التهاب المفاصل الشبيه بحمي الروماتزم (rheumatoid arthritis) وفي امراض اخري مثلا الالتهابات المزمنة ومرض الساركويد (sarcoidosis) وامراض الانسجة الضامة (connective tissue diseases).

رشح او زكام Rhinitis

انظر coryza

السيلان الانفي Rhinorrhoea

السيلان الانفي هو تقطُّر سائل من الانف مثلا نتيجة التهاب الجيوب الانفية.

الصبغة البنفسجية Rhodopsin

الصبغة البنفسجية هو بروتين يوجد في شبكية العين (retina) وظيفته امتصاص الضوء وتمكين الرؤية في الظلام..

صفير Rhonchi

انظر wheeze

ضلعة Rib

الضلعة هي عظم مفلطح ومنحني يرتبط من الخلف بالسلسلة الفقرية ومن الامام يرتبط بعظم القص (sternum). الأضلاع هي جزء من القفص الصدري (rib cage). للانسان 12 زوج من الاضلاع.

القفص الصدري Rib cage

القفص الصدري هو جزء من الهيكل العظمي مُكوّن من الفقرات الصدرية (thoracis vertebrae) والأضلاع (ribs) وعظم القَص (sternum). الاضلاع ترتبط بعظم القص من الامام وبالعامود الفقري من الخلف. وظيفة القفص الصدري هي حماية اعضاء الصدر الداخلية.

الحامض النووي الريبوزي Ribonucleic acid (RNA)

الحامض النووي الريبوزي هو احد الجزئيات الكبيرة التي توجد في حشوة الخلية (cytoplasm) وأيضا في النواة (nucleus). الحامض النووي الريبوزي يتكون من احماض امينية وسكر الريبوز وقواعد نايتروجينية مرتبة في شكل سلسلة واحدة وله عدة أنواع تختلف في وظائفها مثلا الحامض النووي الريبوزي الناقل (messenger RNA) والحامض النووي الريبوزي المُنظِم (control RNA). وظائف الحامض النووي الريبوزي تشمل نقل المعلومات الوراثية من نواة الخلية وفك شفرتها (decoding) وصنع البروتينات وتحفيز التفاعلات البايولوجية داخل الخلية.

سكر الرايبوز Ribose

سكر الرايبوز هو سكر بسيط يحتوي علي خمسة ذرات من الكربون وهو احد مكونات الحوامض النووية (nucleic acids) وفيتامين B2 (riboflavin). تسمية هذا السكر ترجع لشبه تركيبته الكيمائية لسكر آخر يسمي ارابينوز (arabinose).

اجسام الحامض الريبوزي Ribosomes

اجسام الحامض الريبوزي هي حُبيبات توجد داخل الخلية وظيفتها تجميع الحوامض الامينية (amino acids) في سلسلة (polypeptides) لتكوين البروتينات المختلفة.

الكُساح Rickets

الكُساح هو مرض يصيب الأطفال وينتج من نقص فيتامين دي (vitamin D) مما يقلل من امتصاص الكالسيوم (calcium) في الجهاز الهضمي وقلة ترسُّبه في العظام. اهم علامات المرض هي لين العظام وتأخير مراحل نمو الطفل مثلا مقدرته علي الجلوس والحبو والوقوف والمشي. لين العظام يظهر أولا في الجمجمة في السنة الاولي من العمر. الاعراض الأخرى تتضمن تشوه العظام مثلا تقوّس الساقين وتحدُّب الظهر (kyphosis).

ريكتسيا Rickettsia

الريكتسيا هي باكتيريا سلبية القرام (Gram negative) طفيلية لا تستطيع التكاثر الا داخل خلية حيوان اخر (obligatory intracellular parasite). اسم ريكتسيا مشتق من اسم الطبيب الأمريكي H.R. Ricketts الذي سميت الباكتيريا علي شرفه. الريكتسيا تسبب امراض كثيرة مثلا التايفوس (typhus) وحمي الخنادق (trench fever). العدوي تنتقل بواسطة القمل (lice) والسوسة (mite) والبرغوث (flea) والقراد (tics).

تصلّب العضلات Rigidity

تصلب العضلات هو عدم مرونة العضلات التي تحدث في بعض امراض العقد القاعدية كمرض باركينسون مثلا.
التصلب العضلي نوعان: التصلب المتقطع والتصلب المتواصل.
أ - التصلب المتقطع يسمى باللغة الإنجليزية cogwheel rigidity وكلمة cogwheel معناها تِرس (الترس هو عجلة دائرية لها أجزاء بارزة في محيطها تسمي اسنان. يستخدم الترس في نقل او تغيير سرعة او اتجاه الحركة في الأجهزة الميكانيكية وذلك يتم عندما تشتبك اسنان الترس بأسنان ترس اخر. تشابك اسنان الترسين يسبب ارتجاج واهتزاز في الحركة الناتجة فتبدو الحركة كأنها متقطعة وهذا هو وجه الشبه بين حركة الترس وما يحدث في حالة تصلب العضلات المتقطع لأن درجة التصلب تتغير في اثناء تحريك الجزء المصاب علي هذا النحو: نقص – زيادة – نقص – زيادة.
ب – التصلب المتواصل - lead pipe rigidity - في هذا النوع تظل درجة التصلب ثابتة ولا تتغير اثناء تحريك العضو المصاب.

تصلب العضلات الموتي Rigor mortis

تصلب العضلات الموتي هو تشنج كل عضلات الجسم الهيكلية الذي يحدث تقريبا بعد اربعة ساعات من الموت ويختفي بعد اربعة او خمسة ساعات من ظهوره. تصلب العضلات الموتي ينتج من تغييرات كيمائية في العضلات تنتج من انقطاع الاوكسيجين والجلكوز.

القوبة (او القوباء) الحلقية Ringworm

انظر dermatophytes

اختبار ريني Rinne's test

اختبار الطبيب الالماني ريني (Heinrich Rinne 1819-1868) ينبني على الملاحظة الاتية: في الاحوال الطبيعية نقل الموجات الصوتية من البيئة الي الاذن الداخلية عن طريق الهواء افضل من نقلها عن طريق عظام الجمجمة. في هذا الاختبار تُضرب الشوكة الرنانة (tuning fork) ثم تُوضع فوق العظم خلف الاذن ثم تضرب مرة اخري وتوضع امام فتحة قناة الاذن. في حالة الصمم التوصيلي (conductive deafness) يكون سمع رنين الشوكة في الاذن المصابة افضل عندما توضع الشوكة فوق العظم بالمقارنة لوضعها امام فتحة قناة الاذن. في الصمم العصبي الحسي (sensorineural deafness) يكون السمع سيئا في كلا الحلتين (أي في حالة النقل بالهواء والنقل العظمي).

العيدان Rods

انظر Eye

اختبار رومبرق Romberg's test

اختبار رومبرق يُستعمل للتفريق بين الرنح الناتج من امراض المخيخ (cerebellar ataxia) والرنح الذي يحدث في حالات فقد الحس العميق (sensory ataxia). يعتبر الاختبار ايجابي اذا فقد المريض توازنه عندما يكون واقفا وعيناه مغمضتان وذلك يدل علي فقد الحس العميق لان الرؤية تعوّض عن فقد الحس العميق.

Rosacea **الطفح الوردي**

الطفح الوردي هو التهاب جلدي مزمن مجهول السبب يحدث عادة في النساء في عمر 40-20 سنة. المرض يسبب إحمرار الجلد في منتصف الوجه وبثور (pustules) وبثور قيحية (pustules) وشعيرات دموية وسيعة (telangiectasia).

Roseola infantum **طفح الرضيع الوردي**

طفح الرضيع الوردي هو مرض يصيب الأطفال الصغار (حديثي الولادة الي عمر ثلاثة سنوات) يسببه فيروس (herpes virus) واعراضه حمي وطفح جلدي وردي اللون واسهال. مضاعفات المرض تتضمن التهاب الرئة والتهاب السحايا.

Rubella (German measles) **الحصبة الألمانية**

الحصبة الالمانية هي مرض فيروسي معدي. العدوي تنتقل عن طريق الهواء وفترة الحضانة (incubation period) حوالي اسبوعين. اعراض المرض الرئيسية هي حمي وسعال ورشح وطفح جلدي احمر والتهاب الحلق وتضخم الغدد الليمفاوية في الرقبة. المرض عادة خفيف ولكن الإصابة به في الأشهر الاولي من الحمل قد تؤدي الي الإجهاض التلقائي (miscarriage) او متلازمة الحصبة الألمانية الخلقية (congenital rubella syndrome) التي تسبب إصابة الجنين بالصمم والماء البيضاء (cataract) وتشوهات خلقية اخري.

S

Sacrum **عظم العَجُز**

العجز (بفتح العين وضم الجيم) هو مؤخرة الشيء والكلمة هنا تعني الجزء الاسفل من السلسلة الفقرية الذي يقع بين القطن والعصعص.

Saline solution **محلول ملح الطعام**

محلول ملح الطعام هو ملح الطعام (sodium chloride) في الماء ويسمي محلول ملح الطعام الطبيعي (normal saline) اذا كان يحتوي علي 0.9 جرام من الملح في 100 ملليليتر من الماء. اما اذا زادت كمية الملح عن ذلك فيسمي محلول ملح الطعام زائد الملوحة (hypertonic saline) .

Saliva **لعاب**

اللعاب هو سائل تفرزه غدد بالفم وظيفته الاساسية هي زيادة ليونة الطعام لتسهيل مضغه وبلعه. اللعاب ايضا يحتوي علي خميرة كيمائية (enzyme) تهضم النشويات تسمي خميرة اللعاب (ptyalin).

سالمونيلا Salmonella

السالمونيلا هي باكتيريا سلبية القرام (Gram negative) طفيلية تتواجد داخل الخلية المضيفة (intracellular parasite) اكتشفها الطبيب البيطري الأمريكي سالمون (D.E. Salmon 1850-1914) ولذلك سميت باسمه. السالمونيلا تتواجد في براز الحيوانات والانسان حامل العدوي وتنتقل عن طريق الطعام والمشروبات الملوثة بها. في كثير من الأحيان السالمونيلا لاتسبب اعراض مرضية ولكن حاملها يكون مصدرا لعدوي الاخرين. الامراض التي تسببها عدوي السالمونيلا هي تسمم الطعام (food poisoning) والتايفويد (typhoid) ونظير التايفويد (paratyphoid).

تسمم الطعام بالسالمونيلا Salmonellosis

انظر food poisoning

التهاب قنوات فالوب Salpingitis

التهاب قنوات فالوب (Fallopian tubes) هو عدوي عادة تسببها باكتيرية السيلان (Neisseria gonorrhoeae) او المُدثِرات (chlamydia) وتكتسب عن طريق الاتصال الجنسي بشخص مصاب بالعدوي. اعراض المرض الحاد عادة تبدأ اثناء او بعد الحيض (menstruation) وتتضمن افرازات مهبلية والم اثناء الجماع وفي اسفل البطن وحمي وغثيان. الحالات المزمنة قد تؤدي الي مضاعفات خطيرة مثلا خُرّاج في الحوض (pelvic abscess) والعقم (infertility). التهاب قنوات فالوب أحيانا يسمي مرض التهاب الحوض (Pelvic inflammatory disease, PID).

النقل القفزي Saltatory conduction

النقل القفزي هو مصطلح يُستعمل لوصف طريقة نقل الإشارة الكهربائية من جسم العصبون بالمحور (axon) الي المشبك العصبي (synapse) . يسمي قفزي لأن الإشارة تنتقل من احدي عقد رانفير (nodes of Ranvier) الي العقدة التي تليها علي طول المحور وبذلك تتجنب غشاء المايلين (myelin sheath) الذي يغطي المحور بين كل عقدة والعقدة المجاورة لها ويُشكّل عازل كهربائي. النقل القفزي يزيد سرعة نقل الإشارة العصبية.

الوريد الصافن Saphenous vein

تُنسب تسمية هذا الوريد لإبن سينا (980-1037) ويعتقد ان اختياره لكلمة صافن (أي خفي) يرجع لموضع هذا الوريد في باطن الطرف السفلي (lower limb). الوريد الصافن هو وريد طويل ينقل الدم من القدم والساق والفخذ إلي وريد الفخذ (femoral vein).

سرطان انسيج الضام Sarcoma

انظر cancer

Scab (or crust) / قشرة
القشرة هي خليط من خلايا الغشاء الطلائي (epithelial cells) والدم والمصل واحيانا القيح التي تجمدت في سطح قرحة او جرح بالجلد.

Scabies / الجرب
الجرب هو مرض جلدي تسببه السوسة (mite) المعروف بالسوسة الجربية (sacroptes scabiei) او سوسة الحُكاك. اعراض الجرب هي حكاك شديد وبُثور (papules) وثقوب في الجلد في مكان دخول السوسة. اعراض المرض عادة تظهر بعد ستة أسابيع من الإصابة بالعدوي.

Scalp / جلدة الرأس

Scapula / لوحة الكتف
لوحة الكتف هي عظم بالظهر عريض ومسطح ومثلث الشكل. لوحة الكتف ترتبط بعظم الترقوة (clavicle) وتكوّن حزام الكتف (shoulder girdle) الذي يربط الاطراف العليا (upper limbs) بالهيكل العظمي المحوري (axial skeleton).

Scar / الندب
الندب هو الأثر الذي يتركه جرح او حرق او فرحة بعد ان تلتئم.

Scarlatina / الحمي القُرمزية
انظر scarlet fever

Scarlet fever (or scarlatina) / الحمي القُرمزية
الحمي القرمزية هي مرض معدي تسببه الباكتيريا الكروية العِقدية (streptococcus). المرض عادة يصيب الأطفال واعراضه الأساسية هي حمي والتهاب الحلق واحمرار اللسان وطفح جلدي خشن قرمزي اللون (احمر فاقع).

Schistosomiasis (or bilharzia) / داء المُنشقّات او البلهارسيا
داء المنشقات هو مرض معدي تسببه دودة طفيلية تنتمي لفصيلة الديدان المسطحة (trematodes or flatworm) تسمي الدودة المنشقة (Schistosoma). المرض أيضا يسمي بلهارسيا نسبة للطبيب الألماني Theodor Bilharz الذي اكتشف سبب المرض. دودة البلهارسيا تدخل الجسم من الماء الملوث بها عن طريق جرح في الجلد. فترة الحضانة عادة 4-6 أسابيع والاعراض الاولي هي طفح جلدي وحكاك ولكن في كثير من الحالات العدوي الحادة لا تسبب اعراض مرضية. المرض المزمن ثلاثة أنواع:
1 – البلهارسيا الدموية - تسببها (Schistosoma haematobium) وتصيب المسالك البولية والجهاز التناسلي وتسبب البول محتوي الدم (haematuria) والتهاب المسالك البولية والفشل الكلوي والعقم.

2 – البلهارسيا المانسونية تسببها (Schistosoma mansoni) وتصيب الجهاز الهضمي وتسبب اسهال والم في البطن وتضخم الكبد والطحال وارتفاع ضغط الدم البابي (portal hypertension).
3 – البلهارسيا اليابانية تسببها (Schistosoma japonicum) وتصيب الجهاز الهضمي والجهاز العصبي المركزي (صرع – شلل – عمي – غيبوبة).

Schizophrenia   انفصام الشخصية

انفصام الشخصية هو ذُهان (psychosis) يتكرر علي فترات مختلفة طيلة حياة المريض ويؤدى الي اضطراب شديد في التفكير يجعل المريض غير قادر علي التمييز بين الواقع وما يتخيله من أوهام. اعراض انفصام الشخصية الأساسية هي الهلوسة (خاصة الهلوسة السمعية) والأوهام (delusions) واختلال السلوك والحركة والنوم. سبب المرض غير معروف ولكن للوراثة دور مهم في نشأته.

Schwann sheath   غمد شوان
انظر Neurilemma

Sciatic nerve   العصب الوركي

العصب الوركي هو فرع من الضفيرة القَطَنيّة العَجُزية (lumbosacral plexus) ينشأ من الجذوع القطنية (L1-L4) والجذوع العجزية (S1-S3). العصب يبدا في اسفل الظهر وينزل في الجانب الخلفي من الرجل ثم ينقسم الي قسمين عصب الساق الكبير (tibial nerve) والعصب الشظوي المشترك (common peroneal nerve). العصب الوركي يزوّد عضلات الساق والقدم وجلد القدم وجلد الساق ماعدا جزء صغير.

Seasonal affective disorder   اضطراب العاطفة الموسمي

اضطراب العاطفة الموسمي هو نوع من الإكتئاب يحدث في نفس الوقت في كل عام عادة في موسم الشتاء ويزول في نهاية الموسم. هذا المرض اكثر حدوثا في الاقطار القريبة من القطب الشمالي ويُعتقد انه ينتج من اختلال في افراز هورمون الميلاتونين (melatonin) من الغدة الصنوبرية (pineal gland) نسبة لقلة الضوء الطبيعي.

Sciatica   عرق النسا

عرق النسا (النسا تنطق بفتح النون) هو ألم شديد في اسفل الظهر والجانب الخلفي من اعلي الرجل الي القدم. الألم عادة يكون مصحوبا بخدر وسببه اصابة العصب الوركي (sciatic nerve) مثلا نتيجة انزلاق غضروف او نسبة لضيق قناة العامود الفقري في الجزء القطني (lumbar spinal canal stenosis).

Scintillating scotoma   ومضة البقعة العمياء
انظر teichopsia

الصلبة Sclera

انظر Eye

التهاب الصَلِبة Scleritis

التهاب الصلبة هو عادة احد مضاعفات امراض الانسجة الضامة (connective tissue diseases) مثلا التهاب المفاصل الشبيه بحمي الروماتزم (rheumatoid arthritis) واعراضه ألم شديد في العين وإحمرار الصلبة والملتحمة (conjunctiva) وتدفق الدمع وعدم احتمال الضوء (photophobia) ونقص الرؤية. مضاعفات التهاب الصلبة تتضمن التهاب العنبة (uveitis) وثقب كرة العين.

اعوجاج العامود الفقري Scoliosis

اعوجاج العمود الفقري هو انحناء غير طبيعي في جزء من العامود الفقري الي الجانب الأيمن او الايسر سببه في اكثر الأحيان غير معروف.

البقعة العمياء Scotoma

البقعة العمياء هي منطقة محددة يقل او ينعدم فيها النظر وبقية الشبكية المحيطة بها تكون سليمة. اهم أسباب البقعة العمياء هي التهاب العصب البصري (optic neuritis) وفقر الدم الموضعي في الشبكية (retinal ischaemia) وسوء التغذية ومضاعفات بعض الادوية مثلا كلوروكوين (chloroquine).

درن الغدد الليمفاوية Scrofula

الصَفَن Scrotum

الصفن هو الكيس الجلدي الذي يحتوي علي الخصيتين. الكيس ينقسم الي جزئين يفصلهما حاجز. كل قسم يحتوي علي خصية واحدة (testes) وقناة خصية واحدة (epididymis).

داء الحَفَر Scurvy

احد معاني كلمة حَفَر هو "فساد اصول الاسنان." وسمي المرض بداء الحفر لأن ابرز اعراضه هو التهاب وتورم اللثة وتقرُّحِها والنزيف منها. الاعراض الاخري تتضمن الشعور بالتعب الشديد وفقر الدم وتورم الارجل. داء الحفر ينتج من النقص الشديد في فيتامين سي (vitamin C) .

كيس دهني Sebaceous (or keratinous) cyst

الكيس الدهني هو ورم في الجلد لين ويمكن تحريكه بسهولة ويحتوي علي مادة دهنية لزجة. المرض ينتج من انسداد قناة الغدة الدهنية. الاكياس الدهنية عادة تتواجد في فروة الراس والاذن والرقبة والوجه واحيانا في كيس الخصية (scrotum). الكيس الدهني يختلف عن كيس بشرة الجلد (epidermoid cyst) لأن كيس بشرة الجلد يحتوي علي خلايا جلدية ميتة ولا يحتوي علي مادة دهنية.

Seborrhoea (or seborrheic dermatitis) **التهاب الجلد الدهني**

انظر Dermatitis

Secondary sexual characteristics **الخصائص الجنسية الثانوية**

الخصائص الجنسية الثانوية هي تغييرات تحدث عند البلوغ. في الاناث الخصائص تتضمن نمو الشعر في الابط والعانة وزيادة حجم الثدي والارداف والفخذ. في الذكور الخصائص الاساسية هي نمو الشعر في الابط والعانة والوجه والصدر والزيادة في نمو العضلات والعظام والتغيير في الصوت.

Sella turcica **السرج التُركي**

السرج التركي هو انخفاض في العظم الوِتدي (sphenoid bone) يشبه السرج ويحتوي علي الغدة النخامية (pituitary gland).

Semimembranosus muscle **العضلة شبه الغشائية**

انظر hamstring muscles

Semitendinosus muscle **العضلة شبه الوترية**

انظر hamstring muscles

Semen **السائل المنوي**

السائل المنوي هو سائل لزج تفرزه الحُويصلات المنوية (seminal vesicles) والبروستاتا. السائل المنوي يحتوي علي حيوانات منوية وسكريات وخمائر كيمائية (enzymes).

Seminoma **الورم المنوي**

الورم المنوي هو ورم خبيث ينشأ من الخلايا الجنسية البدائية (germ cells) في الخصية.

Senile plaques **التصلّب الموضعي العصبي الشيخوخي**

التصلب الموضعي العصبي الشيخوخي هو تجمعات خارج الخلايا غير منتظمة الشكل تحتوي علي اميلويد (amyloid) وخلايا ميتة وهو احد التغييرات التي تحدث في المخ في الشيخوخة و أيضا في بعض الامراض كمرض الزهايمر مثلا.

الاستجابات الحسية المُستحثة Sensory evoked responses

الاستجابات الحسية المستحثة تسمي أيضا الجهود الحسية المستحثة (sensory evoked potential) هي استجابة الجهاز العصبي المركزي لتحفيز عضو حسي او عصب محيطي. اختبار الاستجابات الحسية المستحثة يتم بتقديم مُحفِّز (stimulus) مثلا شعاع ضوئي متقطع للعين او نغمة صوتية للاذن او بتحفيز عصب محيطي بشحنة كهربائية وتسجيل الاستجابة فوق المخ او النخاع الشوكي حسب نوعية التحفيز. ثلاثة أنواع من هذا الاختبار تستعمل في التشخيص للتأكد من سلامة (او عدم سلامة) الجهاز العصبي المركزي وهي:

أ – الاستجابة البصرية المستحثة (visual evoked response).

ب - الاستجابة السمعية المستحثة (auditory evoked response).

ت - الاستجابة الحسية الجسمية المستحثة (somatosensory evoked response).

إهمال المحسوسات Sensory neglect

اهمال المحسوسات أيضا يسمي (hemispatial neglect) او (sensory inattention) هو احد اعراض إصابة الفص الجداري (temporal lobe) - عادة الفص الجداري الأيمن - سببه اختلال الإنتباه الموجه (selective attention) وفيه لا يستجيب المريض للمؤثرات الخارجية الصادرة من احد جانبي البيئة (الأيمن او الايسر) بالرغم من سلامة حواس السمع والبصر واللمس.

أعضاء الحواس Sensory organs

الحواس هي النظر والسمع والذوق والشم واللمس واعضائها هي العين والاذن واللسان والانف والجلد.

صدمة تعفُّن الدم Septic shock

صدمة تعفن الدم هي احد مضاعفات تعفن الدم (sepsis) الخطيرة. اهم مميزاتها هو الانخفاض الشديد في ضغط الدم الذي لا يستجيب للعلاج بإعطاء السوائل.

تعفُّن الدم Septicaemia (or sepsis)

تعفن الدم هو تواجد ميكروبات دقيقة حية (microorganisms) – عادة باكتيريا – في الدم وتكاثرها فيه نسبة لفشل المناعة والاعراض الناتجة من ذلك. الاعراض المرضية تتفاوت في شدتها وتتضمن الحمي وهبوط ضغط الدم وزيادة سرعة ضربات القلب والهذيان. الحالات الشديدة تؤدي الي فشل الأعضاء المتعدد (multi organ failure) وصدمة تعفن الدم (septic shock).

الحاجز الشفاف Septum pellucidum

انظر cerebral ventricles

التهاب المفاصل سلبي المصل Seronegative arthritis

المقصود بسلبي المصل ان المصل لا يحتوي علي عامل الروماتزم (rheumatoid factor). التهابات المفاصل سلبية المصل هي مجموعة من امراض المفاصل التي تشترك في الاعراض الاتية –

1- التهاب المفصل العَجُزي الحرقفي (sacroiliitis)
2 – التهاب العنبة (uveitis)
3 – امتلاك مولد مضاد كرويات الدم البيضاء البشرية ب 27 (human leucocyte antigen B27, HLA – B27)
4 – عدم وجود عامل الروماتزم في الدم
5 – التهاب مفاصل الايدي والارجل
هذه المجموعة من الامراض تتضمن مرض كرون (Crohn's disease) والتهاب القولون التقرحي (ulcerative colitis) والتهاب المفاصل الفقرية التصلبي (ankylosing spondylitis).

المركبات الإيونية في مصل الدم Serum electrolytes

المركبات الإيونية هي مركبات كيمائية غير عضوية تكون إيونات (ions) في مصل الدم وتشكل وسيلة ناقلة للتيار الكهربائي في الخلايا والانسجة. (الإيون هو ذرة فقدت الكترون - electron - ولذلك تحمل شحنة كهربائية إيجابية - cation- او كسبت الكترون وصارت تحمل شحنة كهربائية سلبية - anion). المركبات الإيونية في جسم الانسان هي الصوديوم (sodium, Na^+) والبوتاسيوم (potassium, K^+) والكالسيوم (calcium, Ca^{2+}) والماقنيريوم (magnesium, Mg^{2+}) والكلور (chloride, cl^-) والفوسفات (hydrogen phosphate, HPO_4^{2-}) والبايكاربونات (hydrogen bicarbonate, HCO_3^-) ووظائفها هي:
(1) حفظ التوازن الحمضي القلوى (acid-base balance).
(2) توليد ونقل الإشارة الكهربائية في الجهاز العصبي والعضلات الهيكلية والقلب.
(3) تنظيم كمية الماء داخل وخارج الخلايا.

عظم سمسمي Sesamoid bone

العظم السمسمي هو عظم صغير جدا (بإستثناء عظم رأس الركبة - patella) يشبه حبوب السمسم ويتواجد في بعض الاوتار والمفاصل مثلا اوتار الإبهام ومفصل الركبة. العظام السمسمية تساعد في حركة الاوتار.

الشذوذ الجنسي Sexual perversion

الشذوذ الجنسي أيضا يسمي الانحراف الجنسي (sexual deviation) هو اشباع الغريزة الجنسية عن طريق ممارسات لا تتماشي – في وقتها - مع العُرف المتبع في المجتمع. معظم المجتمعات تعتبر الجماع (coitus) أي ادخال عضو الرجل التناسلي في فرج المرأة هو الممارسة الطبيعية وما دون ذلك يعتبر شذوذا ويتضمن – ولكن لا ينحصر في – الاتي:
اللواط والسحاق (homosexuality) - اي ممارسة العملية الجنسية مع الجنس المماثل الذكر مع الذكر والانثى مع الانثى.
الاستمناء باليد (masturbation) - تكرار الدعك علي ذكر الرجل او بظر المرأة (clitoris) لإشباع الرغبة الجنسية.
السادية (sadism) – المتعة بتعذيب الشخص الآخر اثناء ممارسة العملية الجنسية.
الماسوشية (masochism) - هي عكس السادية اي المتعة بتلقي الالم والتعذيب اثناء ممارسة العملية الجنسية.
شهوة استراق النظر (voyeurism) – هو النظر خفية الي شخص آخر يمارس العملية الجنسية او الي أعضائه التناسلية لإشباع الرغبة الجنسية
مضاجعة الجثة (necrophilia) - اى ممارسة العملية الجنسية في جسم شخص ميت.

الخّنوثة (hermaphroditism) – تطلق علي الرجل الذي يتشبه بالنساء في مظهره وسلوكه عادة لإشباع الغريزة الجنسية فهو مُخنث. اما المرأة التي تتشبه بالرجل فتسمي المّترجِلة. (لاحظ في اللغة الإنجليزية كلمة - hermaphrodite - تطلق علي الرجل والمرأة). كلمة الخنوثة أيضا تعني حالة وجود الأعضاء التناسلية للذكر والانثى في نفس الشخص

الوراثة المرتبطة بالجنس Sex-linked inheritance

انظر autosomal dominant disorder

الحزام الناري Shingles

انظر herpes zoster

صدمة Shock

الصدمة هي حالة مرضية خطيرة تنتج من نقص شديد في تدفق الدم للخلايا مما يسبب اختلال وظائفها واحيانا موتها. يمكن حصر اسباب الصدمة في اربعة مجموعات رئيسية –

1 – فقد كمية كبيرة من الدم او السوائل (hypovolaemic shock).

2 – عدم مقدرة عضلة القلب علي ضخ كمية كافية من الدم للاعضاء (cardiogenic shock).

3 – توسُّع الاوعية الدموية في الجلد وتجمع كمية كبيرة من الدم فيها كما يحدث مثلا في حالات تسمم الدم (septicaemia) وصدمة الحساسية (anaphylactic shock) وبعض اصابات النخاع الشوكي الرضخية (traumatic spinal cord injury).

4 – انسداد الاوعية الدموية الكبيرة مثلا انسداد الوريد الرئوي التجلطي (pulmonary thromboembolism).

تحويلة Shunt

التحويلة هي انبوبة رفيعة تُدخل في الجسم لتفريغ سائل مثلا تفريغ بعض السائل الدماغي النخاعي (cerebrospinal fluid) لعلاج استسقاء المخ (hydrocephalus).

حصوة الغدد اللعابية Sialolithiasis

أسباب حصوة الغدد اللعابية الرئيسية هي التهاب الغدة المزمن وجفاف الفم. المرض عادة يصيب الغدة اللعابية تحت الفم (submandibular salivary gland) واعراضه هي ورم الغدة وألم في منطقة الغدة يزيد اثناء تناول الطعام.

Sick sinus syndrome / متلازمة العقدة الجيبية المريضة

متلازمة العقدة الجيبية المريضة هي اضطراب في وظيفة العقدة الجيبية (sinus node) يؤدي الي اختلال فيي إيقاع (rhythm) وسرعة (rate) ضربات القلب مثلا نقص شديد في سرعة القلب يتناوب مع زيادة غير طبيعية في ضرباته. متلازمة العقدة الجيبية المريضة لا تُحدث اعراض مرضية في كثير من الحالات ولكن أحيانا تسبب خفقان (palpitations) وألم في الصدر وإغماء. أسباب هذه المتلازمة كثيرة وتتضمن مرض الشريان التاجي وامراض الصمامات.

Side effects of drugs / تأثيرات الادوية الجانبية

تأثيرات الادوية الجانبية ايضا تسمي تأثيرات غير مرغوب فيها (unwanted effects) هي تأثيرات ثانوية لاتؤدي الي منفعة مباشرة في علاج المرض المقصود علاجه ولاتسبب ضررا. عندما تكون التأثيرات ضارة تسمي adverse effects.

Sideroblastic anaemia / فقر الدم الحديدي

فقر الدم الحديدي هو نوع من فقر الدم يحدث نتيجة عجز نخاع العظم (bone marrow) الذي يؤدي الي عدم استيعاب الحديد في الهيموقلوبين (haemoglobin) وترسبه في شكل حلقة داخل كرويات الدم الحمراء غير مكتملة النمو التي تسمي sideroblasts. فقد الدم الحديدي قد يكون وراثي او مكتسب مثلا في حالات التورم المخاطي (myxoedema) والسرطان.

Simple fracture / الكسر البسيط

الكسر البسيط ايضا يسمي الكسر المقفول (closed fracture) هو كسر العظم الي جزئين لايصحبه تمزق في الانسجة اللينة او الجلد في منطقة الكسر.

Single photon emission computerised tomography / التصوير المقطعي من ضوئي واحد

التصوير المقطعي من ضوئي واحد هو فحص يستخدم لتقييم الأنشطة الوظيفية (functional activities) في انسجة وأعضاء الجسم عن طريق حقن دليل مُشِع (radioactive tracer) في وريد والتقاط الاشعة المنبثقة من العضو الذي يتركّز فيه الدليل المشع بكاميرة قاما (gamma camera) وتحويلها بالحاسوب الي صورة ثلاثية الابعاد. (الاشعاع الذي ينعكس من العضو يسمي ضوئي - photon). التصوير المقطعي من ضوئي واحد يختلف عن التصوير المقطعي من اشعة الاليكترون الإيجابي (positron emission tomography - PET) في نوع الدليل المشع وأيضا في قلة تفاصيل الصورة التي ينتجها.

Sickle cell disease / مرض خلايا الدم المنجلية

مرض خلايا الدم المنجلية هو مرض وراثي سببه خلل في بناية الهيموقلوبين يسبب تغيير في شكل كرويات الدم الحمراء الي شكل المنجل او الهلال وله اعراض عديدة منها فقر الدم المزمن المعروف بالأنيميا المنجلية. (شكل كرويات الدم الحمراء المنجلي يُحد من تكاثر جرثومة الملاريا في الدم).

العقدة الجيبية (او الجيبية الاذينية)
Sinus (or sinoatrial) node

العقدة الجيبية هي مجموعة من الخلايا في الاذين الأيمن (right atrium) تُعرف بمنظم إيقاع ضربات القلب (cardiac or heart pacemaker). هذه الخلايا قادرة بنفسها (اى بدون تحفيز خارجي) علي توليد إشارة كهربائية تؤدي الي انقباض عضلة القلب. (تسمى جيبية نسبة لموقعها في تجويف - جيب – بجوار مدخل الوريد الاجوف الأعلي – superior vena cava).

التهاب الجيوب الانفية
Sinusitis

العضلات الهيكلية
Skeletal muscles

العضلات الهيكلية هي العضلات التي تنشأ من جزء من العظم وترتبط عن طريق الوتر (tendon) في جزء اخر من نفس العظم او في عظم اخر. انقباض هذه العضلات يخضع لإرادة الفرد ويحرك أجزاء الهيكل العظمي وأيضا يحافظ علي وضع الجسم اثناء الوقوف والجلوس. العضلات الهيكلية أيضا تسمي العضلات المخططة (striated muscles) نسبة لترتيب الوحدات الوظيفية في اليافها في خطوط متوازية.

جلد
Skin

الجلد هو عضو يغطي خارج كل الجسم. جلد الانسان يتكون من ثلاثة طبقات هي:
1 – البشرة (epidermis) وهي الطبقة الخارجية.
2 – بطانة الجلد (dermis) وهي الطبقة الوسطي. بطانة الجلد تتكون من انسجة ضامة (connective tissue) وتحتوي علي اوعية دموية واوعية ليمفاوية واعصاب وغدد دهنية وغدد عرقية.
3 – طبقة تحت الجلد (hypodermis) هذه الطبقة تحتوي علي انسجة دهنية وتشكل عازلا يربط الجلد بالعضلات والعظام.

للجلد وظائف عدة تتضمن الحماية من مسببات العدوي (pathogens) ومن الاشعة فوق البنفسجية (ultra violet rays) وتنظيم حرارة الجسم وإنتاج فيتامين D. الجلد هو ايضا عضو حسي يحتوي علي مستقبلات الإحساس (sensory receptors) بالحرارة واللمس والضغط والالم.

سديلة الجلد
Skin flap

سديلة الجلد هي قطعة من الجلد قُطعت بكامل اوعيتها الدموية لتُستخدم في ترقيع جزء من الجلد التالف مثلا نتيجة حريق.
انظر skin graft

رقعة الجلد
Skin graft

رقعة الجلد هي قطعة من الجلد السليم تُؤخذ لنقلها الي موضع اخر في الجلد تلف مثلا نتيجة حريق او اصابة. الرقعة قد تؤخذ من المريض – رقعة ذاتية (autograft) او من شخص اخر – الرقعة المثلية او الرقعة المتجانسة (allograft) او قد تكون جلد صناعي (synthetic skin). الرقعة قد تحتوي علي كل طبقات الجلد او قد تكون شريحة سطحية من الجلد. رقعة الجلد تختلف عن سديلة الجلد (skin flap) في انها لا تحتوي علي اوعية دموية.

Skull **الجُمجُمة**

الجمجمة هي كل عظام الرأس والوجه بما فيها الفك الأسفل. (لاحظ الفرق بين skull و cranium).

Sleep apnoea **توقُف التنفس اثناء النوم**

توقف التنفس اثناء النوم هو حالة ينقطع فيها التنفس عدة مرات اثناء النوم عادة لعدة ثواني كل مرة ولكن أحيانا لفترات أطول يستعيد بعدها الشخص تنفسه الطبيعي. اعراض هذه الحالة هي الشخير العالي والشعور بالتعب والنعاس والإغفاء المتكرر اثناء النهار واسبابها هي انسداد المسالك الهوائية (توقف التنفس اثناء النوم الإنسدادي (obstructive sleep apnoea) او اضطراب التحكم في وظيفة التنفس (central sleep apnoea).

Small intestine **الإمعاء الصغيرة**

الامعاء الصغيرة (او الدقيقة) تتكون من الإثنا عشر (duodenum) والمصران الفارغ (jejunum) والمصران الجانبي (ileum).

Smallpox **الجدري**

الجدري هو مرض معدي وبائي يسببه احد فيروسين – فيروس االجدري الكبير او فيروس االجدري الصغير (variola major or variola minor). اعراض المرض الأساسية هي حمي وصداع والم في العضلات وطفح جلدي. تم القضاء علي هذا المرض في كل انحاء العالم في نهاية القرن العشرين عن طريق التطعيم.

Smegma **لَخَن**

اللخن هو افراز لزج ابيض اللون يحتوي علي خلايا ميتة تنتجه غدد دهنية ويوجد تحت قلفة القضيب (prepuce) وفوق البظر (clitoris).

Sodomy (anal intercourse) **جماع الشرج**

جماع الشرج هو ممارسة العملية الجنسية عن طريق ادخال القضيب في الشرج. اللفظ باللغة الانجليزية مشتق من كلمة سدوم وهي قرية قوم لوط التي يعتقد انها كانت في منطقة البحر الميت.

Solar keratosis **غلظة الكيراتين الاشعاعية**

انظر actinic keratosis

العضلة النعلية
Soleus muscle
العضلة النعلية هي عضلة كبيرة تقع تحت عضلة الساق (gastrocnemius) وتنشأ من الجزء الاعلي من عظم الساق الكبير (tibia) وعصا الساق (fibula). وتر العضلة النعلية يندمج مع وتر عضلة الساق ويكوّن وتر اخيليس (Achilles tendon) الذي يرتبط في العظم العُقبي (calcaneus). للعضلة النعلية عدة وظائف تتضمن المساعدة علي الوقوف والمشي والمحافظة علي التوازن اثناء الوقوف وثني القدم الي اسفل (ankle plantarflexion) وضخ الدم من اوردة الرجل الي اعلي.

تشنّج العضلات
Spasticity
تشنج العضلات هو زيادة غير طبيعية في تقلص العضل السلبي (muscle tone) سببها إصابة العصبون الحركي العلوي (upper motor neuron) وهي عكس ارتخاء العضلات (flaccidity).

الحيوان المنوي
Spermatozoon (or sperm)
الحيوان المنوي هو خلية تناسلية تنتجها الخصية اهم خصائصها هي المقدرة علي الحركة والانتقال واختراق البويضة وتخصيبها.

العظم الوتدي
Sphenoid bone
العظم الوتدي هو عظم كبير في قاعدة الجمجمة يرتبط بكل عظام قحف الدماغ (cranium). اصل الاسم في الأرجح يرجع الي ان العظم سميك في وسطه ورفيع في اجزائه الأخرى مما يجعله يشبه الوتد.

شكل خلايا الدم الحمراء الكروي
Spherocytosis
شكل كرويات الدم الحمراء الطبيعي هو قرص منخفض في الوسط من الجانبين وتغيير شكل القرص الي كروي قد يكون وراثي (hereditary spherocytosis) او مكتسب مثلا نتيجة اختلال المناعة الذاتية (autoimmune spherocytosis).

التخدير النخاعي
Spinal anaesthesia
انظر anaesthesia

العامود الفقري المشقوق
Spina bifida
العامود الفقري المشقوق هو عيب خلقي ينتج من عدم التحام اقواس العظام الفقرية (vertebral arches) اثناء نمو الجنين. العيب عادة يكون في الجزء الأسفل من العامود الفقري واسبابه الرئيسية هي الوراثة ونقص فيتمين B9 (folic acid) اثناء الحمل ومضاعفات بعض الادوية مثلا valproate و carbamazepine. العامود الفقري المشقوق يسبب العيوب الاتية:

1 – شق العامود الفقري الخفي (spina bifida occulta) – الشق في هذه الحالة صغير ولا يسبب اعراض مرضية.

2 – الكيس السحائي (meningocele) – فيه تكون الفتحة متوسطة الحجم مما يُمكّن نتوء جزء من السحايا (meninges) المحتوية علي السائل الدماغي النخاعي (cerebrospinal fluids).
3 – الكيس السحائي النخاعي (myelomeningocele) – الفتحة في هذا النوع كبيرة ويكون جزء من السحايا والسائل الدماغي النخاعي والنخاع الشوكي (spinal cord) خارج العامود الفقري. اعراض هذه الحالة تتضمن فقد المقدرة علي التحكم علي البول والبراز وضعف الارجل وصعوبة المشي.
(لفظ spina bifida أحيانا يستعمل فقط لوصف عدم التحام اقواس العظام الفقرية ولفظ spinal dysraphism يستعمل لوصف كل الحلات المذكورة أعلاه).

النخاع الشوكي Spinal cord

النخاع الشوكي هو الحبل العصبي الذي يمتد من المخ الي اسفل السلسلة الفقرية و يتكون من خمسة أجزاء تحتوى علي 31 قسم. الأجزاء هي: الجزء العنقي (cervical part) والصدري (thoracic) والقطني (lumbar) والعجزي (sacral) والعصعصي (coccygeal) . (كلمة نخاع تنطق بكسر النون او فتحها او ضمها).

عدم التحام العامود الفقري Spinal dysraphism

انظر spina bifida

العمود الفقري Spine

الاحساس النخاعي المهادي Spinothalamic sensation

هو إحساس الجلد بالمؤثرات الخارجية التالية: اللمس الخفيف والحرارة (بارد او حار) والوخز بالإبر (الألم).

قياس التنفس Spirometry

انظر lung function tests

طِحال Spleen

الطحال (بكسر الطاء) هو عضو يقع تحت الحجاب الحاجز (diaphragm) في الجزء الايسر من البطن خلف الضلعة التاسعة والعاشرة والحادية عشر. الطحال ينتج كرويات الدم الحمراء في الجنين. وظيفة الطحال الاساسية بعد الولادة هي التخلص من كرويات الدم الحمراء التالفة وايضا له دورا هاما في المناعة.

استئصال الطحال Splenectomy

استئصال الطحال هو عملية جراحية لازالة الطحال. دواعي استئصال الطحال تتضمن نزيف الطحال الناتج من اصابات البطن الرضخية (abdominal trauma) وعلاج بعض امراض الدم مثلا فقر الدم الانحلالي (haemolytic anaemia) وتضخم الطحال (splenomegaly).

جبيرة Splint

الجبيرة هي اداة صلبة تستعمل لتثبيت العظام المكسورة او لمنع الحركة في جزء من العامود الفقري او لتقويم وحماية المفاصل والاوتار التالفة.

العضلة الرافدة الرأسية Splenius capitis muscle

العضلة الرافدة الرأسية هي عضلة مسطحة مزدوجة (يمني ويسري) تسند الرأس وتحركه بالتضامن مع العضلة القصِّية الحلمية (sternomastoid muscle) الي الجانب. العضلة الرافدة الرأسية تنشأ في الرباط القفوي (nuchal ligament) وتنتهي في فقرات الرقبة وفقرات الصدر الاربعة العليا. اصل كلمة splenius هو اللغة الاغريقية ومعناها الرافد اي ما يدعم او يسند شيئا اخر.

اعتلال مفاصل العامود الفقري Spondyloarthropathy (or spondylarthrosis)

اعتلال مفاصل العامود الفقري هو لفظ عام لا يعني مرض معين ويطلق علي أي حالة مرضية تصيب العامود الفقري.

انزلاق الفقرات Spondylolisthesis

انزلاق الفقرات هو اختلال في السلسلة الفقرية عادة في الجزء القطني (lumbar region) يؤدي الي تغيير موضع احد الفقرات بالنسبة للفقرة التي تليها. أسباب انزلاق الفقرات تتضمن رضخات الظهر والكسر في جزء من الفقرة وعدوي العامود الفقري (مثلا بالدرن) ويكون أحيانا عيب خلقي (congenital defect) . اعراض انزلاق الفقرات هي تقلص عضلات الظهر وإنحناء الظهر الي الامام وصعوبة المشي والم في أسفل الظهر.

نُخام او بلغم Sputum

النخام هو مادة مخاطية لزجة مكونة من ماء واملاح وجزئيات كبيرة (macromolecules) تفرزها خلايا الغشاء الطلائي (epithelial cells). النخام يعمل كحاجز تترسب فيه الاجسام الغريبة الصغيرة والميكروبات التي تدخل جهاز التنفس والتي يتم إخراجها عن طريق السعال وذلك يمنع دخولها الرئة.

الحَوَل Squint or strabismus

الحول هو انحراف احدي او كلتا العينين عندما ينظر الشخص الي شيء ما. عندما يكون الانحراف الي الداخل تعرف الحالة بالحول التقاربي (convergent squint or esotropia) . اما اذا كان الانحراف الي الخارج فيسمي الحول التباعدي (divergent squint or exotropia) . أسباب الحول تشمل بعض امراض العين واصابات العضلات التي تحرك العين او اصابة أعصاب تلك العضلات. أحيانا يكون الحول خلقي (Congenital squint) .

مخفضات الكوليسترول Statins

مخفضات الكوليسترول هي فصيلة من الادوية التي تخفض كمية الكوليسترول في الدم. كل أسماء الادوية في هذه الفصيلة تنتهي بالمقطع (statin) الذي يضاف الي اسم اخر مثلا atorvastatin, pravastatin .simvastatin

الباكتيريا الكروية العنقودية Staphylococcus

الباكتيريا الكروية العنقودية هي باكتيريا مستديرة الشكل تتجمع في شكل عنقود وتنتمي الي فصيلة الباكتيريا إيجابية القرام (Gram positive) وعادة تتواجد في الانف والجلد.

الاسهال الدهني Steatorrhea

الاسهال الدهني هو اسهال يتميز بأن البراز يحتوي علي كمية غير طبيعية من الدهون نسبة لاختلال امتصاص الدهون في الأمعاء الدقيقة. أسباب الاسهال الدهني هي امراض البانكرياس وامراض المرارة (gall bladder) والمرض البطني (Coeliac disease) والتليُّف الكيسي (cystic fibrosis).

متلازمة استاين ليفنثال Stein-Leventhal syndrome

انظر polycystic kidney syndrome

دعامة Stent

الدعامة هي انبوبة رفيعة مجوفة عندما تُدخل في وعاء دموي مثلا الشريان التاجي (coronary artery stent) او قناة عضو مثلا قناة الصفراء (bile duct stent) للمحافظة علي انفتاح الشريان او القناة.

التعرُّف باللمس Stereognosis

التعرف باللمس هو القدرة علي معرفة الأشياء المألوفة باللمس فقط عن طريق شكلها او حجمها او صفاتها المميزة الأخرى وهي احدي وظائف الفص الجداري (parietal lobe) .

التعقيم Sterilisation

التعقيم يعني :

1 - احد وسائل تحديد النسل. تعقيم الرجل عادة يتم بقطع القناة المنوية (vasectomy) وتعقيم المرأة يتم بربط قناة الرحم (Fallopian tube).

2 - التعقيم ايضا هو قتل او ازالة او تعطيل فعالية كل الكائنات الحية الدقيقة (microorganisms) من الاشياء (مثلا من الاجهزة الطبية والاطعمة) بوسائل مختلفة مثلا بتعريضها لدرجات عالية من الحرارة او باستعمال مواد كيمائية او اشعاع (radiation). التعقيم هو اكثر فعالية من التطهير (disinfection).

زاوية عظم القص Sternal angle

انظر jugular venous pressure

العضلة القصية الحلمية Sternomastoid muscle

العضلة القصية الحلمية هي عضلة كبيرة مزدوجة (يمني ويسري) في الجزء الامامي من الرقبة وظيفتها ثنية الرقبة للامام وايضا تحريك الرقبة الي الجانب (بالتضامن مع العضلة الرافدة الرأسية -splenius capitis muscle). العضلة القصية الحلمية تنشأ من عظم القص (sternum) وعظم الترقوة (clavicle) وتربط في النتوء الحلمي (mastoid process).

عظم القص Sternum

انظر jugular venous pressure

جراحة الجهاز العصبي المُجسّمة Stereotactic neurosurgery

جراحة الجهاز العصبي المُجسّمة هي طريقة اجراء العمليات الجراحية لاستئصال الأورام او اخذ عينة من الجهاز العصبي المركزي عن طريق ادخال جهاز عبر شق صغير. الجراحة المجسمة مبنية علي التحديد الدقيق لموضع الورم بتكوين صورة ثلاثية الابعاد وذلك باستخدام اطار مرجعي وحاسوب. فوائد هذه الطريقة (بالمقارنة للجراحة المفتوحة) هي تجنب اذي الانسجة السليمة حول الورم وسرعة التئام الجرح نسبة لصغره. هذه الطريقة تستخدم أيضا في العلاج بالذرة (stereotactic radiotherapy) بغرض وضع المادة المشعة مباشرة في الورم وحماية الانسجة السليمة المجاورة.

نوبات استوكس وادمز Stokes Adams attacks

انظر Adams Stokes attacks

ثغرة Stoma

الثغرة هي فتحة تُوصّل تجويف عضو داخلي (مثلا المعدة – الامعاء - القولون – المثانة) بالبيئة الخارجية. الثغرة تُستخدم عادة لادخال المواد الغذائية في الجهاز الهضمي (gastrostomy, jejunostomy) او ازالة الغائط (ileostomy, colonostomy) او ازالة البول (urostomy) من الجسم.

قرحة المعدة Stomach (or gastric) ulcer

انظر peptic ulcer

التهاب الفم Stomatitis

التهاب الفم هو التهاب الغشاء المخاطي في الفم والشفتين. في الحلات الشديدة التهاب الفم يكون مصحوبا بقرح والتهاب اللسان (glossitis) والتهاب اللثة (gingivitis). أسباب التهاب الفم هي العدوي بالباكتيريا والفيروسات وسوء التغذية خاصة نقص فيتامين B2 (riboflavin) وB3 (Niacin) وB9 (folate) وB12 (cobalamin).

الحَوَل Strabismus

انظر squint

الباكتيريا الكروية العِقدية Streptococcus

الباكتيريا الكروية العقدية هي باكتيريا مستديرة الشكل تتجمع في شكل سلسلة وتنتمى الي فصيلة البكتيريا إيجابية القرام (Gram positive) وعادة تسبب عدوى الحلق (pharyngitis) والجلد.

انظر Gram stain

العضلات المخططة Striated muscles

انظر skeletal muscles

الشهيق Stridor

الشهيق هو نوع من الصفير (wheeze) سببه انسداد في احد المسالك الهوائية الكبيرة ويتميز بانه صوت عالي ومفاجئ كما يحدث مثلا في مرض السعال الديكي (whooping cough). الشهيق يحدث اثناء استنشاق الهواء (inspiration) وأيضا اثناء الزفير – اي اخراج النفس (expiration).

السكتة الدماغية Stroke

السكتة الدماغية هي داء له أسباب عدة أهمها انسداد احد شرايين المخ بالجلطة (thrombus) او النزيف (haemorrhage) نتيجة انفجار احد الشرايين واكثر اعراضها حدوثا هو الشلل النصفي.

الانسجة الهيكلية Stroma

انظر parenchyma

الانحسار النخاعي المُركّب شبه الحاد Subacute combined degeneration of the spinal cord

الانحسار النخاعي المركب شبه الحاد هو تدهور تدريجي في بنية ووظائف العامود الخلفي (posterior column) والعامود الجانبي (lateral column) بالنخاع الشوكي وسببه نقص فيتامين B12 عادة نسبة لمرض فقر الدم الخبيث (pernicious anaemia).

نزيف تحت السحايا العنكبوتية Subarachnoid haemorrhage

نزيف تحت السحايا العنكبوتية هو نزيف حاد له أسباب عدة أهمها انفجار الاتساع الموضعي بالوعاء الدموي (aneurysm) ورضة الدماغ وزيادة سيولة الدم. عندما يحدث النزيف لسبب غير رضة الدماغ يسمي نزيف تحت السحايا العنكبوتية العفوي او التلقائي (spontaneous subarachnoid haemorrhage) لأنه يحدث بدون تدخل خارجي.

منطقة ما تحت السحايا العنكبوتية Subarachnoid space

منطقة ما تحت السحايا العنكبوتية هي الحيّز حول المخ والنخاع الشوكي الذي يقع بين الأم العنكبوتية (arachnoid mater) والأم الحنون (pia mater) .
انظر meninges.

احتقان الدم تحت السحايا الجافية Subdural haematoma

احتقان الدم تحت السحايا الجافية هو تجمع الدم تحت الغشاء السميك الذي يغطي المخ (dura mater) وينتج عادة من رضة الرأس او مضاعفات الادوية التي تزيد سيولة الدم.

نزيف اسفل الملتحمة Subconjunctival haemorrhage

نزيف اسفل الملتحمة هو تسرّب الدم بين الملتحمة والصلبة (sclera) نتيجة انفجار اوعيتهم الدموية واسبابه تتضمن السعال الشديد وارتفاع ضغط الدم واصابات العين الرضخية وزيادة سيولة الدم.

ملخ المفصل الجزئي Subluxation

انظر dislocation

مفصل تحت الكاحل Subtalar (or talocalcaneal) joint

انظر foot

المادة السوداء Substantia nigra

المادة السوداء هي كتلة من الخلايا العصبية التي تكوّن جزءا من العقد القاعدية (basal ganglia). المادة السوداء تتكون من جزئين – الجزء المتماسك (pars compacta) والجزء الشبكي (pars reticulata). للجزء المتماسك اهمية كبيرة في تنظيم الحركة الارادية وخلاياه تنتج وتخزن الدوبامين ونقص هذه الخلايا وبالتالي نقص الدوبامين (dopamine) يؤدي الي مرض باركينسون. خلايا الجزء الشبكي تلعب دورا هاما في اكتساب المعرفة وفي تكوين الدافع (motivation) - أي ما يحفّز الفرد علي اتخاذ سلوك معين مثلا اشباع رغبة في شيء معين او النفور منه.

نواة اسفل المهاد Subthalamic nucleus

نواة اسفل المهاد تكوّن جزء من العقد القاعدية ولها دور هام قي تنظيم الحركة الارادية.

الخميرة هاضمة سكر القصب Sucrase

انظر Digestion

Sulcus **اخدود او شق**

Superior colliculus **التل الأعلى**

التل الأعلى هو جسم مزدوج (ايمن وايسر) يُكوّن مع التل الأسفل (inferior colliculus) الأجسام الرباعية (corpora quadrigemina) المعروفة أيضا بالسقف (tectum) وهي جزء من الدماغ المتوسط (midbrain). وظيفة التل الاعلي هي التحكم في حركة العين.

Superficial siderosis **ترسّب الحديد في الجهاز العصبي**

انظر pulmonary siderosis

Superior vena cava **الوريد الاجوف الاعلي**

الوريد الاجوف الاعلي هو وريد كبير ينقل الدم من الجزء الاعلي من الجسم الي بطين القلب الايمن.

Supination **انبساط اليد**

انبساط اليد هو حركة الساعد في المستوي الافقي التي تجعل باطن الكف يواجه الي اعلي.

Suppository (or pessary) **تحميلة المهبل او المستقيم**

انظر pessary

Supramarginal gyrus **التلفيف فوق الهامشي**

التلفيف فوق الهامشي هو جزء من الفص الصدغي له دور في استيعاب الكلام المسموع والمكتوب.

Surfactant **عامل سطح الرئة**

عامل سطح الرئة هو مادة مكونة من بروتينات ودهون تتواجد في سطح الرئة وظيفتها زيادة حجم الفقاقيع الهوائية (alveoli) اثناء استنشاق الهواء (inspiration) ومنع انكماش (atelectasis) الرئة اثناء الزفير (expiration). نقص عامل سطح الرئة يسبب متلازمة اضطراب التنفس الحاد (acute respiratory distress syndrome).

Swab **قطيلة (بضم القاف)**

القُطيلة – كما ورد في معجم المعاني – هي قطعة ثوب يُجفف بها الماء ولكن عندما تستعمل في الطب تعني قطعة صغيرة من القطن المعقم تستخدم مثلا لتجفيف الدم من جرح او مثلا لاخذ عينة.

الجهاز العصبي المُنسّق Sympathetic nervous system

الترجمة الحرفية هي الجهاز العصبي الودي ولكن هذه الترجمة لا تعكس المعني المقصود. تسمية الجهاز بالمنسق - في رأيي - افضل لأن وظيفته هي تمكين الاعضاء الداخلية من العمل في انسجام كامل حسب ما تتطلب الظروف. مثلا عند الإحساس بالخطر يقوم الجهاز بتنسيق وظائف كل الأعضاء التي تأهب الفرد للكر او الفر.

الحمل التضامني Sympathetic pregnancy

انظر pseudocyesis

اعراض المرض Symptoms

اعراض المرض هي شكوي المريض ووصفه لما يحس به نتيجة المرض.

التحام الأصابع Syndactyly

التحام الأصابع هو تشويه خلقي ينتج من طفرة جينية (genetic mutation) تلتحم فيه الانسجة اللينة (soft tissue) وأيضا في بعض الحالات عظام اصبعين او اكثر وقد تحدث في أصابع اليد او القدم.

مُتلازمة Syndrome

المتلازمة هي مجموعة اعراض وعلامات مرضية تحدث مع بعض وتشير الي مرض عضو معين.

متلازمة الافراز الغير طبيعي للهورمون المضاد لإدرار البول

Syndrome of inappropriate antidiuretic hormone secretion

متلازمة الافراز الغير طبيعي للهورمون المضاد لإدرار البول هو افراز الهورمون المضاد لإدرار البول باستمرار بالرغم من نقص الصوديوم (sodium) في الدم وانخفاض تركيز الجزئيات في المصل (plasma osmolality) مما يؤدي الي زيادة الماء في الجسم وتسربها الي داخل الخلايا واختلال وظائف الجسم. الاعراض المرضية تعتمد علي كمية الصوديوم. كمية الصوديوم التي تزيد عن 120 mg/dl عادة لا تسبب اعراضا وانخفاضها الي 110 mg/dl او اقل من ذلك تؤدي الي اختلال وظائف المخ والصرع والغيبوبة واحيانا الموت.

الزهري Syphilis

الزهري هو مرض معدي تسببه باكتيريا سلبية القرام (Gram negative) من فصيلة الباكتيريا ملتوية الشكل (spirochetes) تسمي اللولبية الشاحبة (Treponema Pallidum). تنتقل العدوي عن طريق العملية الجنسية وأيضا تنتقل اثناء الحمل من الام الي الجنين وتسبب الزهري الخلقي (congenital syphilis). التطور الطبيعي لمرض الزهري يتم في ثلاثة مراحل.

المرحلة الاولي تبدأ بفترة الحضانة (incubation period) التي تتراوح عادة بين 4 و 2 اسابيع يظهر بعدها ورم صلب وقرحة تسمي القرحة الاولية (primary chancre) في الموضع الذي دخلت منه الجرثومة اي الأعضاء التناسلية او المستقيم (rectum) او الفم (مثلا في حالة لعق القضيب). القرحة الأولية تلتئم تلقائيا بعد ستة او ثمانية أسابيع.

المرحلة الثانية تبدأ بعد عدة اشهر واعراضها حمي وطفح في الجلد والاغشية المخاطية وتورم الغدد الليمفاوية. اعراض المرحلة الثالثة تظهر بعد 10-15 سنة من الإصابة بالعدوي وموضعها الأساسي هو الجهاز العصبي والقلب والشرايين.

زهري الجهاز العصبي –

1 - شلل المجنون العام (General paralysis of the insane) هو تدهور مستمر وزائد تدريجيا في الذاكرة والوظائف العقلية الأخرى ينتج من التهاب السحايا (chronic meningitis) و التهاب المخ المزمن (chronic encephalitis).

2 - الهزال النخاعي الخلفي (Tables dorsalis) هو حالة يصير فيها العامود الخلفي (posterior column) للنخاع الشوكي نحيلا ويفقد المريض الحس العميق (proprioception) في اطرافه ويصاب بالرنح الحسي (sensory ataxia) وآلام حادة وشديدة في ارجله وبطنه.

زهري القلب والاوعية الدموية

1 – ارتجاع صمام الوتين (aortic regurgitation)

2 - اتساع الوتين الموضعي (aortic aneurysm)

3 – مرض الشريان التاجي (coronary heart disease)

المشبك العصبي Synapse

المشبك العصبي هو المنطقة التي يُوصّل فيها العصب اشارة كهربائية او كيمائية لخلية عصبية اخري او لعضل او غدة.

إغماء Syncope (also called faint)

الاغماء هو فقد الوعي نسبة لهبوط مفاجئ في ضغط الدم يؤدي الي نقص شديد في وصول الدم الي المخ. الاغماء نوعان:

(1) اغماء مصدره القلب (cardiogenic syncope) – مثلا ضيق صمام الوتين (aortic stenosis) واضطرابات إيقاع ضربات القلب (arrhythmias).

(2) اغماء مصدره المخ (او الاغماء العصبي – vasovagal syncope) – أسبابه تشمل الخوف الشديد وفقد السوائل والوقوف لمدة طويلة في مكان حار.

تجويف النخاع الشوكي Syringomyelia

تجويف النخاع الشوكي هو حالة مرضية تنتج من تلف الياف المساق النخاعي المهادي (spinothalamic tract) بالقرب من قناة النخاع (spinal canal) وتلف الخلايا المجاورة له عادة في منطقة الرقبة او الصدر. المرض قد يكون خلقي (congenital) مثلا في تشويه ارنولد وكياري (Arnold-Chiari malformation) او يحدث نتيجة عدة امراض مكتسبة مثلا سرطان خلايا بطانة النخاع الشوكي (ependymoma) او إصابة النخاع الشوكي (spinal cord injury). اعراض تجويف النخاع الشوكي في بداية المرض هي فقد حس اللمس والحرارة والوخز بالإبر في القطاعات الجلدية (dermatomes) التي تطابق منطقة التلف في النخاع الشوكي. عادة شدة المرض تزداد تدريجيا وببطء.

Systemic disease **مرض غير موضعي**

المرض غير الموضعي هو المرض الذي يؤثر علي عدة أعضاء او علي كل الجسم ولا ينحصر في عضو واحد.

Systemic lupus erythematosus **الذئبة الحمراء الشاملة**

معني كلمة - lupus - في اللغة اللاتينية هو "ذئب" وفد اجمع اكثر المترجمين علي ان المرض سمي بالذئبة لأن الطفح الجلدي في الوجه الذي يميز هذا المرض يشبه الأثر الذي تتركه عضة الذئب في الجلد. اما المقصود بكلمة شاملة هو ان المرض يؤثر علي كل أعضاء الجسم.

الذئبة الحمراء الشاملة هي مرض مناعي ذاتي (autoimmune disease) يصيب الانسجة الضامة (connective tissue) واعراضه الرئيسية هي طفح جلدي احمر اللون علي الوجنتين يشبه جناحي الفراشة واحساس بالتعب وحمي والتهاب المفاصل وتساقط الشعر والتهاب غشاء القلب (pericarditis) والتهاب الغشاء الجانبي (pleurisy) وتليف الاكياس الهوائية (fibrosing alveolitis) واعراض كثيرة اخري تنتج من إصابة الجهاز العصبي.

Systole **انقباض عضلة القلب**

انقباض عضلة القلب يتم في مرحلتين. في المرحلة الاولي تنقبض عضلات الاذينين الأيمن والايسر معا (atrial systole) وذلك يُمكّن دخول الدم في البطينين الأيمن والايسر عبر الصمام ثلاثي الأطراف (tricuspid valve) والصمام القلنسوى (mitral valve). المرحلة الثانية هي عكس الاولي: أي انبساط عضلات الاذينين (atrial diastole) وملأ الاذينين بالدم وانقباض عضلة البطينين (ventricular systole) وضخ الدم في الوتين (aorta) والوريد الرئوي (pulmonary vein).

T

Tabes dorsalis **الهُزال النخاعي الخلفي**

انظر syphilis

Tachycardia **ضربات القلب السريعة**

ضربات القلب السريعة هي ضربات قلب الشخص البالغ التي تتجاوز مائة ضربة في الدقيقة الواحدة اثناء الراحة

Tachypnoea **التنفس السريع**

سرعة تنفس الشخص البالغ الطبيعية اثناء الراحة في المتوسط هي 16 - 14 في الدقيقة. سرعة التنفس تنقص اثناء النوم وتزيد اثناء النشاط الرياضي والحمي ونتيجة امراض كثيرة وأيضا نتيجة استعمال بعض الادوية والمنشطات.

Tactile fremitus

الاهتزاز اللمسي
انظر fremitus

Talipes equinovarus (club foot)

التواء القدم
انظر club foot

Talocalcaneal joint

مفصل تحت الكاحل
انظر foot

Talus

عظم الكاحل
انظر foot

Tamponade

كبس القلب
كبس القلب هو الضغط علي عضلة القلب بسائل او دم تجمع داخل غشاء القلب (pericardium). تأثير الكبس علي وظيفة القلب يعتمد علي كمية السائل ونوعه (او الدم) وسرعة تجمعه.

Tartar

جير الاسنان
انظر dental calculus

Teeth

اسنان
الاسنان هي عظام صغيرة مكسوة بطلاء صلب (enamel) توجد فوق الفك الاعلي والفك الاسفل ووظيفتها الاساسية هي قطع وطحن الطعام والمساعدة علي المضغ. عدد اسنان الانسان البالغ هو 32. تنقسم الاسنان حسب شكلها ووظائفها الي 4 انواع – قواطع (incisors) وانياب (canines) واضراس امامية (premolars) واضراس خلفية (molars).
انظر deciduous teeth

Teichopsia (or scintillating scotoma)

ومضة البقعة العمياء
ومضة البقعة العمياء هي بريق من الضوء لامع ومتذبذب ويكون أحيانا متعرِّج وفي الوان متعددة وهو احد الاعراض التي تسبق الصداع النصفي (migraine) .

Telangiectasia **الشُعيرات الدموية الوسيعة**

الشعيرات الدموية الوسيعة هي حالة تنتج من توسُّع شبكة من الاوعية الدموية الصغيرة التي تسمي الشعيرات الدموية (capillaries) وتظهر كمجموعة تحت الجلد وفي الاغشية المخاطية وتتواجد أحيانا في المخ والأعضاء الأخرى. الشعيرات الدموية الوسيعة عادة لا تسبب اعراض مرضية ولكن أحيانا تنفجر. الشعيرات الدموية الوسيعة هي عادة حالة وراثية، ولكن احيانا تكون مكتسبة كما يحدث مثلا في متلازمة كوشنق (Cushing's syndrome).

Temporal arteritis **التهاب الشريان الصدغي**

التهاب الشريان الصدغي أيضا يسمي التهاب الشريان القحفي (cranial arteritis) والتهاب الشريان ذو الخلايا الضخمة (giant cell arteritis) وهو احد امراض المناعة الذاتية وسببه غير معروف. اعراض المرض هي الصداع الشديد وازدواج الرؤية (diplopia) والحمي وفقد الشهية ونقص الوزن وألم في الفك عند المضغ (jaw claudication) واحيانا العمي المفاجئ. في بعض الأحيان التهاب الشريان الصدغي يصاحب الم العضلات الروماتزمي (polymyalgia rheumatica).

Tendon xanthoma **الورم الوتري الأصفر**

الورم الوتري الأصفر هو ورم اصفر اللون في وتر العضلات سببه ترسب الكوليسترول (cholesterol) الناتج من زيادة الدهون في الدم (primary hyperlipidaemia).

Tension headache **صداع التوتر**

صداع التوتر هو ألم بالجانبين الاثنين من الرأس والعينين وعضلات الرقبة لا يصاحبه غثيان او استفراغ او حساسية من الضوء وينتج من التوتر النفسي واضطراب النوم.

Tentorium cerebri **خيمة المخيخ**

خيمة المخيخ هو جزء من الام الجافية (dura mater) ينطوي تحت الفص القذالي (occipital lobe) ويفصل المخ من المخيخ .

Teratogens **مُسببات العيوب الخلقية**

مسببات العيوب الخلقية هي مواد مختلفة استعمالها او التعرض لها اثناء الحمل يؤدي الي ظهور تشويهات خلقية في الجنين. هذه المواد تشمل بعض الادوية (مثلا phenytoin, thalidomide, folate antagonists) والاشعاع الذري (radiation) وادمان الخمر والمخدرات والتبغ وأيضا بعض امراض الام مثلا الزهري (syphilis) وداء المقوسات القندية (toxoplasmosis).

Testosterone **هورمون الذكورة**

هورمون الذكورة هو هورمون تفرزه الغدد التناسلية (الخصية والبويضة) وظيفته الاساسية هي تنظيم نمو الاعضاء التناسلية والخصائص الجنسية الثانوية (secondary sexual characteristics) في الرجال وله ايضا دورا هاما في تنظيم الشهوة الجنسية والسلوك والمزاج والحماية من وهن العظم (osteoporosis) في الجنسين.

Tetany
التكزُز
التكزز هو احد اعراض نقص الكالسيوم (hypocalcaemia) في الجسم وهو تقلص لا ارادي في عضلات اليدين والرجلين عادة مصحوب بخدر حول الفم وفي اطراف الأصابع. أسباب التكزز هي اختلال امتصاص الكالسيوم في الأمعاء والفشل الكلوي والتهاب البانكرياس وزيادة قلوية الدم (alkalosis).

Tetanus
مرض الانقباض العضلي
مرض الانقباض العضلي هو مرض ينتج من عدوي بالباكتيريا المغزلية مسببة الانقباض العضلي (clostridium tetani). العدوي عادة تكتسب عندما يتلوث جرح بالباكتيريا. (البكتيريا مسببة الانقباض العضلي تتواجد في التربة وبراز الحيوانات الاليفة وتسبب المرض لأنها تفرز مادة سامة تزيد قابلية العصبون الحركي للإثارة (motor neuron excitability). فترة الحضانة تتفاوت من عدة أيام الي عدة أسابيع. اكثر العلامات المميزة لهذا المرض هي الضزز (trismus) وانقباض عضلات الظهر الذي يؤدي الي تقوُّس الظهر (opisthotonos). (الضزز بفتح الضاء والزاء هو التصاق الفكين الأعلى والاسفل الغير ارادي الذي ينتج من تشنج عضلات المضغ المستمر ويمنع فتح الفم).

Tibia
عظم الساق الكبير
عظم الساق الكبير هو عظم طويل وقوي يوصل الركبة بالقدم. (tibia هي كلمة اغريقية وترجمتها الحرفية مِزمار)

Tic
عَرَة
العرة (بفتح العين وتشديد الراء) هي تقلص لإرادي وجيز ومتكرر في بعض عضلات الوجه كغمزة العين مثلا. التقلص يزيد شدة في حالات التوتر النفسي والانفعال ويزول اثناء النوم.

Tinea versicolour
بهق
البهق هو بقع بنية او وردية اللون تظهر عادة في الصدر والظهر واحيانا في الوجه تسببها عدوي بالفطريات التي تسمي pityrosporum orbiculare. المرض لا يسبب حُكاك او اعراض اخري.

Tinnitus
طنين الاذن
الطنين هو رنين متقطع او مستمر في احدي او كلا الاذنين يكون في كثير من الأحوال مصحوبا بضعف او فقد السمع.

Thalamus
المهاد
المهاد هو كتلة من الخلايا العصبية تحت قشرة المخ لها وظائف عدة تتضمن دمج الإشارات الحسية الصاعدة من الجهاز العصبي المحيطي ومن أعضاء الحواس ماعدا حاسة الشم ونقلها الي الأجزاء المتخصصة في قشرة المخ. للمهاد أيضا دور في تنظيم تواتر النوم واليقظة والذاكرة والحركة واللغة.

Thalassaemia **الثالاسيميا**

الترجمة الحرفية من اللغة الاغريقية هي "فقر الدم البحري" والمرض سمي بذلك للاعتقاد عند اكتشافه انه خاص بمنطقة حوض البحر الأبيض المتوسط. لكن هذا النوع من فقر الدم لا ينحصر علي هذه المنطقة وايضا يتواجد في مناطق بعيدة عن البحار. لذلك الاحتفاظ بكلمة ثالاسيميا بدلا من الترجمة الحرفية افضل لأنه يمنع الالتباس.

الثالاسيميا هي مرض وراثي يؤدي الي نقص في انتاج الهيموقلوبين (haemoglobin). الهيموقلوبين يتكون من 4 وحدات بروتينية وذرات حديد. الوحدات البروتينية نوعان كل نوع يتكون من حوامض امينية (amino acids) مرتبة في شكل سلسلتين تسمي سلاسل الفا (α chains) او سلاسل بيتا (β chains) وإنتاج كل نوع يُنظّم بعامل وراثي (gene) مختلف. الثالاسيميا تنتج من طفرة جينية (genetic mutation) في العامل الوراثي الذي ينظم انتاج بروتينات الفا او بروتينات بيتا. طريقة وراثة المرض هي جسدية منحيه (autosomal recessive) وبالتالي حدوث المرض يتطلب اكتساب عامل الوراثة التالف من الام ومن الاب ويُصنّف المرض حسب البروتين المفقود ويسمي (alpha thalassaemia) او (beta thalassaemia). اكتساب العامل الوراثي التالف من الاب فقط او من الام فقط عادة لا يسبب اعراض مرضية والحالة تسمي الثالاسيما الصغرى (thalassaemia minor). اعراض الثالاسيميا هي اعراض فقر الدم وتضخم الطحال (splenomegaly) وضعف نمو الطفل بالإضافة الي مضاعفات العلاج خاصة مضاعفات نقل الدم المتكرر مثلا ترسُّب الحديد في الجسم.

Thenar eminence **قاعدة الإبهام**

قاعدة الابهام (او بروز راحة اليد) هو الجزء المرتفع من راحة اليد ويتكون من ثلاثة عضلات تحرك الابهام.

Therapeutic equivalence (of drugs) **التعادل العلاجي**

التعادل العلاجي هو لفظ يُستعمل في علم الادوية ومعناه تساوي مستحضرين من الدواء في التواجد الحيوي (bioequivalence) والفعالية داخل الجسم الحي (efficacy) والسلامة (safety) في حالة إعطاء الدواءين في نفس الجرعة وبنفس الطريقة.

Thromboembolism **الإنسداد التجلطي**

الانسداد التجلطي هو انسداد وعاء دموي بجلطة نُقلت بالدورة الدموية بعد انفصالها من وعاء دموي آخر او من احد حجرات القلب مثلا الاذين الايسر (left atrium).

Thrombocytes (or platelets) **الصفائح الدموية**

انظر platelets

Thrombocythemia **زيادة عدد الصفائح الدموية مجهولة السبب**

انظر thrombocytosis

نقص عدد الصفائح الدموية Thrombocytopenia

نقص عدد الصفائح الدموية هو الصفائح الدموية (platelets) الي تقل عن 150,000 خلية في المليمتر المكعب من الدم واسبابها تتضمن استعمال بعض الادوية مثلا Aspirin, heparin, clopidogrel, ibuprofen والعلاج الكيمائي (chemotherapy) والسرطان وفشل نخاع العظم (aplastic anaemia) ونادرا اختلال المناعة (idiopathic thrombocytopenic purpura).

زيادة عدد الصفائح الدموية Thrombocytosis

هي الصفائح الدموية (platelets) التي تزيد عن 450,000 خلية في مليمتر مكعب من الدم واسبابها تتضمن الالتهاب المزمن والسرطان وفقر الدم الانحلالي (haemolytic anaemia) وامراض تكاثر الخلايا النخاعية (myeloproliferative disorders). الحالة تسمي thrombocythemia عندما يكون سبب زيادة عدد الصفائح الدموية غير معروف.

إذابة الجلطة Thrombolysis

إذابة الجلطة هي علاج بأدوية معينة يستخدم لتذويب الجلطة لفتح الوعاء الدموي المسدود.

التجلط Thrombosis

التجلط (بضم وتشديد اللام) هو حالة مرضية تتكون فيها الجلطة داخل الوعاء الدموي (شريان او وريد) وتسبب انسداد جزئي او كامل. التجلط يحدث أيضا داخل بطينات القلب.

مُوّلد الجلطة Thromboxane

مولد الجلطة هو احد مجموعة من المركبات الدهنية التي تفرزها الصفائح الدموية (platelets) وظيفتها المساعدة علي تراكم الصفائح الدموية وأيضا انقباض الاوعية الدموية.

الجلطة Thrombus

الجلطة هي قطعة دم متجمدة تتكون من الصفائح الدموية (platelets) وكرويات الدم الحمراء وبروتين الفبرين (fibrin) ووظيفتها وقف النزيف في حالة حدوث جرح في الوعاء الدموي

المبيض (بضم الميم وكسر وتشديد الياء) Thrush

انظر mycoses

الصداع الرعدي Thunderclap headache

يُشبّه هذا الصداع بالرعد لأنه شديد جدا ومفاجئ.

Thyroid gland / الغدة الدرقية

الغدة الدرقية هي غدة صماء تتكون من فصين (lobes) موقعها في مقدمة الرقبة علي جانبي القصبة الهوائية (trachea). الغدة الدرقية تفرز ثلاثة هورمونات - ثلاثي يودوثايرونين (triiodothyronine or T3) وثايروكسين (thyroxine or T4) وكالسيتونين (calcitonin).

Thyrotoxicosis / التسمم الدرقي

انظر hyperthyroidism

Tongue / لسان

اللسان هو عضو عضلي داخل الفم يمتد من مقدمة الفم الي الحلق. جزء اللسان الخلفي يرتبط في العظم الحذوي (hyoid bone). اللسان يحتوي علي مستقبلات الذوق (taste receptors). وظائف اللسان الاخري هي المساعدة في نطق الكلام وتحريك الطعام اثناء المضغ ودفعه للوراء اثناء البلع. (العظم الحذوي هو عظم صغير في مقدمة الرقبة يشبه حذوة – اي نعل – الحصان).

Topical anaesthesia / التخدير السطحي

انظر anaesthesia

Toxic epidermal necrolysis / إنسلاخ بشرة الجلد التسممي

انسلاخ بشرة الجلد التسممي هو مرض جلدي حاد ينتج عادة من الحساسية لبعض الادوية خاصة المضادات الحيوية والأدوية التي تُستعمل في علاج الصرع. في بعض الحالات لا يوجد سبب. المرض يبدأ بحمى وسعال وفقد الشهية وإحمرار وانتفاخ في جزء من الجلد يتطور الي فقاقيع كبيرة (blisters) تنسلخ بعد ظهورها بشرة الجلد. انسلاخ جزء كبير من الجلد يؤدي الي مضاعفات خطيرة مثلا فقد السوائل وتعفن الدم (septicaemia) وفشل الأعضاء المتعدد (multi organ failure).

Tonsilitis / التهاب اللوزتين

التهاب اللوزتين عادة ينتج من عدوي فيروسية او عدوي بالباكتيريا واعراضه هي حمي والم في الحلق وصعوبة في البلع وتضخم اللوزتين.

Tophi / عُقد النقرس

المفرد tophus. انظر gout.

Topognosis / ادراك موضع اللمس

ادراك موضع اللمس هو القدرة علي تحديد (بدون استعمال النظر) المكان في الجلد اذا لُمِس وهو احد وظائف الفص الجداري (parietal lobe).

Torticollis or cervical dystonia **التواء الرقبة التشنجي**

التواء الرقبة التشنجي هو احد أنواع اختلال تقلص العضل السلبي (dystonia) يصيب عضلات الرقبة ويؤدي الي التوائها واحيانا يكون مصحوبا باهتزاز الرأس (head tremor) .

Toxoplasma gondii **المقوسة القُندِيّة**

معني كلمة toxoplasma في اللغة الاغريقية هي 'شبيه بالقوس' ولفظ gondii نسبة لأول حيوان وجدت فيه العدوي بهذه الجرثومة وهو القندية. (القندية - gundi - هي حيوان صغير من فصيلة القوارض عادة يتواجد في المناطق الجبلية بشمال افريقيا). المقوسة القندية هي كائن طفيلي تستضيفه القطط وهي كثيرة الانتشار في كل انحاء العالم. الجرثومة تسبب داء المقوسات القندية (toxoplasmosis gondii).

Toxoplasmosis gondii **داء المقوسات القندية**

داء المقوسات القندية هو عدوي تسببه المقوسة القندية (toxoplasma gondii). العدوي تنتشر بواسطة الطعام والشراب الملوث ببراز القطة حاملة الجرثومة. العدوي عادة لا تسبب اعراض مرضية الا في حالة ضعف المناعة (التهاب رئوي والتهاب المخ). اكتساب المرض في الأشهر الاولي من الحمل قد يؤدي الي عاهات خلقية في الجنين خاصة في المخ والعينين (congenital toxoplasmosis).

Trabecula **حاجز**

الحاجز هو حزمة من الالياف غادة مكونة من النسيج الغرائي (collagen) توجد في معظم الاعضاء. وظيفة الحواجز الاساسية هي تقوية بنية العضو.

Trachea **القصبة الهوائية**

انظر Respiratory tract

Tracheal intubation **ادخال انبوبة في القصبة الهوائية**

انظر intubation

Trabecular bone **عظم حُويجزي**

العظم الحويجزي هو الجزء من العظم الذي يتكون من قطع عظمية رفيعة (trabeculae) بينها مسامات وثقوب تجعل العظم يشبه الاسفنج. العظم الحويجزي ايضا يسمي cancellous bone.

فتح القصبة الهوائية Tracheostomy

فتح القصبة الهوائية هو عملية جراحية تتكون من شق القصبة الهوائية في مقدمة الرقبة وادخال انبوبة فيها عادة في حالة انسداد المسالك الهوائية العليا مثلا نتيجة التهاب شديد وتورم الحنجرة كما يحدث في بعض حالات الحساسية. فتح القصبة الهوائية يستعمل ايضا لتمكين تهوية الرئة الميكانيكية (mechanical ventilation). في الحالات الطارئة (مثلا انسداد الحلقوم بجسم غريب) احيانا تستخم عملية ثقب الغشاء الحلقي الدرقي (cricothyroidotomy) بدلا من فتح القصبة الهوائية.

الربو الحُبيبي Trachoma

الربو الحبيبي هو التهاب مزمن في الملتحمة (conjunctiva) والقرنية (cornea) يؤدي الي العمي تسببه باكتيريا من فصيلة المدثرات (chlamydia). المرض منتشر في البلاد النامية. تنتقل العدوي عن طريق لمس الوجه بيد او ملابس ملوثة بالباكتيريا وأيضا بواسطة الذباب.

المُسكِنات Tranquilisers

انظر Neuroleptics

نوبة فقر الدم الموضعي العابرة Transient ischaemic attack

نوبة فقر الدم الموضعي العابرة هي اعراض وعلامات مرضية تشير الي إصابة منطقة محددة في الجهاز العصبي المركزي تدوم 24 ساعة او اقل وسببها انسداد مؤقت في شريان المنطقة المصابة.

السائل المُتسرّب الصافي Transudate

السائل المُتسرّب الصافي هو سائل تسرب من الاوعية الدموية الي الحيز الخلالي (interstitial space) نتيجة نقص في الضغط الغرائي الورمي (colloidal oncotic pressure) او زيادة في الضغط الانتشاري (osmotic pressure).السائل المُتسرّب الصافي يختلف عن السائل المُتسرّب العكر (exudate) في انه يحتوي علي كمية اقل من البروتين وخلايا الدم وايضا اقل في كثافته النسبية (specific gravity).

إصابة الدماغ الرضخية Traumatic brain injury

إصابة الدماغ الرضخية هي اختلال بنية ووظائف الدماغ الناتجة من ضربة شديدة (رضخة) في الرأس .

ارتعاش او رجفة Tremor

الارتعاش هو هزة لإرادية تصيب اي من الاعضاء التالية: الايدي او الارجل او الفم او الرأس. أسباب الارتعاش قد تكون امراض عضوية او القلق او ادمان الخمر وأيضا استعمال بعض الادوية. ينقسم الارتعاش الي ثلاثة أنواع:

أ – الارتعاش مع عدم الحركة (rest tremor)

ب – الارتعاش أثناء الحركة الارادية (action tremor)

ت – الارتعاش القصدي وهو يحدث في نهاية الحركة الارادية (intention tremor) .

المنشار المُثقِب Trephine

المنشار المثقب هو آلة جراحية لها سكين اسطواني الشكل يقطع شكل دائري وعلدة يستعمل لفتح جزء من الجمجمة.

العضلة النعلية ثلاثية الرؤوس Triceps surae

انظر gastrocnemius muscle

الصمام ثلاثي الأطراف Tricuspid valve

ألم العصب الثلاثي Trigeminal neuralgia

الم العصب الثلاثي هو الم حاد في الوجه يحدث في شكل نوبات قصيرة ومتكررة ويكون في قطاع جلدي (dermatome) يطابق احد فروع العصب الثلاثي (trigeminal nerve) . يعتقد ان سبب الم العصب الثلاثي هو الضغط علي العصب او احد فروعه الثلاثة بشريان متعرج او بورم داخل المخ في منطقة الجسر (pons) .

الاصبع الزنادي Trigger finger

الاصبع الزنادي هو حالة مرضية تؤدي الي ثنية الاصبع المصحوبة بألم وصوت طقطقة وتحدث عادة اثناء بسط اليد. الاصابة عادة تكون في البنصر (ring finger) او الإبهام (thumb) وتنتج من زيادة في سُمك غمد الوتر (tendon sheath). الاصبع الزنادي اكثر حدوثا في مرض السكري والتهاب المفاصل الروماتزمي وايضا في الاشخاص الذين يمارسون مهن تتطلب استعمال الاصابع بكثرة كالطباعة مثلا.

ضَزَز Trismus

انظر tetanus

اختلال التركيبة الصبغية الثلاثي Trisomy

انظر Aneuploid

مبزل Trocar

المبزل (بكسر الميم) هو آلة جراحية لها انبوبة مجوفة يُدخل عبرها جهاز مثلا منظار طبي (endoscope) في تجويف البطن للتشخيص او لاجراء عملية جراحية (laparoscopic surgery). المبزل يُستعمل ايضا لسحب سائل من الجسم مثلا استسقاء (ascites).

نتوء عظم الفخذ Trochanter

نتوء عظم الفخذ هو جزء بارز مزدوج يوجد في اعلي عظم الفخذ. (femur) ترتبط فيه عضلات الردِف (gluteal muscles) وعضلات اخري. احد النتوئين كبير ودائري الشكل يسمي النتوء الاكبر (greater trochanter) والآخر اقل حجما ويسمي النتوء الاصغر (lesser trochanter).

تايفويد Typhoid

التايفويد هو مرض معدي تسببه نوع من السالمونيلا تسمي Salmonella typhi. العدوي تنتقل عن طريق اكل الطعام الملوث بالباكتيريا. فترة الحضانة 14- 10 يوم واعراض المرض عادة تتزايد تدريجيا وتبدأ بارتفاع في درجة حرارة الجسم والشعور بالتعب والسعال والامساك. في الاسبوع الثاني من المرض يظهر طفح جلدي في الصدر والظهر واسهال. في حالة عدم العلاج تتدهور حالة المريض نسبة لتعفُن الدم (septicaemia) والتهاب السحايا (meningitis) والصدمة (shock) وفشل الكلي.

فحص سلامة طبلة الاذن Tympanometry

المثقبية Trypanosoma

لفظ Trypanosoma مستمد من اللغة الاغريقية ومعناه ثاقبة الجسم وسبب تسمية الجرثومة بذلك ربما لأنها تشبه المفتاح اللولبي (corkscrew). المثقبيات هي كائنات حية دقيقة تتكون من خلية واحدة لها نتوء رفيع يساعدها علي الحركة يسمي السوط (flagellum الجمع flagella). المثقبيات تسبب الامراض الاتية:

1 – مرض النوم الافريقي (African sleeping sickness)
2 – مرض المثقبيات الأمريكي (American trypanosomiasis or Chagas disease)
3 – داء الليشمانيا (Leishmanaisis).

الخميرة هاضمة البروتينات Trypsin

انظر Digestion

توبركولين Tuberculin

التوبركولين هو بروتينات مستخلصة من جرثومة الدرن (mycobacterium tuberculosis) ويستعمل في اختبار مانتو (Mantoux test) لتشخيص الدرن. الاختبار يتلخص في حقن التوبركولين في الجلد ومراجعة موقع الحقنة بعد يومين او ثلاثة أيام. ظهور ورم قطره 5 الي 10 ميليميتر في موضع الحقنة يشير الي وجود العدوي بالدرن ويُعرف باختبار مانتو الإيجابي (positive Mantoux test).

Tuberculosis الدرن او السُل

الدرن هو مرض معدي تسببه باكتيريا تسمى (mycobacterium tuberculosis). الدرن عادة يصيب الرئة ولكن أيضا قد يصيب الأعضاء الأخرى مثلا العظام والجهاز العصبي والكلى. المرض ينتشر عن طريق استنشاق الهواء الملوث بجراثيم من سعال او لعاب المريض. في كثير من الأحيان الدرن لا يسبب اعراض مرضية وهذه الحالة تسمى الدرن الخفي (latent tuberculosis). في الحالات الأخرى مثلا في حالة إصابة الرئة (pulmonary tuberculosis) المرض يسبب عدة اعراض تتضمن الحمى وتدفق العرق بغزارة اثناء الليل والسعال المزمن وسعال الدم (haemoptysis) وصعوبة التنفس وفقد الوزن وفقر الدم. السل الرئوي عادة يصيب فصوص الرئة العليا (upper lobes) ولكن أحيانا مناطق الإصابة تكون صغيرة جدا وكثيرة ومنتشرة في كل اجزاء الرئتين وتظهر في صورة الاشعة كحبوب الدخن. هذا النوع من الدرن يسمى الدرن الدخني (military tuberculosis).

Tumour ورم

الورم هو كتلة من الخلايا والانسجة غير طبيعية وفي حالة نمو مستمر. الأورام نوعان: حميد (benign) وخبيث (malignant). الورم الحميد بطيء النمو ويكون محصورا في مكانه ونادرا ما يتحول الي ورم خبيث. اما الورم الخبيث فهو سريع النمو وقادر على الانتشار الي أعضاء اخري وقد يعود بعد استئصاله.

Tumour markers المؤشرات الورمية

المؤشرات الورمية هي مُركّبات حيوية (مثلا بروتينات) تنتجها الخلايا السرطانية او الخلايا السليمة كرد فعل لوجود سرطان بالجسم مثلا مولد المضاد الخاص بالبروستاتة (Prostate specific antigen, PSA) وبروتين الجنين الفا (alpha fetoprotein). المؤشرات الورمية عادة تُستعمل لتشخيص بعض أنواع السرطان وتحديد مدي انتشاره واستجابته للعلاج.

Tumour necrosis factor عامل نخر الورم

انظر cytokines

Turner syndrome متلازمة تيرنر

متلازمة تيرنر أيضا تسمى متلازمة 45 XO هي حالة غير وراثية تصيب الاناث وتنتج من تلف او عدم احد صبغيات X (X chromosome) وتؤدي الي تشويهات خلقية تتضمن قصر القامة وما يعرف بالرقبة المُجنّحة (webbed neck) وهي الرقبة التي تحتوي على غشاء جلدي يمتد من اعلى جانبي الرقبة الي طرف الكتف الأيمن والايسر. متلازمة تيرنر تسبب أيضا البلوغ المتأخر واضطراب الحيض والعقم واحيانا عاهات خلقية في القلب والكلي.

Tyloma ندب

انظر callus

Typhus
تايفوس

التايفوس هو مرض وبائي تسببه باكتيريا تسمى ريكتسيا (rickettsia). المرض ينتشر بواسطة قمل الجسم (body lice) واعراضه الأساسية هي حمى وطفح جلدي وفي الحالات الشديدة التهاب المخ (encephalitis).

U

Ulcerative colitis
التهاب القولون القُرحي

التهاب القولون القرحي هو التهاب مزمن في القولون يسبب قرح في الغشاء المخاطي. سبب المرض غير معروف واعراضه الأساسية هي اسهال يحتوي علي كمية من الدم وألم في البطن.

Ultrasound
الموجات فوق الصوتية

الموجات فوق الصوتية تُستخدم في الطب عادة للتشخيص التصويري (diagnostic imaging) لتقييم حالة الاعضاء الداخلية. طريقة التشخيص تعتمد علي ارسال موجات صوتية من جهاز (transducer) عبر جدار البطن واستقبال الصدي الصادر من الاعضاء الداخلية وتحويلها بالحاسوب لصور ثنائية او ثلاثية الابعاد.

Ulnar nerve
العصب الزندي

العصب الزندي هو عصب طويل مختلط يحتوي علي الياف حسية والياف حركية. العصب ينشأ من الحبل الوسطي (medial cord) الذي يكوّن جزءا من الضفيرة العضدية (brachial plexus). العصب الزندي يزوّد عدة عضلات في الساعد وجلد الخنصر (ring finger) وجلد النصف الجانبي من البنصر (small finger).

Umbilical cord
حبل السرة

حبل السرة (السرة تنطق بضم السين وتشديد الراء) هو قناة تمتد من وسط المضغة (embryo) والجنين (foetus) الي المشيمة (placenta) وتحتوي علي شريانين ووريد واحد. وظيفة حبل السرة هي نقل الاوكسيجين والمواد الغذائية من الام الي الجنين ونقل ثاني اوكسيد الكربون وفضلات التمثيل الغذائي من الجنين الي المشيمة.

Umbilicus
سُرَّة

السرة هي ندب (scar) عادة منخفض ودائري الشكل في وسط البطن نتج من انفصال حبل السرة (umbilical cord) بعد الولادة.

Uncus
الصنارة

الصنارة هي جزء من الفص الصدغي (temporal lobe) له دور مهم في تنظيم حاسة الشم.

نقص التغذية Undernutrition

نقص التغذية هو القلة الشديدة المزمنة في المقدار المأخوذ او المقدار الذي يمتصه الجسم من العناصر الغذائية (nutrients) مما يؤدي الي حالة مرضية. نقص التغذية قد ينتج أيضا من الزيادة في احتياجات الجسم للغذاء كما يحدث مثلا في حالة التسمم الدرقي (thyrotoxicosis) بدون زيادة مشابه في الكمية المأخوذة من العناصر الغذائية.

الحمي المُتموّجة Undulating fever

انظر brucellosis

العصبون الحركي العلوي Upper motor neuron

العصبون الحركي العلوي هو الخلايا الهرمية الموجودة بالتلفيف امام المركزي (precentral gyrus) بالفص الجبهي (frontal lobe) ووظيفته التحكم في الحركة الارادية. الياف هذه الخلايا تنزل عبر النسيج الداخلي (capsule internal) وجزء منها يكوّن السبيل القشري البصلي (corticobulbar tract) الذي ينتهي في العصبون الحركي السفلي الخاص بالاعصاب القحفية الحركية (motor cranial nerves) . اما الجزء الآخر فيواصل نزوله وفي الجزء الأسفل من النخاع المستطيل (medulla oblongata) تنقسم اليافه الي جزئين. الجزء الأكبر يعبر للاتجاه المضاد ويكوّن السبيل القشري النخاعي الجانبي (lateral corticospinal tract) والجزء الأصغر يواصل نزوله ويكوّن السبيل القشري النخاعي الامامي (anterior corticospinal tract). كل هذه الالياف تنتهي في العصبونات الحركية السفلي.

البولينة Urea

البولينة هي مُركّب عضوي غير سام وسهل الذوبان في الماء ينتج من هدم المواد النايتروجينية مثلا الحوامض الامينية (amino acids) في الكبد ويتخلص منها الجسم في البول. كمية البولينة في الدم هي 5 -20 mg/dl وذلك يعادل (1.8 – 7.1 mmol/l) والزيادة علي ذلك تشير الي اضطراب وظائف الكلي.

الحالب Ureter

الحالب هو جزء من الجهاز البولي يتكون من عضلة ملساء (smooth muscle) في شكل انبوبة تمتد من حوض الكلية (renal pelvis) الي المثانة (bladder). وظيفة الحالب هي نقل البول الي المثانة.

قناة البول Urethra

قناة البول (أيضا تسمي الإحليل) هي قناة تبدأ في عنق المثانة (bladder neck) وتفتح بين البظر (clitoris) والمهبل (vagina) في المرأة وتمر داخل القضيب (penis) في الرجل. طول قناة البول في المتوسط 4 سنتيمترات في المرأة و20 سنتيمتر في الرجل ووظيفتها نقل البول من المثانة الي خارج الجسم وأيضا اخراج السائل المنوي (semen) عندما يقذف الرجل.

فحص قناة البول بالمنظار Urethroscopy

Uric acid
الحامض البولي
الحامض البولي ينتج من هدم الحوامض النووية (nucleic acids catabolism) وأيضا من تناول بعض الأطعمة.
انظر hyperuricaemia

Urticaria or hives
الطفح القراصي (بضم القاف وتشديد الراء)
الطفح القراصي هو طفح يرتفع عن سطح الجلد ويسبب احمرار وحُكاك (itch) وهو احد اعراض الحساسية (allergy). الطفح القراصي ينشأ نتيجة ارتباط مسبب الحساسية (allergen) ببروتين المناعة فصيلة IgE- وذلك يؤدي الي افراز الهيستامين (histamine) من خلايا الهيستامين (mast cells) وخلايا الدم البيضاء القاعدية (basophils) ويسبب التهاب الجلد. (القُرّاص – stinging nettle - هو نبات من فصيلة الأعشاب مكسو بشوك رفيع يفرز سائل يسبب ورم وألم واحمرار اذا لمس الجلد.)

Uterus
الرحم
الرحم هو احد اعضاء المرأة التنسلية وفيه ينمو الجنين اثناء الحمل. الرحم يتواجد داخل الحوض بين المثانة (urinary bladder) والقولون السيني (sigmoid colon) ويتكون من ثلاثة اجزاء هي القاع (fundus) والجسم (corpus) والعنق (cervix). في القاع تفتح قناة فالوب (Fallopian tubes) اليمني واليسري بينما العنق يفتح في المهبل (vagina).

Uvea
العنبة
انظر Eye

Uveitis
التهاب العِنبة
التهاب العنبة هو التهاب القُزحية (iris) والعضلة الهدبية (ciliary muscle) والمشيمة (choroid) واسبابه تتضمن بعض الامراض المناعية مثلا مرض كرون (Crohn's disease) والعدوي بالسل (tuberculosis) والزهري (syphilis) والحمي المالطية (brucellosis) وامراض اخري. التهاب العنبة قد ينحصر في حجرة العين الامامية (anterior chamber) ويسبب التهاب القزحية والعضلة الهدبية (iridocyclitis) او ينحصر في حجرة العين الخلفية وفي هذه الحالة يسمي التهاب المشيمة والشبكية (chorioretinitis). اعراض التهاب العنبة هي ألم وإحمرار العين وعدم احتمال الضوء (photophobia) ونقص الرؤية والاجسام الطافية (floaters) وعدم انتظام شكل حدقة العين.

Uvula
سقف الفم الرخو او اللهاة
انظر palate

V

Vaccine
طعم او لقاح
الطعم (بضم الطاء وسكون العين) او اللقاح (بكسر اللام) هو كمية قليلة من الميكروبات أُضعفت بتعريضها للحرارة او بمادة كيميائية. الطعم يستخدم لتنشيط المناعة (immunity) وتوليد اجسام مضادة (antibodies) لميكروب معين بغرض انتاج مقاومة المرض الذي يسببه ذلك الميكروب اذا أصيب الفرد بالعدوي مستقبلا.

Vaccination
التطعيم او التلقيح
التطعيم هو استعمال اللقاح لتنشيط المناعة بغرض الوقاية من مرض معدي.

Vacuum extraction
شفط الجنين
انظر ventouse

Vagina
مهبل
المهبل هو عضو المرأة التناسلي الذي يتكون من قناة عضلية تمتد من عنق الرحم (uterine cervix) الي الفرج (vulva). المهبل يخدم كمنطقة للجماع (sexual intercourse) وايضا كمجري يتدفق عبره دم الحيض من الرحم الي خارج الجسم ويخرج عبره الجنين اثناء الولادة.

Vaginal pessary (or suppository)
تحميلة المهبل
تحميلة المهبل هي اداة طبية تُستخدم لدعم المهبل مثلا في حالة هبوطه (vaginal prolapse) او لإعطاء دواء مباشرة في المهبل.

Vaginal thrush
مُبيّض المهبل
انظر mycoses

Vaginismus
تشنج المهبل
تشنج المهبل هو انقباض لا ارادي في عضلات المهبل (vagina) وألم عند ادخال (او محاولة ادخال) القضيب فيه واسبابه تتضمن التهاب المهبل ووجود جرح بالمهبل والخوف من ممارسة العملية الجنسية.

Vagus nerve
العصب الحائر
العصب الحائر هو العصب القحفي العاشر (tenth cranial nerve) وهو عصب طويل ومتعرج ينتمي للجهاز العصبي نظير المنسق (parasympathetic nervous system) ويمد الرئة والقلب والامعاء وايضا بعض عضلات الحلقوم الهيكلية. العصب الحائر ينشأ في النخاع المستطيل (medulla oblongata) وينتهي في القولون وتسميته بالحائر ربما هي اشارة لتعرجه كأنه تاه وانحرف عن الاتجاه المستقيم.

Varicella
الجدري الكاذب
انظر chickenpox

Varicose veins
دوالي وريدية

الدوالي الوريدية هي اوردة سطحية في الساق ملتوية ومنتفخة. سبب الدوالي هو تلف او فشل صمامات الاوردة الذي يؤدي الي رجوع الدم الي الساق بتأثير جاذبية الارض (بعد ضخه بعضلات الرجل). الدوالي ايضا تحدث في المستقيم (haemorrhoids) والصَفَن (scrotum) وفي المريئ (oesophageal varices). دوالي المريئ هي احد مضاعفات ارتفاع ضغط الوريد البابي (portal hypertension).

Vasculitis
التهاب الاوعية الدموية

Vasectomy
قطع القناة المنوية

قطع القناة المنوية (vas deferens) هو عملية جراحية تُستخدم لتعقيم الرجل عن طريق منع وصول الحيوان المنوي للقضيب. العملية لا تؤثر علي مقدرة القضيب علي الانتصاب او القذف (ejaculation).

Vegetative state
الحالة الخُضرية
انظر coma

Veins
اوردة

الاوردة هي اوعية دموية تحمل الدم فقير الاوكسيجين (deoxygenated blood) من أعضاء الجسم المختلفة الي القلب ماعدا الوريد الرئوي (pulmonary vein) الذي يحمل الدم المُشبّع بالأوكسيجين (oxygenated blood) من الرئة الي القلب.

Vellum
لهاة
انظر palate

Venepuncture
ثقب الوريد

ثقب الوريد هو اختراق جدار الوريد بإبرة بغرض اخذ عينة من الدم او حقن دواء.

Venereology
طب الامراض التناسلية

طب الامراض التناسلية هو فرع من الطب يتخصص في تشخيص وعلاج والوقاية من الامراض التي تنتقل بالعملية الجنسية.

شفط الجنين
Ventouse (or vacuum extraction)
كلمة ventouse مأخوذة من اللغة الفرنسية ومعناها كأس الحِجامة (cupping glass). شفط الجنين يُستعمل أحيانا بدلا من العملية القيصرية والتوليد بالجفت في الحالات التي تستلزم تقصير المرحلة الثانية من الولادة. عملية شفط الجنين تتم بوضع كأس جهاز الشفط المُوصّل بمضخة الامتصاص في رأس الجنين ثم سحب الجنين بمساعدة الام – أي عندما تحاول دفع الجنين الي خارج الرحم.

عيب حائط البطين
Ventricular septal defect
عيب حائط البطين هو ثقب في حائط القلب الذي يفصل البطين الايمن من البطين الايسر وهو عيب خلقي (congenital). عندما يكون الثقب كبيرا كمية كبيرة من الدم تعبر من البطين الايسر الي البطين الأيمن مما يؤدي الي احتقان الرئة وفشل القلب الاحتقاني (congestive heart failure).

ترديد اللفظ
Verbal perseveration
ترديد اللفظ هو المداومة علي ترديد كلمة معينة او عبارة معينة نسبة لفقد المقدرة الطبيعية علي الانتقال من سلوك الي سلوك آخر وهو عادة نتيجة إصابة الفص الجبهي (frontal lobe).

دوار او دوخة
Vertigo
الدوار هو عرض مرضي يحس فيه المريض بأنه او الاشياء التي حوله في حركة مستمرة (عادة حركة دوران) وتكون الحركة عادة مصحوبة بالغثيان والاستفراغ وفقد التوازن.

ثؤلول اخمص القدم
Verruca (or plantar warts)
ثؤلول اخمص القدم هو بثرة جلدية صغيرة صلبة لونها لا يختلف عن لون الجلد المجاور. المرض ينتج من العدوي بالفيروس الحليمي البشري (human papilloma virus) ويسبب ألم في القدم وصعوبة في المشي.

فقرة
Vertebra
الفقرة هي عظم صغير شبه دائري يُشكِّل جزءا من عظم الظهر (vertebral column). الجزء الامامي من الفقرة يسمي جسم الفقرة (vertebral body) والجزء الخلفي يسمي قوس الفقرة (vertebral arch). جسم الفقرة مع قوسها يكون فتحة يمر عبرها النخاع الشوكي. لقوس الفقرة اجزاء بارزة تسمي نتوءات (processes) ترتبط فيها العضلات والاربطة (ligaments). فتحات الفقرات معا تكون القناة النخاعية (spinal canal). الفقرات تتفاوت في حجمها حسب موضعها في السلسلة الفقرية. اصغر الفقرات توجد في الرقبة واكبرها في المنطقة القطنية (lumbar region).

العامود الفقري Vertebral column

العامود الفقري (ايضا يسمي السلسلة الفقرية) هو عظم الظهر ويمتد من الجمجمة (skull) الي الحوض (pelvis) ويتكون من 33 فقرة (vertebrae). الفقرات السبعة العليا هي فقرات الرقبة (cervical vertebrae) تليها 12 فقرة صدرية (thoracic vertebrae) ثم 5 فقرات قطنية (lumbar vertebrae) و5 فقرات اخري تكوّن عظم العجز (sacrum). الاربعة فقرات السفلي تكون العصعص (coccyx). الفقرات التي تُكوِّن عظم العجز وعظم العصعص ملتحمة مع بعضها البعض. اما الفقرات الباقية فهي منفصلة عن بعضها البعض وبين كل فقرة والفقرة التي تليها يوجد قرص ليفي غضروفي (intervertebral disc). تُوصِّل الفقرات من الامام ومن الخلف اربطة قوية (ligaments). للعامود الفقري انحناء في منطقة الرقبة وفي المنطقة القطنية.

حُويصلة Vesicle

الحويصلة او الفُقاعة الصغيرة هي كيس يحتوي علي مصل ويوجد في سطح الجلد وقطره لا يزيد عن نصف السنتيمتر.

انعكاس البول المثاني الحالبي Vesico-ureteric reflux

انعكاس البول المثاني الحالبي هو رجوع البول من المثانة (bladder) الي الحالب (ureter) ثم الي حوض الكلية (pelvis renal) نسبة لارتفاع الضغط داخل المثانة مثلا بسبب انسداد القناة البولية (urethra) او نتيجة اضطراب انسجام دافعة ومصرة المثانة (detrusor-sphincter dyssynergia) كما يحدث في حالة إصابة النخاع الشوكي. اهم مضاعفات هذه الحالة هي التهابات المسالك البولية المتكررة والفشل الكلوي.

أصوات التنفس الحُويصلي Vesicular breath sounds

انظر breath sounds

العصب الدهليزي Vestibular nerve

العصب الدهليزي هو احد فرعي العصب القحفي الثامن (eighth cranial or vestibulocochlear nerve). الدهليز هو مدخل المنزل وفي علم التشريح يُقصد به المنطقة بين الفتحة السمعية الداخلية (internal auditory meatus) والاذن الداخلية وهي المنطقة التي تحتوي علي الخلايا التي ينشأ منها العصب القحفي الثامن وهذا سبب تسمية العصب بالدهليزي.

التهاب العصب الدهليزي Vestibular neuritis (also called labyrinthitis)

انظر labyrinthitis

العصب الدهليزي القوقعي Vestibulocochlear nerve

العصب الدهليزي القوقعي هو العصب القحفي الثامن.

مكسو بالزغب Villous

انظر arachnoid villi

تلوث الدم بالفيروس Viraemia

تلوث الدم بالفيروس هو تواجد الفيروس بالدم. التلوث يحدث في مرحلتين. المرحلة الأولية (primary viraemia) هى دخول الفيروس في الدم من موضع العدوي واستيطانه في احد الأعضاء وتكاثره فيه. يلي ذلك المرحلة الثانوية (secondary viraemia) وهي خروج الفيروس بكميات كبيرة من العضو المصاب ودخوله الدم للمرة الثانية وانتشاره الي أعضاء اخري.

فيروس Virus

الفيروس هو احد مسببات الامراض (pathogens) ولكن – حسب بعض الاراء العلمية - لا يعتبر من الكائنات الحية الدقيقة (microorganisms). اهم مميزات الفيروس هي:

(1) يتكون الفيروس من حامض اميني واحد – الحامض النووي الريبوزي ناقص الاوكسيجين (deoxyribonucleic acid - DNA) او الحامض النووي الريبوزي (ribonucleic acid - RNA) بالإضافة الي بروتين وغشاء دهني.

(2) يختلف الفيروس عن الباكتيريا في أنه لا يملك بنية الخلية ولا يتكاثر بالانقسام.

(3) لا يستطيع الفيروس التكاثر الا داخل خلية كائن حي اخر وذلك باستغلال الخلايا المضيفة لإنتاج نسخ كثيرة من نفسه.

الفيروس خارج الخلايا يسمي virion.

فقد الادراك النظري Visual agnosia

فقد الادراك النظري هو عدم قدرة المريض علي تسمية او وصف الأشياء المرئية (ومعروفة له سابقا) بالرغم من سلامة النظر والوظائف العقلية والقدرة علي الكلام وفي نفس الوقت الاستطاعة علي تسمية (معرفة) تلك الأشياء باستعمال حاسة اخري (غير النظر) مثلا حاسة اللمس او الشم.

الأعضاء الداخلية Viscera

نطاق الرؤية Visual field

نطاق الرؤية هو المساحة حول العين التي يمكن فيها رؤية الأشياء بدون ان تتحرك العين. شكل نطاق الرؤية شبه دائري وعـُرفيا يقسم الي قسمين: صدغي (temporal) وانفي (nasal) . يمتد نطاق الرؤية تقريبا 110 درجة في الجانب الصدغي و60 درجة في الجانب الانفي وحوالي 70 درجة الي فوق و80 درجة الي تحت. الصورة الناشئة في أي جزء من نطاق الرؤية تقع في الجزء المضاد من الشبكية. علل نطاق الرؤية لها أهمية كبيرة في التشخيص خاصة في تحديد مكان الاذي في المخ. العلل الرئيسية هي العمي النصفي (hemianopia) والعمي الرُبعي (quadrantanopia) والبقعة العمياء (scotoma) . (لاحظ ان العرف المتبع هو وصف هذه العلل حسب الجزء المصاب من نطاق الرؤية وليس الجزء المطابق من الشبكية).

فيتامينات Vitamins

الفيتامينات هي مواد عضوية لا ينتجها الانسان وتُكوِّن احد العناصر الضرورية للحياة ونقصها يؤدي الي الامراض.
تنقسم الفيتامينات الي 13 نوع هي:

(1) **فيتامين أ** (Vitamin A or Retinol) – يتواجد في الحليب ومنتجاته والكبد والبيض. المصدر الآخر لفيتامين أ هو مادة تتواجد في الجزر وبعض الخضراوات الأخرى تسمي كاروتين (carotene). الكاروتين يتحول فى الجسم الي فيتامين أ. فيتامين أ له دور في الرؤية وفي فعالية جهاز المناعة ونقصه يؤدي الي صعوبة الرؤية في الضوء الخافت وتلين القرنية (keratomalacia) وقرحها وقلة الدموع وجفاف العين (xerophthalmia). المريض أيضا يكون عرضة للعدوي والالتهابات المتكررة نسبة لضعف المناعة.

(2) **فيتامين ب 1** (Vitamin B1 or thiamine) – يتواجد بكمية كبيرة في البقوليات (مثلا الفاصوليا والفول والعدس) والكبد والمكسرات والقمح والأرز. نقص فيتامين ب1 يسبب مرض يسمي بري برى (Beriberi) وأيضا متلازمة فيرنيك – كورساكوف (Wernicke - Korsakoff's syndrome). اعراض البري برى الأساسية هي اعتلال الاعصاب المحيطية (peripheral neuropathy) واعتلال عضلة القلب (cardiomyopathy).

(3) **فيتامين ب 2** (Vitamin B2 or Riboflavin) – مصدره الحليب والكبد والفاصوليا ونقصه يسبب التهاب طرفي الشفة (angular stomatitis).

(4) **فيتامين ب 3** (Vitamin B3 or Niacin) – مصدره الأساسي هو اللحوم والاسماك والقمح والأرز ونقصه يسبب الجرب اليابس (Pellagra): التهاب الجلد واسهال مزمن والخبل.

(5) **فيتامين ب 5** (Vitamin B5 or Pantothenic acid) – يتواجد في معظم المواد الغذائية ونقصه نادر جدا ويسبب تنمل الجلد (paraesthesia).

(6) **فيتامين ب 6** (Vitamin B6 or Pyridoxine) – المواد الغنية بهذا الفيتامين تتضمن الموز والفول السوداني والكبد ونقصه يسبب اختلال الاعصاب المحيطية (peripheral neuropathy).

(7) **فيتامين ب 7** (Vitamin B7 or Biotin) – يتواجد بكثرة في الخضراوات والفول السوداني والكبد ونقصه يسبب التهاب الجلد (dermatitis).

(8) **فيتامين ب 9** (Vitamin B9 or folic acid or folate) – مصدره الأساسي هو الخضراوات ونقصه يسبب فقر الدم ضخم الأرومات (megaloblastic anaemia).

(9) **فيتامين ب 12** (Vitamin B12 or Cobalamin) – يتواجد في اللحوم ونقصه يسبب فقر الدم الخبيث (pernicious anaemia) والانحسار النخاعي المُركّب شبه الحاد (subacute combined degeneration of the spinal cord).

(10) **فيتامين سي** (Vitamin C or ascorbic acid) – مصدر فيتامين سي هو الفواكه الحمضية (citrus fruits) ونقصه يسبب مرض يعرف بداء الحَفَر (scurvy). اعراض المرض الأساسية هي ضعف عام والتهاب اللثة (gingivitis) والنزيف من الاغشية المخاطية وبطأ التئام الجروح.

(11) **فيتامين دي** (Vitamin D or calciferol) **-** هو فيتامين ضروري لامتصاص الكالسيوم (calcium) في الجهاز الهضمي. يتركب فيتامين دي من الكوليسترول (cholesterol) تحت الجلد بتأثير اشعة الشمس فوق البنفسجية (ultra violet light) ويتم تحويله الي صورته النهائية في خطوتين واحدة في الكبد والأخرى في الكلى. اهم مصادر فيتامين دي الاخرى هي زيت كبد سمك القد (cod liver oil) والحليب المُدعّم (fortified milk) وهو حليب اضيف اليه فيتامين دي. نقص فيتامين دي ينتج من قلة التعرض لأشعة الشمس وفشل الكبد وفشل الكلي وأيضا نسبة لعجز الغدة مجاورة الدرقية (hypoparathyroidism). نقص فيتامين دي (والكالسيوم) يؤدي الي مرض الكُساح (rickets) في الأطفال وتلين العظام (osteomalacia) وضمور العظام (osteoporosis) في الكبار.

(12) **فيتامين هاء** (Vitamin E or alpha tocopherol) – الزيت النباتي والاسماك والقمح والأرز هي المصدر الرئيسي لفيتامين هاء ونقصه يسبب الرنح (ataxia) والبقع العمياء في الشبكية (scotoma).

(13) **فيتامين ك** (Vitamin K or Phytomenadione) – مصدره الأساسي هو البيض والكبد والخضراوات ونقصه يؤدي الي عدم تجلط الدم.

الجسم الزجاجي Vitreous body

انظر Eye

نزيف الجسم الزجاجي Vitreous haemorrhage

نزيف الجسم الزجاجي هو تسرّب الدم فيه واسبابه تتضمن انفصال الشبكية (retinal detachment) ومضاعفات مرض السكري واصابات العين الرضخية. اعراض المرض الرئيسية هي نقص الرؤية والاحساس بوجود الاجسام الطافية (floaters) في نطاق الرؤية والومضات الضوئية (photopsia).

بُهاق Vitiligo

البهاق (بضم الباء) هو مرض جلدي عادة يصاحب امراض المناعة الذاتية (autoimmune diseases) وينتج من تلف الخلايا الصبغية الداكنة (melanocytes) وقلة او عدم انتاج الصبغة داكنة اللون (melanin). المرض يؤدي الي ظهور بقع بيضاء في الجلد والاغشية المخاطية في الفم. المرض قد يكون محصورا في جزء صغير او قد يشمل كل الجسم. البهاق يختلف عن البرص (albinism).

شلل الحبل الصوتي Vocal cord paralysis

شلل الحبل الصوتي ينتج من إصابة العصب الحنجري الراجع (recurrent laryngeal nerve) واعراضه الأساسية هي بحة وضعف الصوت والصرير (stridor) وصعوبة التنفس وصعوبة البلع واسبابه تتضمن التهابات الحنجرة واورام الغدة الدرقية وسرطان المريء واصابات العصب الرضخية.

الاهتزاز الصوتي Vocal fremitus

انظر fremitus

التواء الامعاء Volvulus

التواء الامعاء هو التفاف جزء من الامعاء وما يتبعها من الغشاء المُثبِّت (mesentery) حول نفسها مما يؤدي الي انسداد الامعاء (intestinal obstruction) وايضا انقطاع تدفق الدم اليها. في اكثر الاحيان يكون الالتفاف في الامعاء السيني (sigmoid colon). اعراض المرض الاساسية هي ألم البطن وانتفاخها ودم في البراز. الحالات الشديدة تسبب التهاب غشاء التجويف البطني الحاد (acute peritonitis).

استفراغ او تقيؤ Vomiting

الاستفراغ هو فعل لا ارادي يخرج فيه الشخص محتويات معدته بعنف عن طريق فمه. محتويات القيء ووقت حدوثه والاعراض الأخرى التي تصاحبه تساعد في تحديد سبب الاستفراغ مثلا الاستفراغ الذي يحدث في الصبح بصورة متكررة يكون عادة في الأشهر الاولي من الحمل وأيضا في حالات ادمان الخمر. اما التقيؤ في اخر النهار الذي يحتوي علي كمية كبيرة من الطعام يشير الي انسداد في المعدة او المريء.

الفرج Vulva

الفرج هو أعضاء المرأة التناسلية الخارجية وتشمل الاشفار الصغيرة والكبيرة (labia majora and minora) والبظر (clitoris) وفتحة الهبل (vaginal opening).

التهاب الفرج والمِهبل Vulvovaginitis

التهاب الفرج والمهبل هو عدوي تؤدي الي افراز عفن من المهبل والم وحُكاك في أعضاء المرأة التناسلية الخارجية واسبابه تتضمن العدوي بالفطريات والباكتيريا والفيروسات. نوع العدوي عادة يعتمد علي عمر المرأة وممارستها للعملية الجنسية وصحتها العامة. مثلا التهاب الفرج والمهبل اثناء الحمل عادة يكون نتيجة العدوي بالمُبيِّضات (candidiasis, thrush) خاصة اذا كانت المرأة تعاني من مرض السكري.

W

مشية الكبرياء Waddling gait

انظر gait

الانحسار الوالرياني Wallerian degeneration

الانحسار الوالرياني هو تدهور تدريجي في بنية المحور نتيجة لاصابة عصب محيطي (peripheral nerve) بقطع او رضخة. يبدأ الانحسار في منطقة القطع ويستمر في اتجاه جسم العصبون. التسمية تنسب لإسم العالم الإنجليزي Augustus Waller (1816-1870) الذي وصف هذه الحالة لأول مرة.

ثآليل Warts

الثآليل (مفردها ثؤلول) هي اورام في الجلد يسببها الفيروس الحلمي البشري (human papilloma virus). الأورام صغيرة وصلبة سطحها خشن ولونها لا يختلف عن لون البشرة المجاورة. الورم لا يسبب الم الا في حالة ثؤلول اخمص الرجل وعادة يزول بدون علاج بعد عدة اشهر ولكن أحيانا يدوم سنوات. الثآليل عدة أنواع:

1 – الثآليل الزهرية (genital warts) هي عدوي تكتسب عن طريق الاتصال الجنسي. الأورام تكون في الفرج او الشرج او الفم (حسب نوع الممارسة الجنسية).

2 – ثآليل اخمص القدم (plantar warts).

3 – الثآليل الشائعة (common warts or verrucae vulgaris) تكون عادة في ظاهر الايدي والارجل.

Water intoxication
التسمم المائي
التسمم المائي عادة ينتج من شرب كمية كبيرة من الماء وأيضا من مضاعفات بعض الادوية مثلا carbamazepine و indomethacin. اعراض التسمم المائي هي الصداع والدوار والارتباك والحالات الشديدة تؤدي الى نوبات الصرع والغيبوبة واحيانا الموت.

Weber's test
اختبار وبر
اختبار وبر يستعمل مع اختبار ريني (Rinne's test) لتحديد نوع الصمم (صمم توصيلي – conductive deafness - او صمم عصبي حسي - sensorineural deafness) عندما يكون الصمم في اذن واحدة. في هذا الاختبار تضرب الشوكة الرنانة (tuning fork) ثم توضع في منتصف جبهة المريض. في حالة الصمم العصبي الحسي سمع الرنين يكون اضعف في الاذن المصابة اما في حالة الصمم التوصيلي فيكون السمع افضل في الاذن المصابة. (وبر - Ernst H. Weber 1795-1876 - هو طبيب الماني).

Weight loss
فقد الوزن
التعريف الطبي لفقد الوزن هو فقد 5% او اكثر من مؤشر كتلة الجسم (Body mass index, BMI). فقد الوزن يعتبر شديدا اذا كان 10% من مؤشر كتلة الجسم او اكثر.

Wernicke, Karl (1848-1905)
كارل فرنيك
كارل فرنيك هو طبيب الماني اكتشف مركز استيعاب اللغة أي الجزء الخلفي من الفص الصدغي (عادة الايسر) الذي يسمي أيضا منطقة فرنيك. كارل فرنيك أيضا وصف علة الدماغ الناتجة من نقص فيتامين B1.

Wernicke encephalopathy
علة الدماغ المنسوبة لفرنيك
علة الدماغ المنسوبة لفرنيك هي إصابة الدماغ الناتجة من نقص فيتامين B1 عادة بسبب ادمان الخمر واعراضها الأساسية هي:
أ – شلل العضلات التي تحرك العين (ophthalmoplegia).
ب – الارتباك (mental confusion).
ت – الرنح (ataxia).
هذه الحالة تحدث أحيانا مع اعراض المتلازمة المنسوبة لكورسيكوف وتعرف ب Wernicke-Korsakoff syndrome.

Wheeze (also called rhonchi)
الصفير
الصفير هو الصوت الذي ينتج من نفخ الهواء بين الشفتين او من النفخ في الصفارة. في الحالات المرضية الصفير ينتج من انسداد في جزء من جهاز التنفس واسبابه امراض الرئة (مثلا الربو - asthma) وبعض امراض القلب مثلا فشل القلب الاحتقاني (congestive heart failure). الصفير يحدث اثناء الزفير – أي اخراج النفس (expiration).

White blood cells
كرويات الدم البيضاء
انظر leucocytes

White matter
المادة البيضاء
المادة البيضاء هي محاور الخلايا العصبية المغطية بغشاء الميلين (myelin sheath).

Whooping cough
السعال الديكي
انظر pertussis

World health organization (WHO)
منظمة الصحة العالمية
منظمة الصحة العالمية هي قسم في منظمة الامم المتحدة (United nations) تأسس في عام 1948 لتطوير وتحسين الخدمات الصحية في كل انحاء العالم. مقر منظمة الصحة العالمية هو مدينة جنيف (Geneva) بسويسرا.

Wound dehiscence
انفكاك خياطة الجرح
انفكاك خياطة الجرح هو انفتاح الجلد وما تحته من انسجة في موضع العملية الجراحية وسببه عادة العدوي ونخر الانسجة حول الجرح او عدم احكام خياطة الجرح.

X

Xanthelasma
البقعة الصفراء
البقعة الصفراء هي كتلة صغيرة مسطحة صفراء اللون غير مؤلمة فوق الجفن تنتج من ترسب الكوليسترول (cholesterol) تحت الجلد وهي احد اعراض زيادة الدهون في الدم (primary hyperlipidaemia).

Xanthochromia
اصفرار اللون
اصفرار اللون هو حالة تنتج من تسرّب الدم الي السائل الدماغي الشوكي (cerebrospinal fluid) عادة في حالة نزيف تحت العنكبوتية (subarachnoid haemorrhage). اللون الاصفر ينتج من انحلال الدم الي البيليروبين (bilirubin).

Xerostomia
جفاف الفم واللسان

الاشعة السينية X-ray

الاشعة السينية هي موجات كهربائية مغنطيسية ذات طاقة عالية قادرة علي اختراق الاجسام الصلبة وتستعمل في التصوير الطبي وفي علاج بعض أنواع السرطان.

Y

مرض التوت Yaws

يُعتقد ان اصل كلمة yaws هو yaya التي تعني **قرحة** في اللغة الكريولية (Creole language) ولكن تسمية هذا المرض حسب اكثر المعاجم العربية هي مرض التوت ربما لشبه الاورام الناتجة من العدوي بثمرة التوت (blueberry). مرض التوت هو مرض معدي جلدي منتشر في المناطق الاستوائية تسببه باكتيريا تشبه باكتيرية الزهري (syphilis) تسمي اللولبية الشاحبة الرقيقة (treponema pallidum pertenue). المرض يبدأ كورم جلدي صغير دائري في موضع دخول العدوي ويتحول الي قرحة ثم ينتشر الي أجزاء اخري من الجلد. في المراحل المزمنة المرض يصيب العظام والمفاصل.

الحمي الصفراء Yellow fever

الحمي الصفراء هي مرض وبائي معدي ينتشر في الغابات الاستوائية يسببه فيروس. الفيروس ينتقل من القرود الي الانسان بواسطة الباعوضة. فترة الحضانة ثلاثة أيام واعراض المرض هي حمي وصداع والم في العضلات ونزيف ويرقان وفشل الكبد والكلية. نسبة الموت عالية جدا خاصة في الأسبوع الأول من المرض.

يرسينية الطاعون Yersinia pestis

نظر plague

Z

فيروس زيكا Zika virus

فيروس زيكا ينتشر بواسطة الباعوضة ويسبب حمي وطفح جلدي وألم في المفاصل. الإصابة اثناء الحمل قد تسبب عاهات خلقية في الجنين. (زيكا هي منطقة في يوغندا أُكتشف فيها المرض لأول مرة).

البويضة المخصبة Zygote

البويضة المخصبة هي الخلية الناتجة من اتحاد الحيوان المنوي (sperm) مع البويضة (ovum).

Printed in Great Britain
by Amazon

16496394R10160